北京师范大学史学理论与史学史研究中心

史学理论与史学史研究系列

主 编 瞿林东
副主编 张 越

历史研究的理性抉择

——历史学的理论、历史与比较研究

北京师范大学出版社
BEIJING NORMAL UNIVERSITY PRESS

图书在版编目（CIP）数据

历史研究的理性抉择：历史学的理论、历史与比较研
究/瞿林东主编. —北京：北京师范大学出版社，2007.7
（史学理论与史学史研究系列）
ISBN 978-7-303-08685-6

Ⅰ. 历… Ⅱ. 瞿… Ⅲ. 史学－研究－文集 Ⅳ. K0-53

中国版本图书馆 CIP 数据核字（2007）第 090734 号

出版发行：北京师范大学出版社　www. bnup. com. cn
　　　　　北京新街口外大街 19 号
　　　　　邮政编码：100875
印　　　刷：北京新丰印刷厂
经　　　销：全国新华书店
开　　　本：155 mm×236 mm
印　　　张：27.5
字　　　数：450 千字
印　　　数：1～2 000 册
版　　　次：2007 年 7 月第 1 版
印　　　次：2007 年 7 月第 1 次印刷
定　　　价：50.00 元

责任编辑：李雪洁　　装帧设计：孙　琳
责任校对：李　茵　　责任印制：董本刚

总　序

2000 年 11 月，在 20 世纪即将结束，21 世纪即将到来之际，北京师范大学史学理论与史学史研究中心，被教育部评定为全国普通高等学校人文社会科学重点研究基地。这不仅是北京师范大学历史学科的一件大事，也是全国从事史学理论与史学史研究同仁的一件大事，因为这个重点研究基地是全国这方面研究者的共同"平台"。

六年多来，在校领导的关怀和支持下，在教育部社科司的指导下，我们凭借这个"平台"，在学术研究方面做了一些事情，取得了一定的成绩，从而深感这个"平台"设置的必要性及其对于人文社会科学研究所起到的推动作用。

六年多来，我们这个研究中心向全国同仁提出了 12 个重大研究课题进行招标，得到了热情的响应，使这些重大研究课题都一一有所归属。这些研究课题是：

(1) 中西古代历史、史学及理论比较研究
(2) 中国马克思主义史学的理论成就
(3) 中国古代历史理论研究
(4) 中国近代史学思潮研究
(5) 中国古代史学思想研究
(6) 17 世纪至 19 世纪中叶中西史学比较研究
(7) 马克思主义历史观与历史学理论和方法研究
(8) 20 世纪西方史学主要思潮及相互关系研究
(9) 20 世纪后半期中国史学研究
(10) 中国少数民族史学研究
(11) 中国古代史官制度研究
(12) 环境史研究与 20 世纪中国史学

我们设计这些重大研究课题的宗旨是：第一，有益于促进学科建设；

第二，有益于推动历史学的发展；第三，有益于建设有中国特色的马克思主义史学。目前，这些课题有的已经结项，有的近于完成，有的正着手研究。

基于上述宗旨，我们还多次主办了全国性和国际性的研讨会，它们的主题分别是：

（1）唯物史观与 21 世纪中国史学（2001，北京）
（2）新中国史学的成就与未来（2002，北京）
（3）20 世纪中国史学与中外史学交流（2003，北京）
（4）史学遗产与民族精神（2004，温州）
（5）理论与方法：历史比较和史学比较（2005，芜湖）
（6）走向世界的中国史学（2006，扬州）

这些主题，吸引了国内外同仁的关注，使每一次研讨会都取得了很大的收获，既广泛地沟通了学术交流，又促进了学术研究的深入，同时也提出了许多新的问题，推动大家作进一步的思考和研究。在这方面，几乎所有的与会者都感受良多。我们以及与我们共同主办研讨会的兄弟单位的同仁，更是深受教育和鼓舞。

六年多来，我们这个研究中心的专、兼职研究人员，围绕着所参与的重大研究课题和有关学术会议并结合自己的专长，撰写和发表了近千篇论文，有不少论文是作者多年思考的结晶，有突出的创见和较高的学术价值，而大部分论文的作者都能提出独到的见解。可以认为，这些研究论文，从不同的方面、不同的视角，或采用不同的研究方法和研究理念，其研究所得都对促进本学科发展，丰富本学科内涵，产生了积极的影响。

为了广泛地进行学术交流，也为了适时地积累学术成果，我们选编了部分论文，辑成"史学理论与史学史研究系列"丛书。丛书凡四种，它们是：

历史研究的理性抉择——历史学的理论、历史与比较研究
文明演进源流的思考——中国古代史学研究
历史时代嬗变的记录——中国近现代史学研究
史学理论的世界视野——外国史学研究

　　我们以这套丛书奉献给国内外同仁，以示诚恳请教之意。同时，我们也衷心期待来自各方面读者的有益批评。

　　北京师范大学出版社为本书的出版给予有力的支持，责任编辑李雪洁女士为此书的编辑付出辛勤的劳动，提供许多有益的建议，各位作者给予积极的配合，我们表示衷心的谢意。

瞿林东

2007 年 4 月 30 日撰于

北京师范大学史学理论与史学史研究中心

瞿林东

唯物史观与中国史学发展

一 20世纪中国史学最显著的进步是历史观的进步

　　中国史学有悠久的历史，中国史学上的历史观点也在不断地发展、进步。19世纪末至20世纪初，这种历史观点的发展、进步发生了两次重大变革。一次是西方近代进化论的传入，改变了中国人对于历史的看法；另一次是马克思主义唯物史观的传入，在更加深刻的意义上改变了中国人对于历史的看法。关于前者，梁启超、顾颉刚都有论述①；关于后者，李大钊、郭沫若、翦伯赞等也各有阐说②。进化论和唯物史观的引入，尤其是唯物史观的引入，不仅加快了中国史学发展的步伐，还推动了中国史学的科学化进程。

　　顾颉刚从三个方面比较了19世纪后半期同20世纪前半期中国史学发生变化的原因："第一是西洋的科学的治史方法的输入"，"第二是西洋的新史观的输入"，"第三是新史料的发现"。顾颉刚在讲到"新史观的输入"时认为："过去人认为历史是退步的，愈古的愈好，愈到后世愈不行；到了新史观输入以后，人们才知道历史是进化

---

　　① 参见梁启超《新史学》（1902年）、顾颉刚《当代中国史学》（1947年）。
　　② 参见李大钊《唯物史观在现代史学上的价值》（1920年）、郭沫若《中国古代社会研究·自序》（1929年）、翦伯赞《历史哲学教程》（1938年）。

的，后世的文明远过于古代，这整个改变了国人对于历史的观念。如古史传说的怀疑，各种史实的新解释，都是史观革命的表演。还有自从所谓'唯物史观'输入以后，更使过去政治中心的历史变为经济社会中心的历史，虽然这方面的成绩还少，然也不能不说是一种进步。"① 诚然，顾颉刚所论，也有可议之处，但他认为"新史观的输入"促使人们对历史的认识发生了重大变化的估计，应是符合当时中国史学的实际的。

李大钊批评了"历史的宗教的解释"和"历史的政治的解释"，进而阐明了"历史的唯物的解释"，认为："这种历史的解释方法不求其原因于心的势力，而求之于物的势力，因为心的变动常是为物的环境所支配。"他批评唯物史观以前的历史观"只能看出一部分的真理而未能窥其全体"，而唯物史观的目的"是为得到全部的真实"②。唯物史观的流行，在 20 世纪二三十年代曾被许多人所认可、运用，因而也就不免泥沙俱下，鱼龙混杂。翦伯赞撰写《历史哲学教程》的目的之一，就是批评"对史的唯物论之修正、割裂、歪曲"的种种现象，进一步阐述了唯物史观的基本原理。他强调指出："我所以特别提出历史哲学的问题，因为无论何种研究，除去必须从实践的基础上，还必须要依从正确的方法论，然后才能开始把握其正确性。历史哲学的任务，便是在从一切错综复杂的历史事变中去认识人类社会之各个历史阶段的发生、发展与转化的规律性，没有正确的哲学做研究的工具，便无从下手。"③ 翦伯赞的这些话，同样也反映出 20 世纪前半期的中国史学界对历史观的发展的高度重视。

当我们对 20 世纪中国史学的思想历程作认真考察的时候，就会发现一个事实：20 世纪中国史学最显著的进步，是历史观的进步。输入进化论，是一大进步；输入唯物史观，是更大的进步。

二 唯物史观怎样推动了 20 世纪中国史学的发展

这是一个根本性的大问题，是一个人难以作出全面、正确的回答的，我只是根据自己的肤浅认识，讲几点看法，和同行们共同探讨。

---

① 《当代中国史学·引论》，南京，胜利出版公司，1947。

② 《唯物史观在现代史学上的价值》，见《史学要论》，附录 188～194 页，石家庄，河北教育出版社，2000。

③ 《历史哲学教程·序》，北京，北京大学出版社，1990。

第一，唯物史观要求研究全部历史，也可以说是要研究整体的历史。一部史学史，至少是中国史学史告诉我们，对人类社会历史作有系统的和整体的研究，是从唯物史观传入中国后才逐步发展起来的一种新的史学意识。当然，以往的史学，也都不同程度地涉及社会历史的各个方面，但是对经济、政治、军事、文化、民族、中外关系等等，作有系统的、整体的、科学的把握，确是得益于唯物史观基本原理的启示和指导。

第二，唯物史观告诉人们，人类社会的历史是一个自然发展过程，因而是有规律可循的。中国史学史上的许多先哲，着意于"通古今之变"，不断探讨社会治乱之"理"、朝代存亡之"势"，努力解释"势"与"理"之中存在的"道"，即社会历史演变的法则与常规，其意颇近于后世人们所说的规律。故清代思想家龚自珍有言："欲知大道，必先为史"①。尽管中国学人在这方面作了许多可贵的探索，也有丰富的思想积累，然而在马克思主义唯物史观传入中国以前，我们的先人们在这方面的思考所得，只是停留在朴素的阶段，从而限制了人们对社会历史的认识。唯物史观把人类社会历史看作是一个由低级到高级的自然发展过程，揭示生产力和生产关系的发展，以及阶级划分和阶级斗争的演变、发展对社会历史的影响，社会历史呈现出不同的阶段性特点，从而揭示出人们认识历史发展规律的方法论原则，也就使人们认识历史发展规律成为可能。

第三，唯物史观要求人们用辩证的观点和方法看待人类社会历史的发展，这是因为唯物史观同马克思主义的唯物辩证法是密切联系、不可分割的。大家知道，按照唯物史观的基本原理，揭示人类社会历史发展的根本原因，应从经济领域入手。但是，唯物史观同时承认政治制度、法律制度、思想文化、道德风尚等对经济社会发展的重大作用。在中国史学上，司马迁写出了《平准书》和《货殖列传》，《汉书》则有《食货志》，杜佑《通典》更是把《食货典》置于诸典之首，显示出重视经济生活的思想传统。杜佑甚至提出了教化同食货、职官、选举、礼乐、兵刑、州郡、边防之间的关系，把古代史家关于对社会结构、国家职能的认识提到了新的高度，以至于在此后的上千年之中，人们在这方面的认识的进展是缓慢的，并始终带有朴素的色彩。唯物史观的传入，使人们的历史观念在这一领域同样产生了质的飞跃，经济、政治、文化相互间

①《龚自珍全集·尊史》。

的关系及其在社会历史进程中的作用，才真正得到合理的解释，并在现实的历史运动中获得实际的意义。今天看来，这已经是一个常识问题了，但中国史学在历史观念上发展到这一阶段，却是走过了漫长的道路。

第四，唯物史观最鲜明地提出了人民群众对于推动历史发展的巨大作用。中国历史上很早就有民本思想的传统。司马迁写出了《陈涉世家》这样的千古名篇，一些史家也一再强调"水能载舟，亦能覆舟"的道理，明清时期史学的重民思想有了更大的发展，这些都是宝贵的思想遗产。但是，这样的思想传统要发展到更高、更加理性的阶段，也只是在唯物史观传入中国以后才能达到的。只有到这时，中国史学界才能产生如同李大钊的《民彝与政治》（1916 年）、翦伯赞的《群众、领袖与历史》（1939 年）这样的鸿文，揭示出人民群众在历史进程中的伟大创造作用。李大钊说得好："历史上之事件，固莫不因缘于势力，而势力云者，乃以代表众意之故而让诸其人之众意总积也。是故离于众庶则无英雄，离于众意总积则英雄无势力焉。"① 这是对"众庶"和"英雄"在历史上的作用的合理解释。诚然，结合到历史的具体事件来说，其情形可能千差万别，但其根本原理，当不超出此论的范围。

以上这四个方面，是我就个人的肤浅认识来看，唯物史观是怎样地影响着 20 世纪中国的面貌，怎样推进中国史学的发展，使其朝着科学化的道路前进的。

三　21 世纪的中国史学怎样运用、丰富唯物史观

从 20 世纪中国史学同唯物史观的关系来看，我们可以得到两点认识：一是 21 世纪中国史学仍将同唯物史观保持密切的联系，后者对于前者的意义仍将是十分重大的；二是要认真总结经验教训，在更高的科学程度上运用和丰富唯物史观，从而推进中国史学的发展。

从这两点认识出发，我认为要在思想上和实践上关注四个方面的问题。

第一，从严重教训的阴影中走出来。如前所述，20 世纪中国史学在唯物史观指导下取得了突出的成绩，这只是问题的一个方面；另一个方

---

① 《民彝与政治》，见《史学要论》，附录 87 ~ 88 页。

面，在取得成绩的同时，由于种种原因，人们在运用唯物史观时也走了不少弯路。从学理上看，史学界对唯物史观的认识、理解、研究，确有一个发展过程，幼稚的情况是不可避免的。从历史条件上看，唯物史观与中国史学相结合的过程，不断受到政治因素的干扰，特别是政治上"左"的思潮的干扰。上述两种情况带来了两个严重后果，即或者把唯物史观简单化、教条化，以理论代替学术，或者把唯物史观片面化，绝对化，以原则代替具体研究。这两种后果的本质是一样的，既曲解了唯物史观本身，又阻碍了历史科学的研究和发展。这种情况，在改革开放前的那些年代，都有不同程度的反映。现在，是到了我们完全走出这个严重教训所笼罩的阴影的时候了。我们应当像总结成就一样，认真总结教训，这就要求我们正视严重教训，重新学习理论，改进运用方法。

第二，进一步认识唯物史观基本原理的科学价值。不论是总结成就，还是记取教训，我们都会碰到如何看待唯物史观基本原理的问题。这些基本原理，就是马克思、恩格斯在《德意志意识形态》中，马克思在《〈政治经济学批判〉序言》中，恩格斯在《卡尔·马克思〈政治经济学批判〉》、《卡尔·马克思》和《在马克思墓前的讲话》中提出的有关论断。唯物史观基本原理的科学价值至少表现在两个方面：首先，它是一个完整的体系；到目前为止，还没有一种理论可以用来代替这个体系。其次，它经历了一百多年历史的考验，没有被驳倒，更没有被人们遗忘和抛弃，这从另一个方面有力地证明了它的生命力，它存在的合理性。

第三，在唯物史观与具体的研究对象相结合的过程中，推动理论上的创新。从史学前辈的治学经验中，我们可以得到以上这样的启示。翦伯赞在20世纪60年代提出的"如何处理历史上的阶级关系"、"如何处理历史上的民族关系"、"如何处理历史上的国际关系"、"怎样对待发展观点"、"怎样对待全面观点"、"人民群众与个别历史人物"、"政治、经济与文化"等重大问题①，是从理论上作出的精辟论述。白寿彝先生主编的《中国通史纲要》和多卷本《中国通史》导论卷，对中国封建社会中地主阶级、农民阶级身份的分析和国家职能的认识，对人、生产力、科学技术以及地理环境与社会发展关系的认识等，都是在唯物史观基本原理的基础上提出的新的结论。在这方面，中国史学界还有很多可以借鉴

---

① 《对处理若干历史问题的初步意见》，见《翦伯赞史学论文选集》，三，59～71页，北京，人民出版社，1997。

的地方。事实证明，唯物史观不会窒息人们的创造力，而是要我们去发现这种创造的方法和途径。

第四，运用唯物史观，要有气度，要有吸收那些有益的理论和方法的雅量与勇气。这是从以往史学发展中总结出来的一条教训，也是从近20年来中国史学发展中总结出来的一条经验。遵循唯物史观的基本原理，不是一定要排斥任何其他的理论和方法；相反，对于那些有益的理论和方法，应当予以吸收，为我所用。这样做，一方面可以使唯物史观在同各种理论和方法的比较中显示自身的特点和活力，一方面也使我们的研究工作具有广阔的视野和丰富的内容。

21世纪的中国史学，面临许多新的问题。唯物史观仍将是帮助我们认识这些新问题的基本理论；而新的理论认识的创造和新的研究成果的取得，需要我们在上述几个方面都付出艰苦的努力。

（原载《南开学报》（哲学社会科学版），2002年第2期）

郭小凌

论唯物史观及其历史命运

一

新世纪的第一年，《历史研究》发表了蒋大椿先生批评唯物史观现实合理性的文章。① 我国史学界并未对此感到特别惊异，相反却以理解和宽容的态度，就蒋文提出的问题展开了平心静气的讨论，从而构成新世纪中国史学的一道引人注目的风景线。

唯物史观从注释对象变为研究对象的这种角色转换，在奉唯物史观为放之四海而皆准、施之万代而不惑的绝对真理的年代是难以想像的，这使人不禁感慨改革开放以来，我国思想界在观念上所发生的巨大变化。

蒋先生的文章触及我们许多人的心理障碍，就是在理论创新的时候能不能突破或允不允许超越马克思主义的基本原理？

马克思主义奠基人对此的答复是肯定的，他们坚决否定存在任何最终的、绝对的、神圣的真理。这种否定不仅基于他们关于人类经验的积累无论在量和质方面都微不足道（"整个人类历史还多么年轻，硬说我们现在的观点具有某种绝对的意义，那是多么可笑"②）的认识，而且源

---

① 该文载《历史研究》，2001 年第 4 期。
② 马克思恩格斯说了许多有关真理相对性的话语，这里只取《马克思恩格斯选集》第 3 卷第 154 页上比较典型的一段。

自唯物史观的基本原理之一——存在决定意识（人们只能在一定历史条件允许的范围内展开认识活动①），所以过去对马克思恩格斯学说的神化是违背马恩原意的，是马恩的学生们怀着对老师的过分崇拜而好心办了坏事。当然，在以往的造神活动中，也不排除有些人是借神化马恩来神化自己。

科学发展史也告诉我们是可以的，因为原理无非是一种运用归纳和演绎方法产生出来的最一般的、基本的认识，是具体人的思维的产物。人的局限性决定了原理性认识的局限性，所以任何原理或规律性认识都不是完美无缺、绝对有效的，任何科学的理论因此都必须是发展的，开放的，否则就变成了宗教。

在自然科学和技术领域，理论的发展固然可以体现为对基本原理的不断修补和完善，但更多地却表现为对基本原理的突破。正因如此，这一领域的人们不会提出坚持或捍卫某种现成的理论，相反却欢迎对现有理论的不断修正，欢迎推翻现有理论的不断尝试。社会科学虽然有它的特殊性，但既然是科学，并且大家都认识到它需要创新，那就应该允许对基本原理的超越。

事实上，我国社会主义改革开放事业的蓬勃发展，已经突破了许多根本性的原则，尤其是在经济领域。因为在这个领域，空洞的原则是填不饱肚子的，所以原则往往在这里要让位于实践。比如说，社会主义市场经济的实践符合传统马克思主义政治经济学理论的哪条原理呢？但它符合马克思主义活的灵魂——实事求是，符合唯物史观的社会存在决定社会意识的原理，符合生产关系要适应生产力发展的需求的原理，也符合理论思维必须与时俱进的科学精神。蒋先生在理论探索的层面上捅破了这层纸，因此他完成了一项令人肃然起敬的工作。

在对蒋先生表示敬意的同时，笔者与吴英、庞卓恒先生一样②，并不赞同蒋先生对经典唯物史观的基本价值判断，即它存在"严重的理论缺陷"，已不能适应现实史学认识的需要，因此"应当超越，必须超越而且可以超越"。笔者认为，尽管唯物史观的一些基本原理存在缺陷，有些地方还有严重缺陷，但这些缺陷还算不上是致命性的，当代生活本身仍然

---

① 见《马克思恩格斯选集》，第 4 卷，337~338 页，北京，人民出版社，1995。辩证法只承认一切事物的暂时合理性，这是马克思的老师黑格尔最精彩的思想。

② 载《历史研究》，2002 年第 1 期。

可以在唯物史观的理论框架内得到很好的解释。换句话说，虽然传统唯物史观在将来会被超越、替代，出现新唯物史观、后唯物史观之类和种种变异的理论范式，但在当代，它的核心原理与它的一些辅助原理仍然是一种有效的历史认识方法。而且，即使将来人们的社会实践突破了唯物史观的基本理论框架，唯物史观被真的超越了，那也如同相对论突破牛顿力学的基本原理、量子论突破相对论的基本原理之后所发生的情况一样，被突破的理论并没有被彻底扬弃，牛顿力学对造汽车、飞机仍旧有效，相对论对造原子弹也继续有效，它们继续在多元的解释世界中占有重要的一席之地。

笔者同时对吴、庞两先生的一个基本判断也有不同意见。在他们看来，传统唯物史观并非马克思恩格斯的原创理论体系，而是经苏联人倒手的、受到严重歪曲或误读的理论范式。而笔者认为这一估计有些过头，理由是吴、庞两位先生无论是对苏联理论工作者的马克思主义认识水平还是对我国学人理论修养的评估都有些偏低。

就吴、庞两先生的前一观点而言，笔者倒是与蒋先生一致，即现存唯物史观属于马克思主义奠基人而不属于斯大林或前苏联学者。尽管在斯大林时期，以《联共（布）党史》为代表的苏联版唯物史观，的确对马恩原著存在生吞活剥和实用主义的缺陷，但我们不应忽略，在斯大林去世以后，苏联学术界发生了相当大的变化，逐渐调整了以往对唯物史观的片面解读之处。康斯坦丁诺夫主编的《马克思列宁主义哲学原理》（1974 年修订版）一书是这种晚后苏联版唯物史观的集中体现，其表达的唯物史观与马恩的原版唯物史观虽不能说纹丝不差，但原则上没有多少出入倒是真的，而且在某些方面还补充了原版唯物史观的不足。

至于后一点，如果说新民主主义革命时期及新中国成立后的头些年，我国理论工作者分不清真假唯物史观，跟在苏联老大哥后面虚心地学习还说得过去，因为那时我们的马列理论修养的确薄弱，正处在以俄为师的模仿阶段。中苏分裂前后，苏联的解释变了，我们不仅没变，还将斯大林版的唯物史观进一步简单化为阶级斗争决定论，从而把唯物史观推到了荒谬。经过"文化大革命"的反面体验，我国马克思主义者痛定思痛，在理论上真正成熟起来，依笔者愚见，成熟程度甚至胜过苏联马克思主义者。真理标准的讨论大概可以视为这一进程的开端，而译自德文本的《马克思恩格斯全集》的出版则对正本清源的工作具有象征意义。今天的中国马克思主义理论工作者，区分不同版本的唯物史观的能力还是具备的。因此本文将重心放在对唯物史观现实合理性的辩护上，同时从另一个角度分析一下唯物史观的历史命运。

二

蒋先生在他的文章中归纳了六条"唯物史观的理论核心及其最基本原理"，并指出由于史学界过去对其中两条①的"局限与不足"进行过深入分析，因此他仅分析另外四条最基本原理的严重缺陷，其中包括：（1）人类社会及其历史是客观存在的。（2）人类社会历史按照不以人的意志为转移的客观必然规律向前发展，其基本规律表现为生产力决定生产关系，生产关系对生产力具有反作用；经济基础决定上层建筑，上层建筑对经济基础具有反作用。（3）社会存在决定社会意识，社会意识对社会存在具有反作用。（4）生产斗争、阶级斗争、科学实验是推动历史发展的动力。②

笔者认为，唯物史观的核心理论或最基本原理只有一条而非六条，也就是蒋先生所理解的第二条，其他五条都是第二条衍生出来的内层和外层理论，尽管也可称它们为基本理论。简言之，唯物史观包含着一个核心理论，即人类历史归根到底是由"社会的物质生产力"所制约的合乎规律的过程。在这一内核周围，又有一系列支援性理论，如经济基础和上层建筑的理论，社会经济形态演进的理论，历史统一性和多样性的理论，阶级、阶级斗争和政党的理论等。在这些理论之下，还依附着众多的外层理论，比如在社会经济形态演进的理论体系之下，还有《资本论》中所阐明的资本主义社会经济形态运动的理论，商品、价值、剩余价值、市场经济的理论等，这还不包括不同时代、不同国家的马克思主义者或非马克思主义者对原创的唯物史观的理论诠释。而实际上，这些诠释也附着在了唯物史观的外壳之上。如列宁的、普列汉诺夫的、斯大林的、毛泽东的、卢卡奇的思想理论。

所以，我们评析唯物史观的核心原理，必须完全放弃后马克思和恩

① 有关五种社会经济形态普遍性和人民群众是历史创造者亦承认杰出个人历史作用的观点。

② 见《历史研究》，2001 年第 4 期。

格斯的各种解释，到唯物史观创立者的论述中去寻找，这就如同历史学研究必须依赖一手史料（当事人和目击者的人证、书证、物证）是一个道理。

马克思恩格斯在他们众多的著述中①，或简单或详细地阐释过这一新的历史观，相对比较系统的论述最早是在《德意志意识形态》中，但定理式的、最完整的陈述则是在《〈政治经济学批判〉序言》一文中表达出来的，这是包括西方学者在内的马克思主义研究者的普遍共识。此外，恩格斯曾有过指示性的说明，认为他的《反杜林论》、《路德维希·费尔巴哈和德国古典哲学的终结》两部书"……对历史唯物主义作了就我所知是目前最为详尽的阐述"②。其中《反杜林论》一书实际上是恩格斯和马克思两人思想的结晶，因为马克思参与了其中一章的写作，并听读过全书。

由于这些著述的篇幅都比较大，核心原理往往同相当广泛的论证结合在一起，有时会使读者难以把握要领，因此我们更应该重视那些出自马克思恩格斯手笔的相关小文章。那里边反而常常包含着淹没在长篇大论中的作者最精华的思想，比如对唯物史观的高度概括。实际上没有哪个文本解读者比马克思恩格斯本人更能准确地把握他们历史观的精髓了。

在这方面，恩格斯的《在马克思墓前的讲话》（1883年3月17日）一文应该属于最值得重视的一篇作品，这是因为民间葬礼仪式短暂，现场发表的纪念演说必须言简意赅，必须对逝者生平业绩加以高度简化。为马克思做这种盖棺定论工作的最适当人选当然非恩格斯莫属。讲话虽短，却极其精彩，总结了马克思的历史功绩及他的为人。就功绩而言，恩格斯归纳出两大贡献，即唯物史观和剩余价值论：

> 正像达尔文发现有机界的发展规律一样，马克思发现了人类历史的发展规律，即历来为繁茂芜杂的意识形态所掩盖着的一个简单事实：人们首先必须吃、喝、住、穿，然后才能从事政治、科学、艺术、宗教等等；所以，直接物质的生活资料的生产，从而一个民族或一个时代的一定的经济发展阶段，便构成为基础，人们的国家制度、法的观点、艺术以至宗教观念，

---

① 如在《1844年经济学——哲学手稿》、《神圣家族》、《德意志意识形态》、《哲学的贫困》、《共产党宣言》、《〈政治经济学批判〉序言》、《反杜林论》、《路德维希·费尔巴哈和德国古典哲学的终结》等作品中都有过相关陈述。

② 《马克思恩格斯选集》，第4卷，698页。

就是从这个基础上发展起来的，因而，也必须由这个基础来解释，而不是像过去那样做得相反。

不仅如此。马克思还发现了现代资本主义生产方式和它所产生的资产阶级社会的特殊运动规律。由于剩余价值的发现，这里就豁然开朗了。①

在两大贡献中，唯物史观是对人类历史最一般规律的发现，属于宏观认识，放在前面；剩余价值论是对特定的资本主义生产方式的内在秘密的揭示，属于微观认识，排在后面。在恩格斯眼里，显然前者的价值要大于后者，因此他特别对前者的基本内涵作了解释性说明，而对剩余价值论则仅仅提了一下它的现实意义。

《在马克思墓前的讲话》提到"直接物质的生活资料的生产"具有决定作用这一点，可以用来辨识《〈政治经济学批判〉序言》中所表述的核心原理的位置，也就是"社会的物质生产力"的决定作用。在这个核心原理之后，依次是其他对应关系，如生产关系要适应生产力的发展需求，生产关系的总和构成经济基础，经济基础决定上层建筑。随后才有总的结论：

不是人们的意识决定人们的存在，相反，是人们的社会存在决定人们的意识……我们判断一个人不能以他对自己的看法为根据，同样，我们判断这样一个变革时代，也不能以它的意识为根据；相反，这个意识必须从物质生活的矛盾中，从社会生产力和生产关系之间的现存冲突中去解释。②

恩格斯在晚年《致约·布洛赫（1890 年 9 月 21—22 日）》的信中，再次就唯物史观的核心原理作了高度概括，他说：

……根据唯物史观，历史过程中的决定性因素**归根到底**是现实生活的生产和再生产。无论马克思或我都没有肯定过比这更多的东西。③

---

① 《马克思恩格斯选集》，第 3 卷，776 页，北京，人民出版社，1995。
② 《马克思恩格斯选集》，第 2 卷，32～33 页，北京，人民出版社，1997。
③ 《马克思恩格斯选集》，第 4 卷，695～696 页。文中的黑体字是原文中的。

也是在这封信中，恩格斯请布洛赫根据马克思原著而不是二手材料来"研究这个理论"，他特别提示布洛赫说"马克思所写的文章，没有一篇不是由这个理论起了作用的"。①

恩格斯还在同一封信中就人们对唯物史观的质疑进行了反驳，其最终落脚点仍然是他抽取出来的唯物史观的核心原理，而不是其他原理：

> 这里表现出这一切因素间的交互作用，而在这种交互作用中归根到底是经济运动作为必然的东西通过无穷无尽的偶然事件（即这样一些事物，它们的内部联系是如此疏远或者是如此难于确定，以致我们可以忘掉这种联系，认为这种联系并不存在）向前发展。
>
> 我们自己创造着我们的历史，但是第一，我们是在十分确定的前提和条件下进行创造的。其中经济的前提和条件归根到底是决定性的。②

恩格斯对上述核心原理的遣词用句虽然或多或少有些差别，同马克思在《〈政治经济学批判〉序言》中的表述也没有达到纹丝不差的契合程度，但有一点是毫无疑问的，就是恩格斯眼里的核心原理只有一条，即"物质生产"或"经济前提和条件"或"经济运动"是社会生活的基础，绝不是蒋先生归纳的六条。

如果说唯物史观的核心原理是社会生产力"归根到底"决定生产关系以及庞大的上层建筑，那么这一原理是否如蒋先生所言"在人类历史实际进程中根本不存在，找不到任何一条历史事实来支持这个规律的存在，因此它纯粹是一种思辨的思维运动"呢？对于这个问题的回答当属历史实证范畴，蒋先生的看法恰恰在这方面存在明显的缺陷。

现代历史哲学界在批评思辨的历史哲学时，通常所持的理由是该哲学脱离经验的历史，纯粹是思辨的产物，蒋先生是赞同此说的。但如果我们仔细阅读自维科以来的著名历史哲学家们的著作，就会发现情况并非如此。西方思辨的历史哲学实际上是建筑在西方历史学家们所体验的经验的历史基础上的。以历史哲学之父维柯的《新科学》为例，虽然书

①《马克思恩格斯选集》，第4卷，697页。

② 同上书，696页。

中概括出大量人类历史的规律、定理或原则，但每一条都不是凭空产生的，都有或多或少的史料作为论据。比如《新科学》中提出存在客观规律（民族共同性）的时候，就举出当时西方人在地理大发现后观察到的事实，即各民族都有某种宗教，都举行隆重的结婚仪式，都埋葬死者，维科认为这些共性是社会规律存在的有力证明。[①]

马克思恩格斯的唯物史观当然也不是纯粹思辨的产物。就他们的史学功力（古文、外文、典籍史料的把握、分析概括能力）而言，现代多数专业史学工作者也无法企及。他们大量的读书笔记、藏书目录和著述（从《德意志意识形态》、《共产党宣言》到《资本论》、《家庭、私有制和国家的起源》）中对史料的熟练应用，都足以证明他们的唯物史观绝不是纯粹的逻辑演绎，而是对经验历史的升华和概括。至于概括得是否与客观历史同一或接近，那正是我们在下面要说明的问题。

限于篇幅，我们在借助"例证法"来说明唯物史观核心原理仍旧有效的时候，只把例证限定为两个，但这已经足以说明问题了。一个例证是我国知识分子个人的生命体验，说明人们首先需解决形而下的生存问题，然后才能考虑形而上的精神问题。再一个例证是西方历史学家集体的共识，说明唯物史观核心原理的实用性。

至于西方史家群体的共识，是指世界史学界熟知的解释，就是西方通史或专史类著作，都把生产力的变革处理为世界历史的转折点，连基本术语"新石器革命"、"农业革命"、"工业革命"、"科学革命"、"信息革命"等都是近现代西方学者根据他们对世界历史的考察概括出来的。[②]美国史家麦克内尔甚至认为，正是农业革命才使人类结束了"智人的自

① 参见维柯：《新科学》，北京，人民出版社，1986。关于有无社会历史规律、如果有又如何看待社会规律及社会规律的特点等问题暂置不论。

② 斯特瓦尔特·伊斯顿：《西方文明的遗产》（Stewart C. Easton, *The Heritage of Western Civilization*），霍尔特瑞奈哈特与温斯顿出版公司，1970年版；费根：《地球上的人们——世界史前史导论》，云南民族学院历史系民族学教研室译，文物出版社，1991年版。在这本美国大学人类学专业的教材当中，特别指出现代人很难想像农业和动物驯化对人类历史产生了多么重大的影响。类似的用法在几乎每一本西方相关史作中均可看到，并作为成熟的用语和解释被用于中学和大学教科书内。"农业革命"和"城市革命"概念的发明者是澳大利亚考古学家柴尔德，"工业革命"概念的提出者不详，但它得以流行开来则有赖于英国历史学家汤因比。

然史"（The Natural History）而开始了"人类史"（Human History）。①

这种在西方史学界中少见的共识说明生产力变革的历史作用属于显而易见的史实，尤其从史前攫取型社会向生产型的文明社会的转换，长达 190 万年，能够清晰地展现从"奥杜威卵石工业"（Oldowan Pebble Industry）经新石器工业到金属器工业所导致的人类生理、心理、社会进步的基本线索。因此整个史前史的分期都是以工具或生活方式（采集、狩猎、农人、牧人时代之类）的进步为依据的。新的考古材料的出土不仅不能伪证这一基本解释范式，而且为这一解释范式增加了雄辩的证据。可以说迄今世界史上的两次明显的历史转型，即农耕文明和工业文明的出现，归根到底都是生产力一变百变、一转百转的产物。

蒋先生列举易洛魁人处于农业社会却没有向新生产关系过渡的例子试图证明生产力的发展并没有导致新生产关系的出现。如果只是从摩尔根《古代社会》一本书的考察看，这似乎是有道理的，但我们只要把视线越出易洛魁人之外，观察的结果就不同了。②美洲印第安社会在被西班牙殖民者于 15 世纪末发现之前，便已独立地进入了文明社会，甚至形成了庞大的印加与阿兹特克帝国，社会分化出贵族、平民、奴隶阶级，家庭关系实行一夫一妻或一夫多妻制，国家甚至有成文法，有军队和法庭。其社会历史的演化脉络与旧大陆没有质的区别。

社会历史的演进不像化学反应，工具得到了改进，生产关系就立即跟进。二者之间始终存在着信息传递、调整、适应或不适应的时间差，这种时间差在史前时代要以万年、10 万年来计算。在农耕时代，变化的速率加快，那也要有成百上千年。在近现代加速到几十年，但即使是在当代，我们仍到处都能看到明显的不平衡现象。所以文明社会的扩散是一个渐进的过程。按照旧大陆的历史经验，一旦文明社会在某个地点出

---

① 威廉·H·麦克内尔：《人类社会史——从史前史到当代史》（William H. McNeill, *A History of the Human Community*），24～25 页，伦敦，普兰提斯—豪出版公司，1987。

② 这里需要澄清蒋先生文中的一个误读，即易洛魁人并不是"摩尔根在 19 世纪发现他们"的，这支印第安人同"切诺基"（我们熟悉的吉普车品牌）等北美印第安部落一样，早就被西方殖民者发现了，发现易洛魁人的时间是 1609 年。摩尔根的功绩在于运用实地调查方法查清了易洛魁人母系氏族公社的内部结构。至于将这一结构赋予普遍的意义的做法，今天看来早已过时了，实际上它本来就是一个没有任何实证材料的科学假设。

现，便会逐步向周边非文明地区扩散。处于史前状态的人们要么被卷入文明，要么日趋衰落，活动空间逐渐萎缩至文明社会的边缘地带，成为活化石，甚至彻底毁灭。

美洲大陆幅员广大，印第安人社会经济发展的不平衡应该说是题中应有之义，若平衡倒反常了。相对而言，北美社会经济要滞后于中南美印第安文明的中心地带，但北美沿海许多印第安渔猎部落也发展到文明社会的门槛，出现家内奴隶和依附人。在北美以农业为主的部落，也能看到明显的财产分化或社会分化趋向，其中也包括以锄耕和渔猎为生的易洛魁人。

当欧洲人发现易洛魁人时，他们在制作新石器、骨器、木器、陶器时已有初步的分工，在农业和狩猎生产方面则有严格的新分工和协作，并且与周边部落进行剩余产品（玉米、皮革制品、贝珠、桦树皮船）的交换，个人也有少量的财产，可以依母系继承和转让。此外，对偶家庭之间已出现贫富差别，虽然仍受公有制的制约。部落械斗出现本身说明社会关系的变迁。俘虏并非都被收养，部分落选的俘虏要被处死，处决方法是将男俘或女俘绑在木桩上，先咬掉他们的手指，然后剐他们的皮肉吃，一直吃到心脏，以获得敌人的勇气和其他美德。而选定收养的俘虏则需经受"夹笞刑"考验，被各家族收养后，"同实际上的奴隶一样"在田野或其他地方从事最艰苦的劳动。只有经受住考验的俘虏，才能成为部落的正式成员。①这样的人与人的关系难道不是新的生产关系或新生产关系的雏形吗？

蒋先生还举例说"绝大多数史学家都承认古希腊原始社会解体后出现的是奴隶制社会"。据我所知，国外史学界目前没有人承认这一点，而且国内越来越多的史学家也不承认这一点。国外有承认希腊罗马是奴隶制社会的学者，如美裔英国史学家芬利以及德圣克鲁瓦，但他们并不认为原始社会一解体紧跟着的就是奴隶制社会。其实马克思也不承认这一点。关于奴隶制社会经济形态的普遍性问题，笔者曾在长文《古代世界的奴隶制和近现代人的诠释》②中进行过较为详细的"知识考古"工作，这里不再赘述。

---

① 参见乔治·彼得·穆达克：《我们当代的原始民族》，成都，四川省民族研究所，1980。

② 载《世界历史》，1999 年第 6 期。应重复一点，就是唯物史观中关于几种社会形态的判断并非属于唯物史观的核心原理。

从蒋先生的论文中能够看出，由于蒋先生长期从事史学理论研究，对具体的、实证的史学研究，尤其是国外专业史学的研究状况并不很了解。在这种情况下，提出否定唯物史观核心原理的一系列论据就显得不太充分或准确。这是从事理论研究与实证研究的学者常常出现分歧的原因。当年在柏林大学里，黑格尔就和同校的古代史大师尼布尔、兰克发生过激烈的争论，原因也在于此。所以西方专业史学一直坚定地拒斥思辨的历史哲学优先的做法。

至于蒋先生所批评的唯物史观辅助原理，应该说确实存在着一些严重缺陷。比如把一切社会斗争都当成阶级斗争、一切阶级斗争都是政治斗争或经济斗争的说法就有些过头。社会现象是复杂的，社会成员的分类也是复杂的。社会等级和社会阶级就不一样，种族、民族、性别、分工等等都会造成人们之间的差异和矛盾。仅说阶级和阶级斗争会将社会矛盾简单化。就当代发达资本主义社会而言，阶级状况确实发生了很大变化：体力劳动同脑力劳动的差别、工农差别和城乡差别都缩小了，蓝领工人已不占人口的大多数，白领工人显著增多，服务业和信息产业的从业人员大量增加。独资企业的比例减少，而股份制企业的比例增加。由于信用和交易方式的发展，通过雇佣工人在直接生产过程中获取剩余价值的人的数量越来越少，而通过流通在剩余价值再分配过程中获取剩余价值的人的数量比例越来越大。这为按雇工人数来区分资本家和小业主的传统方法带来了困难。但我们也不能因此认为阶级划分和阶级斗争的理论已经过时。

阶级和阶级斗争理论并不是马克思恩格斯凭空构想出来、强加给现实的。古希腊思想家如梭伦、希罗多德、修昔底德、柏拉图、亚里士多德、阿庇安等，早就熟练地运用这一方法来解释社会现象。"阶级"概念，包括一些具体概念，如"中产阶级"之类都是古典作家在解释社会历史问题时发明出来的。中世纪的史家，像马基雅维里等人同样能够自觉运用阶级分析法来解释意大利内乱不已的原因。启蒙时代的思想家，如卢梭等人，更是自觉运用这把锐利的"解剖刀"分析社会，分析不平等的起源。

古代和近代思想家能够在复杂的社会现象中抓住阶级和阶级斗争这个要素其实并不奇怪，因为社会划分为阶级和等级不仅是客观现实，而且在许多国家还通过法律将金字塔形的阶级等级结构确认了下来。马克思恩格斯也承认阶级和阶级斗争不是他们的发明，他们的贡献只是把阶级的存在同生产发展的一定历史阶段联系起来。因此，唯物史观的阶级和阶级斗争理论同唯物主义一样，是吸收和发展前人成果的产物。现今世界并没有摆脱阶级分野，因此阶级斗争和阶级妥协及合作依然是推动社会发展的力量。当代资本主义国家人权状况的改善、雇佣劳动者待遇的提高以及社会保障的政策的出现，当然不是资本家恩赐的结果，而是工人阶级长期斗争的产物（包括社会主义国家的示范作用）。所以唯物史观的阶级分析理论也与核心原理一样依然具有认识的效力，只不过需要根据现实社会划分的变化作出某种调整而已。

再比如，唯物史观的辅助原理对资本主义的活力显然有估计失误的地方，因为西方资本主义社会经过一个多世纪的自我调整，不仅仍能容纳生产力的发展要求，甚至还推动了生产力的进步，20世纪科学技术的重大突破大部分发生在资本主义国家就是证明。但我们也不应因此将唯物史观的有关理论一棍子打死。从19世纪的历史条件看，原有的乐观估计有它的合理性。因为我们知道，近代资产阶级革命胜利后，新国家对工人阶级而言并不是启蒙思想家所设想的平等、博爱、自由、民主的乐园。议会成为资产阶级的俱乐部，工人的绝对、相对贫困化没有明显改善，这一切导致一系列新的被压迫者的意识形态的出现，马克思主义便是其中之一。它以批判资本主义的面貌出现，批判的主要武器就是唯物史观。因此唯物史观从它诞生的时候起，就承担着一个现实的论证任务，即证明现存资本主义制度的暂时性。而在19世纪和20世纪前期，资本主义也的确表现出严重的病态，周期性的经济危机及其可怕后果接二连三地袭来，就连当时的许多西方学者也对资本主义的活力失去了信心。比如施本格勒、汤因比就表达了对资本主义或工业化体制的失望。所以估计失误不是马克思主义一家。而且我们不应忘记，马克思对资本的分析并没有完全失效，因为周期性的经济危机仍然存在，有时还会产生巨大的破坏力量，如韩国、日本、东南亚的经济危机和阿根廷经济危机。我国选择了市场经济的道路，也开始尝到生产相对过剩的苦头。即使我们把周期性的经济危机看作资本主义自我调节的基本手段，那这种调节的未来趋向是资本主义社会的日益改良还是治理危机的手段日益匮乏都未可知晓。因此，唯物史观关于资本主义社会的辅助原理虽然需要根据现实情况进行较大修改，但不像蒋先生所说的"严重缺陷"到失灵的地步。在笔者看来，只要核心原理有效，类似理论缺陷完全可以加以修补和更新，因为唯物史观仍具有兼容其他解释的张力。

三

蒋先生的论文论及唯物史观在当代的历史命运，实事求是地估计了唯物史观在我国史学界的现状，这是每个关心唯物史观的人都很忧虑的问题。诚如一些同志所指出的，这种现象的产生，同现代马克思主义执政党一度把富有活力的、具有批判和开放品格的理论变成僵化的教条（这本来是反马克思恩格斯本意的）有关，也同蒋先生提到的唯物史观的部分理论缺陷有关。①或者往大说一点，还同国际共产主义运动遭受的挫折有关。

但为什么早期马克思主义者会几乎一致地犯教条主义的毛病呢？这就不是上面的解释所能覆盖的了。依笔者愚见，这里有着深刻的历史原因，根子在理性时代形成的规律崇拜。换句话说，把唯物史观僵化为教条并不单纯是某个党的领袖个人的责任，而是一种时代病，无论是科学家还是政治家，无论是马克思主义者还是非马克思主义者或反马克思主义者，只要身处那个崇拜的时代，都免不了会染上这种病。

近代社会科学领域对科学规律的崇拜思潮是从启蒙时代开始的。启蒙运动的一个突出特点就是尊重科学和对客观规律的高度信仰。哥白尼、开普勒、伽利略、巴斯加、哈维尔、牛顿等人开创的近代自然科学革命②，从根本上推翻了中世纪的宇宙观和被奉为教条的亚里士多德的六部分物理学认识，引起人们思想上的巨大变革，对自然规律的偶像崇拜从此替代了对超自然的偶像崇拜。

由于以牛顿经典力学定律为代表的科学规律通过数学演算能够准确解释和预测当时人们能够观察到的一切物理现象，"地球上的动力学，天空上的动力学，被他融会为一体……使每个时刻都有能力提供宇宙过去、未来所有可能的信息。"因此人们以为宇宙就是一架精确的大机器，由一套包罗万象的规律在支配着它的运动，自由意旨和偶发事件变成了多余

---

① 如上文所述，有些缺陷不是马克思恩格斯的，而是他们学生们的有意、无意的误读。

② 科学技术是生产力，因此规律崇拜原本是生产力进步的产物。

的东西 。①现在我们知道，牛顿的规律在有些场合并不适用，这才出现了现代的两大物理学革命，即相对论和量子力学。但当时的人们并没有这样的经验，他们认为自然规律是纯粹客观的、普适的、绝对的，自然界中的任何物体或现象都是非此即彼、界限分明的，都有明确的因果关系加以连接和表达，因此真理是确定性的，也就是人们常说的"真理只有一个"，规律意味着一种状态的不可避免性、必然性，而人们所要做的就是通过实验和观察来发现规律，进而掌握和驾驭宇宙世界。

自然科学革命所产生的客观规律意识是启蒙思想家敢于倡导理性、大胆怀疑并批判包括古代在内的一切过去和现在的基本依据之一。他们把自然科学方法移植到社会历史的研究，自称社会科学中的牛顿（赫尔德语），认为社会也是一架大机器，依循一定的轨道有规律地运动。操纵它的力量便是某种自在的社会历史规律。这些规律同宇宙规律一样是客观的，具有毋庸置疑的确定性，无法避免的必然性。人们的使命就是发现它们，用自然规律般的简洁和抽象概括它们，以顺应和加速机器的走向，避免与历史必然性进行愚蠢的对抗。由于自认为掌握着客观真理，启蒙学者具有高度的自信，用笛卡儿和康德的话说："给我物质，我就用它造出一个宇宙来。"②

翻开历史哲学之父维柯的《新科学》，全书的基本表达方式就是先提出一个抽象的公理，然后加以解释论证，再引出下一个公理，下一个解释论证，最终目的服膺于"发现各民族历史在不同时期都要经过的一种理想的永恒的历史图案"③，也就是他在第 349 节所说的各民族共同经历的历史总进程，实际就是人类历史发展的总规律。这种以构建历史规律为己任并确信真理在手的乐观成为启蒙时代直至 19 世纪后半叶众多欧洲思想巨子的普遍心态。从笛卡儿、孟德斯鸠到伏尔泰、卢梭，从莱布尼兹、赫尔德到康德、黑格尔，虽然他们对规律的概括各有不同，所构建的人类史的进化模式及使用的概念术语也不一样，但都一致坚信终极规律的客观存在，人类社会朝着一个普适的目标前进。康德的说法很有代表性："人类的历史大体上可以看作是大自然的一项隐蔽计划的实现"，"无论人们根据形而上学的观点，对于一致自由可以形成怎么样的一种概

---

① 柯文尼和海菲尔德：《时间之箭》，8 ~ 11 页，长沙，湖南科学技术出版社，1995。

② 康德：《宇宙发展史概论》，17 页，上海，上海人民出版社，1972。

③ 维柯：《新科学》，上册，9 页、164 页，北京，商务印书馆，1989。

念，然而它那表现，即人类的行为，却正如任何别的自然实践一样，总是为普遍的自然律所决定的。"①

这种规律崇拜的思潮反映在历史学领域，就是在西欧和北美凯歌行进的史学专业化和实证主义史学。科学和规律是那时的史家非常偏爱的字眼，在他们看来，只要经过一番对史料的过滤提纯工作，或者再进一步加以抽象，更可以复原纯客观的、终极的历史，提取出客观的历史规律，历史学也因此步入科学的殿堂。

然而，近代规律崇拜是从物理学革命开始的，也是被物理学革命所推翻的。20世纪初叶，以相对论和量子力学为代表的物理学进步彻底打破了人们对科学规律绝对性、普适性的迷信。牛顿力学认为空间、时间和位置是绝对的，能量是守恒的。而相对论则认为空间和时间是相同的，可以代换；能量和质量是等价的，可以互相转化。量子力学则证明电子是随机的、跳跃式的，没有客观的时空，空间和时间原来是对人的标准而言的。牛顿力学现在只在一定范围内有效，比如造汽车和飞机有效，但在接近光速范围内就无效了，因此对造原子弹氢弹来说就不够用了。而突破经典力学规律的相对论和量子论又是彼此矛盾的。众所周知，爱因斯坦至死都在批评量子论的基本解释方法几率论。但科学的实践表明几率解释同样行之有效，适用于一切物体，所谓精确的自然科学领域原来也是测不准的领域。欧几里得的几何公理只是在这一公理定义的空间才是正确的，而这个空间只是一个理论和模拟的空间。毕达哥拉斯定理也不是绝对的真。②生物学领域更是如此。早期生物学家，如拉马克、达尔文等都把揭示生物规律作为自己的任务，但一百多年过去，生物学发展为一个门类众多的庞大学科，而各生物学分支学科中却很少提到规律。生物进化专家迈尔认为这种现象是由于生物学的研究对象系各自长期进化的产物，都具有独特性，所以任何概括都会有例外。③这样的现象并不限于科学领域，工程技术领域尤为突出。清华土木工程系刘西拉教授曾

① 康德：《万史理性批判文集》，1页、15页，北京，商务印书馆，1991。

② 特鲁斯蒂德：《科学推论的逻辑导论》，79～81页、126～134页，杭州，浙江科学技术出版社，1990；张汝伦：《海德格尔与现代哲学》，10～11页，上海，复旦大学出版社，1995。另见英国著名史家霍布斯鲍姆的《极端年代（下）》（江苏人民出版社，1998）第793页以后，作者对20世纪科学技术发展有十分精彩的概括。

③ 见李建会：《历史持异性与生命科学的规律》，《自然辩证法通讯》，1997年第2期。

说："任何工程一般不会有'唯一解'，就是在一组'可行解'中选出'满意解'，也要在工程实施中修改。"①他的话是符合事实的。计算机的软件设计也许更能说明这一点。比如垄断计算机操作系统的微软视窗 95 虽然经过众多编程人员的反复检测，但仍有近三千种错误。而且凡是做软件的人都知道，每修正一次旧错误或添加一些新功能，总会不可避免地引起一些新错误。②

由于迄今为止诸如经典力学、相对论和量子论之类科学理论同时拥有合理解释和预测的功能，都揭示了真理的一两个侧面，因而真理便不再是一个而是多了了；而原来认为的那种纯粹客观的规律于是便同一定历史条件下人们的思想紧密联系在了一起，认识或多或少地具有了主体性，并非完全是自在的、客观的东西。"科学家也像其他人一样，是自己的先入为主的理论的俘虏。如果他们牛顿力学学得好，这可能妨碍他们掌握更新的相对论。"③

作为对传统规律观的反动，根本否定客观规律的思想在 20 世纪的科学哲学中成为一股强大的力量。即使坚持认为自然科学和社会科学中存在规律的人，也已经把规律理解为统计的、几率的必然性，而不是机械的、命定的必然性了。诺贝尔经济学奖获得者萨缪尔森对经济学规律的理解，可以看作是这种现代规律论持有者代表性的表述："经济学的规律只是在平均的意义上才是对的，它们并不表现为准确的关系。"④ 这样一来，以往绝对化的规律崇拜意识便衰落了，曾经作为绝对规律的唯物史观自然同经典力学定律、相对论一样，失去了神圣的灵光，变为一定历史时代的规律，不再具有永恒的品质。

对于唯物史观的这一历史命运，马克思和恩格斯其实已经意识到了。虽然他们没有脱离他们所处时代的精神，同样认为人类历史是一个纯粹自然的、由不以人的意志为转移的内在规律支配的进程，但他们又不是时代精神的简单模仿者，而是站在时代前列的思想家。他们吸收了黑格尔的辩证思想，把客观规律⑤和对客观规律的认识（真理认识）区别开

① 北京师范大学宣传部：《高等教育改革信息》，1998 年 9 月。

② 《电脑爱好者》，1998 年第 21 期。

③ 萨缪尔森、诺德豪斯：《经济学》，上册，14～15 页，北京，中国发展出版社，1993。

④ 同上书，17 页。

⑤ 在黑格尔那里是绝对理念、世界精神。

来，把相对性赋予了人心中的真理，认为一切认识都是一定历史条件下的认识，历史条件达到什么程度，人们便能认识到什么程度。这即是说，一定历史范围内人对真理或规律的认识始终是有限的，受着既定历史条件的制约，因此任何反映在人们头脑中的规律认识都不是绝对的、超时空的、放之四海而皆准的。他们为此多次指出要用不变的、终极的真理的标准来衡量人类的历史，那将是无知荒谬的，科学永远不能通过对绝对真理的发现而达到认识的终点。我们如果把唯物史观放到马克思恩格斯的这种开阔的视域内来认识，我们对唯物史观在当代的命运又有什么可忧虑的呢？

（原载《史学理论研究》，2003 年第 1 期，略有改动）

晁福林

论中国古史的氏族时代

—— 应用长时段理论的一个考察

一　问题的提出

古史分期问题是 20 世纪五六十年代学术界，特别是历史学界，成为研究热点的"五朵金花"之一。所谓"古史分期"，就是对于中国古代社会形态的划分。在对中国古代历史分期和社会形态问题进行研究时，人们往往追求固定划一，用一个标准将历史时代"一刀切"。在这种思维模式下所进行的研究常常是劳而无功或事倍功半。这说明历史的发展是十分复杂的，简单的模式不适应历史实际。那么，该如何做呢？是剪裁历史实际来符合所谓的"标准"，还是重新检讨"标准"来尽力符合历史实际呢？答案应当是肯定的，即"标准"以及理论必须符合实际而不是相反。

从某个角度来说，历史实际犹如客观真理，是可近而不可及的。要想再现历史只能是一个美好的愿望而已。古代社会形态是历史实际的一部分，呈现着十分复杂的面貌。关于社会形态的探讨，应当从各个不同的角度进行。实际上前辈专家也已经作出了不少成绩。就拿先秦社会形态问题而言，前辈专家从生产力发展的角度，提出过"青铜时代"的概念，并以此和西方古代的铁器时代进行过比较研究，从而发现了中国古代社会生产力发展的若干特色。社会生产力当然是社会形态的一部分，"青铜时代"的提出，对于认识先秦社会形态是极有意义的命题。近年来有的专家从"社会生产方式"的角度提出"家国同构"的命题，认为先秦时代很长一段历史时期里是"宗法集约型家国同构农耕社会"，而秦汉以降则是"专制个体型家国同构农耕社会"。这个命题涵盖了社会生产力和社会结构特征、政治形态特征等多方面内容，显然是经过了深入思考以后的结果。还有的专家从古代文明或文化发展的角度对先秦社会形态进行分期，或试图从古代国家性质的角度来进行分期。总之，学者们的探讨正在深入进行着。然而毋庸讳言，有的探讨离社会形态这一概念的距离显得远了一些。这也许就是目前相关研究的一个缺憾。

社会形态的根本所在，笔者以为应当是社会生产方式和社会结构。从这个角度说，"五种生产方式说"有着它不可抹杀的历史功绩，它毕竟是从社会形态的根本问题角度进行的说明，前辈专家围绕"五种生产方式说"进行的研究，对于说明社会形态的根本问题作出了十分可贵的贡献。今天学术界冲破"五种生产方式说"的束缚，并不是要否定前辈专家在社会形态研究方面的业绩，而只是将社会形态研究中的标准问题作一番新形势下的检讨，使之更能接近历史实际。

既然社会形态可以从不同的角度进行探讨，以不同的标准进行衡量，那么可不可以在说明社会形态的根本问题，即社会生产方式和社会结构的问题时有新的思路呢？我们下面要集中探讨这个问题。

二 "长时段"理论及其对于相关研究的启发

20世纪法国年鉴学派的代表人物布罗代尔（Fernand Braudel，1902—1985年）所提出的历史时段理论影响巨大。他的理论着眼于探讨历史发展的多重因素。布罗代尔指出，一般的历史事件，只是喧嚣一时的新闻，犹如流火飞萤一样，转瞬即逝。这是历史发展的"短时段"。社会经济的发展情况决定了较长时期历史发展面貌。这是历史发展的"中时段"。而对于历史发展影响最大的是社会结构（布罗代尔称之为"网络构造"）——包括地理、社会组织、经济、社会心理等，亦即"长时段"（Lalongue duree）[1]。在布罗代尔的著作中，"长时段"实际上是对于历

---

① 也有的译作"长时程"，如杨豫译杰弗里·巴勒克拉夫《当代史学主要趋势》（上海译文出版社，1987年版）一书就是如此。

史发展起着决定作用的、长时期有影响的因素。布罗代尔对于自己的"长时段"理论十分自信，他说："我立足于长时段，根据过去和现在的辩证关系，从时间上进行比较：这种比较从未使我失望。"① 风行一时的年鉴派史学由此而诞生，成为影响巨大的史学流派②。

笔者以为"长时段"理论对于先秦社会形态乃至整个中国的古史研究具有重要参考价值。结合我们的相关研究，可提出如下一些认识。

第一，先秦时代（特别是夏、商、周三代）的政治变迁对于社会形态有一定影响，但不能估计过高。可以说在一个较长时段（例如夏、商、西周时期）里面，社会生产方式和社会结构的变化不太大，夏、商、西周之间的区别远没有其相同之处多。夏、商、周三代政治变迁和许多历史事件，都是同一社会结构影响的结果。

第二，先秦时代不存在后世那样的农民起义，没有出现剧烈的社会暴动或震动。过去所指出的先秦时期的"奴隶起义"、"农民起义"云云，都经不起推敲。可以说夏、商、西周时期社会经历着平稳的发展而不是急遽的变革。这种情况表明了当时社会结构的稳固。如果用"长时段"理论分析，可以说这正是大海深层静谧的表现。

第三，先秦时代与后世相比呈现出鲜明特色，无论是经济生产方式，抑或是思想文化，都可以说是下启了后世的发展而又与后世有很大差异。这些差异的形成原因不在于具体的事件和王朝的交替变迁，而为深层的社会结构形态所决定。

第四，所谓"长时段"应当还包括这样一层意蕴，那就是它和以其他标准所进行的分期并不吻合，而常常是跨越了以其他标准所进行的分期，有些为根本性的社会结构所决定的因素可以说跨越了许多时代，例如"青铜时代"、"原始时代"、"奴隶制时代"、"封建制时代"等。我们关于先秦社会形态的研究，很有必要找出这个具有根本性质的因素。

总之，"长时段"理论，可以启发我们在研究社会形态问题时，尽量避免绝对化、模式化的思路而进行一些深入的思考。把我们进行相关研究的"标准"问题考虑得更复杂些，避免单一模式所带来的绝对化。

---

① 《15—18世纪的物质文明、经济和资本主义》，22页，北京，三联书店，1992。

② 杰弗里·巴勒克拉夫：《当代史学主要趋势》，59~60页，上海，上海译文出版社，1987。

三 “氏族”与“氏族时代”

按照我们对于“长时段”理论的理解，什么是影响先秦时代的根本性质的因素呢？笔者以为首当其冲的就是氏族的长期而普遍的存在及其影响的广大和深远。如果简明地进行概括，也可以把这个因素称之为“氏族时代”。

在说明“氏族时代”之前，应当先对“氏族”一词进行讨论。

“氏族”是蕴含中国上古时代社会奥秘最多的概念之一，专家们的相关研究颇有歧说。杨希枚先生曾经将姓与氏分别进行比较，将其代表的社会组织称为“姓族”、“氏族”，并且强调“‘氏’义指邦或国”，还特别赞成日本学者加滕常贤将氏称为“领土的氏族”的断定①。对于杨先生这一很有影响的说法，笔者以为尚有继续探讨的余地。关于“姓”的解释，诸家似无分歧，一般都同意《说文》“姓，人所生也”的训释，认为“姓”就是人所出生的族的称谓。殷墟卜辞中的“多生（姓）”即多族，周代彝铭中的“百生（姓）”，即百族。氏的出现比较晚，殷墟卜辞中似无明确的“氏”称，而周代则大量行用，并且用之称谓远古时代大而有影响的族，如《左传》襄公二十四年“陶唐氏”、“御龙氏”、“豕韦氏”、“唐杜氏”，《左传》文公十八年“高阳氏”、“高辛氏”、“帝鸿氏”、“颛顼氏”、“缙云氏”，《左传》襄公四年“伯明氏”、“有鬲氏”、“斟寻氏”，《左传》昭公十七年“黄帝氏”、“炎帝氏”、“共工氏”、“凤鸟氏”、“丹鸟氏”、“祝鸠氏”、“爽鸠氏”，《左传》昭公二十九年“豢龙氏”、“御龙氏”、“帝舜氏”、“烈山氏”，《国语·鲁语》上“姒氏”、“姜氏”、“姬氏”、“有虞氏”、“夏后氏”，《国语·鲁语》下“防风氏”、“汪芒氏”、“肃慎氏”，《国语·晋语》四“方雷氏”、“夷鼓氏”、“苍林氏”、“少典氏”，等等。通过分析周代习用的“氏”的称谓，可以得出这样的认识：周以前基本上不行用的氏之所以在周代大量出现，是因为当时社会的族进入了大发展的阶段，族的规模日益庞大，需要分出新的族，所以才行用“氏”称。常见的做法是在姓之下分出若干氏，此即

---

① 见杨希枚：《论先秦姓族和氏族》，载《先秦文化论集》，北京，中国社会科学出版社，1995。

《国语·周语》下篇所说的"命姓受氏"、《左传》隐公八年所说的"胙之土而命之氏"。由于"氏"称为周人普遍行用，所以周人多用氏称谓远古时代的著名的族。这样一来，氏与姓二者谁大谁小就成了问题，其实只要认识到氏与姓在上古时代均指族而言，也就不必拘泥于这一问题了①。

考究氏、姓，应该用历史主义的观点。顾炎武虽然没有提到这种观点，但从他的论述里，可以看出他实际上注意到了这个问题。《日知录》卷二十三说："言姓者，本于五帝……自战国以下之人，以氏为姓，而五帝以来之姓亡矣。"元代儒士史伯璇亦有此类说法，谓："三代以后，皆无所谓姓，只有氏而已。故后世但曰姓某氏，而不敢曰某姓某氏。盖姓不可考，故但虚其姓于氏之上，而实其氏于下。"② 将氏理解为姓，是战国以后的事情，战国以前并不作如是观。前面提到的那些远古时代的"氏"，如陶唐氏、高阳氏等，都是东周时人的说法，并不表示五帝的时代就已经有了"氏"称。卜辞和彝铭以及古文献材料都可以证明"氏"称为后起。夏商时代及其以前人们并不以"氏"为族称。卜辞表明，商代表示族的意义的是"生（姓）"、"族"、"旅"等字。据专家研究，西周金文中的"氏"字，"象注旗于竿首之形③"。"氏"的这种造字本义，与族字相似。甲骨文和金文的族字之形从旗从矢，喻聚集大众于一个大旗之下。金文的氏字没有"族"这么大的气势，只是悬挂旗帜于竿首，盖喻小族之意。关于氏、族两字之意，顾炎武之说最得真谛。《日知录》卷二十三谓："氏、族，对文为别，散则通也。故《左传》云：'问族于众仲'下云：'公命以字为展氏'是也。其姓与氏散亦得通，故《春秋》有姜氏、子氏，姜、子皆姓，而云氏是也。"

---

① 为了说明这一点，还可举出两个比较典型的例证进行说明。《战国策·秦策》二载："曾子处费，费人有与曾子同名族者而杀人"；《吕氏春秋·异宝》载五（伍）员逃亡时，"丈人度（渡）之，绝江，问其名族"；皆以族为"姓"之义，"名族"即名姓、姓名。郑玄注《周礼·司市》引郑众语谓："百族，百姓也。"总之，姓、族一致，这是上古时代习见之事。

② 顾栋高：《春秋大事表》，卷十一引。

③ 徐中舒先生说，见《徐中舒历史论文选辑》，下册，808 页，北京，中华书局，1998。除了徐先生的这种解释以外，尚有谓"氏"字为"根柢"之形者，认为姓氏之氏即由根柢之义引申；还有的专家谓"氏"字为匙之初文，其上端有枝者乃为挂于鼎唇所用而防其坠。比较诸家所论，徐先生的说法近是。

如果要用最简单的词语概括，那就可以说"氏即是族"①，并且依然是由血缘关系所决定的族，与"姓"并无根本区别。氏之所以在周代提出并且普遍行用，是因为族的大发展之形势所需要。同一祖先的大族，人口众多，需要分支 这些分支就是"氏"。郑玄谓"氏者，所以别子孙之所出也"②，可谓得"氏"字真谛。对于"氏"起决定作用的仍然是血缘关系，并不存在有领土或建立邦国的因素。上引远古时代的"氏"称，很难都用邦国的概念来解释。至于说到氏族与土地有一定的关系，这不独氏族为然。所有的族，都必须生活于一定的区域中，但不能说这些族都是邦国。前人所谓"无土则无氏"，如果理解为此氏即族，是可以的；如果以之作为氏与姓的区别则不可从。春秋时期，"氏"的称谓非常广泛，家族可以以之为称，甚至个人也可以以之为称，然而最常见的还是族称。从约定俗成的意义上说，先秦时期的族都可以称为"氏族"。这个"氏族"的概念所表示的就是摩尔根所说的"一个由共同祖先传下来的血亲所组成的团体"③。

我们对于"氏族"的概念如果有了比较一致的认识，那么，"氏族时代"的概念就很容易理解了。所谓"氏族时代"，就是氏族作为社会基本组织形式的历史时期。中国古史上的氏族时代的特色主要在于它没有随着原始时代的结束而终结。中国古代社会进入文明时代以后很久，氏族还是社会的基本组织形式，是社会的基本细胞。直到春秋中期以前，社会还很少能够找到流离于氏族之外的人，甚至可以说几乎所有的社会成员——从各级贵族到普通劳动者——都生活在氏族之中。人在社会上的活动和影响通常是以氏族的面貌出现于社会历史舞台之上的，这些特色将在下面作较深入的探讨。

四　中国氏族时代的特色

前辈专家很早就提出了"氏族时代"的概念，他们所说的"氏族时代"是等同于原始时代（或者说原始社会）的，而笔者所提出的则是按

---

① 这里可举一例。据《左传》定公四年载，周公封鲁时所给予的劳动力是"殷民七族"，这七族称为陶氏、施氏、繁氏等，可见氏即为族。

②《史记·五帝本纪》集解引郑玄《驳五经异义》语。

③ 摩尔根：《古代社会》，上册，62 页，北京，商务印书馆，1977。

照"长时段"理论思考之后所确定的概念。作为长时段的氏族时代，并不随原始社会的终结而结束。笔者所说的"氏族时代"，与由野蛮向文明的迈进不相联系，亦即野蛮与文明的分界并不是氏族时代结束的标志。这应当是中国古代社会发展的一个显著特色。在这里，笔者的基本思路是：西方古代社会由野蛮进入文明时代的时候，氏族解体为其明显标志；而中国古代社会由野蛮进入文明时代的时候，氏族不仅长期存在，而且还有所发展。

在19世纪全面阐述古代社会由野蛮向文明迈进情况的学者是摩尔根，他将自己最重要的著作——《古代社会》一书又命名为《人类从蒙昧时代经过野蛮时代到文明时代的发展过程的研究》，就点明了其研究的主题所在。他将人类社会的政治形态归纳为两种："第一种方式以人身、以纯人身关系为基础，我们名之为社会。这种组织的基本单位是氏族"。"第二种方式以地域和财产为基础，我们可以名之为国家"。"在古代社会里，这种以地域为基础的方式是闻所未闻的。这个方式一旦出现，古代社会与近代社会之间的界线就分明了"。摩尔根虽然在有些地方也在强调氏族组织的存在与否对于人类进入文明时代的重要，如谓"氏族组织像是野蛮社会所留下的一片残襟被抛弃在一边"，但是从总体上看他对于氏族组织存在与否所产生的巨大影响认识还不够，他多次强调的是文明社会"始于标音字母的发明和文字的使用"，对于社会结构变迁所产生的巨大影响还没有很深入的认识①。

恩格斯利用了摩尔根的研究成果，所撰写的《家庭、私有制和国家的起源》一书充分估计了社会结构变化的巨大影响。恩格斯从许多方面论析了氏族制度的解体是社会由野蛮时代进入文明时代的必由之路，在这方面与摩尔根的论析基本上是一致的，只不过更强调了社会结构方面的这个变革对于社会发展的影响②。

应当肯定，恩格斯的结论是完全正确的。但同时也需要看到，恩格

---

① 《古代社会》，上册，6～7页、274页、12页。

② 经典作家也注意到了在有些地区，文明时代的基础不一定意味着氏族制度的解体。马克思在研究俄国社会学家、历史学家科瓦列夫斯基的著作时，曾经对其书中"阿尔及利亚社会建立在血缘的基础上"的说法，强调所谓"血缘的""即氏族的"。（马克思：《科瓦列夫斯基〈公社会土地占有制，其解体的原因、进程和结果〉一书摘要》，106页，北京，人民出版社，1965）显然，马克思实际上肯定了阿尔及利亚社会是建立在氏族基础上的。

斯自己曾经强调这个结论只是"根据希腊人、罗马人和德意志人这三大实例"进行的探讨①。对于西方古代社会发展而言，这"三大实例"确实具有典型性，可是就世界范围看，中国和许多地区的情况与这三大实例并不相同。中国古代由野蛮时代向文明时代迈进的时候，氏族组织长期存在，氏族与阶级、国家长期并存，它并没有"为阶级所炸毁"，也没有"被国家所代替"。在进入文明时代很久后，氏族组织还焕发着活力，产生着影响。质言之，中国古史上的氏族时代特色就在于它存在的长期性、普遍性和对于新的社会形势的很强的适应性。

关于我国古史上氏族存在的普遍性，在这里不拟进行全面论析②，只举出一些东周时期文献中关于氏族的记载稍作说明。东周时代的历史文献，如《左传》、《国语》等，关于氏族的记载俯拾皆是，在此仅举属于社会观念的两条材料：

> 夫鬼神之所及，非其族类，则绍其同位，是故天子祀上帝，公侯祀百辟，自卿以下不过其族。（《国语·晋语》八）
>
> 凡诸侯之丧，异姓临于外，同姓于宗庙，同宗于祖庙，同族于祢庙。（《左传》襄公十二年）

这两条材料说明，东周时人祭祀鬼神和举行丧礼时，其范围依"族"为转移的情况，本族以外的鬼神是不能随便祭祀的。此亦即《左传》僖公十年所载"神不歆非类，民不祀非族"与僖公三十一年所载"鬼神非其族类，不歆其祀"之义。从社会观念的情况看，直到战国中期，宗族还有巨大影响，以至于人们定出了这样的原则："为父绝君，不为君绝父。为□（昆）弟绝妻，不为妻绝□（昆）弟。为宗族□（弃？）朋友，不为朋友□（弃？）宗族。"③在宗族、君主、家庭三者之间，宗族为主，家庭为辅，君主则次之。宗族的重要于此可见。关于国家与氏族（宗族）的关系，请看下面一条材料：

---

① 《马克思恩格斯选集》，第 4 卷，154 页，北京，人民出版社，1972。

② 关于夏商时代的氏族情况，请参阅拙稿《我国文明时代初期的社会发展道路及夏代社会性质研究》（《史学理论研究》，1996 年第 3 期）、《夏商社会性质论纲》（《光明日报》，1998 年 5 月 22 日）等文。

③ 《郭店楚墓竹简·六德》，载荆门市博物馆编：《郭店楚墓竹简》，188 页，北京，文物出版社，1998。

> 公族，公室之枝叶也，若去之，则本根无所庇荫矣。葛藟犹能庇其本根，故君子以为比，况国君乎？此谚所谓"庇焉而纵寻斧焉"者也。（《左传》文公七年）

所谓"公族"，即各诸侯国君主的子弟所形成的诸族。国君要实现对诸侯国的统治，当然要靠国家机器，但在春秋时期却还离不开"公族"的强大。公族和国君犹如枝叶与本根那样相互依靠。国君最为核心的依靠力量是公族，然后才有势力和影响去统治本诸侯国内的数量庞大的氏族。如果公族衰落了，公室也必然随之没落。《左传》昭公三年晋臣叔向谓"公室将卑，其宗族枝叶先落，则公室从之"，《尹文子·大道》篇谓"少子孙，疏宗族，衰国也"，都道出了个中奥妙。关于国家政权与普遍存在的氏族（宗族）的关系，《管子·版法解》谓："凡人君者，覆载万民而兼有之，独临万族而事使之"。所谓的"独"实际上并非国君一人所可担纲者，应当是国君依靠其公室与公族形成了强大力量的结果。国君对于诸侯国的统治，关键在于管理好广泛存在的氏族，使之和睦相处，"公修公族，家修家族，使相连以事，相及以禄，则民相亲矣。"① 在地方行政组织与氏族（宗族）同时并存的情况下还应当使这两者和平相处，"州县乡党与宗族足怀乐"②，唯有如此才能保证国家的稳固。宋国和春秋后期，就以"三族共政"维持了国家的安定③。战国时期写定的《黄帝四经·论》篇谓："臣不亲其主，下不亲其上，百族不亲其事，则内理逆矣。逆之所在，胃（谓）之死国，伐之。"说明对于国家政权中君主的管理功能来说，既有君对于臣的管理，又有君主对于"百族"的管理，两者都不可少。另一方面，国家又是族的保护力量，春秋时宋国贵族谓"弃官，则族无所庇"④，实将自己在朝廷中的官位看成本氏族（宗族）的庇护。春秋时期贵族常以"守其官职，保族宜家"为其主要职责⑤，正是基于氏族（宗族）与国家相互依赖这一基本格局。时贤专家或谓"家国同构"是中国古代社会形态特征之一。按照我们对于氏族时代的理解，

---

① 《管子·幼官》。
② 《管子·九变》。
③ 《左传·哀公二十六年》。
④ 《左传·文公十六年》。
⑤ 《左传·襄公三十一年》。

在先秦时代，与其说"家国同构"，毋宁说是"族国同构"更为合适些①。

东周时人由于氏族发展绵延时代久远，一般人对于本族的历史由来已经渺茫，所以有"非教不知生之族也"的说法②，甚至对于国君之子还要"教之《训典》，使知族类，行比义焉"③，郑国还派分孙挥担负辨明"其大夫之族姓"的任务④。正由于社会成员普遍都生活于大大小小不同的氏族（宗族）之中，所以普遍关心自己宗族的渊源，要向知识渊博者请教，要考究《训典》一类的记载以明确"族姓"⑤，以致有专门辨"族姓"的职官。氏族的普遍性于此也可窥见一斑。

五　中国古史的氏族时代之发展变化

中国古史上时间漫长的氏族时代，可以大体上分为四个发展阶段。今试对这四个阶段进行简明论析，以求说明各个阶段的发展概况。

（一）第一阶段：从远古至五帝时期

这是氏族出现和初步发展的时期。氏族的出现在目前大概可以追溯到旧石器时代晚期的山顶洞人⑥。山顶洞文化遗址发现了其宽广的居住遗址和公共墓地，其文化遗物有许多并非山顶洞地区所有，远者可有200公里的距离，这样大的活动范围应当是氏族活动的结果。进入新石器时

---

① 当然，邦国与氏族（宗族）的关系也不绝对是相互依赖，有时候也会产生矛盾。例如郑国"国小而逼，族大宠多"（《左传》襄公三十年）就成为子产婉拒执政之职的托词。但是，尽管如此也不妨碍我们关于氏族在东周时期依然普遍存在于社会之上的论析，不影响关于宗族与国家关系密切的基本判断。

② 《国语·晋语一》。

③ 《国语·楚语上》。

④ 《左传·襄公三十一年》。

⑤ 这种辨姓之举在古代长期延续。东汉末年王符作《潜夫论》，特意依照"君子多识前言往行"的原则写出《志氏姓》以辨析氏族源流。

⑥ 山顶洞人的时代，过去一般认为距今18 000年，近年，专家测定距今27 000年左右，时代最早的下臂底部则距今34 000年。这与当时的气候特征及在山顶洞所发现的动物化石情况相符合。

代以后，氏族活动的范围明显扩大，从相关的考古资料看，已经形成了各具特色的地域文化，反映了各氏族的联系正在加强。到了新石器时代晚期的龙山文化阶段，地域广大的文化区域已经形成，从当时分布甚广的城市遗址看，部落联盟已经有了不小的规模。这些都与古代典籍关于"五帝"的记载相吻合。据《尚书·尧典》、《大戴礼记·五帝德》、《史记·五帝本纪》等的记载，在黄帝、颛顼、帝喾、尧、舜的时代已经形成了一个以黄帝族为核心的社会权力中心。春秋时人还能够历数五帝时期属于黄帝族的高阳氏、高辛氏的组成情况。《左传》文公十八年谓：

> 昔高阳氏有才子八人：苍舒、隤敳、梼戭、大临、尨降、庭坚、仲容、叔达，齐、圣、广、渊、明、允、笃、诚，天下之民谓之八恺。高辛氏有才子八人：伯奋、仲堪、叔献、季仲冬、伯虎、仲熊、叔豹、季狸，忠、肃、共、懿、宣、慈、惠、和，天下之民谓之八元。此十六族也，世济其美，不陨其名。

除了作为主体的黄帝族以外，还有与黄帝族敌对的"四凶族"，他们在斗争中失败，被"投诸四裔"①，驱逐到边远地区。

（二）第二阶段：夏商时期

这是氏族广泛发展的阶段。氏族继续作为社会上的基本生产单位而不断扩大规模和增加数量。甲骨卜辞里有不少关于商代氏族的记载，可以说离开氏族就无从探讨商代的社会组织和社会面貌。早在20世纪50年代初期，徐中舒先生就曾经指出："殷代的社会基础组织是彻头彻尾的氏族组织，……殷代帝王也不过是当时的一个大部落的酋长。"② 周初分封时，曾以"殷民七族"封赏鲁公③。表明这七族都是商王朝的主要劳动力。关于夏商时代氏族的基本情况，司马迁曾经进行过综述。《史记·夏本纪》："禹为属长姒姓，其后分封，用国为姓，故有夏后氏、有扈氏、斟寻氏、彤城氏、褒氏、费氏、杞氏、缯氏、辛氏、冥氏、斟戈氏。"

---

① 《左传·文公十八年》。
② 甲骨卜辞的研究证明了这个说法是合乎历史实际的。
③ 《左传·定公四年》。

《史记·殷本纪》："契为子姓，其后分封，以国为姓，有殷氏、来氏、宋氏、空桐氏、稚氏、北殷氏、目夷氏。"值得注意的是，司马迁对于夏、商王朝情况的概述如出一辙，可见在太史公的眼里，夏、商王朝确是十分类似的，其最主要的类似之处在于夏、商王朝都拥有大量的氏族，那时还丝毫见不到编户齐民的踪影。人们在夏、商时代的社会上所能看到的只是氏族，说氏族是夏、商时代社会的具有最普遍意义的社会组织形式，应当说一点也不过分。

（三）第三阶段：西周春秋时期

这个时期，氏族发展的关键是适应新的社会局势而大量涌现宗族。这些随分封制而兴起的宗族成为社会上最基本的组织单位。可以说宗族就是随着周代分封制的实施而产生的贯彻宗法精神的氏族。成王时期《明公簋》谓"唯王令明公遣三族伐东国"，《班簋》谓"以乃族从父征"，都是以族为单位参加周王征伐的明证。《毛公鼎》谓周宣王曾经命令毛公"以乃族干（捍）吾（卫）王身"，都可以说明"族"对于周王朝稳固的重要。直到春秋时期，宗族仍然影响巨大。这里可以晋国为例进行说明。《左传》昭公五年载：

> 韩起之下，赵成、中行吴、魏舒、范鞅、知盈；羊舌肸之下，祁午、张趯、籍谈、女齐、梁丙、张骼、辅跞、苗贲皇，皆诸侯之选也。韩襄为公族大夫，韩须受命而使矣；箕襄、邢带、叔禽、叔椒、子羽，皆大家也。韩赋七邑，皆成县也。羊舌四族，皆强家也。晋人若丧韩起、杨肸，五卿、八大夫辅韩须、杨石，因其十家九县，长毂九百，其余四十县，遗守四千。

这个记载说明春秋后期晋国社会上最有影响的韩、赵、中行、魏、范、知、羊舌、祁等"大家"、"强家"，亦即大族、强族。这些强宗大族不仅经济实力雄厚，而且拥有相当可观的军事力量，直令强大的楚国都不敢小觑。

这个时期，社会上开始出现不属于宗族的人士，这些人士实际上虽然出身自宗族，但由于其所从事的职业的缘故，与本宗族实际上脱离了关系。最早游离出氏族者可能是一批文化知识的拥有者亦即士人。例如，春秋时期楚乐师钟仪被囚于晋，晋景公"问其族"，钟仪回答说"泠人也"①。乐师不回答其宗族名称，而以"泠人"——乐官这种职业作答，可见钟仪（甚至包括其先辈）已经脱离了本族而专职司于乐官之业。于此我们还可举出两例再作探讨：

> 黄鸟黄鸟，无集于谷，无啄我粟，此邦之人，不我肯谷。言旋言归，复我邦族。黄鸟黄鸟，无集于桑，无啄我梁。此邦之人，不可与明。言旋言归，复我诸兄。黄鸟黄鸟，无集于栩，无啄我黍。此邦之人，不可与处。言旋言归，复我诸父。（《诗经·黄鸟》）

> 问国之弃人何族之子弟也？问乡之良家，其所牧养者几何人矣？问邑之贫人债而食者几家？问理园圃而食者几何家？人之开田而耕者几何家？士之身耕者几何家？问乡之贫人，何族之也？问宗子之牧昆弟者，以贫从昆弟者几何家？余子仕而有田邑，今入者几何人？子弟以孝闻于乡里者几何人？余子父母存，不养而出离者几何人？（《管子·问》）

这两例材料，《黄鸟》属于《小雅》，应当是春秋时代的作品；《问》篇的著作时代当在战国中期②。东周时期是一个社会大变革时代，从社会结构的角度看，这正是氏族（宗族）与国家并存的典型时期。族既是普通社会成员的保护伞，又是一种束缚。上面这两条材料表明社会普通成员摆脱族的努力和处境之尴尬。离族出走者被称为"国之弃人"，可见其受到歧视，甚至要被查问他是"何族之子弟"。这样的人在外面没有办法生活，只得"复我邦族"，返回到保护伞下。但是摆脱束缚毕竟是时代潮流。从春秋后期开始，士人逐渐登上社会历史舞台，他们既与自己出身的氏族（宗族）有联系，又服务于社会，可以远走他乡，也可以服务于乡里。孔子提出士人应当达到的基本标准就是"宗族称孝焉，乡党称弟焉"③。从摆脱族的束缚并由此而引起社会结构变革的角度看，可以说"士"是勇敢的先行者。

---

① 《左传·成公九年》。

② 《管子》一书内容驳杂，专家或谓其《轻重》诸篇写定于汉代，但是，《管子》的大多数篇章一般被认为出自稷下学派的学者之手，为当时的"论文集"。

③ 《论语·子路》。

氏族时代在战国时期已临近尾声，《管子·问》篇似为当时的一篇户口统计提纲，它所统计的各类人员，典型地反映了当时社会人员的复杂面貌，既有自耕农民，又有氏族中人。就农民而言，既有"开田而耕者"，又有"士之身耕者"，还有"理园圃而食者"。其中提到的"国子弟之游于外者"，应当同于《黄鸟》诗中到他"邦"谋生的人。这样的复杂局面应当就是战国时期各国大变法前夕的社会情况。

（四）第四阶段：战国时期

这是中国古史的氏族时代结束的时期，也是由氏族时代迈向编户齐民时代的过渡阶段。随着各国变法运动的大规模展开，授田制日益普及，孟子曾经这样向魏惠王说到其所希望的农民的情况："百亩之田，勿夺其时，数口之家可以无饥矣。"[①] 这个目标可以说在授田制之下基本上实现了。农民已不再完全是氏族（宗族）的成员，而是国家户口登记簿上的民众。商鞅主张治理国家应当做的大事就是"举民众口数，生者著，死者削。民无逃粟，野无荒草，则国富"[②]。"四境之内，丈夫女子皆有名于上，（生）者著，死者削"[③]。统计和管理户口只是手段，目的在于实行授田制。农民所耕种的田地由国家授予，并且由此而向国家交纳赋税，提供劳役。农民与国家的经济关系是直接的，中间没有了氏族（宗族）这个层次。氏族（宗族）对农民的保护伞的作用已经大为削弱。战国时期各诸侯国为了加强自己的力量而从氏族（宗族）那里将劳动者归于国家统治管理，直接从劳动者那里取得赋税，乃是势在必行的事情。随着授田制和户口管理制的实行，在战国后期，编户齐民已经登上社会历史舞台。

"编户"之称顾名思义乃是编入国家户籍的民户，民户如果隐匿而不纳入国家户籍，就要受到惩罚。据《云梦秦简·法律答问》载，这种情况被定为"匿户"。按照秦国法律的定义，即"匿户弗徭、使，弗令出户赋之谓也"[④]。登记户口的做法在战国末年秦国称为"傅"。《云梦秦简·编年记》载"今元年，喜傅"[⑤]，指秦王政元年，名喜者的户口登于国家

① 《孟子·梁惠王上》。
② 《商君书·去强》。
③ 《商君书·境内》。
④ 《睡虎地秦墓竹简》，222 页，北京，文物出版社，1978。
⑤ 《睡虎地秦墓竹简》，6 页。

的户籍。从商鞅变法里,我们可以看到当时实行了严格的什伍制度,"令民为什伍,而相牧司连坐。不告奸者腰斩,告奸者与斩敌同赏,匿奸者与降敌同罚"。为了增加纳赋税的户数,还规定"民有二男以上不分异者,倍其赋","令民父子兄弟同室内息者为禁"①。秦汉以降,编户之民成为最普通的社会成员,《淮南子·真训》谓:"夫鸟飞千仞之上,兽走丛薄之中,祸犹及之,又况编户齐民乎?"类似的感叹也出自司马迁之口:"千乘之王,万家之侯,百室之君,尚犹患贫,而况编户之民乎?"②普通劳动者的保护伞——氏族(宗族),在战国中期被强劲的变法之风吹飞了,国家通过编户制度将其牢牢地捆绑在自己的"战车"之上。这时候的民众不再单纯是某一氏族(宗族)的成员,而已经成为国家的人口——"齐民"。所谓"齐民",当取义于整齐划一,在国家户籍上,民众皆整齐而一致,对于国家而言,大家都是老百姓,谁也不比谁高一头。在统治者看来,"齐民"乃是其统治的主要对象。《管子·君臣》下篇即谓:"齐民食于力作本,作本者众,农以听命。是以明君立世,民之制于上,犹草木之制于时也。"赵武灵王胡服骑射的时候,曾用"齐民与俗流,贤者与变俱"③之语来说明变服易俗的道理。汉初吕后执政时,大臣们曾经称颂她"为天下齐民计所以安宗庙社稷甚深"④。这些都表明从战国后期到汉代,"齐民"已经是社会认可的普通民众名称。

"编户齐民"之称最早盖见诸《淮南子》,而《史记》则称为"编户之民"。这并非偶然的事情,因为汉代社会上编户齐民已经是最普通的劳动者的称谓,难怪《淮南子》的作者们和司马迁对他们的命运多舛感而慨之了。编户齐民或称为"编户民",据《汉书·高帝纪》记载,西汉初年吕后即有"诸将故与帝为编户民"之说,颜师古注谓"编户者,言列次名籍也"。西汉昭帝时代的盐铁会议上,文学之士谓"宋、卫、韩、梁,好本稼穑,编户齐民,无不家衍人足"⑤。可见这时候的编户齐民主要指努力于本业——农业的编入国家户籍的民众。这应当是很长历史时期里的"编户齐民"的定义。

---

① 《史记·商君列传》。
② 《史记·货殖列传》。
③ 《史记·赵世家》。
④ 《史记·吕太后本纪》。
⑤ 《盐铁论·通有》。

六 余音袅袅

当秦王政以金戈铁马统一天下的时候，"氏族时代"已经是明日黄花了。若从社会结构的变化而言，秦的统一即标志着一个与"氏族时代"相对应的"编户齐民时代"的开始。然而，作为一个历史时代，它是不会一下子就从传统中销声匿迹的。氏族（宗族）以及宗法观念在秦汉以降很久，还深深地影响着我国社会，影响着文化观念。

在编户齐民时代，普通劳动群众往往身兼"齐民"与氏族（宗族）成员两种身份。在国家政权与宗族权力之间，前者更有权威性，《荀子·大略》篇载："一命齿于乡，再命齿于族，三命，族人虽七十，不敢先"，证明这是在战国后期就已经奠定了格局的事情。秦汉以降，民众有邻里乡党比邻而居者，亦有聚族而居者。宗族往往成为国家政权的补充力量，领导宗族者多为年长德高望重者，称为"族长"或"族正"。清代规定："聚族而居，丁口众多者，择族中有品望者一人，立为族正，该族良莠，实令查举。"① 这类"族正"，与官府之下的地方基层小吏有着类似之处②。然而，宗族的有些基本原则也有不变者，同族之人相互帮助义务就是长期坚持的一项。同族之人，有丧事时，依血缘关系的亲疏服丧，墓地多聚族而葬③。宗族世代繁衍，则立族谱排比世系。为了防止假冒，南北朝时期还曾有专门官员负责进行族谱及族人身份的核查事宜。颜之推《颜氏家训·风操》篇谓："同昭穆者，虽百世犹称兄弟。若对他人称之，皆云'族人'"，同族之人有着自然亲近的情感。名门大族往往以高贵的族望而自诩。与国家政权基层机构并存的宗族，由于它是稳固国家统治的一个因素，所以国家政权在一般情况下，并不对世家大族采取敌对措施。有些历史时期的国家政权甚至建立在世家大族支持的基础之上，东

---

① 《清会典事例》，卷一五八，《户部·户口》。

② 宗法制的核心在于嫡长子继承制，为族长者必须为作为嫡长子的"宗子"。然而，秦汉以降，"宗法颠坠，豪宗有族长，皆推其长老有德者，不以宗子"，这是宗法制的一大变动，然而又是适应社会形势不得不作出的变动。故而章炳麟说这是"礼极而迁，固所以为后王之道也"。（《訄书·序种姓》，北京，三联书店，1998）

③ 先秦时期，关于族葬就有较严格的规定。《荀子·礼论》载："庶人之丧合族党，动州里，刑余罪人之丧不得合族党，独属妻子"，是为其证。

汉和魏晋南北朝时期是为典型。《白虎通·宗族》篇谓："上凑高祖，下至玄孙，一家有吉，百家聚之，合而为亲，生相亲爱，死相哀痛，有会聚之道，故谓之族。"这时所讲的族人中这种友爱联系不唯汉代如此，而是在我国古代长期存在的现象，它是传统文化观念的重要支柱。

　　总之，我们提出"氏族时代"的问题进行探讨，其学术意义大概在于研究社会结构在长时段里面的根本特点，从而对于社会性质问题的研究提供新的思路。"不识庐山真面目，只缘身在此山中"。如果越出社会性质问题的范围从新的角度进行考虑，或许相关的研究便会有新的启示和进展。

（原载《历史研究》，2001 年第 1 期）

李根蟠

中国"封建"概念的演变和
"封建地主制"理论的形成①

引言：问题的提出

本文所要讨论的"封建地主制"（或称"地主经济封建制"）是指封建社会形态中的一种类型，这种类型既区别于中国战国以前的封建领主制（或把战国以前定性为奴隶制），也区别于西欧中世纪的封建领主制。

"封建地主制"理论是与对战国秦汉以后至鸦片战争以前这一历史阶段社会经济性质的认识联系在一起的。战国秦汉至鸦片战争是中国历史上十分重要的时期，把它放到世界历史发展的大潮中看，它显得很有特色，似乎与众不同。对这段历史如何认识，如何定性，让历史学家颇费踌躇。早在20世纪的二三十年代，就有人称之为"中国社会形态发展史中之谜的时代"②。"封建地主制"是20世纪30年代学界对该时代诸多定性中的一种，经过长期的研究和讨论，自四五十年代以来，它为越来越多的学者所认同，以至成为中国学术界关于战国以后社会性质的主流观点。

20世纪70年代末以来，人们反思以往的研究，对传

---

① 本文初稿承林甘泉、方行、宁可、叶坦诸先生审阅，提出宝贵意见，特此致谢。

② 王礼锡：《中国社会形态发展史中之谜的时代》，《读书杂志·中国社会史论战》，第3辑。

统经济，尤其是战国以后至鸦片战争以前社会经济性质进行再认识，提出了形形色色的理论观点。据我的考察和概括，其荦荦大者，除"地主经济论"以外，还有"权力经济论"和"市场经济论"①。近年来，"地主经济论"这一主流观点，一再受到"权力经济论"者和"市场经济论"者的质疑和批评，其中有的是点名与我商榷的②。

作为一个"地主经济论"的信奉者，我觉得有必要、有责任回答这些质疑和批评，同时根据学科研究的新进展，对"封建地主制"的理论作出某些修正和补充。

现在，"封建地主制"理论又遇到更为根本性的挑战。近年来，我国学术界出现一股声浪，否定中国历史上曾经存在过封建社会，尤其是不承认战国秦汉以后的中国为封建社会。他们说，西欧的封建（feudalism）和中国古代的"封建"是根本不同的，认定中国古代存在西欧式的封建社会，是把马克思主义社会形态的学说（五阶段论）硬套到中国历史上的结果；这是中国古史研究中最大的"荒谬"和"尴尬"，云云。如果连封建社会都不存在，封建地主制就更是无从谈起。

也正因为这样，我们对中国封建地主制的讨论，不能不从在中国历史研究中使用"封建"、"封建社会"、"封建制度"的概念是否科学谈起。本文着重于学术史的回顾。首先分析"封建"概念的古今演变，然后评述中国社会史论战中秦以后是否为封建社会之争，梳理"封建地主制"理论形成的过程，最后回答质疑者提出的部分问题。至于应该如何认识地主经济体系及其运行机制，在新的形势下应对封建地主制理论作些什么补充和修正，只好留待另文阐述了。

一　从古代"封建"到近世"feudalism"概念的引入

（一）中国古代的"封建"

中国古代"封建"的原始意义是封土建制、封邦建国，大规模"封

---

①　拙文《中国封建经济史若干理论观点的逻辑关系及其得失浅议》，载《中国经济史研究》，1997 年第 3 期。

②　例如，《中国社会经济史研究》2003 年第 2 期刊登美籍华裔学者赵冈《试论地主的主导力》一文，就是指名和我商榷的。

建”的事实发生在西周建国初年。

甲骨文中已有“封”字，是在土堆上种树的象形，它是土地疆界的一种标志。帝王要在其统治范围内或势力范围内建立诸侯国，首先要确定它的疆界，设置“封”作为标志，并建立某种法规，这就是所谓“封建”，也可以单称“封”或“建”①。或谓殷代已有“封建”，根据尚嫌不足②，且殷代没有出现需要普遍实行“封建”的客观情势。盖周族以僻处西陲的蕞尔小国灭掉“大邑商”，如何统治这幅员广阔的土地，成为十分棘手的问题，分封制度由此应运而生。分封的用意，是让亲戚子弟率领族人到各地建立武装的据点，以此为依托控制各个地区，并从而形成拱卫宗周的态势。《左传·僖公二十四年》：“昔周公吊二叔之不咸，故封建亲戚以蕃屏周。”讲的就是这一事实。诸侯从周天子那里取得土地和人民，即拥有相对独立的土地领有权和政治统治权，同时要向周王室提供贡赋，形成某种统属关系。诸侯又对其统属下的亲戚子弟进行分封。所谓“天子建国，诸侯立家，卿置侧室，大夫有贰宗，士有隶子弟，庶人、工商各有分亲，皆有等衰”（《左传·桓公二年》）。从周天子到诸侯、卿、大夫、士，形成以宗法制维系的等级体系，君临广大被占领地区人民之上。大规模的“封建”完成于西周成、康之世，以后只有零星实行者，但“封建”所形成的一整套制度延续到春秋以至战国。

封建制度自春秋战国之际开始逐步瓦解，秦统一全面实行郡县制，取代了西周以来的封建制。

“封建”的事实虽然发生在西周，但明确用“封建”一词表述它则是春秋时代的事情③。实际上，终先秦之世，“封建”一词是很少使用的，

---

① 《周礼·封人》：“掌诏王之社壝，为畿封而树之。凡封国，设其社稷之壝，封其四疆；造都邑之封域者亦如之。”《说文》：“封，爵诸侯之土也。”《一切经音义》卷二十三引《声类》：“建国以土地曰封。”“建”，《说文》谓“立朝律也”，即建立法规，也意味着某种国家政权的建立。按：《鲁颂·閟宫》：“王曰叔父，建尔元子，俾侯于鲁。大启尔宇，为周室辅。”这里的“建”就是建立侯国的意思。

② 胡厚宣：《殷代封建制度考》，载《甲骨学商史论丛（初集）》，齐鲁大学国学研究所专刊之一，1944年出版。陈中凡在《殷商社会史之商榷——读胡著〈甲骨学商史论丛（初集）〉质疑》（《新中华》复刊号，1946年3月）一文中对胡氏的观点提出批评。

③ 上引《左传·僖公二十四年》载春秋时人富辰语。又，《诗经·商颂·殷武》：“命于下国，封建厥福。”“封”训“大”。这里的“封建”不同于作为一种制度的“封建”。

倒是秦汉以后，有了郡县制作为它的对立物，"封建"的特点才更加突显出来，该词出现的频率也增加了。关于封建制和郡县制孰优孰劣的争论，从秦汉到明清从未停止。在这一争论中，来源于西周的"封邦建国"的"封建"这一概念，已经发生了某些微妙的变化——它的内涵被拓宽了。就拿柳宗元著名的《封建论》来说，虽然也谈到西周"裂土田而瓜分之"的事实，但柳宗元心目中的"封建"，主要是指人类原初时代为了消弭共同体内部纷争、以应对外部自然界威胁而自然形成的君长权力①。古圣王只是不得已而承认这种现实。所以他说："彼封建者，更古圣王尧、舜、禹、汤、文、武而莫能去之。盖非不欲去之也，势不可也。势之来，其生人之初乎？不初，无以有封建。""故封建非圣人意也，势也。"他把"封建"的出现看成是客观情势所使然，而不是圣人主观意志的产物，就这一点来说，是一种唯物的观点；但他所理解的"封建"与西周自上而下的"封建"，显然是有区别的②。

柳宗元的这种观念，并非凭空产生。战国秦汉时代的人们追溯和考察远古历史的时候，往往按照离他们比较近的西周春秋的历史模式去理解它，从而把当时存在的某种"联盟"的关系视为西周那样的统一"王朝"，把作为联盟首领的"共主"当作"王朝"的"君主"，把星罗棋布的部落方国比附成西周春秋时代分封的"诸侯"。例如，司马迁就说"黄帝之时，神农氏世衰，诸侯相侵伐"，黄帝打败蚩尤以后，"诸侯咸尊轩辕为天子"，于是黄帝"置左右大监，监于万国"（《史记·五帝本纪》）；还有"禹……即天子位……封皋陶之后于英六"（《史记·夏本纪》），等等。西周的"封建"造就了许多国中之国，而有些"诸侯"又确实是原有方国部落的归顺者。远古时代松散联盟和方国林立的状态在某些方面与西周相似，在当时人们的认识水平下，把它与"封建"挂钩就是很自

---

① 柳氏《封建论》说：人类之初"与万物皆生，草木榛榛，鹿豕狉狉，人不能搏噬，而且无毛羽，莫克自奉自卫，荀卿有言：必将假物以为用者也。夫假物者必争，争而不已，必就其能断曲直者而听命焉。其智而明者，所伏必众；告之以直而不改，必痛之而后畏；由是君长刑政生焉。故近者聚而为群。群之分，其争必大，大而后有兵有德。又有大者，众群之长又就而听命焉，以安其属。于是有诸侯之列。"

② 西周的"封建"是自上而下地把土地和人民分封给原来没有土地的亲戚臣属，所以《礼记·乐记》注说："封谓故无土地者也。"《公羊传·隐公元年》注说："无土建国曰封。"这与原来就管辖一定的土地和人民的方国部落显然是不同的。

然的事情了①。

魏晋以降，封爵而不治民的制度也开始沿用"封建"之名。如《三国志》卷二十《魏书·武文世王公传》："魏氏王公，既徒有国土之名，而无社稷之实……"南朝宋裴松之注引《袁子》（按，指晋人袁准所著《正论》））曰："魏兴，承大乱之后，民人损减，不可则以古（始）[治]。于是封建侯王，皆使寄地空名，而无其实。"东晋孙盛也说："异哉，魏氏之封建也！不度先王之典，不思藩屏之术，违敦穆之风，背维城之义。"②《晋书》卷二十三《乐志下》谓改古乐曲《有所思》为《惟庸蜀》系"言文帝既平万乘之蜀，封建万国，复五等之爵也"。

宋元时代，李昉等辑《太平御览》设"封建部"五卷。继之，马端临写《文献通考》设"封建考"十八卷，一方面把"封建"从西周追溯到黄帝时代，另一方面又把秦汉至唐宋封爵而不治民（或曰"封"而不"建"）的制度也囊括其中。马端临开创的这一体例为《续文献通考》、《清文献通考》、《续清文献通考》所继承。在《通考》这个系统中，先秦的"封建"可称为狭义的"封建"，它虽然包括了西周的"封建"，而且是在西周"封建"的基础上推演出来的，但两者毕竟不同；广义的"封建"则包括先秦的"封建"和秦汉以后的"封建"。马端临等人并没有把秦汉以后的分封王侯等同于先秦的"封建"，但他们确实把中国古代"封建"的概念拓宽了。

由此可见，中国古代的"封建"虽然起源于西周的"爵土建制"，并以此为基础，但这一概念的内涵是历史地发展变化着的。黄帝、唐虞、三代的"封建"已经与西周的"封建"有所不同，更遑论《通考》系统那种广义的"封建"了！不过，不管是狭义的还是广义的"封建"，它们指的都是一种政治制度。

---

① 侯外庐认为"'封国'非封建制度"。"封建亲戚以蕃王室的说法，是战国时代造作出来的……在战国末年儒家改编《国语》所凑成的《左传》才把周代封建的制度有源有本地描画出来，到了汉代，儒家更把封建制度造作到三代，一直挂到黄帝。"（侯外庐：《中国古代社会史论》，139～140 页，石家庄，河北教育出版社，2000）从诗书等文献看，西周时已有"封建"的事实不应怀疑，但侯外庐认为汉代"儒家更把封建制度造作到三代，一直推到黄帝"，则基本上是事实。

② 《三国志》，卷十九，《魏书·陈思王植传》注。

（二）西欧的 feudalism 和"封建"与 feudalism 的对译

"封建"一词内涵之变化，至近代而益显。中国近代以来流行的"封建"概念，虽与古代的"封建"存在某种渊源关系，但内涵已大不一样，它基本上是来自西欧"feudalism"的意译，并在这个基础上发展的。

在西欧，后来被译为"封建"的"feudalism"这一概念，也是历史地变化着的。它原来是用以指称西欧中世纪的某种制度，但它并非流行于中世纪，而是西方近代学者所使用的概念。在中世纪欧洲，"feudalism"所指的内容实际上只是某些地区零碎存在，且都集中在早期。从16世纪开始，欧洲法学家对它进行研究，其着眼点主要是一种封土之律（LiAri Feudorum）及其所反映的国王和封臣之间的权利义务关系。直到18世纪的西方学者仍视封建为一种法律制度。19世纪，西方学术界从经济、政治、社会、法律等角度对封建的各个方面如封君封臣关系、封土制度、庄园农奴、农村公社、封建城市等，进行了研究，作出了许多概括，并以 feudalism 一词指称封建制度。这样，feudalism 就不光是指一种法律制度，其含义已扩展为一种社会制度或社会形态。不过，当时史学家们对封建主义、封建制度仍多从政治、法律方面认识和讨论。到19世纪中期，马克思恩格斯创立了历史唯物主义，在他们的理论体系中，"封建"是人类历史上依次递嬗的几种社会形态之一。他们把封建社会理解为一种生产方式，理解为特定的生产力与生产关系、经济基础与上层建筑的统一体，并着重从经济基础、所有制、生产关系来把握其特征。这些理论不断得到学术界的认同并有所发展。20世纪30年代末，马克·布洛克写的集当时研究之大成的《封建社会》一书，就深受唯物史观的影响。正如马克垚教授指出的，西方"封建"概念的内涵经历了由法律政治制度到社会或社会形态的变化①。当"封建"用以指称某种社会的时候，这个概念已经具备了某种普遍的品性，可以用它来研究世界各地类似的社会和类似的历史，而不光局限在西欧一地，于是有东欧的封建社会、亚洲的封建社会、非洲的封建社会，等等。当然，西方学术界的认识也并不是统一的，把封建理解为中世纪西欧的一种特殊的政治法律制度的仍大有人在。

---

① 马克垚：《中西封建社会比较研究·导言》，上海，学林出版社，1997。

总之，我们应该用发展的眼光看待欧洲学者 feudalism（“封建”）这一概念，马克思主义的“封建”观是在继承以往学界积极的认识成果基础上的创新。其实，即使是马克思主义的“封建”观也是历史地发展着的。① 欧洲的这种“封建”概念和理论传到中国后，不能不引起中国固有的“封建”概念的巨大变化。

鸦片战争以前的中国是封闭的，以自我为中心，人们观察历史时只是把当今与往古比较，而且往往着眼于政治制度。鸦片战争打开了中国的国门，中国开始正视外部强大的西方世界，开始拿中国历史与西方比较，开始吸收西方的历史观念。西方“feudalism”的概念就是在这种比较中引进的，从而给中国古老的词汇——“封建”赋予全新的内涵。

最先提出中国和西方都经历“封建时代”的是新史学的先驱者梁启超。1899 年，梁启超提出中国与欧洲的国体都依次经历了家族时代、酋长时代和封建时代；中国周代和欧洲希腊的国体相同点最多，都是封建时代与贵族政治、列国分立②。梁氏这里所说的“封建”仍然是中国古代（西周）的“封建”，而不是西欧中世纪的“feudalism”，但这里的“封建”已经不是单纯的政治制度，而是作为时代标志的“国体”，在认识上包含了某种突破的意义。

据现在掌握的资料，最早把西欧“feudalism”译为“封建”的是日本学者，而最早运用“feudalism——封建”这一概念分析中国社会的则是严复。1901 年严复翻译出版亚当·斯密的《国民财富的性质和原因的研究》（译名为《原富》），译 feudalism 为“拂特之制”，这是音译。1903 年底翻译出版爱德华·詹克斯《政治制度史》（译名为《社会通诠》），则进一步把 feudalism 译为“封建”。严复是否沿用日本人的翻译或受其影响，不得而知，但他采用这一译名经过了自己的认真分析，则是显而易

---

① 晁福林在《论封建》（《历史研究》，2000 年第 3 期）中指出：“就马克思主义理论本身来说，关于封建主义的理论也有一个发展的过程，在上个世纪，西方学者关于‘封建’的概念主要指一种政治、法律制度，核心是指封君与臣属的人身依附关系，马克思和恩格斯也受了这种观点的影响，所以在他们关于‘封建’的理论中有许多是在强调这种属于政治的法律的人身依附关系，但是又在许多地方，从经济学的角度强调封建的生产关系、封建的土地关系，这是我们在研究关于封建问题时所应当注意的。”

② 梁启超：《论中国与欧洲国体异同》，载《清议报》，第 17 册，6 月 8 日；第 26 册，9 月 5 日。参见何怀宏：《世袭社会》。

见的①。他认为人类的进化，都要经过图腾社会、宗法社会而进入国家社会（或曰"军国社会"），而"封建社会"则是宗法社会与国家社会之间的过渡，"二者之间，其相受而蜕化者以封建"。"此其为序之信，若天之四时，人之童少壮老，期有迟速，而不可或少紊者也。"也就是说，"封建"是人类社会必经的历史阶段。在中国，"由唐虞以讫于周，中间二千余年，皆封建之时代"。西欧"其趾封建，略当中国唐宋间"②。可见，严复是拿中国的历史与西欧作比较，认为中国古代的"封建"与西欧中世纪的"feudalism"相类，从而把"feudalism"翻译为"封建"的③。

严复引入 feudalism 概念分析中国历史并以"封建"对译时，不是把它当作单纯的政治法律制度，而是理解为一种社会形态或社会发展阶段，从而大大超越了中国古代学者仅仅把"封建"理解为一种政治制度的认识。他虽然还不可能像马克思主义者那样从生产关系、所有制和经济基础去把握"封建社会"，但他已经意识到封建社会是建立在一定的生产类型基础之上的。他指出图腾社会建立在渔猎生产的基础上，宗法和封建社会建立在耕稼生产的基础上，国家社会建立在农、工、商全面发展的基础上，从图腾向宗法过渡的社会，则建立在游牧生产基础上。严复的这种认识并非孤立的。在严复翻译出版《社会通诠》前后，夏曾佑撰写《最新中学中国历史教科书》，认为人类总是由渔猎社会进入游牧社会，再由游牧社会进入耕稼社会；进入耕稼社会以后，"前此栉甚风沐甚雨，不惶宁处者，至此皆可殖田园，长子孙，有安土重迁之乐，于是更有暇日，以扩其思想界。且以画地而耕，其生也有界，其死也有传，而井田、宗法、世禄、封建之制生焉，天下万国，其进化之级，莫不由此。"也就是说，井田、宗法、世禄、封建这一套相互联系的制度是建立在农业生

---

① 日知在《"封建主义"问题（论 feudalism 百年来的误译）》一文（载《世界历史》，1991 年第 6 期）中说严复是最早把 feudalism 翻译为"封建"的，黄仁宇在《大历史》自序的注中，则说是日本人首先把 feudalism 翻译成"封建"。外来词词典记述来自日本的外来词中确实列有"封建"一词。日本何时以"封建"对译"feudalism"尚待查考，但 1903 年初马君武在《社会主义与进化论比较》一文中即提到"欧洲封建分立之制"，这里的"封建"显然是"feudalism"的对译，可能是沿用了日本的译文。这时《社会通诠》还没有出版，所以不能排除严复采取日本译名的可能性。

② 甄克思著，严复译，《社会通诠·序》，北京，商务印书馆，1981。

③ 参阅马克垚：《中西封建社会比较研究·导言》。

产基础之上的。这种认识与严复的"封建"观显然是吻合的。①

从严复开始，中国学者一般都把"封建"看作一种社会，这说明严复的翻译和理解已被中国学者所普遍接受。

还应指出的是，中国古义的西周"封建"虽然是一种政治制度，但它本质上是对土地和人民权力的一种分配，从而涉及生产关系的核心部分（生产资料与生产者结合的方式）。因此，把"封建"与"feudalism"对译，作为表示某种社会形态的概念，与马克思主义社会经济形态的理论并不矛盾，而是相通的。②

总之，20 世纪初以严复等人为代表的思想界的先驱们突破了就中国论中国的狭隘眼界，进行中西比较，以进化论指导历史研究，承认人类历史发展存在某种普遍性和规律性，不是仅仅把"封建"看作一种政治制度，而是把它看作以一定生产类型为基础的社会形态或人类社会发展阶段。这比起中国古代学者对"封建"的认识和对历史的理念无疑是一次飞跃。

---

① 夏曾佑与严复过从甚密，同为天津《国闻报》（1897 创刊）的创始人。《最新中学中国历史教科书》（后改名为《中国古代史》），是 1902 年夏氏为其母守孝时开始写作的。1903 年 11 月夏氏曾为严译《社会通诠》作序，认为宗法社会为人类社会所必历，中国自黄帝至今为宗法社会，又以秦为界分为前后两期，并试图从政治与"宗教"的相互关系解释为什么中国进入宗法社会甚早，而迟迟未能脱离宗法社会的原因。这和严氏定唐虞三代为封建社会（也就是典型的宗法社会），入秦以后为向军国社会过渡的宗法社会的观点是基本一致的。可见，夏曾佑也接受了"图腾—宗法—封建—军国"的社会进化图式，"渔猎—游牧—耕稼"只是这种进化图式从另一个角度的表述。

② 晁福林指出：'我国上古时代的封建，形式上是政治权力的封建，而实质上是对于劳动力和土地的分配……最终的着眼点在于对于劳动群众的控制，《白虎通·封公侯》谓'王者即位，先封贤者，忧民之急也。故列土为疆非为诸侯，张官设府非为卿大夫，皆为民也'，即道出了其中奥妙。按照马克思主义关于生产关系的理论，生产资料的所有及劳动者与生产资料结合的方式，是为生产关系的核心内容，周代的封建之制恰恰在这方面作出了系统的规定。从这个角度说，严复在本世纪初就采用了'封建'一词进行译作，实为天才创造。'封建'一词长期行用不废，与此应当是有关系的。"（《论封建》，载《历史研究》，2000 年第 3 期）

二 在马克思主义指导下对中国封建社会的认识

（一）从对中国现实社会封建性的认识开始

如前所述，自严复引进 feudalism 的概念以后，中国历史上存在过相当于西欧 feudalism 的封建社会，已为学界所承认，但相当多学者心目中的封建社会是西周或三代。至于战国秦汉到鸦片战争时期中国社会的封建性质，是经过长期的论争以后才逐步被多数学者所认同的。这种认识经历了一个从现实到历史的逆向考察的过程。它得以完成，即由感性认识上升为理性认识，起决定作用的当然是马列主义唯物史观的传播和指导。不过，这种认识的开始可以追溯到更早。

早在"五四运动"以前，中国的先进分子就揭示了当时社会文化的封建性。如 1915 年陈独秀在《新青年》第 1 卷第 1 号《敬告青年》中说："举凡残民害理之妖言，率能征之故训，而不可谓诬，谬种流传，岂自今始？固有之伦理、法律、学术、礼俗，无一非封建制度之遗。"他斥两千年来所奉行的孔教为"封建时代之道德"、"封建时代之礼教，封建时代之生活状态"、"封建时代之政治"①。《新青年》第 4 卷第 3 号（1918 年 3 月 15 日）发表了由张祖荫口述的一篇《社会调查》，叙述了江苏省震泽镇农民在地租和债利重重剥削下的悲惨生活，揭露地主和佃户表面上是一种契约关系，实际上存在严重的政治干预和人身依附。整理者陶履恭指出："昔日欧洲封建制度，所蓄的农人，多属世袭，与土地相展转。观此篇所述之佃户，与欧洲昔日之农奴比较，亦不见有何分别。不过欧洲封建的君王对于农奴，多方体恤，以农奴为财产，不忍损害。而震泽的农民以大田主不措意于田之肥瘠，专以就剥佃主为事，所以不以农民为财产的一部分，不事怜恤。1789 年法国大革命以前的时代法国贵族对于一般农民就仿佛震泽的田主对于农民的样子。"可见，近代先进的中国人对当时社会存在的各种封建现象的认识开始于马克思主义在中

---

① 见《孔子之道与现代生活》，《新青年》，第 2 卷第 4 号。

国系统传播以前，它是人们从现实出发通过古今中外比较而产生的感悟①。不过当时的这种认识还没有提高到社会形态的层次。

中国先进分子最早对马克思主义的系统介绍是在 1919 年 5 月出版的《新青年》第 6 卷第 5 号，其代表作是李大钊《我的马克思主义观》。其上篇引述了马克思在《〈政治经济学批判〉序言》中关于社会经济形态依次演进的经典论述：“综其大体而论，吾人得以亚细亚的、古代的、封建的及现代资本家的生产方法，为社会经济的组织的进步和阶段。”李大钊显然认为这种理论也是适合于中国的。1921 年成立的中国共产党自觉地以马克思主义为观察和改造社会的理论武器。从此，早期的共产党人成为运用马克思主义的唯物史观考察中国的现实和历史的主要推动力量。不过，建党前后的早期共产党人还来不及深入剖析中国国情，他们曾经笼统地认为中国是世界资本主义体系的一部分，也是资本主义的国家，中国革命是与国际革命同步的社会主义革命。进入 1922 年，中国共产党人开始注重对中国社会实际情况的分析和研究。1922 年 1 月 15 日创刊的中国共青团团刊《先驱》，在其发刊词中提出“努力研究中国的客观实际情形，而求得一个最合宜的实际的解决中国问题的方案”的任务。该文分析当时的全国形势，“还是旧的势力占着优势，如国内武人军阀的横行，他们勒索聚敛，毫无忌惮，使我们感觉着这还是法国大革命以前封

---

① 从 1919 年以前陈独秀对中国社会文化封建性的论述中，还看不出马克思主义的直接影响，但其中的某些思想渊源，却可以从严复、夏曾佑等人的著作中找到。例如陈独秀在《新青年》第 2 卷第 6 号《家族制度为专制主义之根据论》中说：“商君李斯破坏封建之际，吾国本有由宗法社会转成军国社会之机，顾至于今日欧洲脱离宗法社会已久，而吾国终颠顿于宗法社会之中而不能前进，推原其故实家族制度为之梗也。”这和严复在《社会通诠·译者序》中对社会发展阶段的划分是一致的。严复认为“封建”是从宗法社会向军国社会的过渡阶段，中国的封建社会虽然在秦统一后结束，但秦以后的中国社会仍是“宗法居其七”（《社会通诠》，“宗法社会”按语）。我们知道，在中国封建和宗法是互为表里的。从中国社会的宗法性出发，很容易导致中国秦以后社会仍然是封建社会的认识。夏曾佑在《社会通诠·序》中试图以政治与宗教（夏氏所说的“宗教”是指“其神智之所执者也”）的相互关系解释中国迟迟未能脱离宗法社会的原因。“考我国宗法社会，自黄帝至今，中可分为二期，秦以前为一期，秦以后为一期，前者为粗，后者为精，而为之钤键者，厥惟孔子。”把秦以前和秦以后视为同一社会的两个发展阶段。又说：“孔子之术，其的在于君权，而径则由于宗法，盖借宗法以定君权，而非借君权以维宗法。然终以君权之借径于此也，故君权存，宗法亦随之而存，斯托始之不可不慎矣。”这和陈独秀等人抨击孔子所倡封建思想、封建礼教、封建政治为中国社会之痼疾，也是一脉相承的。

建社会的状态，何曾有丝毫的民主气味呢?"并首次指出中国是"半独立的封建国家"。1922年6月15日发表的《中国共产党对时局的主张》，指出辛亥革命"是适应近代由封建制度到民主制度，由单纯商品生产制度到资本家商品生产制度之世界共同趋势的战争"，由于"民主派屡次与封建的旧势力妥协"而失败。辛亥革命之后，中国仍处于国际帝国主义和国内封建军阀的压迫下，"成为半独立的封建国家"。随后，1922年7月，中共二大宣言进一步指出："帝国主义的列强既然在中国政治经济上具有支配的实力，因此中国一切重要的政治经济，没有不是受他们操纵的。又因现尚停留在半原始的家庭农业和手工业的经济基础上面，工业资本主义化的时期还是很远，所以在政治方面还是处于军阀官僚的封建制度把持之下。"正是基于上述认识，中共二大第一次明确提出了反帝反封建的民主革命的纲领。

中国共产党人的这种认识是在马克思主义的指导下取得的，其中列宁有关理论的影响尤著。列宁在指导世界革命的过程中对中国社会的性质有过直接的论述。早在1912年7月，列宁就指出中国是一个封建关系仍然占着统治地位的"落后的、半封建的农业国家"①，不过这篇文章当时并没有译介到中国来。1920年7月26日，列宁在所作的《民族和殖民地问题委员会报告》中，又一次指出殖民地和半殖民地国家的农民"处于半封建依附地位"，处于"封建和半封建的关系"之中，这当然是包括中国在内的。1922年1月，远东各国共产党及民族革命团体第一次代表大会，依据列宁这一报告的精神，阐述了中国革命应遵循的基本原则。中国共产党人和革命力量（包括国民党的代表）积极参与了这次会议，列宁的有关思想由此传到中国并发生重大影响。不过，当时从国外传入的理论思潮是各式各样的，中国共产党人是经过比较和鉴别，经过思考和观察，而得出自己的结论的。这一结论并非突然发生，它与"五四运动"以前先进的中国人对当时社会封建性的认识一脉相承，可见，它植根于中国人自己对现实社会的考察，早有思想基础，故能"一拍即合"。

---

① 列宁的原话是："……中国这个落后的、半封建的农业国家的客观条件，在将近五亿人民的生活日程上，只提出了这种压迫和这种剥削的一定的历史独特形式——封建制度。农业生产方式和自然经济占统治地位是封建制度的基础；中国农民这样或那样地受土地束缚是他们受封建剥削的根源；这种剥削的政治代表是以皇帝为政体首脑的全体封建主和各个封建主。"《中国的民主主义和民粹主义》，载《列宁选集》，第2卷，426页，北京，人民出版社，1960。

马克思主义并没有"制造"出中国的封建社会，只是为中国人认识这种封建社会提供了思想武器。

在中共二大以后，中国共产党人对中国社会封建性质的认识继续深化。李达在1923年撰写的《中国商工阶级应有之觉悟》等文中，首次提出了中国周秦至清末是封建社会，鸦片战争以后进入了半殖民地半封建社会的观点①。以毛泽东为代表的共产党人所进行的社会调查，则揭示了封建宗法制度在阶级关系和政治、经济、社会、文化诸方面的表现。

中国社会具有严重的封建性的这种认识，在大革命期间为社会各界所广泛接受，封建一词也在日常生活中流行开来②。因为当时人们在现实的政治、经济、文化生活中，都可以强烈地感到这种与"五四"以来倡导的民主科学精神格格不入的封建性事物的存在。但是，对中国封建制度的来龙去脉及其在各方面的表现，总的来说，中国共产党人和马克思主义者还没有来得及作深入细致的分析和论证。

1927年，大革命失败，对于当时中国社会的性质，中国共产党内和国际共产主义运动内部都出现了不同意见的激烈争论。托洛茨基及其中国的追随者认为中国已经进入资本主义社会，指责共产国际关于中世纪的封建关系仍在中国经济和政治中占统治地位的论断是"彻头彻尾的错误"。也有人认为中国当时是商业资本主义社会或所谓"亚细亚社会"。这样，作为重新检讨和制定革命战略策略的基础，如何确定当时的社会性质，又成为革命生死攸关的迫切问题。1928年举行的中共六大的决议指出：当时的中国"（一）国家真正的统一并未完成，中国并没有从帝国主义铁蹄之下解放出来；（二）地主阶级私有土地制度并没有推翻，一切半封建余孽并没有肃清；（三）现在的政权，是地主、军阀、买办、民族资产阶级底国家政权，这一反动联盟依靠着国际帝国主义之政治的经济

① 该文载于湖南自修大学《新时代》，第1卷第4号。原话是："中国是个农业国家，自周秦以至满清末年，可说是长期的农业经济时代。和这长期的农业经济组织相适应的政治组织，是封建的专制政治。两千多年之间，经济组织上没有发生重大的变化，所以政治组织上虽有转朝易代的波澜，而在实质上也没有发生重大的变化。"参阅洪认清：《李达的历史理论和史学思想》，载《船山学刊》，2001年第2期。
② 在中国社会史论战中，王亚南说过："所谓'封建军阀''封建思想'一类术语，早就流行于一般文人学士之口。"（《中国社会史论战》，第1辑，39页）陈啸江也说过："封建说法之所以繁盛的原因，当回溯1925—1927革命的时候，那时把一切旧的都看作封建的，因而亦在被打倒之列。"《西汉社会经济研究·导言》，上海，新生命书局，1936。

的威力"；因此，革命的性质仍然是资产阶级民主革命①。决议还明确地否定了中国社会是亚细亚生产方式的观点，在详细分析了中国社会各种土地关系的基础上，肯定了"中国经济底特点，土地关系底特点，很明显是半封建制度"。② 这是中国共产党人对当时争论的回答，从而把握住了革命前进的正确航向。但争论并没有结束，从党内的托陈反对派和党外的"新生命派"的发难开始，争论公开化，从党内扩展到社会，从现实扩展到历史，这就是 20 世纪 20 年代末到 30 年代初关于中国社会性质、中国社会史和中国农村社会性质的大论战。

在这场论战中，中国社会史论战是中国社会性质论战的延续，它反映了马克思主义传入中国后，人们对中国国情的认识由现实到历史的逆向发展路线，因为人们是为了前瞻未来而回顾历史的。1937 年何干之回顾这一论争时写道："为了彻底认清目前的中国社会，决定我们对未来社会的追求，逼着我们不得不生出清算过去社会的要求。……这一场论争所涉及的问题是非常复杂的——由目前的中国起，说到帝国主义侵入前的中国，再说到中国封建制的历史，又由封建制说到奴隶制，再说到亚细亚生产方法。所有这一切，都是为了决定未来方向而生出彻底清算过去和未来的要求。"③

---

① 中国共产党第六次代表大会《政治决议案》，载中共中央书记处编：《六大以来：党的秘密文件》，3 页，北京，人民出版社，1981。

② 中国共产党第六次代表大会《土地问题决议案》，载《六大以来：党的秘密文件》，31 页。该决议还指出："现在农村的社会经济制度，完全受过去的封建制度之余毒束缚着。中国封建制度的历史发展之特殊情形，和西欧封建制度有许多差异；中国以前的国家封建制度（所谓国有土地）与地主土地私有制度同时并存，这两种制度互相斗争。然而根本的事实并不因此而变更，这个根本事实，就是现在的中国经济政治制度，的确应该规定为半封建制度。""如果（因为）[认为] 现代中国社会经济制度，以及农村经济，完全是亚洲式生产方法进于资本主义之过渡的制度，那是错误的。亚洲式的生产方法底最主要的特点是：（一）没有土地私有制度。（二）国家指导巨大的社会工程之建设（尤其是水利河道），这是形成集权的中央政府统治一般小生产者的组织（家族公产社或农村公产社）之物质的基础。（三）公社制度之巩固地存在（这种制度根据于手工业与农业经过家庭而相结合的现象）。这些条件，尤其是第一个条件，是和中国的实际情形相反的。"

③ 何干之：《中国社会性质问题论战》，《何干之文集》，第 1 卷，186 页，北京，北京出版社，1993。

（二）在社会史论战中封建社会问题的地位及各种不同的意见

在社会史论战涉及的各式各样历史问题中，封建社会的问题实际上占据中心的位置。这个问题与现实关系最为密切，社会性质论战要接触它，社会史论战也要接触它，所以它成为联结社会史论战和社会性质论战的枢纽。

在大革命期间和大革命失败后，中国共产党人指出鸦片战争以后的中国社会是半封建半殖民地社会，其逻辑前提是认定鸦片战争以前的中国社会是封建社会，因为半封建半殖民地社会正是由它演变而来的。1928 年 10 月，陶希圣发表《中国社会到底是什么社会》一文，提出中国的封建社会在战国时代已经崩坏，秦以后的中国虽还存在封建势力，但已不是封建社会，而是商业资本统治的社会。以后又连续发表了一系列相关的论著①。陶希圣的这些观点显然是针对中共六大关于中国社会为半封建半殖民地性质的结论的，从而在社会上挑起了关于中国社会性质的争论，并把这一争论从现实拓展到历史。中国共产党人以《新思潮》为主要阵地对陶希圣等人的观点进行了反击。这些争论虽然也涉及历史问题，但基本上属于社会性质的论战。以社会史为中心的论战，则是以《读书杂志》为主要战场的。《读书杂志》在其创刊号（1931 年 4 月）即开辟了"中国社会史论战"专栏，刊登了朱其华与陶希圣讨论中国封建制度的通信，由此揭开了论战的序幕。从同年 8 月至 1933 年 4 月，相继出版了四个《中国社会史论战》专辑，演出了论战中最为热闹的场面。可见，社会史论战首先是围绕中国历史上封建社会的问题展开的。

关于封建社会问题，当时讨论的并不是中国历史上有无封建社会，而是封建社会存在于中国历史上的哪个时代，什么时候形成，什么时候崩溃的。也就是说，是在承认中国历史上存在过封建社会的前提下的讨论。1937 年，社会史论战的参与者陈啸江曾对 1937 年以前的中国社会经济史研究作过一个述评，其中收集罗列了 20 世纪 20 年代末至 1937 年中

---

① 《中国社会到底是什么社会》一文载《新生命》，第 1 卷第 2 期，1928 年 10 月 1 日。此后，陶希圣陆续在《新生命》、《东方杂志》、《学生杂志》、《教育杂志》、《春潮》、《民族》、《经济学报》和《读书杂志》等刊物上发表了一系列相关文章，后来结集或扩充为《中国社会之史的分析》、《中国的封建社会》等书，成为当时论战中"新生命派"的主将。

外学者论中国封建社会的各家观点①。我在此基础上加以补充，列成以下三表。

表1　关于中国封建社会起止的各种意见

类	开始	崩溃	其余意见	学者名	论文（或专著）及其出处
A	殷	清末	中间又分六个阶段	波里耶柯夫	关于中国封建构成的发展之合则性问题，收入《东洋封建制史论》一书中
A	夏	最近	战国时为暂时没落期，秦汉以后到最近仍可说是延续封建状态	熊得山	《中国社会史研究》，昆仑书店，1929年
A	虞夏	秦以后至现代	秦朝打破旧时的封建局面，但迄民国初年仍是地主阶级政权	熊康生	《中国社会之蠡测》，载《中国问题之回顾与展望》
A	夏、商、周	清		杨一凡	《中国社会之解剖》
A	周	清末	中间又有几个曲折，如汉朝为封建奴隶私有制，元朝为新的封建化等	沙发诺夫	《中国社会发展史》，新生命书局，1932年
A	周	清	周以前为封建一期，周至秦为封建第二期，秦至清为封建最后期	叶非英	《中国之封建势力》，载《中国问题之回顾与展望》
A	周	清中叶	周为初期封建社会，秦至清中叶为后期封建社会	刘兴唐	《中国社会史诸问题之清算》
A	西周	清	周为封建领主制社会，秦至清中叶为封建地主制社会	吕振羽	《中国经济之史的阶段》，《文史》创刊号
A	西周	清	西周迄战国为封建初期，秦迄清为完成期	森谷克己	《支那社会经济史》
A	春秋	清		郭沫若	《中国社会之历史的发展阶段》，《中国古代社会研究》

① 《中国社会经济史研究的总成绩及其待决问题》，载《社会科学论丛季刊》，第3卷第1期。

续表

类	开始	崩溃	其余意见	学者名	论文（或专著）及其出处
A	周	鸦片战争		马乘风	《中国经济史》第四篇：《与陶希圣论中国社会史诸问题》
A	周	近代	周为封建的纷争期，秦以后具备了集中国家的形态	米尔（Mir）	马札亚尔：《中国农村经济研究·序》
A		19世纪后半期	秦汉迄清俱属此阶段	朱其华	《中国社会的经济结构》
A		清初	乾嘉以后为没落期	祝百英	《我国封建社会问题》
B	唐虞	春秋战国	秦以后为商业资本主义社会	梅思平	《中国社会变迁的概略》，载陶希圣编：《中国问题之回顾与展望》
B	夏	春秋战国	夏、商、周为封建制，秦汉以后为商业资本发展的奴隶制	周绍凑	《对于〈诗书时代的社会变革及其思想的反映〉的质疑》，《读书杂志·中国社会史论战》第1辑
B	殷末	西周末	殷以前为原始共产社会，殷代为氏族社会，西周为封建社会，春秋以后至近代为商业资本主义社会	陈邦国	《中国历史发展的道路》，《读书杂志·中国社会史论战》第1辑
B	夏	战国	战国以后迄清是商业资本主义社会，其中又可分为10个循环期	非斯	《中国社会史分期之商榷》，《食货》半月刊第2卷第11期
B	周	周末	秦汉以后为商业资本主义社会	张军光	《中国社会史发展史纲》
B		周末	秦以后为商业资本主义社会	拉狄克	《中国革命运动史》，新宇宙书店，1929年
B	殷末	春秋战国	周为封建社会全盛期，秦以后为专制主义社会	王礼锡	《中国社会形态发展史中之谜的时代》，《读书杂志·中国社会史论战》第3辑
B	周	春秋战国	传说时代为原始共产主义时代，殷代为氏族社会，秦至清末为专制主义社会	胡秋原	《中国社会＝文化发展草书》，《读书杂志·中国社会史论战》第4辑

续表

类	开始	崩溃	其余意见	学者名	论文（或专著）及其出处
B	周	周末	西周为封建时代，秦汉以后为前资本主义社会，或称"半封建社会"	李季	《中国社会史论战批判》，神州国光社，1936年
B	夏、商、周	周末	秦汉以后至清为亚细亚社会	魏特夫格尔	《中国经济史之诸基础及诸阶段》（日译文刊于《历史科学》第4卷第10、第11、第13各期）
B	三代	春秋		陈公博	《中国历史上的革命》
B	殷	春秋	西周一代为全盛时期	李麦麦	《中国古代政治哲学批判》，上海，新生命书店，1933年
B	西周	战国	周代是典型的封建社会，但战国已瓦解，论断当日中国尚有封建制度没有根据。	王亚南	《封建制度论》，《读书杂志·中国社会史论战》第1辑
B	周	周末		张荫麟	《周代的封建社会》，载《张荫麟文集》
B	周	周末	秦汉以后为半封建社会，或称"农村商业社会"	梁园东	《中国各阶段的讨论》，《读书杂志·中国社会史论战》第3辑
C	邃古至周初	秦以后至清	周初至秦为封建时代，秦至清封建制度在崩溃中	周谷城	《中国社会之结构》，上海，新生命书局，1930年
C	周初	周末	秦至鸦片之役止为过渡时期	戴行轺	《中国官僚政治的没落》，《读书杂志·中国社会史论战》第1辑
D	三国	唐末五代	西周为氏族社会末期，战国两汉为奴隶社会，三国至五代为封建庄园时期，五代以后迄清为先资本时期	陶希圣	《中国社会形式发达过程的新估定》，《读书杂志·中国社会史论战》第3辑
D	五胡十六国	清末	周至西晋为奴隶社会，东晋至清末为封建社会	王宜昌	《中国社会史短论》，《中国奴隶社会史》，《读书杂志·中国社会史论战》第1、第3辑

类	开始	崩溃	其余意见	学者名	论文（或专著）及其出处
A	春秋	鸦片战争	西周以前为原始共产制，西周为奴隶制，春秋以后为封建制，最近百年为资本制	杜顽庶	《中国社会的历史的发展阶段》，《中国问题之回顾与展望》
A	西周	"太平革命"前		吴玉章 林伯渠	《太平革命以前中国经济、社会、政治的分析》，1928年，整理稿载《历史研究》1984年第6期
A	西周	鸦片战争前	战国前为封建领主制，战国后为封建地主制	邓拓	《论中国封建社会"长期停滞"问题》，《中山文化教育馆季刊》第3卷第2期，1935年
A	西周	清末	两周是典型封建经济时期，秦汉至鸦片战争是变相封建统治时期	李达	《中国商工阶级应有之觉悟》，《经济学大纲》
A	西周	鸦片战争前		翦伯赞	《中国农村社会之本质及其史的发展阶段之划分》，《三民半月刊》第5卷第6期，1930年11月
A		鸦片战争前		何干之	《中国封建社会长期停滞的历史根源》
A	周	晚清		嵇文甫	《对长期封建论的几种诘难和解答》，《食货半月刊》第5卷第5期，1937年3月
A	西周	鸦片战争前	西周至春秋末是古典封建社会，战国以后是特殊亚细亚形态的封建社会，特点是商业资本、高利贷资本与封建式的土地占有三位一体	陈伯达	《中国社会停滞状态的基础——封建生产方法在中国展开的特殊亚细亚形态》，《文史》第1卷第4期

续表

类	开始	崩溃	其余意见	学者名	论文（或专著）及其出处
A	西周	清末	战国以前是典型的封建社会，秦以后是多种经济因素和社会成分共存的社会，后来他称之为变态的封建社会	傅筑夫	《由经济史考察中国封建制度生成和毁灭的时代问题》，中央大学《社会科学丛刊》第1卷第1期；《研究中国经济史的意义及方法》，《中国经济》第2卷第9期
B	西周	战国	秦统一是商业资本的统一，结束了封建时代；秦以后中国的封建制度进入循环圈，未能达到资本主义阶段	王伯平	《中国古今社会研究之发轫》，《中国社会史论战》第3辑
B	西周	战国	春秋战国以前为封建社会，以后为商业资本主义社会	虎子	《中国商业资本主义社会的原始》，《中国问题之回顾与展望》
B	西周	战国	战国前为封建社会，战国后为佣佃社会	陈啸江	《西汉社会经济研究》，上海，新生命书局，1936
B	西周	战国		瞿同祖	《中国封建社会》，上海，商务印书馆，1936年
C	尧舜	秦	自汉至清末为君主专制社会，而渐趋破坏；但封建势力仍支配地位	黎标涛	《中国社会构造之史的观察》，《中国问题之回顾与展望》
A	西周	鸦片战争前	战国前为初期封建社会，秦汉后为官僚主义封建社会	王亚南	《中国社会经济史纲》
B	西周	战国	秦以后为商业资本主义社会	陶希圣	《中国社会之史的分析》

注：

1. 本表第一空行前为陈氏搜集的材料，我作了补充和修正，次序按类重排；

2. 本表第一空行以后为我补充的材料；

3. 本表第二空行后为两例特殊情况：陶希圣早在20年代末即为战国秦汉至鸦片战争为商业资本主义社会说的提倡者，其说影响很大，成为论战的焦点。虽然陈氏表中已列出他在30年代初修正了的主张，但他原来的观点仍应列出。王亚南在30年代初主张中国封建社会战国时代已经崩溃，陈氏已将他的意见列出，但他在其1935年编译的《中国社会经济史纲》中已改变了观点，认为秦以后中国仍然是封建社会，并作了比较系统的论述，故应单列为一种意见。

表2　关于中国封建社会崩溃期各类意见的统计

	A 清以后崩溃	B 秦以前崩溃	C 秦迄清在转变过渡中	D 秦迄清包含多种社会	合计
补充前统计数	14	15	2	2	33
补充后统计数	24	20	3	2	49

表3　关于秦迄鸦片战争中国社会性质各种意见及其代表人物

各种意见		代表人
A 封建社会	封建社会	郭沫若
	后期封建社会	刘兴唐
	"变相"封建社会	李达
	官僚主义封建社会	王亚南
	封建地主制社会	吕振羽、邓拓
	亚细亚形态的封建社会	陈伯达
B 非封建社会	商业资本主义社会	陶希圣（前）、梅思平
	专制主义社会	王礼锡、胡秋原
	前资本主义社会	李季
	佃佃社会	陈啸江
	亚细亚社会	魏特夫
C 从封建向非封建过渡之社会		周谷城、戴行轺
D 包含多种社会	秦汉为奴隶社会，三国至五代为封建社会，五代以后为先资本主义社会	陶希圣（后）
	五胡十六国前为奴隶社会，其后为封建社会	王宜昌

以上统计虽然不是完整无缺，但已能反映大体情形，从中可以看出：第一，上述论者虽然对中国封建社会的崩溃期主张不一，却没有主张中

国历史上不存在封建社会的①；第二，对西周或先秦为封建社会，多数学者不持异议，因此，关于中国封建社会及相关问题的争论，聚焦于对战国秦汉到鸦片战争这一时期社会性质的认识和把握上②；第三，关于战国秦汉以后的社会性质的主张，大体上可以分为四类，其中，是否封建社会之争是主要的。

（三）社会史论战中秦以后是否封建社会之争

主张秦以后非封建社会者，具体观点虽各异，然亦有共同之处。他们都认为西周春秋社会是封建社会，只不过这种封建社会在战国时代瓦解了，此其一；他们都强调商业资本、商品经济的发展对封建社会的解体作用，强调商业资本在秦以后社会中的地位和作用，此其二；他们都把战国以后的中央集权、官僚政治作为它区别于封建社会的主要标志之一，此其三。以上三条中的后两条，既是他们论证封建社会崩溃的主要论据，也是他们确定秦以后社会性质的主要依据，只不过商业资本主义社会说更强调第二条，而专制主义社会说则更强调第三条罢了。例如，陶希圣认为战国时封建社会崩坏的根由和表现主要就是诸侯国中商业资本主义的发达，以及由于商业、战争等因素导致中央集权代替了诸侯分立的局面；战国以后"商人资本却成了中国经济的重心"③。另一位"商业资本主义社会"论者陈邦国说："商品经济是破坏封建经济（自然的生产形式）的。在中国历史上，自西周末年便已开始了商品生产的形式……封建社会已开始崩溃。""秦的统一，是商业资本的统一。""集权的君主国，如秦始皇，这已经不是代表封建，而是商业资本的形式了。"④"专制主义社会"论者王礼锡把西周当作封建制度的标本。"到了周末，

---

① 我们还没有发现当时中国学者有否认中国历史上存在过封建社会的，但在苏联学者中确实有持这种主张的，如坎脱罗维亚、别林和洛马金。参阅白钢：《中国封建社会长期延续问题论战的由来与发展》，3～4页，北京，中国社会科学出版社，1984。

② 当时主张西周以后才进入封建社会的学者很少，主要代表者郭沫若在国外，人们对他的批评也集中在秦始皇统一是否完成了封建化的过程这一点上。

③《中国社会之史的分析》、《中国之商人资本及地主与农民》，《新生命》，第3卷第2期，1930年2月1日。

④ 陈邦国：《中国历史发展的道路》，载《读书杂志·中国社会史的论战》，第1辑。

自然经济已经在分解中，交换经济发达，在过去为自给自足的生产者，转变为市场而生产。政权的逐渐集中化。到秦朝大一统就成功了。'政治关系的地域色彩和土地关系的政治色彩'（按，这是王氏引米诺贾托夫《英国中世纪的领地》中语）都逐渐地减弱了，这难道还是纯粹的封建制度吗？"他批评郭沫若秦统一完成封建化时引述杜波罗夫斯基的话："封建制度的（政治上）特征是非中央集权化"。①

这些观点受到了主张秦以后为封建社会的学者的批评。他们指出，封建社会虽然是自然经济占统治地位，但商品经济和商业作为自然经济的补充早已存在；春秋战国时代商业资本的发展的确对封建领主制起了瓦解作用，但它没有能够破坏封建生产方式的基础；在秦汉以后的漫长岁月中，商业资本始终没有摆脱它的隶属性和限制性。商业资本不是生产资本，它只能依附于其他生产方式来发挥其剥削和破坏的机能，而不可能创造一种独立的社会形态，建立商业资本独立支配的时代②。他们又指出，权力的组织形式不足以作为判别是否封建社会的标志③，封建社会存在权力的分立和集中、离心和向心两种倾向，哪种倾向占优势，取决于交换关系发展的程度、居民的种族成分和地理条件等因素④。既然商业资本的发展和政权形式的更换都不足以判定封建社会之存否，那么，一个社会的封建性质是由什么来确定的？他们认为"封建"作为一种生产方式是生产关系以及由它所规定的剥削方式和阶级关系决定的。在这种剥削方式和阶级关系下：名义上的土地所有者，从独立生产者——农民——身上用超经济的压迫，以榨取其剩余劳动。这种剥削方法就是封

---

① 王礼锡：《中国社会形态发展史中之谜的时代》，载《读书杂志·中国社会史论战》，第 3 辑。

② 这方面的论述很多，可参阅朱新繁：《关于中国社会的封建性的讨论》，载《读书杂志·中国社会史论战》，第 1 辑；李达：《中国现代经济史之序幕》，载《法学专刊》，1935 年第 3、第 4 期合刊。李达指出：鸦片战争以前的商业：第一，其剥削机能的发挥始终依存于封建的生产方法；第二，历朝封建政府都实行重农抑商的政策，商业资本始终没能独立发展；第三，商业资本的活动，一直附属于封建的土地所有者；第四，商业资本始终没有插足对外贸易。结论是：中国商业资本从来没有脱掉它的隶属性和限制性。

③ 参见李达：《中国现代经济史之序幕》。

④ 参见王渔邨：《中国社会经济史纲》，上海，生活书店，1936。

建式的剥削，而维护这种剥削方法的制度，就是封建制度。① 以此标准衡量，无论是秦汉以后的历史上，还是当时的现实生活中，封建剥削方式和封建制度无疑是存在的。表现为：第一，地主征收占农民农产品收入50%～70%的地租；第二，地租之外往往有各式贡纳；第三，徭役制的残余依然存在；第四，地主统治农民的特权也不亚于从前的欧洲；第五，地主和农民实际的社会地位属于不同的等级。②

七十年后我们回头看这场争论，当时的"新思潮"派和马克思主义史学家的观点，显然是更符合马克思主义的精神，也更经得起实践的检验的。各式秦以后非封建社会论者虽然也征引马克思、列宁的词句，实际上主要是以当时他们所了解的西欧中世纪社会为样板来认识中国的封建社会的，并把认识固着在这一点上，把西欧中世纪社会的某些特点绝对化。例如，按照当时所了解的西欧中世纪的模式，他们认为封建社会是一种严格的自然经济社会，商品经济、商业资本与封建制度是对立的、不相容的，它们的发展必然导致封建社会的崩溃。又如，他们认为封建社会是贵族统治的权力分散的社会，一旦出现官僚、集权和专制主义，他们就认为不是封建社会了。这种认识，即使在当时也是片面的。例如早在1930年，李立三在考察了西欧封建社会的历史，尤其是封建社会中商品经济和商业发展的历史之后指出："商业资本的发展，侵入农村，并没有改变农村的生产方法，而只是促起地主在原有的生产方法上更厉害地剥削农民。"西欧中世纪晚期集中统一的君主国家，仍然是封建国家，并非建立在商业资本主义基础上的国家。③ 在对西欧封建社会的认识有了长足发展的今天，这种观点之片面，就更加清楚了。专攻西欧中世纪史的马克垚指出：早期西方学者的研究，主要是依据狭小的罗亚尔河、莱茵河之间地区9到13世纪的材料，概括出简单的封建主义的理想典型。

① 参见立三：《中国革命之根本问题》，第2节"封建势力与封建制度"（该文载《布尔什维克》，第3卷第2、第3合期，第4、第5合期，1930年3月15日，5月15日出版）；朱新繁：《关于中国社会的封建性的讨论》（载《读书杂志·中国社会史论战》，第1辑）；伯虎：《中国经济的性质》（见高军编：《中国社会性质问题论战》，490页）；杜鲁仁（何干之）：《中国经济读本》（见高军前书引第二阶段38页、840页）；李达：《中国现代经济史之序幕》。

② 立三、朱新繁前引文。关于现实生活中的封建土地关系和剥削方式，新思潮派的吴黎平、王昂、丘旭、刘梦云、潘东周等均有阐述，可参看前引高军所编书。

③ 参见立三前引文。

比起以前的狭窄的认识，西欧封建社会无论空间或时间都应扩展，它实际上到 18 世纪才结束。法国史学家、中古史权威勒高夫就曾提出“一个扩大的中世纪”的主张。如果拿西欧“扩大的中世纪”来和中国秦以后的社会比较，可以发现许多共同点。例如，都是以农业为主要生产部门，以人畜力为主要动力，工商业有相当的发展，而且是越来越发展，并非原来所理解的严格的自然经济统治。又如，国家形态都是君主制，而且君主的权力越来越大，官僚机构越来越健全。分裂割据的势力时有出现，但不能把封建国家框定为主权分割的国家。①

还应该指出，秦以后非封建社会论者，虽然各自给这个时代冠以各种名称，使自己区别于封建社会说，但他们几乎都不得不承认这个时代存在着封建势力、封建剥削和封建关系。正是在这一点上，暴露了这些理论的破绽和难以克服的矛盾。

例如，主张秦以后为“专制主义社会”的王礼锡就说过：“把由秦代至清鸦片战争以前的一段历史认为是封建制度，大体上是没有什么错误，虽然不是纯封建制度，但其最基础的生产方法是封建的。”那为什么不名正言顺地称之为封建社会？仅仅是因为他认定“封建制度的（政治上）特征是非中央集权化”（杜波罗夫斯基语）②。殊不知他已因此陷入把政治形式从经济基础分裂出来的泥潭，其违背马克思主义的基本原理不言自明。秦以后专制主义社会论的另一主将胡秋原，认为东汉、北朝、元朝、清初都出现过“副带”的封建制度③。陈啸江曾经指出“专制主义社会”说的特征是“封建制度通……官僚与商品经济……相结合的”，所以较正确当说“封建专制主义社会”。李季认为秦以后为“前资本主义社会”。“前资本主义”原泛指资本主义社会以前的各种社会形态，以之命名一种独立的生产方式，本来就含混不清。而他列举“前资本主义社会”的七个特征：“（一）小农业与家庭手工业的直接结合，构成一个地方小市场的网。（二）高利贷资本和商人资本很占优势。（三）商业主宰工业。（四）地主阶级和其他上等阶级的存在。（五）独立生产者——手工艺工人的存在。（六）向来各种生产方法残余的存在。（七）农工的破产流为

---

① 马克垚：《关于封建社会的一些新认识》，《历史研究》，1997 年第 1 期。
② 王礼锡：《中国社会形态发展史中之谜的时代》。
③ 胡秋原：《中国社会＝文化发展草书》，《读书杂志·中国社会史论战》，第 4 辑。

贫民和生产工具的集中。"① 正如何干之指出的，都是封建社会后期的现象，没有一点可作否认封建社会存在的根据②。最有意思的是他给自己的"前资本主义社会"起了一个"半封建社会"的"副名"，这岂不是说，所谓"前资本主义社会"，实际上只不过是"封建社会"的别名吗？③。

关于亚细亚社会说，已经被中共六大明确否定了。30 年代，有德人魏特夫来华宣扬此说，但中国学者应者寥寥。有一位叫王志澄的，是此说的信奉者，但他根本说不清其主张的"亚细亚生产方法"与封建制度有什么本质的差别。"科学的社会主义对于中国不正常的社会制度，不说是封建的，而说是'亚细亚的生产方法'。这里所谓'亚细亚的生产方法'，在本质上虽立于封建的榨取关系之上，但与欧罗巴之封建制度多少有些不同的性质。"有些什么不同呢？他举出了国家对土地的支配、封建官僚、封建土豪、封建家长制、土地买卖、农奴之隶属于地主、地主兼高利贷者和商人、灌溉农业、"没有私的土地所有"，等等。假如这些都能成立，也只是与欧洲有差别的封建社会的不同类型。但作者非得把它说成是"与封建的生产方法有差异的、个别形态"——"亚细亚生产方法"。可是，一忽儿他又说："中国从前所存在以及目下犹在存在中的社会制度，实是封建制度，即为'亚细亚的生产方法'之本质的特征之封建的榨取。"④ 不同于封建制度的特殊的亚细亚生产方式，和以"亚细亚生产方法"为特征的封建制度，应是两个不同的概念呀，把它们揽在一起，叫读者何所适从呢？

首先从历史上挑战"封建"说的陶希圣，其实对秦汉以后和现实生活中封建制度的存在是心知肚明的。他说："春秋战国时代是中国社会的

---

① 《中国社会史论战批判》，91 页，上海，神州国光社，1936。

② 何干之：《中国社会史问题论战》，上海，上海书店，1937。

③ 李季：《关于中国社会史论战之贡献与批评》，《读书杂志·中国社会史论战》，第 2、第 3、第 4 辑。为什么不叫"封建社会"而叫"半封建社会"？据李季自己解释，是因为秦汉以后周代的"封建"已变成"封而不建"了。"半封建社会……只能应用于秦汉以后，鸦片战争以前的中国社会。因为自汉景帝、武帝起，诸侯虽受封连城而不得治民补吏，遂逐渐形成一种封而不建的局面，不但封建的实质完全灭亡，即封建的名义也打掉一半，所以至多只能袭用'半封建社会'的名词……把'半封建社会'当作它（前资本主义）的副名，不独没有矛盾，并且很切合实情。"《读书杂志·中国社会史论战》，第 3 辑，58～59 页。

④ 王志澄：《中国革命与农业问题》，载陶希圣编：《中国问题之回顾与展望》，上海，上海新生书店，1930。

一个关键，中国社会在这时候结束了封建制度，而破坏的封建制度仍然在另一基础上再建起来。""中国社会是什么社会呢？从最下层的农户起到最上层的军阀止，是一个宗法封建社会的构造。"既然如此，战国以后就应该仍然是封建社会；然而他马上改口说："叫做封建制度也不确，否认封建势力也不许。""封建制度已不存在，封建势力还存在着。"① 试问延续两千多年的"封建势力"，如果没有某种制度作为它的根基和依托，可能吗？讲到战国以后的"封建势力"，主要应是地主阶级及其政治代表，这一点陶希圣也是心知肚明的。他说："地主阶级是中国的主要支配势力。"地主阶级与农民阶级的对立，正是战国秦汉以后封建社会最基本的阶级关系，也是秦以后社会封建性质最主要的表现之一。出于某种政治目的，陶希圣要掩盖和模糊这种关系，他像变魔术一样从地主阶级中分离出一个"士大夫阶级"，作为封建势力的体现者，又硬把商人资本驾凌到地主阶级之上，这样绕来绕去，绕出了"中国社会是金融商业资本之下的地主阶级支配的社会，而不是封建制度的社会"的结论。陶希圣以善绕多变闻名，其论述前后矛盾，反映了他试图否认战国秦汉以后社会的封建性质，而又不得不承认封建关系之存在的尴尬。

当时讨论中有的学者强调秦至鸦片战争时期处于封建社会崩溃中的过渡性质，表面上似乎是不同于先秦封建社会的另一种社会，实际上仍然没有脱离封建社会的范畴。陈啸江认为凡是主张"半封建"、"后封建"、"深封建"的，都可以归入这一类。他看到包括陶希圣在内的"商业资本社会"说、"专制主义社会"说、"前资本主义社会"说等都没有划清与封建社会的界线，都没有证明秦以后的社会是不同于先秦的另一种生产方式，于是提出了自己的"佃佣社会"说。他强调封建社会是建立在强制劳动的基础上的，佃佣社会的特点则是在农业技术大变革基础上的"农业自由劳动"。陈氏认为他的佃佣社会既不同于封建社会，也不同于资本主义社会，又不是"过渡社会"，而是一种独立的社会形态。② 但是他"农业自由劳动"说夸大了某些表面现象，实际上比或多或少承认秦以后社会封建性的诸说更加脱离历史实际，也没有获得什么响应。

---

① 分别见《中国社会之史的分析》、《中国之商人资本及地主与农民》。陶希圣有时又称秦以后的社会为"变质的封建社会"或"后封建社会"。

② 陈啸江：《西汉社会经济研究》、《中国社会经济史研究的总成绩及其待决问题》，上海，新生命书局，1936。

为什么秦以后非封建社会论者各以不同的方式承认封建关系之存在呢？因为秦以后各种封建关系的继续存在毕竟是太明显的事实。有些人之所以主张非封建论，主要是囿于从有限的西欧中世纪封建社会的知识中形成的框框，总觉得秦汉以后社会与之相比不一样，但历史上和现实中的封建关系终究不能一笔抹杀；观念与事实这种难以调和的矛盾使它成为一种不能贯彻到底的非封建社会论。当然，也有些人恐怕是出于某种政治目的而自觉、不自觉地歪曲和掩盖事实。

经过论战，秦以后非封建社会的各种论调受到了批评而渐趋衰微。例如最为轰动一时的商业资本社会说，由于自身理论上的缺陷，受到各方面的激烈批评，不久就销声匿迹，连首倡者陶希圣也不得不改变观点①。其他诸说，或破绽屡见，或应者寥寥，鼓噪了一阵儿以后逐渐偃旗息鼓了。而唯物史观的正确的方法论被越来越多的人所掌握②，秦以后是封建社会的观点也为越来越多的人所接受。例如，王亚南就是从战国封建社会瓦解论转变为秦以后仍为封建社会的观点的，并为封建地主制理论的建设做出重要贡献，我们在下一节还将论及。从上面的统计表看，分别持两种主张的人似乎大致旗鼓相当，但"新思潮派"的学者一般没有参加社会史的论战，而他们的主张无疑是清以后崩溃者，所以持这种主张的人比表中所反映出来的要多。而且，在当时特定条件下，秦以后是否封建社会，不仅是书斋中的问题，更是实践中的问题。中国共产党反帝反封建的民主革命纲领是建立在鸦片战争以后的中国是半封建半殖民地社会这种认识的基础上的，而后者的逻辑前提正是秦以后至鸦片战争前为封建社会。中国共产党正是根据这种认识和纲领指导革命获得了成功。

---

① 陈啸江说："商业资本说，因其本身的不健全，后来即受许多严厉的批判，在以后几年的史坛中，几乎销声匿迹了。"

② 嵇文甫说：通过论战，"从前划分社会发展阶段的标准很不一致，有的根据交换关系，有的根据政治形态，随手拈来，并没有确定见解。到现在，不论真正的理解程度如何，总都知道拿出生产方法作为划分社会史阶段的利刃了。"参见马乘风：《中国经济史·序》。

三 封建地主制理论的建立

(一)"封建地主制"概念的提出

中国马克思主义史学工作者在论定秦以后社会的封建性质的同时，力图揭示这一封建社会的特点和类型，在这过程中逐渐形成"封建地主制"的理论。

当时以郭沫若为代表，认为春秋以后中国进入封建时代，秦统一完成了这一过程；更多的人则认为战国秦汉以后的封建社会是从西周的封建社会延续下来的，但两者有明显的区别，是封建社会发展的不同阶段。后者更有对不同阶段予以命名的需要。当时的命名形形色色，但主要有三种："变态封建社会"、"官僚主义封建社会"和"地主制封建社会"[①]。不同的命名反映了对秦以前和秦以后社会特殊本质的不同认识和不同定位。"变态封建社会"是相对于西周"典型封建社会"而言的[②]，而西周封建社会之所以被称为"典型"，实际上是以西欧中世纪为样板的。所以这一命名没有摆脱"西欧中心论"的阴影。"官僚主义封建社会"是相对于西周春秋"初期"的或"分权"的封建社会而言的，它的确抓住了秦以后封建社会不同于西周封建社会和西欧封建社会的一个重要特点，但主要是着眼于政治形态。"地主制封建社会"，或称"封建地主制"，或称"地主经济封建制"，是相对于西周春秋的"领主制封建社会"（或称"封建领主制"、"领主经济封建制"）而言的，它抓住了秦以后封建社会不同于西周封建社会和西欧封建社会的另一个特点，它的着眼点是经济

---

① 此外，1934 年陈伯达在《中国社会停滞状态的基础》一文中把西周春秋称为"古典式封建社会"，把战国秦汉以后称为"特殊亚细亚形态"的封建社会，强调小农业和家庭手工业的结合和商业资本、高利贷资本和封建式土地占有的三位一体。参见白钢：《中国封建社会长期延续问题论战的由来与发展》，4~5 页。

② 在 30 年代的《经济学大纲》中，李达又进一步阐明这一观点："中国的社会，由周代到鸦片战争时期，是属于封建经济的社会。"《李达文集》，第 3 卷，66 页。他按经济形态把中国封建社会分为两段："这个期间，可以分为典型的封建经济时期和变相的封建经济时期，西周和东周时代属于前者，由秦汉迄于鸦片战争时代属于后者。"《李达文集》，第 3 卷，110 页。

形态。"官僚主义封建制"（或"中央集权封建制"）和"封建地主制"这两种命名各有依据，从不同侧面反映了秦以后封建社会的特点，可以并行不悖，但相比之下，"地主经济"是秦汉以后封建社会更具根本性的特征，"官僚主义"的基础正是"地主经济"，它显然更能揭示这种社会形态的本质，更能揭示它与秦以前社会和西欧中世纪的不同特点，因而"封建地主制"比"官僚主义封建制度"的命名要更胜一筹，并终于为大多数学者所接受。

据我现在看到的材料，最早对秦以后封建社会的特点进行探索的是吴玉章和林伯渠。他们1928年底在莫斯科中山大学研究院时，为了驳斥托洛茨基派拉基卡尔说中国土地可以自由买卖没有封建主义的谬论，共同撰写了题为《太平革命以前中国经济、社会、政治的分析》的长文。文章把从秦到太平天国时期的社会经济和政治的特殊结构概括为三条：第一，财产资本的土地私有经济；第二，家族的封建社会；第三，财产资本的地主阶级政治。第一条是最基本的。"财产资本"，据作者解释，它源于马克思"生产利息的资本是作为财产的资本，这是和那作为作用的资本相对峙的。"作者认为，中国的地主也是吃利息的人，他是变货币资本为土地作为财产资本去生产利息。"财产资本的土地私有经济是地主以土地为财产资本，以佃农的形式剥削农民，阻碍商业经济向前发展而保持半封建的生产方式"。文章谈到了土地私有、土地买卖、租佃关系，高利贷，自耕农之转化为佃农，佃农既受地租的剥削，又在农产品交换中受剥削等。在这里，虽然没有使用"封建地主制"这个词，但其揭示的实际上正是封建地主制的特点。吴玉章、林伯渠的这篇文章是马克思主义史学史上的开山作之一。它的成篇与郭沫若发表《中国古代社会研究》大致同时而各有侧重。郭著着重论证马克思主义关于人类历史发展的普遍规律在中国同样适用，它主要讲述先秦历史，秦以后只是简略提及。关于中国封建社会，郭沫若突出了"官僚与人民"、"地主与农夫"、"师傅与徒弟"的阶级对立，但没有进一步探究其特点和类型。吴玉章、林伯渠的文章则是专门谈秦至太平天国这一阶段历史的，不但肯定了秦以后的中国属于封建社会，而且着重分析了它不同于西欧封建社会的特点，提出了一些非常有价值的观点。它虽然带有探索过程中不成熟的印痕，当时没有定稿，也没有公开发表①，但它明确无误地反映了中国共产党人很早就在马克思主义指导下，从普遍性与特殊性的关联中来认识中国封建社会；它堪称"封建地主制"理论的先驱。

明确提出"封建地主制"概念的，最早当推吕振羽。1934 年 4 月，吕振羽发表了《中国经济之史的阶段》一文，其中谈到：

> 战国时代，中国封建社会内部所包含的一种变化，已开始成长。一方面，新兴地主经济之暂时确立，和商业资本的抬头，一方面原来封建贵族之大批没落。因而直到周秦之际，这种内部的变化因素已经存在，旧封建领主所支配的农奴经济不能不让位到新兴地主的农奴经济；因而建筑于其上层的封建领主的政权，当然不能完全符合新兴地主的要求。秦始皇的地主支配之封建国家政权，便在这个基础上建立起来的。

> 像这种地主表现领主职分之一形式的封建社会，为把它别于原来的封建社会，可以叫做地主制的封建社会。实际，阶级剥削关系的内容，本质上不曾改变。这是应该知道的。

> 秦代以后的封建社会系专制主义的封建社会，因而在政治的形式上表现为一种外表的统一的国家，经济上有商品经济和高利贷者的存在和活动——实际，这在其前代就已经存在着的。这便使许多观念论的历史家们都陷入迷途。只能看见现象，对于其本质上的认识，便显出十分无力的窘状。……要了解入秦以后到鸦片战争以前这一阶段的经济性，只有从其阶级的剥削关系的内容上去考察，才是问题的核心，才能说明经济的性质。②

接着，他在《秦代经济研究》一文中也探讨了"由封建领主经济到封建

---

① 这篇文章后由《吴玉章传》写作组整理，发表于《历史研究》，1984 年第 6 期。据整理者说明，该文初稿完成于 1928 年 12 月，当时未作进一步的加工整理。1933 年，吴老又在原稿上批注道："这本小册子有许多观点不正确，不能发表。"关于该文的评价，张剑平指出：它"是一篇在中国马克思主义新史学发展过程中具有开山作用的史学论著，它的出现同样标志着中国马克思主义新史学的诞生。"见所著《略论吴玉章在中国马克思主义史学中的地位》，载《社会科学研究》，1997 年第 4 期。

② 该文载《文史》，创刊号，1934 年。

地主经济的转换",并试图描述封建地主经济的一些特点。他指出,"新兴地主是随着土地私有制的发生而存在的",主要剥削方式为"佃耕—雇役制"。在封建地主制社会中,"主要对立的阶级为地主和农民";地主和商人关系密切,"这时的大地主不必同时便是大商人,而大商人却同时便是大地主";"从农奴制下解放出来的自由农民,所谓自由也还是表面的,部分地主仍然把他们束缚在土地上,对他们实行在其农奴制时代的榨取"①。

比吕振羽稍后,邓拓也提出了基本相同的观点。他在《中国社会经济"长期停滞"的考察》中说:

> 中国的历史,从西周到清代鸦片战争以前,在这一个长时期中,都是封建制度的历史……在这个长期的封建历史中,有若干不同的发展阶段。例如商业资本在春秋、战国时期已经日渐兴起,到了秦代就颠覆了原来的封建领主制,而确立了土地自由买卖的封建地主制,出现了商人、高利贷者和地主三位一体的结合状态。②

还有一些学者,虽然没有明确以战国秦汉以后的封建地主制来与战国以前的封建领主制相对应,但也有类似的提法,或者努力探索秦至鸦片战争封建社会的特点和本质。例如,当时在苏联从事历史教育的吴玉章,继《太平革命以前中国经济、社会、政治的分析》之后,在其1934年编写的《中国历史教程》的讲义中,又一次批评了所谓秦废封建后中国已不是封建社会的论调,指出"秦之改革不过造成另一种初期封建形式",分析了商鞅变法后土地私有、土地买卖和土地集中的发展过程,指出由于土地可以自由买卖,佃农制形成,"商业、高利贷资本能够购买土地来剥削农民,商业资本找到了一条出路,不必再往前发展了"③。原来持"变相"说的李达,在《中国现代经济史之序幕》强调商鞅变法后由劳役

---

① 该文载《文史》,第1卷第3期,1935。

② 邓云特:《中国社会经济"长期停滞"的考察》,《中山文化教育馆季刊》,第3卷第2期。

③ 吴玉章:《论中国封建社会"长期停滞"问题》,见《历史文集》,北京,人民出版社,1963。按,吴玉章认为中国封建社会存在浓厚的宗法制残余,始终滞留于初期封建形式。

地租转为实物地租；"随着实物地租之分裂为田赋和地租，而土地所有者也分裂为封建的领有（按指'封建的最高权力者私有全国的土地'）与私人的占有（按指'豪强兼并而可以自由买卖的土地'）"。又指出，"（秦代以前）地方分权是封建领主对于农民的直接支配，（秦代以后）中央集权是地主的代表对于农民的支配，即是土地所有者独裁的国家"①。应该说，这些分析接触到了中国封建地主经济的本质。翦伯赞在其 1939 年出版的《历史哲学教程》中，批评苏联学者鲍格柯夫没有把握中国封建制之"部分质变"——"如由封建贵族经济向地主经济之转化，由地主经济向小土地所有者及自由商人经济之转化"。他在《中国史纲》第 2 卷中又指出，中国从秦代进入"中期封建社会"，其基础是土地所有关系的转变，即旧的商人地主土地所有替代了旧的封建领主土地所有②。这已经非常接近封建地主制或地主经济的概念了。

由此可见，马克思主义历史学家在中国社会史论战中及论战以后，通过对商业资本主义社会说、专制主义社会说等错误理论的批判，吸收三大论战的积极成果，努力探索战国秦汉以后至鸦片战争以前中国封建社会的本质和特点，从而作出"封建地主制"或"地主经济封建制"这一科学的概括。

不过，在相当长的时期内，"封建地主制"这一概念的提出者虽然已经阐述了它的若干主要特点，但还没有展开充分的论证，形成系统的理论；这种观点虽然逐渐被学界所接受，但还没有形成统一的认识。1939年毛泽东撰写《中国革命与中国共产党》，肯定中国的封建制度"自周秦以来一直延续了三千年左右"，"如果说，秦以前的一个时代是诸侯称雄封建国家，那末，自秦始皇统一中国以后，就建立了专制主义的中央集权的封建国家；同时在某种程度上保留着封建割据的状态。"这虽然是就国家形式而言的，但毕竟没有明确采取领主制、地主制作为阶段划分的标志。不过，文中分析中国封建时代经济制度和政治制度的主要特点（涉及自然经济、土地占有和剥削方式、赋税制度、国家政权形式等方面）时，主要却是根据秦以后的历史作出的概括，一定意义上可以视为中国封建地主制的特点。我们知道，该文的历史部分主要依据了当时在延安的马克思主义史学家成果和意见。这就表明，领主制、地主制这种

---

① 李达：《中国现代经济史之序幕》。
② 翦伯赞：《中国史纲》，第 2 卷，29～31 页，上海，大孚出版公司，1947。

明确的阶段划分，即使在马克思主义史学家中也没有被统一地认定①。

（二）王亚南的理论贡献和"封建地主制"概念之被普遍接受

第一次对"封建地主制"的理论作出系统阐述的是王亚南。王亚南很早就接受了马克思主义，并以此为武器研究中国经济的现实与历史，从不停止他的探索。30 年代初，他认为中国封建社会始于西周，崩溃于战国，他在《读书杂志·中国社会史论战》第 1 辑发表的《封建制度论》即持此说。30 年代中期，他的观点发生了变化。在他 1935 年编写的《中国社会经济史纲》中，西周被定为"初期封建制度"时期，秦以后被定为"官僚主义封建制度"时期，春秋战国为过渡时期。为什么说秦以后是官僚主义的封建制度？他解释道："秦始皇帝不把领土领民分交于其诸子功臣治理，而大权独揽，对诸子功臣仅'以公赋税重赏赐之'，此与封建似不能同日而语；但问题不在领土领民用何种方式支配，而在于支配领土领民的所谓支配阶级，究竟寄生于哪种形态的生产上面。周代对其领土内可以榨取的农奴劳动剩余，直接让诸子功臣分别自行处理；于秦始皇则把这些农奴剩余劳动，全都收归己有，然后再由给俸的形式，'以公赋税重赏赐之'，由此观之，秦之官僚主义的专制机构，与周代封建机构，同是建立在农奴生产形态上面，如其说，一种政治形态是取决于所由建立的经济基础，或者，封建制度的特质，乃存于农奴劳动的剥削，那秦代的郡县制，就与周代封建制没有何等本质区别，从而把秦代这种政治装置，称之为专制官僚主义的封建制，就没有什么说不过去的了。"②1938 年，王亚南、郭大力翻译出版《资本论》第 3 卷以后，他更加纯熟地运用马克思主义研究中国经济的现实和历史，这时，他已接受了"封

---

① 上文谈到 1934 年 4 月《中国经济上之史的阶段》中提出"封建地主制"的概念。但同年 4 月，李达为吕振羽《史前期中国社会研究》作序时介绍作者分期的意见为"周代为中国史的初期封建社会"，"由春秋到鸦片战争前这一阶段，为变种的即专制主义的封建社会时代"。李达是吕振羽的老师，这里介绍的应是吕振羽原来的与李达一致的观点；论文反映的应是作者更新的主张。但吕氏对李达序中的表述不提出异议，起码反映了"封建地主制"的主张尚未定型。

②《中国社会经济史纲》，108 页，上海，生活书店，1936。该书署名为王渔邨，从编写例言看，该书的编写完成于 1935 年。据作者说明，该书自第二编以下，大体根据日本章华社出版的森谷克己氏所著的《支那社会经济史》编译而成。

建地主制"的观点。在 1946 年 1 月出版的《中国经济原论》中，王亚南指出春秋战国时期，"颁田制禄的封建领主制就转变为佃田纳租纳税的地主封建制；适应着这种经济剥削形式的转变，分立的封建局面，也为中央集权的封建官僚统治所代替"，并分析了"作为中国典型的地主封建制"的特点。在 1948 年初版《中国官僚政治研究》中，王亚南对自己原来的认识作了一番检讨，提出了自己的新见解：

> 单纯从形式上、从政治观点上考察，说中国封建社会在周末解体了，那是不无理由的，即作者在中国社会史论战开始时，亦是如此主张……但后来对封建制作更深一层的论究，始觉得错了。
>
> ……对封建制有全面决定作用的因素，乃是主要由农业劳动力与土地这种自然力相结合的生产方式。……如果在自然经济形式上的封建制度，以政权的非集中化为特征，但只要生产关系仍旧是封建的，这个特征虽有了重要的变化，或甚至消失了，封建制度的本质仍没有变更。
>
> 中国的专制官僚政体是随中国的封建的地主经济的产生而出现的，它主要是建立在那种经济基础上的。

在 1954 年出版的《中国地主经济封建制论纲》中，王亚南全面阐述了"地主经济的封建制"不同于"领主经济的封建制"的特点、它的来龙去脉以及对社会、政治、文化等各方面的影响。

王亚南对"地主经济"理论的建设主要有以下三个方面。

首先，更加全面和深入地论述了"地主经济"的特点和本质，主要有如下几点：（1）指出地主经济封建制下的商品流通比领主经济封建制发达，因而农业劳动者对土地和土地所有者的依附相对较轻，土地和劳力能够自由转移，劳动者的积极性较高，地主经济是比领主经济进步的一种形态。不过，这种自由只是相对的，超经济强制依然存在，劳动者受的剥削甚至更加严重。（2）分析了商业资本、高利贷与地主经济的关系及其运行规律，指出它们是"通家"、是"伙伴"，地主经济的再生机能与商业资本本身的再生是一致的。（3）指出地主经济的封建结构具有"钝化或缓和矛盾的弹性"。

其次，把地主经济视为封建制度（主要指秦以后）的基础，深入分析了这一基础与封建社会政治、文化等方面的关系，并试图以地主经济理论为中心解答中国历史上的一系列重大问题，如封建社会长期"停滞"问题，中华民族如何形成问题等。尤其是明确指出了地主经济是中央集权官僚政治的基础，用水利工程、抵御外侮或选贤任能的要求来解释中央集权的形成都是不妥的。

再次，系统阐述了地主经济封建形态的形成和演变以及它的来龙去脉。在这方面，最有特色的是把亚细亚生产方式与地主经济封建制的形成发展联系起来考察，指出亚细亚生产方式诸特点在地主经济封建社会中的残留。

王亚南第一次明确指出，较长时期停留在地主经济封建制度的发展阶段是中国历史不同于西欧的重要特点，这样，王亚南就不但把地主经济视作秦以后封建社会的基础，而且视为把握中国历史的一个"枢纽"，不但阐释中国封建社会的各种问题的理论基础，而且分析和研究半封建半殖民地的中国近代社会的形成及其特点的有力武器。

王亚南认识的变化具有典型的意义，他反映了一位真诚的学者是如何在马克思主义的指导下追求真理和接近真理的。我相信，每一个真诚信仰马克思主义的学者，在了解了真实的情况和进行了认真的研究以后，在对中国历史上的封建社会问题的认识上，都会和王亚南殊途同归的。

"封建地主制"或"地主封建制"、"地主经济封建制"虽然是主张西周即进入封建时代的学者为了区别战国秦汉前后的封建社会而发明和使用的，但这和许多主张战国秦汉进入封建社会的学者的认识是吻合或类似的。例如首倡秦以后进入封建社会的郭沫若，就把地主阶级与农民阶级的对立作为封建社会结构的基本特点。因而战国秦汉封建论者一般也接受"封建地主制"或"地主经济封建制"的概念，把它作为突显中国封建社会区别于西欧的特点的封建制度的一种类型。站在战国封建说的立场对地主制封建社会形态进行系统阐述的，应当首推胡如雷的《中国封建社会形态研究》。

1949 年以后，绝大多数学者接受了马克思主义作为史学研究的指导思想。史学界的所谓"五朵金花"，在某种意义上就是围绕中国封建社会发生发展规律及相关问题展开的研究和讨论。在讨论中尽管对中国封建社会始于何时有分歧，但没有人对鸦片战争前中国社会的封建性质提出否定的意见。"封建地主制"或"地主经济封建制"的概念也在讨论中被史学研究者所广泛接受，成为对战国秦汉以后社会性质认识中的主流观点。这种状况是学术研究发展过程中自然形成的，可以说是多数学者通过长期的学术实践所达到的共识，并没有任何行政命令或"政治权威"施加其间。

四　对质疑者的回答

从以上学术史的回顾可以看出，战国秦汉以后是否封建社会的问题，我们的先辈在七八十年前就已认真讨论过了。在讨论中，否认战国秦汉以后是封建社会的各种论调露出了许多破绽，经不起实践的检验，已经相继为人们所抛弃。肯定战国秦汉以后是封建社会的观点，虽然不是每个人都同意，但已被越来越多的人所接受。

现在有人又把这个问题重新提出来了。我不知道这些学者是否认真研究和总结过上世纪的这次大讨论。如前所述，上世纪的二三十年代，虽然有不少学者认为战国秦汉以后已经不是封建社会，但没有一个中国学者否认中国历史上存在过封建社会，绝大多数学者也不否认秦汉以后的中国社会仍然存在着严重的封建关系。现在有的人不但否认战国秦汉以后是封建社会，而且否认中国历史上存在过与西欧中世纪封建社会性质相类的封建社会。

那么，他们提出了一些什么新的理论和新的论据呢？恕我说一句不客气的话，他们没有提出过系统的理论，没有作过严谨的论证。如果鸦片战争前的中国社会不是封建社会，那是什么社会，如何命名，为什么要这样命名？这些问题，他们一个也没有作正面的回答①，其论证主要是否定性的。说来说去，无非是两条。第一条是，现在所广泛使用的"封建"一词，不符合中国历史上"封建"的本义，所以根本不能成立②；

---

① 20世纪二三十年代社会史论战中否定秦汉后鸦片战争前为封建社会的学者，一般对这一时期都给出一个名称，作出论证，形成一定的理论。现在否定论者往往没有正面的论证。对秦至清这一时期，或称为"传统社会"，或称为"帝制时代"，等等。"传统"一称太笼统，现代以前都可以叫"传统社会"；"帝制"只反映了这一时期政治制度的某一特征。它们都不足以界定一个特定时期的社会形态。

② 李慎之在《"封建"二字不可滥用》（原载《中国的道路》，南方日报出版社，2000年，转载于网上《新观察文摘》）一文中说："滥用'封建'这个词原来正是政治势力压倒'知识分子的人文精神'的结果。因为时下所说的'封建'以及由此而派生的'封建迷信'、'封建落后'、'封建反动'、'封建顽固'等等并不合乎中国历史上'封建'的本义，不合乎从feudal，feudalism这样的西文字翻译过来的'封建主义'的本义，也不合乎马克思、恩格斯所说的'封建主义'的本义，它完全是中国近代政治中为宣传方便而无限扩大使用的一个政治术语。"是"'一犬吠影，百犬吠声'的错误"。

第二条是，认为秦废"封建"后仍然是封建社会，就是犯了西欧中心论，就是拿斯大林的五种生产方式的公式剪裁中国的历史。

"封建"一词和世间其他一切事物一样，其含义都是历史地变化着的，我们不应用凝固的观点看待它。上文已经指出，这种变化早在古代就已经发生了。近代引入西欧的"Feudalism"并用"封建"与之对译以后，"封建"的概念在短短二三十年间发生了两次"飞跃"。第一次突破了把"封建"仅仅看作我国古代一种政治制度的局限，把它视为在世界各地都经历过的一种社会形态；第二次是进一步把"封建"看作一种生产方式。我们现在历史分期中所使用的"封建"是后者，即采用马克思主义关于封建生产方式的概念。它当然不同于中国古代"封建"的初义。但这是再正常不过的事情。现在人文社会科学所使用的词汇，尤其是用中国古语译介西方有关概念的词汇，含义与该词的古义不同以至相反，并不鲜见，① 何况从欧洲引入的 Feudalism 未必与中国古代封建没有一点

---

① 林甘泉在《世纪之交中国古代史研究中的几个热点问题》一文（载《21 世纪中国历史学展望》，北京，中国社会科学出版社，2003）中指出："关于封建社会，有一种意见认为，中国历史文献上的'封建'指封邦建国，与欧洲中世纪的封建制度完全是两码事，所以不应套用封建社会的名称。这种意见是很难令人信服的。近代以来，我国人文社会科学所使用的许多词汇，都和历史文献的本意不尽相符，有的意思甚至截然相反。比如'民主'一词，见于《尚书·多方》，原意是民之主宰，与我们今天所说的'民主'意思正相反。再如'革命'一词，历史文献的本意是顺天应人而改朝换代，与我们今天所说的'革命'意思也相去甚远。如果因为我们所使用的这些名词意思与历史文献不符，都要改正，岂不是乱了套？'封建社会'一词，大概是始于日本学者所翻译，再传播到我国的。中国历史上是否存在封建社会，根本问题要看封建社会经济形态的基本特征在中国历史上是否存在。这个基本特征就是封建的生产方式，而不必非是欧洲的封君封臣制度和庄园生产组织不可。我国学者无论是主张西周封建论，还是主张战国封建论或魏晋封建论，都着眼于封建生产方式（领主制或地主制），这完全无可厚非。如果认为只有具备西欧封建制的那些特征，才算得上是封建社会，这岂不是把封建社会形态当作欧洲的专利品吗？"

联系①。以现在使用的"封建"概念不同于中国古代的"封建"为由，来否定中国历史上（或秦汉以后）存在过封建社会，是完全站不住脚的。关键是我们现在使用的"封建"概念以及用它来确定秦汉以后社会的封建性质，是否科学，能否反映历史的本质。20世纪的学术史和中国民主主义革命的实践，不是已经作出了明确的回答吗？

如果说，现在使用的"封建"不同于中国古代的"封建"和西欧的"feudalism"还有部分的道理，那么说它也不符合马克思主义关于封建生产方式的概念，就真不知此话从何说起了。至于在民主革命和社会主义革命过程中，广大群众接受了"封建"的概念以后在使用中把它泛化了，一切与"五四"以来宣扬的民主科学精神不符的事物都被冠以"封建"，于是有封建思想、封建迷信等词汇的出现，这没有什么可奇怪的了，因为词义总是在群众的使用中不断丰富其内涵的。这也没有什么不好，在某种意义上，它正是人民群众思想觉悟提高的表现，与什么"政治压力"毫不相干。反对西欧中心论是时下非常时髦的一个话题。但在反对西欧中心论的旗帜下可以有不同的思想路线：一条是承认各地区各民族历史的发展既是特殊的，也有普遍性的一面，承认马克思主义理论包含了对人类历史发展普遍性的认识，运用马克思主义指导研究而反对把它当作教条，反对把西欧历史变成僵死的模式来剪裁中国的历史，强调从各国历史实际出发，找出其间的特殊性、普遍性及其相互连接性；另一条是

① 当年严复以"封建"对译"Feudalism"是经过对比研究的，他的翻译很快就被人们所接受。西周的"封建"与西欧中世纪的feudalism确有颇多相似之处。例如，通过领地的分封而形成的封主与臣属之间的权利与义务关系，等级制、人身依附关系等等；应该说，把feudalism译为"封建"不是没有根据的。在一定意义上，这是西周封建论的认识基础之一。在相当长的时间内，没有人对这种翻译提出异议。20世纪40年代，侯外庐撰写《中国思想通史》时，认为中国古代的"封建"是指古代的城市国家，被译为"封建"的"feudalism"则是立基于自然经济、以农村为出发点的封建所有制形式，两者相混，是"语乱天下"（《中国思想通史》，第2卷，上册，374页，上海，生活·读书·新知三联书店，1950。按，作者在《序》中说，该书写于40年代）。90年代，日知又在《"封建主义"问题》中详论用中国"古典时代"的"封建"对译属于欧洲中世纪feudalism是错误的。侯外庐和日知均主张西周春秋为中国的"古典时代"。作为古史分期争论的一个侧面，以"封建"对译"feudalism"是否正确的争论还会继续下去。有人以此作为否认中国存在与西欧类似封建社会的一个论据。但他们忽视了，无论侯外庐或日知，都认为秦汉以后是与西欧中世纪本质相同的封建社会。何况，即使这一对译完全错了，也不足以否定中国存在过类似西欧的封建制度。

强调各国历史发展的特殊性，否认这些特殊性中也包含了普遍性，否认马克思主义理论所揭示的人类历史发展的共同规律性，把运用马克思主义指导研究中国历史等同于教条主义和西欧中心论。我们赞成第一条思想路线，反对第二条思想路线。

主张中国和西方都经历过封建社会的发展阶段，其前提是承认中国和西方历史的发展具有共同性。自严复以"封建"对译"feudalism"以来，就没有把封建社会局限于西欧一隅，而是理解为人类历史上带有普遍性的制度。前面谈到，鸦片战争以后，中国人不得不正视外部强大的西方世界，在研究历史时打破过去封闭的眼界，努力吸收西方的历史理念，把中国的历史与西方世界作比较，在当时已成为不可抗拒的潮流。正是在这种比较中，先进的中国人认识到中外历史发展具有共同性。应该说，这是中国人历史观的一个巨大的进步。试想如果特殊的事物中不包含某种共同性，那么能够看到的只是一个个具体事物的眼前状况，无法上升到"类"的认识、"规律"的认识、发展趋势的认识，那还有什么科学研究可言呢？严复谈到国家时曾经说过："国家为物，所足异者，人类不谋而合。譬如我们古有封建，有五等，欧洲亦有封建、五等。吾古有车战，西人亦然。平常人每见各国之异而怪之，实则异不足怪，可怪者转是在同。于其所同，能得其故，便是哲学能事。"① 诚哉斯言！科学研究的重要任务之一正是异中求同，同中求故。由于中国传统社会的腐朽已经暴露出来，人们纷纷从外国的思想库中寻找武器，寻找能够正确解释人类历史发展规律的思想理论②。找来找去，比来比去，"于其所同，能得其故"者，莫若马克思主义的唯物史观。

中国共产党人和马克思主义史学家对中国社会封建性质的认识，无论现实的或是历史的，毫无疑问是在马克思主义的指导下进行的。有人把这一认识过程说成是把中国历史硬往斯大林五种生产方式的公式上套，这与事实相距太远了。我们知道，列宁去世以后，斯大林在和托洛茨基反对派的斗争中，的确对中国社会的封建性质有过阐述，这些阐述对中国共产党人当然发生了影响。但中国的先进分子和共产党人对中国社会

① 《政治讲义·第二会》，《严复集》，5，北京，中华书局，1986。

② 中国社会史论战中关于秦以后社会性质的几种主要理论派别，无一不是以某种外国人的理论为其渊源。如陶希圣的商业资本主义社会说来源于德国人拉狄克的理论，王礼锡等人的专制主义社会说来源于俄国人泼可老夫斯基的理论，等等。这本身无可指责，问题在于采用的理论是否正确和对理论的运用是否正确。

封建性的认识，在这以前早就开始了，甚至在马克思主义系统介绍到中国以前已经开始了。在马克思主义传播到中国以后，他们的理论武器主要是马克思、恩格斯、列宁的有关论述。社会经济形态依次更替的理论是马克思、恩格斯创立的唯物史观的重要组成部分，不是斯大林的发明；而且，即使到了二三十年代中国社会史论战时期，斯大林论述五种生产方式的小册子《辩证唯物主义和历史唯物主义》还没有出版。

运用马克思主义社会形态学说进行研究，是否就要犯教条主义和西欧中心论的错误？

马克思主义最讲实事求是，它本质上与教条主义是不相容的。我们还没有看到哪一个思想家像马克思、恩格斯那样，公开劝诫人们不要把他们的理论当作教条。毋庸讳言，马克思、恩格斯对历史上各种社会形态的概括主要是根据西欧的经验事实作出的，但也并不仅仅局限于西欧。即使是西欧经验，虽有其特殊性，但也包含了普遍性的一面。就马、恩、列关于封建制度的论述而言，有的是针对西欧具体情况而发的，不一定适合其他国家的情况，甚至有些论述从当时掌握的不全面的资料出发，带着时代的局限性，但是，不少论述又是带有普遍意义的，尤其是作为这些论述基础的社会经济形态学说，其正确性已被实践反复证明。这些学说和理论，如果不是生吞活剥当作僵死的教条，当然可以作为我们研究中国历史的指南。中国社会史论战中的各派学者，无不承认封建制度的普遍性，无不承认马克思主义有关理论的指导意义。因此，问题关键在于如何正确运用它。正确运用这种理论，不但不会导致教条主义和西欧中心论，相反，这正是克服教条主义和西欧中心论的有力武器。

中国共产党人在运用马克思主义认识中国现实和历史过程中，确实出现过教条主义，但这种教条主义从来就受到清醒的共产党人的抵制，理论与实际相结合是他们一贯坚持的原则。早在1921年，施存统就说过："我以为马克思主义全部理论，都是拿产业发达的国家底材料做根据的，所以他有些话，不能适用于产业幼稚的国家。但我以为我们研究一种学说一种主义，决不应当'囫囵吞枣'、'食古不化'，应该把那种学说的精髓取出。"还说："如果在中国实行马克思主义，在表面上或者要有与马克思所说的话冲突的地方；但这并不要紧，因为马克思主义本身，并不是一个死板板的模型。所以我认为我们只要遵守马克思主义底根本原则就是了；至于枝叶政策，是不必拘泥的。"[①] 30 年代初，毛泽东写了《反对本本主义》，针对的就是在国情调查和认识中的教条主义。

在中国共产党建党初期和二三十年代的社会史论战中，共产党人和马克思主义史学工作者从总体上并没有犯教条主义的错误，起码在对中国社会封建性的认识上是这样。他们并没有拘泥于马克思、恩格斯对西欧封建社会的某些具体论述的词句，而是抓住作为一种生产方式最本质的东西。正因为这样，他们才能够看出战国秦汉以后的中国社会虽然与西欧中世纪社会有许多不同的特点，但生产关系本质上仍然是封建式的，从而作出了正确的定性。这绝非食洋不化者之流能够做到的。如果说当时存在教条主义和西欧中心论的话，那不是秦以后封建社会论，而是战国封建社会崩坏论。因为它把当时人们所有限了解的西欧中世纪社会当作封建社会唯一的固定的模式，凡是符合这个模式的就是封建社会，凡是不符合这个模式的就不是封建社会。这难道不正是教条主义和西欧中心论吗？

二三十年代的人们研究中国封建社会时，视西欧中世纪为封建社会的典型，拿中国与之相比，是十分自然的。即使是一些赞成秦以后为封建社会的学者，也往往因此把秦以后的中国社会称为"变态"的或"早熟"的封建社会。从这里可以依稀看见西欧中心论的影子。认识了这一点，我们就能够更深刻地理解"封建地主制"论的意义和价值。因为它突破了以西欧中世纪为封建社会唯一典型的思路，把中国的封建地主制作为不同于西欧封建社会的另一典型，彻底摆脱了西欧中心论的阴影。其实，中国的地主经济封建社会，从延续时间之长和发展之充分看，毋宁说，在人类封建社会的历史上更具典型意义。应该说，关于中国封建地主制的理论，是马克思主义基本原理与中国历史实际相结合的丰硕成果，是中国人对马克思主义史学的一个贡献。

还有"政治压力"一说。据说，运用马克思主义社会形态的理论研究历史，就是一种"政治干扰"、"意识形态诉求"；历史研究只有彻底摆脱政治，才谈得上科学性。不错，中国共产党人和马克思主义史学家对中国社会封建性的研究和认识，是由革命的需要所推动的，是与革命的实践（也就是政治）密不可分的。在我们看来，这是它的特点，也正是它的优点。我们不赞成把学术和政治混为一谈，但以反对套用五种生产

①《马克思底共产主义》，载《新青年》，第 9 卷第 4 号，1921 年 8 月 1 日。

方式公式为由否定中国马克思主义史学对中国封建社会的论定，本身就是一种“意识形态的诉求”，隐含着某种政治。在历史学中，不是每个问题都要与政治挂钩，但是，像“封建社会”是否存在这样的问题，你想和政治脱钩也脱不了。在历史科学中，把革命性和科学性完全对立起来是没有道理的。革命性和科学性可以统一。就 20 世纪初中国共产党人和马克思主义者关于中国社会的封建性的研究来说，在当时革命与反革命生死搏斗的情势下，论争带着强烈的情绪，在正确否定论敌错误观点的同时有时难免缺乏冷静的分析，但总的来说，其革命性和科学性是较好地结合在一起的。因为革命需要科学，科学支撑革命；如果对中国社会的现实和历史没有科学的认识，就不可能引导革命走向胜利。同时，革命又推动了科学、验证了科学。对中国社会封建性的认识指导了革命的实践，同时革命的实践又有力地证明了这种认识的科学性。对秦汉以来社会封建性质的认识与我国民主革命及其纲领的关系是如此之密切，以至要否定这种认识，势必牵涉到中国民主革命及其纲领，这当然是应该十分慎重对待的事情。

（原载《历史研究》，2004 年第 2 期，略有修改）

庞卓恒

生产能力决定论

一　为什么必须坚持科学的因果决定论①

在当代科学哲学中，因果决定论和非决定论似乎成了一对主要的对立思潮。所谓因果决定论，包括科学的因果决定论和非科学的因果决定论，就是认定万事万物皆有一个终极原因决定的因果必然性规律的本体论和方法论；非决定论则认为万事万物皆由多种因素相互作用、随机组合而成，否认万事万物皆有一个终极原因决定的因果必然性规律，至多只承认有某种归纳性、统计性或概然性的规律。自从量子力学中的"不确定关系"或"测不准原理"（Uncertainty principle）确立以后，非决定论在自然科学和社会科学的哲学表达中都越来越占据主导地位，而因果决定论则多被贬斥为过时的陈词滥调。科学的因果决定论也不能幸免。

因果决定论在 20 世纪遭到否定，有复杂的认识背景和社会历史背景。在科学认识领域，首先是量子力学发现了"不确定关系"，或称为"测不准原理"。它认定，一

<hr />

① 有的论者认为，决定论（determinism）除了指因果决定论，还应包括非因果的决定论，如自然科学中运用"统计规律"进行推理，也是一种决定论，似乎可以称之为非因果的"统计决定论"。此论似难成立。因为"统计规律"只是归纳性、概然性的经验规律，不是因果必然性的规律，因此，运用"统计规律"推导的结论只能是概然性的，不可能是因果必然性的或"决定论性的"。参见拙著：《唯物史观与历史科学》，第 2 章第 1 节，北京，高等教育出版社，1999。

个微观粒子的位置和动量，或方位角与动量矩，不可能同时具有确定的数值。其中一个量愈确定，另一个量的不确定程度愈大。这对强调确定性的经典力学概念提出了挑战。分子遗传学、天体演化学等新兴学科，也发现了大量变幻莫测、难以把握的现象。面对科学革命中出现的新形势，著名科学哲学家奎恩（W. V. Quine）在《英国科学哲学学刊》发表文章，断言："一切都是不肯定的，一切都容许修改。"① 20 世纪的世界历史进程，也发生了一系列的巨变。两次空前暴烈的世界大战，旧殖民体系的瓦解和第三世界的兴起，一系社会主义国家的出现及其曲折历程，多极化世界格局的形成……这一切都与 19 世纪的精英们预言的那种"必然趋势"大相径庭。英国著名历史学家巴勒克拉夫在《变动的世界中的历史》一书中写道："现在，我们充斥着一种不稳定的感情，因为我们感到将跨入一个新时代的门槛，在这个时代面前，以往的经验根本不成其为可靠的指南。"② 在这样的历史背景下，人们越来越倾向于相信世界变化的随机性、偶然性和非决定论，摒弃因果性、必然性和决定论。

但是，否认因果必然性的非决定论是否真能成为公认的科学真理呢？显然不可能。早在海森堡及其拥护者刚刚试图把量子力学中的"测不准定理"解释为哲学上对因果必然性的否定之时，爱因斯坦就奋起抗争，声明物理学如果不能证明因果必然性，他爱因斯坦就宁可做补鞋匠，也不做物理学家。著名科学哲学家波普尔（Karl R. Popper）也认为非决定论对科学是有害的。他指出，"不确定关系（定理）正像光速不变原则一样，堵塞了某些可能的研究途经。光速常数 c 与普朗克常数 h 相似之处在于，两者都在原则上对研究的可能性设置了限制。问题就出在，超过这些壁障进行探索的意图，就要被那个把不合口味的问题当作'假问题'的著名方法加以排除"。他指出，"把超光速和'超纯'状态设定为禁区的定律"，实际上只不过是一些"经验陈述"，"像其他经验陈述一样"，应该"鞭策研究者去探索禁区"；研究者"应该拒绝对研究的可能性设置限制的禁律"③。他的这些论证，是十分精辟的。令人遗憾的是，波普尔

---

① W. V. Quine，The scope and language of science，British Journal for the Philosophy of Science，VIII（May，1957）.

② 转引自《当代国外社会科学手册》，112 页，南京，江苏人民出版社，1985。

③ 见 K. R. 波珀（即波普尔）著：《科学发现的逻辑》，查汝强、邱仁宗译，216 页，北京，科学出版社，1986；并见该书英文版：Karl R. Popper, *The Logic of Scientific Discovery*, Huchinson of London，1959，p. 250。所引波普尔语的译文按英文版作了调整。

在剖析"非决定论的形而上学"对科学的危害性的同时，把一切形式的"决定论"和"因果决定论"都当作"形而上学"一起加以排斥。这就使他在规律观上陷入了自相矛盾的困境。不过，他的自相矛盾本身就证明，科学的因果决定论是否定不了的①。

　　唯物史观是科学的决定论。可是有的人现在竟把它与最荒谬的非科学的决定论混为一谈。如波普尔，竟然把唯物史观的科学决定论混同于命定论式的"历史决定论"。为此，他特地选用了 historicism 这个词汇，来指称唯物史观的科学的决定论，专门写了 The Poverty of Historicism 一书②，来加以抨击。波普尔在该书中把唯物史观揭示的历史发展规律与宗教神学的天命论、宿命论和法西斯主义的种族决定论混为一谈，全都称作"历史决定论"，一起加以摒弃。他为此还特别在该书扉页加上一段引人注目的题词，申明该书是"为纪念那些沦为所谓历史命运的不可抗拒的规律的法西斯主义信仰和共产主义信仰的牺牲品的一切教派、民族和种族的无数男男女女而作"③。显然是由于政治和意识形态的偏见，驱使极为博学而精明的波普尔竟然看不见马克思主义的科学决定论同一切非科学的决定论之间的极为明显的根本区别。

　　如前所述，一切的决定论的确有一个共同的特点，就是认定万事万物皆有一个终极原因决定的因果必然性规律。但是，正是在这里，唯物史观的科学的决定论同一切非科学的决定论却存在着一个根本的区别，那就是：一切非科学的决定论认定的终极原因或作为其源泉的终极的存在都是虚幻的，经不住实证科学检验，而唯物史观的科学的决定论认定的终极原因或作为其源泉的终极的存在却是实在的，经得住实证科学检验的。

---

　　① 详见拙著：《唯物史观与历史科学》，第 2 章第 1 节。

　　② 该书中文版即杜汝楫、邱仁宗译，波普尔著：《历史决定论的贫困》，北京，华夏出版社，1987；另有普尔著：《历史主义的贫困》，北京，社会科学文献出版社，1987。在西方用语中，"historicism"一词是一个多义词，既指宽泛意义上的"历史主义"（如西方学者一般用以强调历史与现实的根本区别和历史现象与自然现象的根本区别，或强调每个历史现象的独特性和不重复性）；还特指"历史决定论"，即认为历史按一定的规律演变的理论。波普尔完全是在特指意义上使用该词，因此，该书中的"historicism"一词，译为"历史决定论"较为确切。

　　③ 这段扉页题词在杜汝楫、邱仁宗译本中没有译出，何林、赵平译本中的这段译文难以读通，故按该书英文版（*The Poverty of Historicism*，London，1987）重新译出。

例如，神灵意志决定论认定上帝或其他神灵意志是决定万事万物产生和发展演变的终极存在和终极原因；种族决定论或文化决定论认定某种独特的种族基因或文化基因是决定种族或民族特性或"优"或"劣"的终极存在和终极原因。这些所谓的终极存在和终极原因根本无法运用任何实证科学方法来证明它们的存在。

又如，地理环境决定论认定气候土壤或海陆山川等自然条件是决定不同民族、国家的历史进程及其发展程度的终极存在或终极原因。然而无数历史和现实的事实证明，处在大体相似甚至几乎完全相同的自然条件的民族或国家的历史进程及其发展程度却存在着极大的差异。无数的实证研究证明，地理环境虽然对人类历史进程有巨大的影响，却不是影响历史进程的最终的决定性因素①。

还有人性、理性决定论，认定某种或"善"或"恶"的人性，或"趋利避害"的理性（包括西方经济学认定的"经济人"追求"利益最大化"的"经济理性"）及其开化程度，是决定一切民族、阶级和个人的思想和行为方式并最终决定其历史命运的终极存在和终极原因。然而，同样有无数的历史事实证明，属于不同时代、民族、阶级的人们，区分是非善恶或利弊得失的标准是各不相同的，因此不可能从这方面找到适应于一切时代、民族和阶级的共同的人性或理性。马克思肯定有一种一切时代、民族和阶级共有的"人的一般本性"。他主张"首先要研究人的一般本性，然后要研究每个时代历史地发生了变化的人的本性"②。怎样研究人的一般本性呢？不能从是非善恶或利弊得失的意识或价值标准中找到那种共有的人的本性或共同人性，只能从人类不同于其他动物的"生命活动"或物质生存的实践活动中找到那种共同的人性。因为人的意识方面的特性来源于他们的实际生活过程，而且随着实际生活过程的变化而变化："不是意识决定生活，而是生活决定意识"③。唯物史观由此看到的"人的一般本性"或一般人性首先就是人类区别于其他动物的"生命活动"的"类特性"，就是人类为生产吃、喝、住、穿等生活资料而从事的"劳动这种生命活动"的特性；"人的类特性恰恰就是自由的、有意识的活动"④；"一当人开始生产自己的生活资料的时候，……人本

① 参见拙著：《唯物史观与历史科学》，第 2 章第 4 节。
② 《马克思恩格斯全集》，第 23 卷，669 页，北京，人民出版社，1974。
③ 《马克思恩格斯全集》，第 1 卷，73 页，北京，人民出版社，1995。
④ 同上书，46 页。

身就开始把自己和动物区别开来"①。唯物史观并不否认一般人性或"人的一般本性"中包括"趋利避害"之类的共同理性，但它认为那样的理性作为一种价值意识是从"劳动这种生命活动"中产生出来的，因此也是随着劳动生产活动的发展演变而发展演变的："个人怎样表现自己的生活，他们自己就是怎样。因此，他们是什么样的，这同他们的生产是一致的——既和他们生产什么一致，又和他们怎样生产一致"②。正是这种"人的一般本性"决定了现实生活中的人性——包括他们判断"利"或"害"的具体标准——不可能是一成不变的，而是要不断改变的。因为人们的生产活动能力总要随着经验、知识的积累而不断增进，从而也必然要促进劳动生产方式和与之相应的各种交往方式或制度、体制不断改善，或者借用韦伯和熊彼特的话来说，要不断趋于合理化。"在再生产的行为本身中，不但客观条件改变着，例如乡村变为城市，荒野变成清除了林木的耕地等等，而且生产者也改变着，炼出新的品质，通过生产而发展和改造着自身，造成新的力量和新的观念，造成新的交往方式，新的需要和新的语言。"③ 也就是说，人类通过自身的生产活动不仅改变着自身的物质生活面貌，还改变着自身的社会面貌（"造成新的交往方式"）和精神面貌（"炼出新的品质"、"新的需要和新的语言"），也就是说，炼出了新的人性。因此马克思说："整个历史也无非是人类本性的不断改变而已"④。例如，古代中世纪的人，不论是属于统治阶级还是被统治阶级，由于生活在小生产和自然经济条件之下，普遍处于一层层的人身依附关系之中，因而大都不可能具有"生而平等"的意识或价值标准，反而大都承认"生而不平等"的"命运"和价值标准。从孔子、孟子，到柏拉图、亚里士多德，都这样认定。只是到了人们比较普遍地突破了小生产和自然经济的局限，进入了实行等价交换的商品生产和商品交换的生产生活方式，才有人系统地提出"人人生而平等"的主张，并逐渐获得普遍的赞成。由此可见，唯物史观揭示的最基本的人性或"人的一般本性"，就是人类为了满足生存需要而必然要不断从事生产劳动、不断发展劳动生产能力和不断改善自身的物质生活、社会生活和精神生活条件的

---

① 《马克思恩格斯全集》，第 1 卷，67 页。

② 同上书，67 ~ 68 页。

③ 《马克思恩格斯全集》，第 46 卷上，494 页，北京，人民出版社，1979。

④ 《马克思恩格斯选集》，第 1 卷，172 页。

特性。

为什么说唯物史观的科学决定论认定的终极存在和终极原因是实在的、经得住实证的科学验证的呢？因为它认定的终极存在和终极原因乃是："人们首先必须吃、喝、住、穿，然后才能从事政治、科学、艺术、宗教等等"①。更通俗地讲，唯物史观认定的终极存在和终极原因就是：人类要生存，就必然要从事满足吃、喝、住、穿等生存所需的生活资料的生产；要从事满足吃、喝、住、穿等生存所需的生活资料的生产实践活动，就必然要在这样的实践活动过程中不断地"吃一堑长一智"，也就是要不断地提高生产能力；随着物质生产能力的提高，人们必然要相应的提高精神生产能力，也就是面对自然和社会中的难题理性地思考和抉择的能力，从而产生出被称为上层建筑的种种政治、法律和行政机构，以及相应的哲学、宗教、科学、艺术等精神产品，从而也就必然要推动人类社会和人自身从低级向高级发展。谁能否认这样的终极实在和终极原因呢？难道人类无须吃、喝、住、穿，或无须从事满足吃、喝、住、穿需要的物质生产，就能生存吗？或者，谁能证明任何人群或生理、心理正常的个人不会在生存活动中吃一堑长一智呢？或者，谁又能证明，人类的任何政治、法律和行政机构，以及相应的哲学、宗教、科学、艺术等精神产品的产生及其从低级到高级的升华不是在生存实践过程中吃一堑长一智的结果呢？

我们说唯物史观是科学的因果决定论，不但因为它认定的终极存在和终极原因是实实在在、经得住任何实证科学检验的，还因为能够从那个终极存在和终极原因推导出严格的因果必然性的人类社会历史发展的普遍规律，从而指引各门社会历史学科成为真正的科学。

无数事实证明，如果不坚持唯物史观的科学决定论和它认定的终极存在和终极原因，就必然陷入非决定论。

非决定论或多元折中论往往借助于归纳性、统计性或概然性的"规律"给自己披上"科学"的外衣。所谓归纳性、统计性或概然性的"规律"，就是把多次重复出现的现象归纳起来，认定那种重复性就是"规则

---

① 《马克思恩格斯选集》，第 3 卷，776 页，北京，人民出版社，1995。

性"或"规律性"（regularity），或者就是"法则"或"规律"（law）①。比如，许多次看到的乌鸦都是黑色的，就归纳出"天下乌鸦一般黑"的"法则"或"规律"。非决定论—多元折中论者在归纳此类"法则"或"规律"时，一般都拒绝回答造成那种"法则"或"规律"的原因是什么的问题，实在不得不对原因有所交代时，就说那是多种因素相互作用或随机组合造成的。无论遇到什么问题，非决定论—多元折中论者都能随手举出1，2，3，4……或甲、乙、丙、丁……之类的多种因素的"相互作用"或"随机组合"来作出一番"自成一说"的解释，不顾及那些解释是否经得住实践的检验。

值得注意的是，非决定论—多元折中论者往往实质上是唯心主义的"一元决定论"者，非决定论—多元折中论只不过是他们用来掩盖自己的唯心主义的"一元决定论"的"科学"外衣和为防备自己的唯心主义的"一元决定论"遭到揭露而预设的挡箭牌。例如德国社会学家、历史学家韦伯（Max Weber）断言，欧美国家之所以能够从中世纪传统社会发展成为"理性资本主义"社会，是因为从古代犹太文化中的畜群私有制和"个人主义"、希腊—罗马文化中的公民民主意识等孕育出来的"新教伦理"激发了"资本主义精神"；东方国家之所以没有发展出"理性资本主义"，是因为伊斯兰教、"儒教"、道教等东方信仰都孕育不出西方那种"新教伦理"，也就不可能激发出西方那种"资本主义精神"。人们很容易对这种极粗劣的信仰—伦理决定论提出他无法回答的驳议：从历史和逻辑上看究竟是资本主义的生产生活方式孕育了新教伦理和资本主义精神，还是相反，后者孕育了前者？再说，既然远古时代的犹太文化、希腊—罗马文化早就含有孕育新教伦理的因素，为什么那新教伦理非要在反映资本主义生产生活方式需求的文艺复兴运动兴起两个世纪之后，才从其

---

① 在自然科学中，把重复性的现象归纳成为统计性、概然性的"经验规律"或"法则"，是极为常见而且十分有效的方法，这是因为自然科学的研究对象，诸如原子、分子，甚至生物种属，大多在千百万年间没有发生性质变化，因此，对那些物质实体引起的各种物质现象加以归纳而概括出的"统计规律"或"经验规律"，尽管在方法论上有问题，但在其"覆盖"范围之内实际应用起来是精确有效的。然而，一切社会和历史科学的研究对象都是人，而人的生产、生活方式以及与之相应的思维和行为方式都是不断变化的。因此，社会科学家或历史学家如果像自然科学家认定公元前2000年和公元2000年的原子、分子、生物种属没有区别那样去认定公元前2000年的农民、工匠、国王与公元2000年的农民、工匠和国王没有区别，那就一定会出大笑话。

"文化母体"分娩出来呢？韦伯为了对这种致命的反驳预先加以防备，就精心设置了一道道多元折中论的挡箭牌。他一再声称，虽然新教伦理和资本主义精神那样的精神因素对西方资本主义的发展起了重要作用，但他并未断言那是唯一的决定性因素；西方特有的城市制度、官僚行政机构系统化①，簿记和账目核算合理化，等等，全都发挥了重要作用②。这无异于说，西方之所以率先现代化，就因为它具有西方所特有而东方却没有的一切要素；接踵而来的结论可想而知：你想要现代化吗？你就必须把西方那一整套东西全都学过来！还有一位美国社会学家帕森斯（Talcott Parsons）提出了一套由四个"功能子系统"相互作用的社会进化系统理论。那四个子系统是：A（adaptation），即发挥"应变"功能的经济子系统；G（Goal–attainment），即发挥"达到目标"功能的政治子系统；I（Integration），即发挥"整合"功能的社会组织子系统；L（Latency），即发挥"潜在导向"功能的文化—价值子系统。这四个子系统合起来称为 AGIL 社会行为系统。他认为，上述四个子系统相互作用，决定着社会进化过程；一个社会是前进，还是停滞、倒退，就决定于那四个子系统在面对外部环境挑战时形成新结构的应变能力的强弱程度。他声称："我们必须把各个行为子系统相互之间的关系以及行为系统和非行为系统之间的关系视为'多元性'的关系，也就是说，在任何两个互相依存、相互渗透的系统之间不存在一对一的对应关系，而是通过理论分析方可理解的复杂关系"。但是，既然东西方社会的进化都是他那个AGIL 系统中的四个子系统相互作用的结果，为什么进化的道路或模式有那么大的差别呢？为什么只有西方社会遵循他所谓的唯一"正常"的进化轨道最先走上了资本主义道路呢？他承认，为了回答这个难题，他接受了韦伯的启示，认识到"文化系统"或"价值子系统"是"终极的实在"（Ultimate Reality），为行为系统提供了基本的"方向意识"（Sence of Direction）。而"原型的文化系统"又是"信仰和观念的系

---

① 原文为 bureaucratization，意为设置分掌不同职能的官僚行政机构。不知是哪位翻译家把该词译为"科层化"，使读者很难理解其意。也许，译者为了把西方近代才开始系统地设置官僚行政机构的事实同中国秦汉以来就已经做过的事区分开来，于是就生造一个令人费解的"科层化"来代替本来明白易懂的"官僚行政级机构系统化"。殊不知，这就让人更难理解西方历史特点了。

② 参见拙文：《多元折中论：历史学面临的理论误区》，载《天津社会科学》，1995 年第 4 期；中国人民大学复印报刊资料《历史学》，1995 年第 9 期。

统，它们能够跨越时代保存下来，并从一个人或一个社会系统传播到另一个那里，这或许就是文化系统的独立结构的最重要的标志"。他由此进一步声称："我认为欧洲系统的发展很大程度上取决于从古代世界继承下来的某些共同的文化和制度要素的遗产"。具体地说，就是以色列的犹太教和希腊的"公民实体"为后来的西方社会提供了"苗圃"，而作为这两者"结婚"的产儿的基督教，则为孕育出后来的西方社会提供了一个母体，终于孕育出了"现代型"的西方社会；这种"现代型"的突出标志就是多元化、分权化和个人主义化，其标准的体现者，最初是英国和荷兰，后来就转移到了美国。帕森斯运用他的 AGIL 系统论，绕了偌大一个圈子，最后总算达到了他预先设定的目标："证明"西方社会，特别是美国社会是"现代型"社会的唯一样板。可是这样一来，他就陷入了更加严重的逻辑混乱：既然主张多元折中论，认为没有任何一个因素独自起决定作用，为什么又强调"文化系统"或"价值子系统"是决定"进化方向"的"终极实在"呢？他自己曾承认，"我们没有证据表明文化的内容……是由文化基因决定的"，"文化是人类学习得来的，他不是人们的遗传素质的一部分"，为什么又要说现代的西方社会是古代以色列和希腊的"苗圃"和作为这两者"结婚"的产儿的基督教等"遗产"孕育出来的呢？既然基督教是孕育现代西方社会的母体之一，为什么标志现代西方"文化系统"诞生的文艺复兴运动却与中世纪的基督教神学基本精神势不两立，而基督新教各派发动的宗教改革运动和启蒙运动都坚决与中世纪的基督教决裂呢？显然，依靠这样混乱的"系统论"逻辑推导出来的"现代化＝西方化＝美国化"的结论是没有任何科学价值的。不过，他的荒谬推论清楚地表明，非决定论——多元折中论往往往只不过是掩盖唯心史观的"精神因素决定论"的一张面具。

享誉国际史坛的法国年鉴学派也奉行非决定论——多元折中论。本来，他们并不像韦伯、帕森斯和波普尔那样对唯物史观怀着深刻的排斥偏见，而是力图比较客观地吸取它的某些他们认为有价值的成分，用以丰富自己的理论分析工具。年鉴学派第三代核心人物勒高夫（Jacques Le Goff）说："在很多方面（如带着问题去研究历史、跨学科研究和整体观察等方面），马克思是新史学的大师之一。……把群众在历史上的作用放在首位，这与新史学重视研究生活于一定社会中的普通人也不谋而合"①。但是，年鉴学派不能接受唯物史观关于"生产力决定生产关系、经济基础决定上层建筑"等决定论性质的理论。他们始终强调多种因素相互作用。年鉴学派创始人 L. 费弗尔认为，社会是由一系列物质因素和精神因素组成的"犹如乱麻一般的复杂整体"②。年鉴学派另一位创始人布洛赫也说："我们已经认识到在一个社会里，不管这是一个什么样的社会，政治和社会结构、经济、信仰乃至心态的最基本和最细微的表现，这一切都相互联系和相互制约"③。勒高夫则直指唯物史观"关于经济基础和上层建筑的概念不能说明历史现实不同层次的复杂关系"④。年鉴学派为了纠正他们认为的唯物史观的决定论的"偏颇"，大都运用多元折中论的结构分析方法，尽可能详尽地把经济、社会、心态等方面的历史现象分门别类地进行归纳和结构分析，"使各方面相关、相比较、划分层次和等级"，从而勾画出那些结构的历史面貌。他们以为这样就能够使历史学摆脱只能叙述历史故事的传统的"人文学"窠臼，成为一门社会科学或"社会科学式的历史学"。他们确实取得了许多曾经令世人赞叹不已的成就。但是，最终还是由于他们那种非决定论—多元折中论的理论和方法使他们陷入了难以自拔的困境。他们把结构分为经济、社会和心态三大层次，每一个大层次中还有许多较小的结构。可是，那些"从地窖到顶楼"的各个层次的结构相互之间是什么关系呢？他们只承认多种结构并列地"相互作用"的关系，不承认它们之间有"线性因果关系"。他们竭力避免"使相互关系成为一种因果关系"⑤，只注重多种原因和结果的"互换"关系。这使他们成了著名史家伊格尔斯说的那种"方法论上的折中主义者"⑥。勒高夫自己也意识到了这个问题。他说："我觉得一种太折中的分析会有这样的弱点：它会在'原因的多重性'面前不知所措，从

---

① 勒高夫：《新史学》，见 J. 勒高夫等主编：《新史学》，姚蒙编译，27 页，上海，上海译文出版社，1989。

② L. 费弗尔：《为史学而战》，见《新史学》，11 页。

③ M. 布洛赫：《为史学辩护或史学家的职业》，见《新史学》，12 页。

④《新史学》，见《新史学》，27 页。

⑤ 米歇尔·德·塞尔多：《论史学研究活动》，见《新史学》，48 页。

⑥ 伊格尔斯著：《欧洲史学新方向》，赵世玲、赵世瑜译，74 页，北京，华夏出版社，1989。

而分不清因果关系"①。但他们找不到克服这一"弱点"的途径。他们从浩如烟海的史料中搜寻各种"结构"的历史轨迹，描述出那些"结构"的历史特征，并运用统计学和计量分析方法，划出那些"结构"存在的时段跨度及其波动周期的曲线，也就是他们所说的"时间系列"曲线，再比较那些系列曲线相互之间的时段跨度和波动周期的"协调"程度。他们运用这样的理论和方法着重研究了15至18世纪法国历史中的各种结构，结果发现，那些"时间系列"曲线并不很协调，甚至很不协调。但也发现不少"结构"都在1750年左右瓦解了。他们的这些研究成果确实很富有开拓性的价值。但是他们走到这一步以后，就再也前进不了了：既说明不了那些结构是怎样产生的，也说明不了它们是怎样瓦解或发生"突变"的。原因在哪里？就在于那些"结构"不但"妨碍着或左右着历史的前进"，也阻碍了他们自己的前进。问题就在于，他们从来没有探问那些结构是由什么力量造成的，又是由什么力量促使它们瓦解的。问题还在于，他们认定那些"结构"对历史中的人设下了"几乎不可超越的限制"，人在那些"结构"的限制中成了"集体无意识"的"植物人"似的存在。这样，他们当然既找不到建造那些结构的力量，也找不到打破那些结构的力量了。因此，他们只能描述出勒鲁瓦·拉迪里说的那种"静止不动的历史"，不能写出发展演变的历史。这样，他们本要促使历史学成为一门科学的抱负最终还是落空了。难怪年鉴派学者保罗·韦纳说道："除了很小的一部分外，史学并不归属于各种不同的科学。更不存在一门历史的科学，一把打开历史生成变化之门的钥匙，一种推动历史发展的动力"②。韦纳不无遗憾地说出的这段话，包含着一个重要的真理：历史学只要找不到"一把打开历史生成变化之门的钥匙，一种推动历史发展的动力"，就永远成不了一门科学。

然而，唯物史观早就发现了那样的钥匙和动力。马克思、恩格斯早就指出，"劳动发展史"就是理解"全部社会史"的锁钥；人类物质生产活动和生产能力的发展就是推动历史发展的最根本的动力。这也就是作为科学的因果决定论的唯物史观认定的决定历史进程的终极实在和终极原因。它并不否认一切自然的、社会的、政治的、法律的、习俗的、精神的等等多种因素的相互作用或随机组合对社会历史进程的影响，但是

---

① 《新史学》，见《新史学》，10 页。

② 保罗·韦纳：《概念化史学》，见《新史学》，83 页。

它坚持，所有那些因素对历史进程的影响都是最终"聚焦"到对广大劳动者的生产活动的影响而发挥作用的；它们究竟产生什么样的影响，是积极的还是消极的，强烈的还是微弱的，最终取决于那些因素对广大劳动者生产活动和生产能力产生什么样的影响。正因如此，我们说唯物史观的科学的决定论实质上就是生产能力决定论。

二 从社会进化"三大阶段"看生产能力决定论

唯物史观的决定论常常被简化地表述为"生产力决定生产关系，经济基础决定上层建筑"；或者，更加简化地表述为"生产力决定论"和"经济基础决定论"。原则上说，这样表述没有错。但是，在具体界定这些概念的内涵时，出现了许多的偏颇，引起了许多的困惑。

关于生产力决定生产关系的原理，最常见的解释，是把生产力说成是劳动者、劳动资料和劳动对象等"三要素"① 结合的产物，把生产资料所有制解释成生产关系的核心内容。"生产力三要素说"虽然在理论上也承认劳动者是三要素中最重要的要素，但实际上是用劳动资料中的生产工具作为衡量"生产力的水平和性质"的标准，而且往往引用马克思的比喻性说法"劳动资料不仅是人类劳动力发展的测量器，而且是劳动借以进行的社会关系的指示器"② 以及"手推磨产生的是封建主的社会，蒸汽磨产生的是工业资本家的社会"③，作为"生产力决定生产关系"原理的证明。这样一来，"生产力决定论"不知不觉地变成了"生产工具决定论"，而"生产力决定生产关系"不知不觉地变成了"生产工具决定生产资料所有制"。正是这样一些似是而非的解释，引起了一系列的困惑。例如，如果生产工具真能决定生产资料所有制，为什么奴隶制、封建制、长达200年的手工工场时期的资本主义所有制以及我们这种初级阶段的社会主义农业经济中都主要使用手工工具；为什么古希腊人、罗马人和日

① 我们在唯物史观创始人的著作中找不到"生产力三要素说"的依据。只见马克思说过："劳动过程的简单要素是：有目的的活动或劳动本身，劳动对象和劳动资料。"（《马克思恩格斯全集》，第23卷，202页）如果把"劳动过程"的三要素变换成为"生产力"的三要素，那就无异于将"驴唇"移植于"马嘴"。

②《马克思恩格斯全集》，第23卷，204页。

③《马克思恩格斯选集》，第1卷，142页。

耳曼人都是在使用铁制工具以后才进入文明时代，而西亚两河流域的苏美尔—阿卡德人和巴比伦人，古埃及人，夏、商、周时代的中国人都是使用石木工具就进入了文明时代？面对这些历史和现实中的问题，变换成"工具决定论"的生产力决定论实在无法回答，于是就转而强调生产关系对生产力的反作用，特别是"决定性的反作用"，也就是说，生产关系可以反过来推动甚至"决定"生产力的发展。特别是把生产关系对生产力的"决定性反作用原理"运用于现实时，就强调在生产力—生产工具落后的情况下可以先建立社会主义公有制的生产关系，再运用社会主义公有制的生产关系去促进现代化的生产力——也就是机械化、电气化、自动化的生产工具的发展。于是，生产力—生产工具决定论就变成了生产关系—生产资料所有制决定论，或者，变成了两者互相推动、互相决定的决定论。

经济基础决定上层建筑的理论也经历着类似的演变。首先，经济基础被定义为生产关系的总和，而生产关系的核心已经被定义为生产资料所有制，这样，"经济基础决定上层建筑"不知不觉地演变成了"生产资料所有制决定上层建筑"。

于是，生产资料所有制对下"决定"生产力，对上"决定"上层建筑。唯物史观的决定论不知不觉就变成了"生产资料所有制决定论"。

"生产资料所有制决定论"再同著名的"五种生产方式依次更迭的普遍规律"联系在一起，就能进一步引申出"阶级斗争决定论"。因为"五种生产方式"的依次变革，不但与真正的生产力的变革挂不上钩，与生产工具的变革也挂不上钩（因为如前所述，在奴隶制、封建制、手工工场时期的资本主义经济和社会主义初级阶段的农村经济中都曾以手工工具为主），只能与阶级斗争挂上钩。既然不可能通过作为"生产力性质和水平"的衡量标准的生产工具的变革来证明"五种生产方式"依次变革的必然性，就只能通过阶级斗争来证明其必然性了。何况，这正好符合"至今一切社会的历史（恩格斯后来加注说明'这是指有文字记载的全部历史'）都是阶级斗争的历史"① 的论断。

这样就不知不觉地从"生产力决定论"转向"生产工具决定论"，再转向"生产资料所有制决定论"，再转向"阶级斗争决定论"。越转，与生产力决定论的距离越远。不知不觉，"阶级斗争史"变成了唯物史观的

① 《马克思恩格斯选集》，第 1 卷，272 页。

核心和主轴，而马克思、恩格斯反复强调历史归根到底是人们"由每一个新的一代承受下来的生产力的历史，从而也是个人本身力量发展的历史"，是"劳动发展史"，"始终只是他们的个体发展的历史"① 这样一些根本性观点，就被淡忘了，甚至被抛弃了。

理论上的这种偏颇，当然并不是单纯出自对经典文本的误读，而是有其深厚的社会根源。那就是，当共产党的主要任务是夺取政权、巩固政权和改变生产资料所有制的时期，党的领袖和理论家阅读经典文本时，自然地、也是不知不觉地就会把其中有关阶级斗争和改变所有的论述置于首要地位，有意无意地把其中有关"生产力发展史"（包括"个人本身力量发展的历史"、"劳动发展史"、"个体发展的历史"等含义）的论述搁置一边，甚或视而不见。理论上的这种偏颇或误读，在当时历史条件下有一定的必然性，甚至可以说有其政治上的合理性。问题在于，这种偏颇和误读在进入和平建设时期以后还长期得不到纠正，就必然带来严重的后果。

如今，当我们经历了沉重挫折的痛苦以后，再来重新认识唯物史观的真谛，首先就不得不重新认识唯物史观中包含的"阶级斗争史"和"生产力发展史"（包括"个人本身力量发展的历史"、"劳动发展史"、"个体发展的历史"等含义）这两个方面相互之间的关系；从推动历史发展演变的动力的视角来看，也就是阶级斗争和生产力各自起着什么样的动力作用的问题。

本来，马克思和恩格斯在论及阶级斗争对历史的推动作用时，多次说明它起着"助产婆"或"杠杆"的作用②。显然，作为"助产婆"，它不具备产生和孕育胎儿的作用，只是在胎儿已经产生并且已经孕育到能够分娩的程度时发挥引产的作用；作为"杠杆"，它也不具备产生和提供原动力的作用，只是把既有的动力传输到做功的部位。总之，它不是原动力，而是辅助原动力发挥作用的工具。

可是，在"左"的方针占主导地位的年月，两者的关系完全颠倒了。"助产婆"硬要越俎代庖去做"产婆"，"杠杆"硬要充当产生和提供原动力的装置，结果当然就只能事与愿违。

---

① 《马克思恩格斯选集》，第 1 卷，124 页；第 4 卷，258 页、532 页。详见拙著：《唯物史观与历史科学》，第 1 章第 2 节。

② 参见拙著：《唯物史观与历史科学》，第 5 章第 1 节。

马克思一再指出，人类的历史发展是一个"自然历史过程"，他所揭示的社会历史发展规律本是一个"自然规律"。所谓"自然历史过程"和"自然规律"，主要就是指人们"个人本身力量发展的历史"、"劳动发展史"、"个体发展的历史"，是一个自然的历史过程，有其自身的自然规律。从根本上说，那个自然规律就是人类自身的生产力从低级向高级发展的规律。

那么，究竟什么是生产力呢？我们已经证明，把生产力归结为两要素或三要素的合成力，或归结为生产工具的效能，都是说不通的。纵观马克思、恩格斯有关生产力的论述，可以证明，他们所说的生产力，主要是指"劳动生产力"，也就是指劳动者的生产能力①。说得更充分一些，劳动者不只是指体力劳动者，还应包括脑力劳动者；生产力也不只是指物质生产能力，还应包括随着物质生产能力而发展的精神生产能力，即人们理性地思考和抉择的能力。

生产能力决定论是从唯物史观认定的决定人类社会历史发展演变的终极存在和终极原因推导出来的科学的因果决定论。其中的因果必然性就是我们在本文第 1 节所述：人类要生存，就必然要从事满足吃、喝、住、穿等生存所需的生活资料的生产；要从事满足吃、喝、住、穿等生存所需的生活资料的生产实践活动，就必然要在这样的实践活动过程中不断地"吃一堑长一智"，也就是要不断地提高生产能力；随着物质生产能力的提高，人们必然要相应的提高精神生产能力，也就是面对自然和社会中的难题理性地思考和抉择的能力；从而必然要推动人类社会和人自身从低级向高级发展。

怎样衡量生产能力的发展程度或发展水平呢？从马克思的有关论述中可以看到，马克思是用工作效率、劳动生产率、产量、总产品，甚至"财富"之类"尺度"来衡量物质生产力的高低的②。此外，马克思、恩格斯还指出："一个民族的生产力的发展水平，最明显地表现于该民族分工的发展程度。"③ 比如说，从小生产农业为主发展到社会化大生产的非农产业为主，再发展到第三产业人口和产值超过第一、二产业总和……都是物质生产力水平上升到新台阶的标志，因为它们都是促使生产关系

① 详见吴英、庞卓恒：《弘扬唯物史观的科学理性》，载《历史研究》，2002 年第 1 期。

② 同上。

③《马克思恩格斯选集》，第 1 卷，68 页。

以至整个社会形态发生根本性变革的终极原因。

衡量物质生产能力发展水平的这两种尺度彼此是什么关系呢？应该是劳动生产率的提高足进产业分工的发展；或者反过来说，产业分工的发展反映着劳动生产率的提高。

例如，马克思指出："社会上的一部分人用在农业上的全部劳动——必要劳动和剩余劳动——必须足以为整个社会，从而也为非农业工人生产必要的食物；也就是使从事农业的人和从事工业的人有实行这种巨大分工的可能，并且也使生产食物的农民和生产原料的农民有实行分工的可能。"他还指出："如果撇开对外贸易……那末很明显，从事加工工业等等而完全脱离农业的工人……的数目，取决于农业劳动者所生产的超过自己消费的农产品的数量。"①

马克思的这一论断可以说是一个从传统农业为主的社会向现代化非农产业为主的社会转型的"定理"性论断，而且是一个科学的因果决定论。它甚至能够表述为以下两个明晰而简单的数学公式：

$$Agr = \frac{1}{1+R} \quad\cdots\cdots\cdots\cdots\cdots\cdots\cdots\cdots\cdots\cdots \quad (1)$$

$$Nager = 1 - \frac{1}{1+R} \quad\cdots\cdots\cdots\cdots\cdots\cdots\cdots\cdots \quad (2)$$

式中 Agr 表示农业人口比重。$Nager$ 表示非农产业人口比重。R 表示平均每个农业人口生产的农产品除自身消费外可以供应非农产业人口的数量，是衡量农业劳动生产率的一个指标。

例如，按上述公式推算，如果一个社会的农业人口平均每人生产的农产品除自身消费外只能供应 0.5 个非农人口，若不依靠进口农产品来补充，那就可以肯定该社会的农业人口比重必定不会低于 0.66，即 66%；非农人口比重必定不会高于 0.34，即 34%；只有把 R 值提高到 8，即平均每个农业人口生产的农产品能够供应 8 个非农产业人口，它的农业人口比重才能降到 11%，非农产业人口比重才能上升到 89%。

这样的生产能力决定论能够从马克思论证过的人类社会进化三阶段的整个历史过程得到充分证明。马克思指出：

> 人的依赖关系（起初完全是自然发生的），是最初的社会形
> 态，在这种形态下，人的生产能力只是在狭窄的范围内和孤立

---

① 《马克思恩格斯全集》，第25卷，716页；第26卷（1），22页。

的地点上发展着。以物的依赖性为基础的人的独立性，是第二大形态，在这种形态下，才形成普遍的社会物质变换，全面的关系，多方面的需求以及全面的能力的体系。建立在个人全面发展和他们共同的社会生产能力成为他们的社会财富这一基础上的自由个性，是第三个阶段。第二个阶段为第三个阶段创造条件。因此，家长制的、古代的（以及封建的）状态随着商业、奢侈、货币、交换价值的发展而没落下去，现代社会随着这些东西一道发展起来。①

这三阶段的论说，把人的生产能力的发展过程（作为原因）与独立个性的发展过程和社会形态的进化过程（作为结果）联系起来考察，因而是蕴涵着因果必然性规律的概括：当人的生产能力只是在狭隘的范围内和孤立的地点上发展时，个人独立性必然非常弱，把个人相互连接起来的共同体的力量必定很大，与之相应的生产关系社会形态，就以人的依赖关系②为总特征，包括"家长制的关系，古代共同体，封建制度和行会制度"③，全都属于第一大阶段或第一大形态；随着人的生产能力的发展突破了小生产和自然经济的局限，商品生产和商品交换成为人们普遍的生产和生活方式，由此才摆脱了人身依附关系，进入"以物的依赖性为基础的人的独立性"为特征的第二大阶段或第二大形态，在这种形态下，人们才形成"全面的关系，多方面的需求以及全面的能力体系"；建立在个人全面发展和他们的共同的社会生产能力成为他们的社会财富这一基础上的自由个性，是第三阶段。第一阶段对应于小生产农业和自然经济占主导地位的传统社会，而作为"第二大阶段"的"现代社会"就涵盖着人们所说的整个现代化过程，其基本内涵就是：在人的生产能力层面上，摆脱手工劳动的小生产局限，代之以社会化的大生产，并从机械化大生产向自动化、智能化和高度人性化的生产迈进；经济交换关系层面上，突破自然经济的局限，代之以普遍的社会物质交换，直至全球化的地球村交换；人际交往关系和个性发展层面上，在经济、社会和政

---

① 《马克思恩格斯全集》，第 46 卷上，104 页。

② 即 human dependent relations，译为"人的依附关系"似更为确切。马克思在《资本论》中称之为"人身依附关系"或"直接的统治和服从关系"，见该书中文版第 1 卷，94 页、96 页。

③ 《马克思恩格斯全集》，第 46 卷上，104 页。

治各方面摆脱人身依附关系的束缚，实现物的依赖关系基础上的人的独立性，在此基础上逐步发展带有冲破物的依赖的自发性特征的自由个性，为进入第三大阶段或第三大形态准备条件。贯穿"三形态"或"三阶段"理论的一条中心轴线，就是人的生产能力的发展。这是因为，唯物史观本来就是把全部人类历史归结为"劳动发展史"，人们"个人本身力量发展的历史"，"始终只是他们的个体发展的历史"。这里就包含了"生产力决定生产关系"和"经济基础决定上层建筑"的基本内涵。其中，"人的生产能力"逐步突破"狭窄的范围和孤立的地点"的局限，发展到"全面的能力体系"，就是生产力的粗略的发展轨迹；与之相应的从"人的依赖关系"，到"物的依赖基础上的人的独立性"和"共同的社会生产能力成为他们的社会财富这一基础"，就是三大阶段上的生产关系或经济基础的总特征的粗略的演变轨迹；与之相应的"自由个性"从无到有、从弱到强的发展，以及必然由此引起的价值意识和社会政治制度的相应变化，就是经济基础决定上层建筑的效应。

从"三大阶段"理论来看，我们所说的现代化社会就是马克思说的"现代社会"。它属于人类社会进化的第二大阶段。它以人的生产能力突破自给自足的小生产局限进入比较普遍的商品生产和市场交换，并从摆脱人身依附关系而开始获得独立人格为起步点，以人的能力普遍获得全面发展，并为第三大阶段所需要的具有全面发展的自由个性的自由人的形成创造出必要条件。在欧洲，这个阶段大致从资本主义开始诞生的16世纪开始。在世界其他地域，大致是从沦为西方资本主义殖民地、半殖民地开始。当然，这是一个痛苦的开端。

由此看来，当今世界各国，包括中国在内，都是处在第二大阶段上。以往我们总是习惯于运用"五种生产方式"模式来思考，使用奴隶制、封建制、资本主义、社会主义这些形态来界定生产关系和社会形态的发展阶段和社会性质。如我们已经证明，所谓"五种生产方式依次演进的规律"既不符合马克思的意愿，也有悖于实际的世界历史进程①。按马克思的三形态说，奴隶制、封建制、资本主义、社会主义等形态都只是三大形态中的亚形态。而我们现在这种实行市场经济的初级阶段的社会主义社会显然是与资本主义社会同处于人类社会进化的第二大形态或第二大阶段，因为生产关系和社会关系都同样具有"以物的依赖性为基础的

---

① 详见拙著：《唯物史观与历史科学》，第2章第2节。

人的独立性"这个总特征①。

第二大形态本身时间跨度很长。从"劳动发展史"、人们"个人本身力量发展的历史"和"他们个体发展的历史"来看，可以把第二大形态或现代化社会的发展大致地划分为初级和高级两个阶段。实现初级阶段现代化的最低标准应该是人们的生产能力和与之相应的产业分工水平普遍达到摆脱小生产农业和自然经济为主的生产生活方式，以工业为主的非农产业占据主导地位，劳动者通过商品生产和市场交换普遍获得个人的经济独立性和人格独立性。现代化初级阶段的上限标准同时也就是现代化高级阶段的起步标志，它应该是，劳动者的能力和素质提高到非体力劳动工人数量超过体力劳动工人数量，同时促使产业分工水平上升到一个新台阶——第三产业的人员和产值超过第二产业的总和。西方发达国家大约在 20 世纪 50 至 70 年代，先后进入这个阶段。

自从 20 世纪中期白领劳动阶层——即广义的非体力劳动阶层人数超过蓝领人数以来，他们在西方经济和社会生活中的作用日益增长。当代西方的许多重大经济和社会变迁都与白领劳动阶层的物质和精神力量成长有关，而且，那些变迁都在不同程度上显示出为进入第三阶段创造条件的征兆。例如：

其一，贫富差距在缩小。衡量贫富差距程度的基尼系数在当今西方发达国家一般在 0.3 以下，而当今发展中国家，包括中国，基尼系数多在 0.4 左右，有的甚至高达 0.5 和 0.6。大体上说，基尼系数 0.4 意味着收入最高的 20% 的人口比收入最低的 20% 的人口的收入高 5 倍，基尼系数 0.3 则意味着前者比后者只高 4 倍。西方经济学家发现，随着现代化的推进，基尼系数有一个从升高到逐步降低的过程，即所谓倒 U 字形走向。他们没有说明出现这种走向的原因。在我看来，根本原因就是随着生产力的发展和白领劳动阶层力量的增长，迫使雇主阶级和政府实行某些缩小贫富差距的政策。在这种情况下，各阶级、阶层之间的流动性空前增强。资本家阶级作为一个特权阶级的稳固性在削弱。

其二，白领劳动阶层增长引起的政党政策倾向变化。表现在白领的中下层和蓝领阶层的社会要求和政治倾向往往互相接近，成为西方社会中支持社会党（包括社民党、民社党、工党等）的主要社会基础；他们

---

① 当然不能因此就否认社会主义和资本主义本质区别和社会主义制度的优越性。参见吴英、庞卓恒：《弘扬唯物史观的科学理性》。

一般不再采取大罢工、总罢工之类的传统斗争方式，而是主要通过媒体、民意测验和选票对政党和政府政策施加巨大压力，不但成为社会党的"福利政府"（Farewell State，常被译为"福利国家"，不很确切，因为它不是指国家形态，指的是政府行为）政策的主要推动力量，而且还是迫使传统的右翼政党出现向中右甚至中左靠近的倾向的主要力量。这是近二三十年来西方发达国家政策走向普遍出现中左化或至少中间化倾向的主要原因。

其三，由此迫使西方国家政府不得不实行高额累进所得税，增加社会保障和相应的政府支出。西方的一些有识之士正是从这里看到了西方社会走向社会主义的趋势。1998 年《共产党宣言》发表 150 周年的时候，《华盛顿邮报》发表了一篇文章，题为《卡尔·马克思无形的手》。作者是"美国事业研究所"研究员詹姆斯·格拉斯曼。他写道："不错，马克思主义——在苏联、阿尔巴尼亚和一些东方国家实行的那种马克思主义——确已不复存在了，但是，马克思的影响力依旧相当大。事实上，包括我们自己的政治制度在内的世界各国的政治制度都是极其恭维马克思的"。他举例说，《共产党宣言》中提出的征收高额累进所得税，"也就是美国今天实行的这种所得税"。他还说，"马克思的思想在集体主义和国家控制这方面的影响最大，也最不为人们所注意。一个证据是，直到不久前，人们还确信由政府管理的养老金制度——称为'社会保障'制度——应该为所有美国人提供退休金"；"马克思的影响依然存在的另一个例证是认为政府应当——通过税收、规章和补贴——掌握经济决定权的看法，在欧洲，特别是在亚洲，此类政策大行其道"。2000 年 11 月，正当布什和戈尔竞选总统难分胜负之际，美国诺贝尔经济奖得主，20 世纪 80 年代里根—撒切尔时代倡导自由市场经济的"偶像"，弗里德曼（Milton Friedman）向媒体表达了他对美国前途的忧虑。他愤然说道：无论布什还是戈尔入主白宫，"美国都会溜向社会主义"，区别只不过是，如果布什掌权，可能溜得慢一点，戈尔掌权，可能溜得快一点。他凭什么这样说呢？就因为他们两人都要增加而不是减少政府开支。他说，现在的政府比 50 年前他开始写作时更大，政府的开支占国民收入的比重也更大，推行的法规也更多。单凭某些统计数字来看，一些西方国家政府开支占国民收入比重并不总是增加，有时还有所减少，如美国从 80 年代初期的 33% 以上减少到现在的 29.9%。但是，弗里德曼认为，这种统计没有包括政府法令规定的开支。例如，政府下令每个人都必须在自己的汽车里装上一个反污染装置，政府虽然没有把这笔钱收上去再支出，但每个人都必须按政府法令的规定去支出，其性质与政府支出是相同的。弗里德曼估计，这部分支出大概要占国民收入的10%左右。这一部分与前一部分加起来，就占了国民收入的40%左右。他还认为，由于政府开支相当大一部分属于社会福利和社会保障支出，一旦列支，就只会不断增加，很难减少。所以他认为情况只会越来越"恶化"，也就是他所说的越来越"溜向社会主义"①。

据经济合作和发展组织（OECD）1999年的一项统计，近40年间经合组织国家、欧盟国家和美国的政府开支及其中的社会保障转移支付占GDP总值的变化情况如下表：

表1　政府总支出及其中的社会保障转移支付占GDP的百分比

国　别	1960—1973 年		1974—1979 年		1980—1989 年	
	政府总支出	社会保障支付	政府总支出	社会保障支付	政府总支出	社会保障支付
所有经合组织国家	23	7.5	25	11.5	27.5	13.5
欧盟国家	24	12	28.5	15.5	31	17.5
美国	22.5	6	23	10	24	10.5

说明：（1）资料来源：OECD统计网站；（2）表中数字是根据OECD统计网站上的柱状图测得，可能不很精确。

OECD统计表中数字表明，近40年间，西方国家的政府开支及其中的社会保障转移支付占GDP的百分比虽然在一些年份有上下波动，但总的趋势都是上升的，表明上升的总趋势是不可逆转的。而政府支出的主要财源靠税收，特别是来自资本主义企业交纳的累进所得税。

确实，弗里德曼的忧虑并非毫无依据。在西方发达国家中，美国的税收和政府开支占GDP比重是最低的，但已达到30%～40%；其他西方国家大都已达到40%～50%以上。

试想，资本家赚的钱，30%、40%、50%以上都得交出去，其中很大一部分要用于"第二次分配"，这还能叫做完整的资本主义制度吗？国

① Reginald Dale, Keeping Small-Government Faith, International Herald Tribune, Friday, Nov, 17, 2000.

民收入中的一半甚至一半以上的支出，都得由政府支配，那还是完全的资本主义私有制吗？西方常常给人一些错觉，似乎他们的"新经济"呀，"知识经济"呀，都是由于强化私有制和自由市场经济和削弱政府干预的结果，实际情况恰恰相反。

其四，资本主义的意识形态，特别是个人主义的价值观念，也正在发生变化。例如，有一位叫做迪安·罗素（Dean Russel）的先生，是资本主义制度和价值观的坚决的卫道士，眼见美国人的"个人主义精神"和"自由精神"越来越消退，十分焦急地写道："没有一个单独的个人对那种个人主义精神的销蚀负有责任。没有一个政党应受责备。人民和选举或任命的领导人同样负有责任。正是我们人民，看来忘记了自由和责任是不可分割的。正是我们人民抛弃了《独立宣言》、《宪法》和《权利法案》提出的政府观念"。他还说："总之，我们似乎很少有人希望政府远离我们的个人事务和责任。我们许多人似乎喜欢各种政府保障的和强制性的'安全'。我们说我们需要个人自由，但我们要求政府提供住房，政府进行物价控制，政府保障就业和工资。我们自夸是负责任的人，但我们投票选举那些许诺让我们享有特权、政府退休金、政府补贴和政府供电的候选人。……我们许多人现在盼望政府来保障安全，我们许多人不再愿意为我们自己的福利承担个人的责任。然而不承担个人责任就不可能有个人自由。"① 把这些话同弗里德曼的说法联系起来看，也是很有趣的。从中还可看出，这位罗素先生作为激进的资本主义卫道士，眼见资本主义私有制度和价值观念受到威胁，痛心疾首的心情溢于言表，以致把要求政府承担社会保障责任的美国人几乎描绘成企图过不劳而获日子的懒汉模样。实际上，我看一般美国人都还是很勤奋的。近年来在美国社会中兴起的反对"粗俗的个人主义"的思潮，往往还同时倡导个人的社会责任感和集体主义，并不像罗素说的那样推卸个人责任。美国人要求政府承担社会保障责任，是有充分的理由的。我想，其中最主要一点是，随着生产社会化、知识化和全球化程度越来越高，资本主义私有经济制度必然带来的经济波动问题、教育和环境等问题，必然会造成越来越大的社会压力，在这种情况下，越来越多的美国人要求政府更多地承担社会保障责任，为什么就要受到指责呢？一个重要原因，可能就是

---

① 转引自 David Bender（ed.），*American Values · Opposing Viewpoints*，Greehaven Press，San Diego，1989，p. 37。

因为这种要求反映了弗里德曼说的那种"溜向社会主义"的趋势，或者说，也反映了格拉斯曼说的"马克思的影响"。总之，实际生活过程的变化，正在促使被认为是"永恒不变的人性"特征的个人主义价值观发生变化。

　　总起来看，上述一系列变化显示出西方社会正在沿着马克思说的资本主义的"自我扬弃"的道路推进。发生那些变化的原因，从根本上说，都是劳动阶级物质和精神生产能力的发展推动的结果，这个趋势继续不断地发展下去，西方社会是否有可能"和平演变"到社会主义、共产主义呢？早在100多年前，恩格斯就曾指出，在法国、美国和英国那样民主制度发展比较充分的国家，"旧社会有可能和平长入新社会"①。我认为现在更不能排除这种可能性。但这将是一个十分漫长的过程，而且也不能完全排除非和平演变的可能性。因为资产阶级还控制着统治权力，其中的顽固势力总要维护自己的特权利益。他们随时有可能采取暴力手段在国外和国内残酷镇压他们觉得威胁到他们的特权利益的国家和人民。而处在他们统治之下的劳动阶级，包括非体力劳动的白领阶层，在成长到马克思说的那种"世界历史性的"个人、"消除了一切自发性"的、"完全的个人"② 之前，还有可能在某些情况下支持统治阶级的霸权主义政策。因此，未来的不确定因素还是不少的。但可以肯定的是，人类社会必然要从第二大阶段进入第三大阶段，这个因果必然性的自然规律是谁也取消不了的。

　　（原载《史学集刊》，2002 年第 3 期，《高校文科学术文摘》，2003 年第 1 期摘要转载）

①《马克思恩格斯选集》，第 4 卷，411 页。
②《马克思恩格斯选集》，第 1 卷，87 页、130 页。

刘家和

论通史

一 问题的提出

"通史"一词，大家都很熟悉。例如在书店里常常看到以"中国通史"、"世界通史"、"欧洲通史"等为题的历史书籍，大家见了都觉得能知道它们的内容大概都说什么，而不会有疑问。又例如，在大学里，通常开有"中国通史"、"世界通史"等课程，大家一看也都很明白，知道那不是某朝某代或者某一时期的"断代史"，也不是某一专门史。所以，看起来其中并没有什么问题。

可是，当我们把一些译名为"通史"的外文原书拿来一对照，就会发现事情有些蹊跷。例如，海思（Hayes）等人所编的 *World History* 就曾经被译称《世界通史》，其实只是《世界史》（后来的译本已经改作《世界史》）。鲁滨逊（Robinson）等人所编的 *A General History of Europe* 在过去曾被许多学校用作教材，通常被人们称为《欧洲通史》，其实也只是《欧洲（全）史》。斯塔夫里阿诺斯（Stavrianos）所编的 *A Global History* 现被译为《全球通史》，其实只是《全球史》。过去苏联科学院编的多卷本 ВСЕМИРНАЯ ИСТОРИЯ 被译称《世界通史》，其实也只是《全世界史》。如此之类的例子很多，原来中译本书名上的"通"字都是我们中国译者自己酌情加上去的。加了，肯定符合我们中国人的口味，便于我们了解它们不是断代史或专门史。但是，不加"通"字更符合原书特点。

还有从另一个角度来看的例子，如白寿彝教授所主编的《中国通史纲要》，英文本就译为 *An Outline History of China*，变成了《中国史纲》。当年此书英译本稿子出来时，曾经拿来让我看看对译文有没有什么献疑。我看了书名，觉得这样翻译也很自然，无可非议。可是，事实上是丢了一个"通"字。白先生很重视这个"通"字，可是我竟然没有能力让英译本把这个"通"字加上去。此事过去已 20 年，至今我还是不知道怎样加这个"通"字。为什么呢？因为，在西方甚至俄罗斯的历史书名里，一个国家的历史就直接以国家名冠于"史"字之前（当然也有因语法习惯而置国名于后者，不过意思一样），虽然那本历史书在时间上贯彻古今，仍然如此；其为断代史者，则往往于书名题下注明起讫年代，即何时至何时的某国历史。总之，非断代的某国历史，也只称为某国史，并无某国"通史"之说。英文书里既然无此习惯，我们的中文书译为英文当然就不好生造某一个英文的"通"字加上去了。这件事在我的头脑里形成了一个问题，为什么中西之间会有这样的区别呢？这一篇小文就来谈谈这个问题。

二、一些可能与"通史"有关的西方词语和中文里的"通史"之异同

首先让我们逐一地考察一下有关的西方词语。为方便计，以英文为主，偶尔附以其他西文。

（1）general history：这个词最容易在中文里译为"通史"。其实，general 来源于拉丁文的 genus，原意是种、类（kind 、class），凡同种、同类之集合即可以此词表达之，所以有"全体的"、"普通的"、"总的"、"一般的"、"概括的"意思。在一般的英文书目里，凡是在 general 项下的都是一般性、概括性的书籍，以别于专门性、原典性的书籍等。历史书而冠以此词者，即指内容为一般性、综括性的，如前述的 *A General History of Europe*，就是所述非指欧洲某一国或政治、经济、外交某一方面而言的综合概括的欧洲历史；其他某一地区、某一群岛或某一族属之人的历史也有冠以此词者。此类书中的确也是包括了从古到今的内容，不过这一点不是这个词的重点意义所在。

（2）universal history：即俄文之 ОБЩАЯ ИСТОРИЯ、德文之 allegemeine Geschichte。这个词也是最容易被译作"通史"的，不过它很少用在历史书名上，却常用于关于历史学的讨论中。例如，康德在《世界公民观点之下的普遍历史观念》的"命题九"里就说到了"普遍的世界历史"①。何兆武教授在此词下作了这样一条译注："'普遍的世界历史'一词原文为 allegemeine weltgeschichte，相当于英文的 universal history，或法文的 histoire universelle，字面上通常可译作'通史'；但作者使用此词并不是指通常意义的通史或世界通史，而是企图把全人类的历史当作一个整体来进行哲学的考察，故此处作'普遍的世界历史'以与具体的或特殊的历史相区别。"在这里，何兆武教授一方面说明这个词"字面上通常可译作'通史'"②，另一方面，他又准确地把"普遍史"（或译"普世史"）与我们常用的"通史"作了区分。我觉得他的这一番解说很好。因为，一方面，既然是"普遍的历史"，那么就应该包括时间上的普遍性。例如，克罗齐就曾经说："普遍史确乎想画出一幅人类所发生过的全部事情的图景，从它在地球上的起源直到此时此刻为止。事实上，它要从事物的起源或创世写起，直到世界末日为止，因为否则就不成其为真正的普遍了。"从这一段话看，他是把普世史当作包括一切时间在内的历史了。不过，他明确地认为，这样的普世史是不可能有的。而当他随后给普世史举例的时候，所举的就是波里比阿所著的《历史》（*The Histories*）、奥古斯丁所著的《神国》（*Civitas Dei*，或译《上帝之城》）和黑格尔的《历史哲学》。③ 在其中，波里比阿的《历史》所述主要是第一、第二次布匿战争间事，历时不过 70 余年，加上其绪论所涉也不过百余年，所以照中国传统看来，那只是断代史；但是此书涉及罗马所征服的地中海世界，所以仍然被视为普世史。奥古斯丁书实际是以基督教为主轴的世界史。黑格尔的《历史哲学》也是世界史，他本人在此书的开头一句话就是说自己的讲演题目是 Philosophische Weltgeschichte，即哲学的世界史。所

① 康德：《历史理性批判文集》，何兆武译，18 页，北京，商务印书馆，1991。

② 例如，在何兆武、张文杰译《历史的观念》（中国社会科学院出版社，1986年版）第 1 页提到"通史或世界史"，209 页提到"普遍历史"和"通史"。这里的"通史"在柯林武德原本 *The Idea of History*（Oxford，1956）里，都和"世界史"、"普遍历史"同样地是 universal history。

③ B. Croce，*History：Its Theory and Practice*，trans. into English by D. Ainslie，Oxford，1946，p. 56 、p. 57；《历史学的理论与实际》，39 页、40 页，北京，商务印书馆，1982。

以，严格地说，普世史的关键在普世或空间方面。何兆武教授的论述的确是很有启发性的。按 universal 来源于拉丁文之 universus（unus + versus），unus 的意思是"一"、"同一"，versus（由 verto 变来）的意思是"转动"，一同转动的当然只能是一个整体，所以它的意思是"全体的"、"普遍的"、"共同的"等，因此这种史重在空间之同一，与我们说的"通史"之重在时间之连续，实有不同。

（3）global history：这个词的意思很明确，即全球史。按 global 来自名词 globe（意思为球），而这个英文词来自拉丁文里的 globus，意思就是球或球形物，这个词在这里只能指全球的历史，重在空间范畴里的同一性。如果说这也是"通"，那么这种"通"就是空间上的横通，也异于我们所说的"通史"之"通"。

（4）ecumenical history：英国哲学家兼历史学家柯林武德在其《历史的观念》一书里提到了"普世历史"（ecumenical history）即"世界历史"（world history）在古典时期并不存在，而是到了希腊化时期才出现。[1] 这里的"普世历史"就是世界史。柯林武德已经指出，这个词来自希腊文的 οικουμενη，（而此词又来自 οικεω，意思就是"居住"，）ηοικουμενη 就是 the whole habitable globe，就是人之所能居住之地，就是"维民所止"（《诗·商颂》语）。这种世界史，也与我们所说的通史不同，至少不完全相同。

（5）total history：法国思想家福柯（Foucault）在其《知识考古学》中以"整体历史"（total history）与"综合历史"（general history）相对立，认为"整体历史的设计是，寻求重建一个文明的总体形态、一个社会的物质或精神的原则、一个时代的一切现象所共有的意义、它们凝聚的法则，即可以隐喻地称为一个时代'面貌'的东西。""一项整体的叙述，围绕着一个单一的中心———一个原则、一种意义、一个精神、一种世界观，一个笼罩一切的形式，来描画一切现象；恰好相反，综合历史则使一种分散的空间疏离开来。"[2]福柯所反对的"整体历史"实际上就是把一个时代的多整合为一的历史，并非我们所说的"通史"；而他所主张的"综合历史"也不是第一项里所说的 general history，所以更与"通

---

① *The Idea of History*，pp. 31–33、pp. 35–37；《历史的观念》，35～37 页。

② *The Archaeology of Knowledge*，trans. into English by S. Smith，New York，1972，pp. 9–10；参阅刘北成：《福柯思想肖像》，166～167 页，北京，北京师范大学出版社，1995。

史"无缘。按 total history 一词中的 total 来自拉丁文的 totus，它的意思是"全部"或"整体"，所以，从字源来看它也是各部分之合为整体，并无我们所说的"通"的意思。

以上对西方可能与"通史"有关的一些词作了一番讨论，现在再看一看中国人所说的"通史"中"通"字的含义为何。中国之有通史，自司马迁作《史记》始。其书始自黄帝迄于汉武帝太初之年，概括当时所知各代之史。不过，司马迁不自以通史为其书名。唐代史家刘知几在《史通·六家》中专列《史记》一家，以为梁武帝命群臣（吴均为主）撰《通史》，"大体其体皆如《史记》"，这就是说以《史记》为通史家之开山。① 刘知几以后，唐代杜佑作《通典》，为典制体通史；宋代司马光作《资治通鉴》，为编年体通史，郑樵作《通志》，为纪传体通史；宋元之际马端临作《文献通考》，为文献专史体通史。总之，通史之所以为"通"，与其体裁之为纪传体、编年体或为何种专门史体毫无关系，关键全在时间上的朝代的打通。有了时间上的通，就叫做"通"史。

按"通"字，《说文解字》："达也。"② 在经传中，通与达互训的例子很多，一般都是通（达）到的意思。"通"的反义词是"穷"，《易·系辞上》："往来不穷谓之通。"③ 不穷，就是无穷无尽、无止无终，也就是通。"通"字本来是指空间意义上的由此及彼，而空间上的往来不穷又是在时间里进行的，因而也就变成了时间上的连续不断。"通"字用之于在时间中运行的历史，于是"通史"之"通"，主要即指时间上的连续而言。

这样我们就看到了中国与西方史学传统中的一个有趣的区别：同是通古今的史书，在中国就都称为通史，在西方则必须是带有普世性或区域群体性的才称作 global history、general history、universal history，单一国家的历史虽通古今也不冠以一个表示"通"（中国人心目中的通）的字眼。可见中西之间有着重通史与重普世史的特点之不同。西方所重的是普世史的特色，而中国所重的是通史的特色。普世史固然必须以时间为经，但其重点却在共时性的普世的空间之纬；通史固然必须以空间为纬，但其重点却在历时性的时间之经。我想这也应该是中西历史学的传统上的一种不同吧。

① 浦起龙：《史通通释》，卷一，9页，上海，世界书局，1935。
② 段玉裁：《说文解字注》，71页，上海，上海古籍出版社，1981。
③《周易正义》，卷七，见《十三经注疏》，82页，北京，中华书局，1980。

三 "普世史"与"通史"两种史学传统试析

以上谈到西方的普世史传统与中国的通史传统，现在自然有必要说明这样两种不同传统在古代的产生，及其所以产生的原因。这里的说明将分三部分来进行：第一，略述西方的普世史传统的产生；第二，略述中国通史传统的产生；第三，试对两种传统作一些比较性的分析。

第一，西方史学源于希腊。希腊古典时代史学开山大师希罗多德（Herodotus）所著《历史》和修昔底德（Thucydides）所著《伯罗奔尼撒战争史》对古代希腊、罗马，甚至以后的西方史学都留下了深刻的影响，也可以说他们是开创西方史学传统的人。希罗多德的书所述内容是希腊—波斯战争的历史（其中有关于古代一些东方国家的历史传说，但并非基本内容），是与史家本人同时代的历史；修昔底德的书所述内容是伯罗奔尼撒战争的历史，也是与史家本人同时代的历史。他们所写的内容有些是从直接经历其事的人那里了解来的，有些甚至就是史家自己亲身的经历。黑格尔把这种历史称为"原始的历史"，说："这样的原始历史家把他们熟知的各种行动、事情和情况，改变为一种观念的作品。所以这种历史的内容不能有十分广大的范围。……在他所描绘的一幕一幕的剧情中，他本人曾经亲自参加做一名演员，至少也是一个休戚相关的看客。他所绘画的只是短促的时期，人物和事变的个别的形态，单独的、无反省的各种特点。"① 这样的"原始史"就是当代史，用我们的说法也可以称为当代的"断代史"，总之，那不是通史。希腊古典时代是城邦时代，没有普世的观念，也没有普世史。正如上文已引柯林武德所说，从希腊化时代开始，包括罗马时代，随着城邦制的没落，普世史开始出现。在这一时期最具代表性的普世史当推波里比阿的《历史》和李维（Livy）的《罗马史（建城以来）》（*Ab Urbe Condita*）。

波里比阿的书，是断代性的罗马世界帝国形成史，当然是普世史，已如上述。而李维的书叙述自公元前 8 世纪罗马建城之年（B. C. 742）至公元初奥古斯都时代（AD9），从编纂体例来说应当是编年体的通史（今

① G. W. F. Hegel, *The Philosophy of History*, trans. into English by J. Sibree, New York, 1956. p. 2；《历史哲学》，40 页，北京，三联书店，1956。

本已多有残缺）。美国历史学家巴恩斯曾说："李维是最伟大的古今一切故事叙说者之一，他的书是罗马国史巨著。它是关于罗马世界国家成长的一部宏富的散文史诗。"① 这就是说，李维的《罗马史》虽时历古今，但其重点在罗马国史，而这个罗马国家又是一个世界帝国，所以，在西方史学传统里，它仍然被列为普世史。

黑格尔把这种普世史列为他所说的"反省的历史"的第一种。②他在分析普世史的特点时说："在这里，最主要的一点，就是历史资料的整理。进行工作的人用了他自己的精神来从事这种整理工作；他这一种精神和材料内容的精神不同。"黑格尔还以李维为例，说他以自己的精神写往古历史，让古代的历史人物说起话来就像他那个时代的人一样。那么，怎么办呢？黑格尔又说："一部历史如果要想涉历久长的时期，或者包罗整个的世界，那么，著史的人必须真正地放弃对于事实的个别描写，他必须用抽象的观念来缩短他的叙述；这不但要删除多数事变和行为，而且还要由'思想'来概括一切，以收言简意赅的效果。"③ 这就是说，李维的《罗马史》虽然时贯古今，其精神却都是李维时代的，也就是说无变化的。在黑格尔看来，普世史只能是抽象概括的，如果要写出发展，那只有他的哲学的历史才能完成任务。李维的书时贯古今而无古今之变，这样，与中国的强调"通古今之变"的通史就又显然有所不同了。从维柯（G. B. Vico, 1668—1744，意大利哲学家）开始，历史发展的思想在西方史学中日益发展，黑格尔的《历史哲学》可以作为其中一部出色的代表作。不过，黑格尔的《历史哲学》在讲历史的发展时，坚持以世界史或普世史（即东方、希腊、罗马和日耳曼世界所谓四个帝国）为其框架，所以整个世界史成了有发展的通史，而构成其世界史的各个国家或地区却没有了自己的通史。例如，在他的《历史哲学》里，中国就只有头而无尾（中国有了一个开头以后就只能派一个原地踏步不动的角色），而日耳曼世界在本质上又只有尾而无头（在他那里日耳曼世界所注定要扮演的只是世界精神发展最高阶段的化身）。因此，黑格尔的"世界历史"虽然有其通的内容，本身仍然是一部普世史。可见普世史的传统在西方还是影响深远的。

① H. E. Barnes, *A History of Historical Writing*, New York, 1963. p. 37.
② 按黑格尔把历史分为原始的历史、反省的历史和哲学的历史，而反省的历史中又分为四类，即普世的历史、实验的历史、批评的历史和专门的历史。
③ *Philosophy of History*, p. 4、p. 5；《历史哲学》，42 页、43 页。

第二，中国史学源于先秦时期，其最初的萌芽是《尚书》。《尚书》里的《周书》诸篇，皆当时政治文献，如果作为历史，那就应该属于"原始的历史"。例如，周公在许多篇文告中所述，作为当时之人以当时之精神论当时之事，当然是黑格尔所说的"原始的历史"。不过，他有一个特点，就是在论当代事情的时候不断反省历史，总是爱把古今的事联系起来，考察它们之间的变中之常和常中之变。在他向殷遗民发表文告时，面对的问题是：殷商原来是"大邦"、"天邑"，是诸侯的共主（天子），周原来是"小邦"，从属于殷商，可是这时周却以武力取代了殷商的地位，怎样才能使殷遗民心服？针对这个问题，他解释说，殷商原来的确是受"天命"的"天邑"，因为"自成汤至于帝乙，罔不明德恤祀"，可是到了纣的时候，情况变了，纣严重失德，因此，周才代殷而受"天命"。而且，"惟尔知，惟殷先人有册有典，殷革夏命。"你们先人的史册上明明记载着，当夏代君主从有德变为无德的时候，你们的先祖成汤不是也曾革过夏的命吗？① 周公的这些话并非只是说给殷遗民听的，在《无逸》篇中对成王，在《康诰》、《酒诰》中对康叔也用同样的历史材料说明了同样的思想。所以，他所说的历史是大体属实的。而他所说的道理则是，夏、商、周三代的嬗替是历史之变，而其间兴亡之理又是历史之常；其变是常中之变，其常是变中之常。从这样的角度来看，《尚书·周书》就既是原始的历史，又是反省的历史；而且在反省中不仅看到了常，同时还看到了变。我想，这就是中国史学里通史传统的源头。

到战国初、中期，随着历史的巨变，在《左传》、《国语》里屡屡反映出历史之变，而且通过不同人的口说出这种变也属于常理。例如，《左传》（昭公三十二年）记史墨对赵简子论鲁国季氏出其君的事，不仅说明具体的事因，而且说："社稷无常奉，君臣无常位，自古以然。故《诗》曰：'高岸为谷，深谷为陵，三后之姓，于今为庶。'王（据阮元校勘记，'王'字当为'主'）所知也。"②

经过秦的统一到西汉帝国建立，先秦时期的历史局面已经根本改观。司马迁于汉兴 70 余年后撰写《史记》，就正式把"通古今之变"③ 作为

---

① 《尚书·多士》，《十三经注疏》，219~221 页。类似思想还见于《多方》等篇。

② 孔颖达：《春秋左传正义》，见《十三经注疏》，2128 页、2130 页。

③ 《报任少卿书》，载班固：《汉书·司马迁传》，9 册，2735 页，北京，中华书局，1962。

自己的著作目标之一。《史记》写了君位由禅让而世袭之变、制度由封建而郡县之变、风俗由忠而敬而文之变等等，同时也写了变中之不变，而此不变之常即在变化之中。拙作《论司马迁史学思想中的变与常》①对此有较详的说明，此处恕不备论。我们可以这样说，到了司马迁《史记》的出现，中国史学的通史传统，已经不仅在时历古今的体例层面而且在通古今之变的思想层面上基本确立了。

第三，现在再来对中西两种史学传统产生的哲学思想背景作一些比较性的分析。柯林武德在《历史的观念》中指出希腊罗马史学的两个特点是人文主义（Humanism）和实质主义（Substantialism）。②史学要从神话中走出来，变成人的历史，人文主义自然是必不可少的。在古代希腊罗马，从"荷马史诗"到希罗多德的《历史》，情况如此；在古代中国，从甲骨卜辞到以人心向背解释天命的《尚书·周书》，同样也如此。这是古代中西史学传统相同之点。因为这一点是人所共知的，这里就不再作具体的论述。中西古代史学传统的不同，在我看来，是在柯林武德所说的第二个方面，即古代西方的重实质主义，与中国古代殊为径庭。

柯林武德说希腊罗马史学是实质主义的，这在其《历史的观念》第1编第3节"希腊思想的反历史倾向"里有相当详细的说明。③他说："历史学是关于人类活动的一门科学；历史学家摆在自己面前的是人类在过去所做过的事，而这些都属于一个变化着的世界，——在这个世界之中事物不断地出现和消灭。这类事情，按照通行的希腊形而上学观点，应该是不可能的。""他们（指希腊人）完全肯定，能够成为真正的知识的对象的任何事物都必须是永恒的；因为它必须具有它自己某些确切的特征，因此它本身之内就不能包含有使它自己消灭的种子。如果它是可以认识的，它就必须是确定的；而如果它是确定的，它就必须如此之完全而截然地是它自己，以至于没有任何内部的变化或外部的势力能够使得它变成另外的某种东西。"他举出柏拉图对于"知识"（episteme）与"意见"（daxa）的区分作为自己的论据，所谓的"知识"就是对于不变的实质（实质不变）的真知实见，而"意见"则是对应于变动不居的现象的感性的认识而已。所以，实质主义就是反历史主义的。柯林武德还

---

① 载《北京师范大学学报》（人文社会科学版），2000年第2期。
② *The Idea of History*，pp. 40 – 45；《历史的观念》，46～51页。
③ *The Idea of History*，pp. 21 – 22；《历史的观念》，22～24页。

在《历史的观念》第 1 编第 5 节里指出了"希腊历史方法及其局限性"①。这就是，希腊人的历史有待于历史事件目击者的作证，这种方法有助于第一手材料的运用和记载的真实，但是也使史家的眼光无法伸到更古的时代和更远的地方，结果只能写当代、当地的历史。这也就是黑格尔所说的原始的历史了。在柯林武德看来，古希腊人在史学方法上的局限性实与其实质主义思想有关；不过，到了希腊化时代和罗马时代，这种方法上的局限性因世界帝国的出现而有所突破，但是，其实质主义的思想传统则在希腊化和罗马时代的史学领域里继续流传下来。②

与西方古代史学思想传统形成对比的是，古代中国思想家认为，对于当前的历史事件，当然要有、最好要有事件目击者的作证，不过，对于事件本身的认识却不是只凭事件本身就能真正认识到位的。例如，周人伐纣而代殷为天子，这一事件是当时周人和殷人同时共知的，可以信而无疑。但是，怎样才能认识这件事情的本质呢？周公不是去追究某种永恒不变的实质来加以解释，相反，他是从成汤伐桀代夏的历史事件中获得周伐纣代殷的理由或根据的。他是从变化的现象里寻求其背后的本质的。这种本质是变中之常（也是常中有变），不同于希腊人的永恒不变的实质。正如柯林武德所指出的，希腊人看到了世界万事在变，于是就追求其背后的不变的实质，经过抽象而获得的这种实质本身就是抽象的"一"，就是在其内部不能有对立方面的"一"。这种形而上学的"一"，当然是反历史的。古代中国思想家并非不求现象背后的本质（essence，that which makes a thing what it is. 或者 das Wesen），不过他们寻求到的不是抽象的、无差别的"一"或永恒不变的实质，而恰恰相反，是变中之常。中国古代思想家认为，真理不能在永恒不变中去寻求，而只能从变化不居中去把握。《易·系辞上》："一阴一阳之谓道，继之者善也，成之者性也。"③ 对于这一段话，历来解释甚多，愚以为《周易折中》对"一阴一阳"句的按语甚好。按云："一阴一阳，兼对立与迭运二义。对立者，天地日月之类是也，即前章所谓刚柔也；迭运者，寒来暑往之类也，

---

① *The Idea of History*，pp. 25 – 28；《历史的观念》，28 ~ 31 页。

② 克罗齐也谈到了古希腊罗马人的"反历史的哲学"，不过他是以他们的未能接触到精神概念的"自然主义"来作解释的。*History：Its Theory and Practice*，pp. 191 – 192；《历史学的理论和实际》，151 页。

③ 孔颖达：《周易正义》，见《十三经注疏》，78 页。

即前章所谓变化也。"① 万物并无抽象不变的实质，也非抽象的无差别的
"一"，而是"一阴一阳"组成的道或本质。这种道或本质包含着对立，
所以与西方的实质相反。唯其"一阴一阳"，这样的道或本质就不能不
变，也就是不能不迭运。不直接说"本质"而说"道"者，因为"道"
兼体用。自其体而观之，道是对立的统一；自其用而观之，道又是迭运
和不断的运动的途径。"继之者善"：迭运不穷自然为善；"成之者性"：
"道"（大一）运成物（小一或具体的一），即成为此物之性，个性犹有
道之一体。因此，古代中国人所选择的是与希腊人相反的思想路径，即
反实质主义或历史主义。

古代希腊罗马人的史学思想是人文主义加实质主义（反历史主义），
而古代中国人的史学思想是人文主义加历史主义（反实质主义）。这一点
也就是西方普世史传统与中国的通史传统相区别的渊源所在。

四 通史体例与通史精神

我们讨论和研究通史，实际上是在两个既有联系又有区别的层面
（通史体例和通史精神）上进行的。从体例层面上说，通史似乎是最容易
理解的。一本历史书、一门历史课，只要是时贯古今的，那就是通史。
可是，什么是"通"呢？前引《易·系辞》云："往来不穷谓之通"。真
正的通，是往来不穷的，因此在时间上是无限的。那么，真有贯通一切
时间的通史吗？克罗齐早已说明包罗一切时间的普世史（即我们所说的
通史）是不可能存在的。人们根本无法写包括过去一切时间的历史，更
不要说写未来的事了。因此，包括一切时间的"通"，在实际上是没有
的。我们所看到的一切中外古今的通史，如果按"通"的严格意义来说，
那就都成了断代史。例如以通史著称的《史记》，假如只从时间上来看，
那也只是自黄帝至汉武帝这一段时间的断代史，它和《伯罗奔尼撒战争
史》的区别那也就只在于断代的时间段的长短不同而已。所以，如果只
是从撰写体例来看一本书是否是通史，深究起来，那还是有难以说清的
问题的。换一个角度来说，李维的《建城以来》（《罗马史》），如果只从

① 李光地等奉清圣祖（康熙）之命编纂：《周易折中》，见影印《文渊阁四库全
书》，第38册，381页。

时间的长度看，那也是足够称为通史的。可是人们都把它当作普世史。因此，一部史书所述时间长且经历不止一朝一代，严格地说，这只是作为通史的必要条件，还不具备作为通史的充分条件。怎样才能算是真正的通史呢？那就还要涉及问题的另一个层面，即必须具备通史精神。

那么，什么是通史精神呢？施丁教授曾说："不通古今之变，则不足以言通史。"① 我觉得，他的话说得很好，"通古今之变"就是通史的精神。当然，通史精神必须寓于具有反省可能与必要的、覆盖较长时间的史书中，古典希腊史家所擅长撰写的以当时之人用当时之精神写当时之事件的"原始的历史"（如《伯罗奔尼撒战争史》）是无论如何不能成为通史的。这就是说，只有通史精神而无通史的题材，那也是写不出通史来的。不过，有了一项在时间上有足够长度的历史题材，也有了史家的反省（die Reflexion，或译作反思），那仍是以今人思想去反思古代历史，因此写出的还只能是黑格尔所说的"反省的历史"，如李维的《罗马史》。"反省的历史"（包括黑格尔所说的四种）都是后人（今人）用自己的精神对于前人（古人）历史进行反思的结果，因此它失去了直接性而成为间接的、思维的概括性出现了，（黑格尔本人也认为写过去长时期的反省的历史要用概括的方法，说已见前引）而历史的生动活泼的直接性消失了。为了形成通史，那还需要对反思再反思，用黑格尔的话说，那就是要有"后思"（das Nachdenken）。② 经过"后思"，黑格尔写出了他的《历史哲学》，一部通古今之变的、以他的"世界精神"为主体的普世史。司马迁不是经过对某种预设的精神的后思写一部"哲学的历史"，而是经过对于古今历史的反复思索，写出了一部纪传体通史——《史记》。在《史记》里，三代时期和春秋战国时期的历史人物，没有由于经过作者的反思而变得抽象、干瘪、像汉代人一模一样，而是经过反复思索，写出三代时人不同于春秋战国时人，春秋战国时人不同于汉代的人，可是相互间又是可以沟通理解的。这就是古今有变而又相通，使得古代历史具备了直接性与间接性的统一。那么，《史记》就只有古今历时性纵向之通，而没有空间里的共时性的横向之通？从而完全没有任何的普世性？不是的。《史记》写先秦历史，讲天子与诸侯、诸侯与卿大夫、华夏与夷

① 见《说通》，载《史学史研究》，1989 年第 2 期。

② 参考黑格尔著：《小逻辑》，北京，商务印书馆，1995。这个词，汉文或译"后思"（39 页），或译"反复思索"（42 页），或者就译为"反思"（74 页）。

狄，写秦汉历史讲天子与诸侯、中央与地方、华夏与夷狄、中国与外国。古今纵向历时性之变，正是这些内外横向共时性之变的结果；而一切时代的横向的共时性的结构，又正是纵向的历时性发展的产物。纵向的历时性的发展与横向的共时性的变化是一而二、二而一的。通史作为传统，既是中国史学体例的一种表现，也是史学精神的一种展现；如果推展而言，这也是中国文明发展的连续性与统一性相互作用的一种在精神上的反映。

（原载《史学史研究》，2002 年第 4 期）

张子侠

关于中国历史文献学基本理论的几点认识

自 20 世纪 80 年代以来，虽然中国历史文献学在一些具体的研究领域里取得了显著的成就，但学科理论建设却相对滞后，以至于在一些基本概念和理论问题上，或言人人殊，或缺乏必要的讨论。其实，对于任何一门学科的形成和发展来说，理论建设都是至关重要的。黑格尔在谈到哲学的理论体系对该学科的重要性时曾强调："哲学若没有体系，就不能成为科学"①。同样道理，中国历史文献学要想真正确立并走向成熟，就必须重视理论研究，必须建立起较为完善的理论体系。有鉴于此，笔者先选取历史文献学理论中的几个问题谈点粗浅看法，祈望同行专家批评指正。

一 文献与历史文献

文献二字联成一词，最早见于《论语·八佾篇》。该篇记载："子曰：'夏礼吾能言之，杞不足征也；殷礼吾能言之，宋不足征也。文献不足故也。足，则吾能征之矣。'"汉宋学者注疏时都把"文"释为典籍，"献"释为贤人或贤人言论。如三国时魏人何晏《论语集解》引东汉经学大师郑玄注云："献，犹贤也。我不以礼成之者，以此二国之君文章、贤才不足故也。"南宋朱熹《四书集注》也认为："文，典籍也；献，贤也。"把"文"释为

---

① 黑格尔：《小逻辑》，56 页，北京，商务印书馆，1980。

文章典籍容易理解，但"献"与"贤"字义相差很远，"献"何以训为"贤"呢？首先，从训诂的角度看，"献"与"仪"同音通假，而"仪"字有善、贤之义。如《尔雅·释诂》："仪，善也。"《广雅·释古》："仪，贤也。"近人刘师培《文献解》云："仪、献古通。书之所载谓之文，即古人所谓典章制度也；身之所习谓之仪，即古人所谓动作威仪之则也。……孔子言夏殷文献不足，谓夏殷简册不备，而夏、殷之礼又鲜习行之士也。"由此可见，把"献"释为"贤"即人中的贤者是可以成立的。其次，从孔子的语境及时代背景看，当时虽然有了文字记录，但由于书写工具的限制，要保存和流传古史今事，不仅要靠文字记载而且还需要通过口耳相传。因此，当时人们将"文"与"献"并重，遇有典籍上没有记载而自己又不了解的知识，便要向那些见多识广、博古通今的耆旧贤者求教，征询意见。《左传》、《国语》、《论语》等书记载了许多当时的诸侯、卿大夫或孔门弟子向贤者问政问疑的具体事例，限于篇幅，此不赘述。孔子谈论的是夏礼和殷礼，而礼本身就表现在成文规定和礼仪习俗即贤者的言谈举止两个方面，所以要考察验证夏、殷礼制，一方面需要参阅足够的"文"，另一方面需要求教足够的"献"。可惜，杞和宋在这两个方面都"不足征"。

最早以"文献"名书的是宋末元初的马端临，他写了一部贯通历代典章制度的著作，取名为《文献通考》。在《自叙》中他解释说："凡叙事，则本之经史而参之以历代会要，以及百家传记之书。信而有征者从之，乖异传疑者不录，所谓文也。凡论事，则先取当时臣僚之奏疏，次及近代诸儒之评论，以至名流之燕谈，稗官之记录，凡一话一言，可以订典故之得失，证史传之是非者，则采而录之，所谓献也"。在这里，马端临虽然仍把"文"与"献"对言，但区别仅在内容上，一为叙事，一为论事，两者都属于文字资料，形式上已无差别。有人批评"马氏简单地用叙事和论事来区分文与献，显然有违孔子之本意"①。其实，马端临对"文献"的解释虽不完全符合其初义，但也不能说"有违孔子之本意"，因为孔子所讲的"文"包括叙事性的文字资料，他讲的"献"也涵盖贤人对历史和时事的议论，只不过在范围和表现形式上有所不同罢了。从孔子到马端临，随着社会的发展和学术的进步，特别是书写工具的改进与印刷术的发明和广泛运用，贤者的言谈高见很容易见诸笔端，

---

① 张衍田：《文献郑玄释说》，见《文献》，1988 年第 1 期。

各种口头传说和议论也逐渐通过各种书面的形式记录下来，于是人们越来越重视典籍而轻视传闻，相应的"文献"也由一个联合式的合成词逐渐向偏义复合词的方向演变。这里，需要指出的是马端临将文献的内容区分为"叙事"和"论事"两大类，并且将两者并重，对我们是有启发意义的。自古以来，学术界一直就有重记事考实轻褒贬议论，或者说重原始资料轻历史撰述的倾向。如清人王鸣盛在《十七史商榷·序》中一再强调："盖学问之道，求于虚不如求于实。议论褒贬皆虚文耳。作史者之所记录，读史者之所考核，总期于能得其实焉而已矣，此又何多求邪？"最近有人著文作了进一步引申，认为文献应以"记录考核"为限，"王鸣盛所讲的议论褒贬，则是指后人对前人所行事实的评论，这就未必成为文献"。① 白寿彝先生认为历史文献有记注和撰述之别，记注即历史记录，而撰述要有史识。他批评说："目前有一部分同志认为，只有原始资料才是更宝贵的，在发现一件不经常见的文献，往往表现得相当激动，而对于历史的撰述的重要性，往往估计不足。这是带有片面性的。"②

今人对"文献"的理解和使用显得很混乱，归纳起来大致有两类：一类是文史学界的文献概念，如郑鹤声、郑鹤春称："结集、翻译、编纂诸端，谓之文，审订、讲习、印刻诸端谓之献"③。王欣夫认为："文献指一切历史性的材料"④。洪湛侯则说："凡是用文字表述的具有历史价值和科学价值的图书资料，就是'文献'。"⑤ 各家的说法虽然在具体表述上不尽一致，但大都遵从"文献"一词的传统含义而加以引申，所以差别不是太大。不过，每当谈及"文献"的范围或外延时，颇多争议。如《辞海》（1979 年版）把"文献"解释为："原指典籍与宿贤。……今专指具有历史价值的图书文物资料"。这里把文物也纳入了文献的范围。傅振伦先生也认为："文献的范围很广，并不以文字的史料为限"，应"包括口碑、往事的追忆，不见经传的古迹、古物的再现、勘查，以及现

---

① 马玉山：《文献学对象方法献疑》，萧泰芳、董国炎：《文献研究》，第 1 辑，北京，北京图书馆出版社，1999。

② 白寿彝：《再谈历史文献学》，《中国史学史论集》，529 页，北京，中华书局，1999。

③ 郑鹤声、郑鹤春：《中国文献学概要》，1 页，上海，上海古籍出版社，2001。

④ 王欣夫：《王欣夫说文献学》，2 页，上海，上海古籍出版社，2000。

⑤ 洪湛侯：《中国文献学新编》，3 页，杭州，杭州大学出版社，1994。

在时事和人类民俗调查等资料在内"。① 针对这种将文献范围不断扩大的倾向，张舜徽先生提出了不同的意见。他认为："'文献'既是一个旧名词，自有它原来的含义和范围。我们今天既要借用这一名词，便不应抛弃它的含义而填入别的内容。近人却把具有历史价值的古迹、古物、模型、绘画，概称为历史文献，这便推广了它的含义和范围，和'文献'二字的原意是不相符合的。当然，古代实物上载有文字的，如龟甲、金石上面的刻辞，竹简缯帛上面的文字，便是古代的书籍，是研究、整理历史文献的重要内容，必须加以重视。至于地下发现了远古人类的头盖骨或牙齿，那是古生物学的研究范围；在某一墓葬中出土了大批没有文字的陶器、铜器、漆器等实物，有必要考明其形制、时代和手工艺的发展情况，那是古器物学的研究范围。这些都是考古学家的职志，和文献学自然是有区别的"②。笔者认为这种意见是十分中肯的，有利于我们正确认识和把握"文献"的含义和范围。另外一类是图书情报学界的文献概念。近几十年来，伴随着中国近现代图书馆事业和情报事业的发展，一个以现代文献整理工作为研究对象的新兴学科——现代文献学骤然兴起，并推出了一系列论著。但由于作者们大都立足于现代图书馆学和情报学去界定"文献"，所以不仅脱离了"文献"的原意，而且其内部分歧很大，计有资料说、载体说、信息说，材料说、融合体说等等。③ 鉴于现代文献已不在传统文献学的研究范围，加上篇幅所限，在此不一一评述。

关于历史文献，目前大致有三种解释。一种是将历史文献等同于文献或古典文献，如张舜徽先生认为"'历史文献'四字，自可理解为'古代文献'"④。黄永年先生也认为"'历史文献'者只是指历史上的文献，并非仅指历史学方面的文献"⑤。曾贻芬、崔文印讲得更明确，他们认为："历史文献，直白地说就是古代文献。在我国，其时间跨度大体指上自殷周'有册有典'之后，下到1840年鸦片战争之前或稍后。在这数千年

---

① 傅振伦：《释文献》，见《文献》，1986年第1期。

② 张舜徽：《中国文献学》，3～4页，郑州，河南人民出版社，1982。

③ 彭斐章、谢灼华：《四十年来目录学、文献学研究的进展》，《目录学文献学论文选》，北京，书目文献出版社，1991。

④ 张舜徽：《与诸同志再论历史文献的整理工作》，《中国历史文献研究集刊》，第3集，武汉，岳麓书社，1982。

⑤ 黄永年：《中国古典文献学和历史文献学概念和文史分合问题》，见《古籍整理与研究》，1987年第2期。

间，所有文字载体，都是我们所说的历史文献。其中，既包括甲骨文、钟鼎文、各类石刻，又包括简策、缣帛、纸写手卷及雕版印刷的各类图书，而尤其以后者为主"①。显然，在他们看来"历史文献"中的"历史"二字只是一个时间概念而非学科或专业概念，因此他们所说的历史文献泛指古代所有的文字资料。第二种解释是把历史文献视为文献或史料的一个组成部分，强调其专业属性和内容特性。如白寿彝先生说："历史文献的含义，现在还没有一致公认的说法。我们认为，凡是有历史性的文字记载，都可以说是历史文献"。而"历史文献资料只是史料的一部分"②。王余光先生则认为："'文献'指的是文字资料和言论资料。这一意义一直到今天仍然是适用的。历史文献作为文献的一部分，是关于历史方面的文字资料和言论资料"③。第三种看法是历史文献有广义和狭义之分，如谢玉杰、王继光认为："广义历史文献，系指一切文献；狭义历史文献即历史学科史料文献，其中历史学记注与撰述的典籍是狭义历史文献的主体"④。

笔者认为，自近代以来，包括人文社会科学在内，学术发展的一大趋势就是学科化和专门化。任何一门科学意义上的现代学术，都必须有自己明确的而且是有别于其他学科的研究对象和领域，必须以学术分科以及研究的系统化、逻辑化为前提。目前，古典文献学、历史文献学和现代文献学已成鼎足之势，历史文献学已经成为历史学属下的一个二级学科。在此情况下，我们不应再将"历史文献"与"文献"或"古典文献"混同，而应明确其专业性或学科属性。具体地讲，历史文献只是文献中的一个类别或组成部分，它有着特定的时间界限和内容范围。就时间而言，考虑到学术界大都把"五四"新文化运动视为新旧文化的分界线，在文献发展史上它也具有转折意义，所以历史文献的时间范围应以三代至"五四"新文化运动为宜。就内容范围而言，历史文献必须同时具备历史价值（或曰史料价值）和文字资料两大要素。所谓"文字资料"，当然不限于编联或装订成册的典籍，但必须是文字记录，那些虽有史料价值但并无文字的古代遗迹、遗物和口头传说等均不在历史文献之

---

① 曾贻芬、崔文印：《中国历史文献学》，1 页，北京，学苑出版社，2001。
② 白寿彝主编：《中国通史》，第 1 卷，导论，293～294 页，上海，上海人民出版社，1989。
③ 王余光：《中国历史文献学》，1 页，武汉，武汉大学出版社，1988。
④ 谢玉杰、王继光：《中国历史文献学》，5～6 页，北京，民族出版社，1999。

列。所谓"历史价值"，是指记录的内容关系到已往的人类社会及其活动，对于人们了解和研究历史具有较高的参考价值，而非泛指一切文字资料。白寿彝先生说："历史文献指的是有重要历史意义的书面材料"①，强调的正是这个意思。

二 历史文献学研究的对象、任务和范围

关于历史文献学的研究对象，张家璠、黄宝权认为："历史文献学是以历史文献本身，作为自己研究的主体的"②。邓瑞全认为："传统文献学，又称历史文献学或古典文献学，其研究的对象是历史上的文献遗存"③。曾贻芬、崔文印则认为："中国历史文献学，简言之，就是研究对我国历史上的各类文献进行注释、著录、校勘、辨伪、辑佚等的一门专科之学"④。王余光也说："中国历史文献学作为一门专科文献学，它是以历史文献整理的各个方面及其历史为研究对象的"⑤。这些见解虽各有道理，但都失之片面。历史文献学首先要研究历史文献本身，包括各类历史文献的体裁、体例、内容、特点、价值，也包括历史文献的产生和发展过程。其次，历史文献学还要研究各种历史文献工作及其发展变化过程，包括文献的搜集、整理、研究、保护和利用等。一句话，历史文献学是一门以历史文献及其整理研究工作为研究对象的专门之学。

谈到历史文献学的研究任务，有些学者作了很好的论述。如张舜徽先生认为："研究历史文献的任务，主要是对那些保存下来了的和已经发现了的图书资料（包括甲骨、金石、竹简、帛书）进行整理、编纂、注释工作，使杂乱的资料条理化、系统化，古奥的文字通俗化、明朗化，并进一步去粗取精，去伪存真，条别源流，甄论得失，替研究工作者们提供方便，节省时间，使之不走弯路错路，这便是研究、整理历史文献

① 白寿彝：《谈历史文献学》，见《史学史研究》，1981 年第 2 期。

② 张家璠、黄宝权：《中国历史文献学》，7 页，桂林，广西师大出版社，1989。

③ 邓瑞全：《传统文献学与现代文献学》，《历史文献研究》，北京新五辑，北京，北京师范大学出版社，1994。

④ 曾贻芬、崔文印：《中国历史文献学》，2 页。

⑤ 王余光：《中国历史文献学》，20 页。

的重要职责"。① 曾贻芬、崔文印则认为："历史文献不仅会与后世产生语言障碍和文字隔阂，而且在长期流传过程中，还会产生散佚、文字讹误、衍脱，以及伪滥等情况，历史文献学就是通过注释、著录、校勘、辨伪、辑佚等，来解决这些问题，使历史文献得以按着自己固有的面貌，或者比较接近自己固有的面貌流传下去"②。张家璠、黄宝权把历史文献学的任务提得较高，认为"其主要任务，就在于揭示历史文献运动的规律，指导人们研究、整理与利用历史文献"③。将上述意见加以归纳和补充，笔者认为历史文献学的研究任务主要有四个方面：其一，通过校勘、辨伪、考证和辑佚等方法，力求恢复历史文献的原本性、完整性与真实性；其二，通过分析、归纳和比较，揭示历史文献的内容、特点、价值及发展规律；其三，通过标点、注释、翻译、目录、索引等，使历史文献便于学者利用和社会普及；其四，历史文献不仅仅是史料，也是前人观察、认识历史与人生的学术成果，甚至是一个国家和民族思想文化成就的重要物质载体。白寿彝认为，古籍著作，其中优秀的部分，是我们民族精神的重要结晶。我们的民族为什么能这样悠久，为什么能有这样连绵不断的历史，而且为什么能跟别的民族和国家不同，这都需要在我们古代典籍里找答案，这才能对祖国有比较正确的认识。从这个意义上讲，历史文献学还肩负着挖掘和传承民族优秀学术文化遗产的重任。

历史文献研究的对象与任务，决定了它研究的内容范围。早在1982年，白寿彝先生在《再谈历史文献学》一文中就曾提出："中国历史文献学，可以包含四个部分。一，理论的部分。二，历史的部分。三，分类学的部分。四，应用的部分"。并且对四个部分的主要内容都一一作了说明，这是迄今为止对这个问题最系统全面也最具有理论深度的论述。按照笔者的理解，中国历史文献学的研究范围，大致可以分成以下四个方面：

第一，中国历史文献学的基本理论。主要包括：（1）历史文献的定义、类别、特点、价值与局限；（2）历史文献学研究的对象、任务、范围、意义以及学科的结构体系、性质、特点等；（3）历史文献学的分支学科；（4）历史文献学的相关学科。

---

① 张舜徽：《关于历史文献的研究整理问题》，《中国历史文献研究集刊》，第1集，8~9页。

② 曾贻芬、崔文印：《中国历史文献学》，2页。

③ 张家璠、黄宝权：《中国历史文献学》，7页。

第二，中国历史文献及其产生和发展的历史。主要包括：（1）出土文献整理与研究；（2）传世文献整理与研究，可以研究个体文献的内容、形式、特点与价值，也可以分门别类地加以研究；（3）中国历史文献产生、发展过程、发展原因以及各个时期历史文献的特点等。

第三，整理研究中国历史文献的方法。既包括传统的经验和方法，如目录、版本、校勘、辨伪、考证、辑佚、传注等，也包括20世纪梁启超、胡适、王国维、陈垣等人探讨和总结出的新的研究方法，如"二重证据法"、"三重证据法"、现代科学技术的运用以及多学科交叉综合研究方法等。

第四，中国历史文献学史。把中国历史文献学作为一门现代学科进行建设虽然只是近几十年的事情，但对历史文献的整理研究工作起源很早，并且早已成为专门的学问，因此该学科有着十分悠久的历史。研究中国历史文献学史应注意点线结合，纵横交错。"点"指历代历史文献学家和文献学论著，"线"指历史文献学产生发展的过程以及各个发展阶段呈现出的突出特点。在此基础上，还要注重考察各历史时期历史文献的整理研究工作与当时的政治和学术文化之间的互动关系，从而揭示中国历史文献学发展变化的原因、规律以及历史文献学的学术价值和社会作用。

三 历史文献学的性质和特点

关于历史文献学的性质，学术界虽然很少展开讨论，但实际上学者们的看法却很不一致，归纳起来大致有三种意见。第一，历史文献学是一门综合性学科。张舜徽先生一向把历史文献学的领域"推廓得很广阔"，至少是文史哲的综合。他说："从前梁启超谈到文献学时，便认为广义的历史学即文献学。这见解是很卓越的。将文献学的领域推廓得很广阔，明确了它的内涵，极其丰富。举凡抒情（文）、纪实（史）、说理（哲）等方面的古代写作、资料，都应归纳进去"①。黄永年先生也反对让历史文献学只管"史"的分法，认为"既是文史哲兼备，而且还兼备

---

① 张舜徽：《与诸同志再论历史文献的整理工作》，《中国历史文献研究集刊》，第3集。

版本目录等非文非史非哲的东西,从道理上讲从属于'中国语言文学'或'历史学'似乎都不甚适宜"①。对此,曾贻芬、崔文印作了进一步的论述:"从实际情况看,中国历史文献学有一个突出特点,那就是:它是一门综合性学科。这个学科,至少包括了下列几个重要分支,即目录学、注释学、版本学、校勘学、辨伪学和辑佚学;同时,它还与下列几个独立的学科有密切的关系,这就是文字学、音韵学、训诂学、年代学、避讳学和历史地理学等。历史文献学的任何运作,都可看出它所属的几个分支的交互作用;同时,亦可看到,与其密切相关的几个学科的知识,也起到了相当重要的作用"②。第二,历史文献学是历史学的一个分支学科。白寿彝先生在谈历史文献学的理论问题时,认为首先要探讨历史与历史文献以及历史学与历史文献学的关系,并强调"历史文献研究是史学工作中必不可缺的但也只是史学的一部分"③。显然,就学科性质而言,白先生把历史文献学纳入了历史学的范畴。谢玉杰、王继光讲得更明确,认为历史文献学是研究历史的基础学科,它统属于历史学,是历史学的一个重要分支④。第三,历史文献学是文献学的一门分支学科。王余光认为:"历史文献学是一门专科文献学,它的研究范围同文献学的研究有着密切的联系"⑤。又说"历史文献学是文献学的一个分支,但其自身又是一个相对独立的系统"⑥。张家璠、黄宝权也认为"历史文献是文献的一个组成部分",相应的,"中国历史文献学是中国文献学的一门分支学科"⑦。

中国历史文献学究竟是文献学还是历史学的分支学科涉及该学科的归属和定位问题,因此需要认真地加以讨论。笔者认为,就中国古典文献学而言,从研究对象到研究范围,再到研究方法,都跨越不同的学术领域,具有明显的综合性学科的特点。历史文献的整理与研究虽然也具

---

① 黄永年:《中国古典文献学和历史文献学概念和文史分合问题》,见《古籍整理与研究》,1987 年第 2 期。

② 曾贻芬、崔文印:《中国历史文献学》,3 页。

③ 白寿彝:《再谈历史文献学》,《中国史学史论集》,529 页。

④ 谢玉杰、王继光:《中国历史文献学》,12 页。

⑤ 王余光:《中国历史文献学》,15 页。

⑥ 王余光、汪涛、陈幼华:《中国文献学理论研究百年概述》,见《图书与情报》,1999 年第 3 期。

⑦ 张家璠、黄宝权:《中国历史文献学》,5~6 页。

有交叉综合的特点，但就总体而言，该学科应当是从属于历史学的一门基础性学科。理由主要有三点：其一，从孔子为探求夏礼和殷礼而感叹"文献不足征"，到马端临以"叙事"和"论事"释"文献"，再到梁启超"广义的史学即文献学"之说，均说明自古以来历史文献学与历史学就有着密不可分的联系。有学者评论说："我国的文献学素来和历史学密切地结合在一起，文献学家也大多是历史学家，在他们的眼里，往往把文献看成是校雠学或者是广义的历史学"①。其二，历史文献学的研究对象是历史文献及其整理和研究工作，它们只是文献和文献工作的一部分，属于"史"的范畴。另外，在出土文献和传世文献的整理和研究中，在历史文献史和历史文献学史的研究中，都大量运用了历史学的理论与方法，而且这种研究总是直接或间接地为人们认识和研究历史提供帮助。其三，如前所述，在学科不断分化、细化的今天，古典文献学、现代文献学和各种专科文献学已经兴起，在此情况下，"历史文献学"中的"历史"应当是一个学科或专业概念，应当明确规定其学科属性及其地位，而不应该再混淆界限，越俎代庖。

至于中国历史文献学的特点，最突出的是它的综合性、基础性和实践性。所谓综合性，是指中国历史文献学研究的对象、领域以及所运用的理论、方法既涉及历史学，也涉及古典文献学，同时又与文字学、音韵学、训诂学、年代学、历史地理学以及古代文学、中国哲学史、科技史等有着密切的联系。综合性虽然不是历史文献学的学科性质，但的确是它的一大特点。所谓基础性，是就历史文献学在历史学的结构体系中所处的基础地位而言的。研究历史必须依据史料，史料的范围虽然很宽广，但传世的和出土的历史文献无疑是其中最重要的组成部分。赵吉惠先生在《历史学方法论》一书中曾把历史学的总体结构划分为三等层次，其中"第一等层次为'基础层次'，包括史料、历史文献、考古资料、甲骨金文资料等"②。刘乃和先生也强调："历史研究必须以文献研究为基础，为依据，这应该是史学研究的一个基本原则"③。所谓实践性，是说历史文献学是一门强调实践讲求致用的学问。无论整理还是研究历史文献，都是实践性很强的工作，如版本、目录、校勘、辨伪、辑佚等都需

---

① 周文骏：《文献学概论·序》，倪波主编：《文献学概论》，南京，江苏教育出版社，1990。

② 赵吉惠：《历史学方法论》，5页，成都，四川人民出版社，1987。

③ 刘乃和：《历史文献研究论丛》，36页，桂林，广西师大出版社，1998。

要长时期的动手实践和经验积累，方能得其门径而取得成就，而整个历史文献学学科也正是在长期的历史文献工作实践和经验积累的基础上逐步形成的。陈垣是一位历史文献学大家，白寿彝称赞他治学的特点是"重史源，讲类例"。无论调查史源还是归纳类例，都要靠实践和经验。翻一翻《陈垣史源学杂文》、《元典章校补释例》和《通鉴胡注表微》等，可以看出陈垣在理论和方法上很少有长篇大论，更没有泛泛而谈的空论，他总是通过归类释例发表自己的真知灼见，总结前人的文献学经验与方法。内容很具体，很实在，简洁明了，质朴实用。这既是陈垣个人的治学风格，在某种程度上也体现了历史文献学学科的特点。

四　历史文献学的分支学科和相关学科

白寿彝先生说："古籍研究工作不是一件孤立的工作。从事这种工作的同志，必须具有至少一门的专业修养，如哲学、文学、史学及有关的科技知识，文字训诂等的训练是必须有的，但光靠文字训诂上的修养是很不够的"①。这虽然是泛谈一般的古籍整理研究工作，也完全适用于历史文献的整理与研究。关于历史文献学与其他学科的关系，可以按联系程度分为分支学科和相关学科两个层面。

在历史文献学发展的过程中，有些特定的研究领域，因特别兴盛而渐渐成为一种专门之学，如《史记》学、《汉书》学、《通鉴》学、《尚书》学、《春秋》学、方志学、金石学，简帛学、敦煌学，等等。《尚书》和《春秋》属儒家经典，早在"独尊儒术"的汉代便成了专门之学。《史记》是古代史学中的经典之作，"一部二十四史，人皆以《太史公书》第一"②。自该书问世之后就不断有人对它进行注释或评论，唐中叶以后更是成为文人学士们研习的对象，由此形成专门的"《史记》之学"。近现代以来，《史记》研究更为兴盛。现在，不仅有一支专门的研究队伍，而且成立了全国性的《史记》研究会，经常进行专题学术研讨。许多高校还成立了《史记》研究室，开设专门的《史记》课程。《汉书》

---

① 白寿彝：《在古委会一届二次会议上的讲话》，载杨忠：《高校古籍整理十年》，南昌，江西高校出版社，1991。

② 章太炎：《略论读史之法》，《章氏星期讲演会》，第 8 期，1935 年第 7 期。

成为专门之学比《史记》还早，赵翼《廿二史札记》卷二十称："《汉书》之学，隋人已究心，及唐而益以考究为业"。虽然此后很长一段时期对《汉书》的评价和研究热情有所降低，但近一二十年情况有所改观，《汉书》研究又重新走向繁荣。在《史记》、《汉书》研究的带动下，《后汉书》、《三国志》以及其他纪传体正史也越来越受人重视，并且出现了总体性研究和系列化研究的倾向以及"四史学"和"正史学"的提法。司马光的《资治通鉴》也是一部古代史学名著，自宋代以来不断有人对它进行改纂、注释、考补、议论，逐渐形成了专门之学，20世纪40年代张煦侯还写了一本专著《通鉴学》。近几十年来，《通鉴》研究持续升温，又获得了新的发展。地记方志在我国起源很早，也很发达。随着修志实践的不断深入，人们不断地总结经验，并对方志理论进行探讨。到乾嘉时期，戴震、钱大昕、洪亮吉、章学诚等一批学者不仅亲身参与修志，而且在方志理论上反复研讨、论辩，方志学最终得以形成。目前，遗存的方志多达万种，出版或发表的方志学专著约百部，论文以万计数。如果说方志是我国历史文献的大宗，方志学无疑也是历史文献学的一大分支。金石学是我国的一门传统学术，它酝酿于汉唐，昌明于宋元，极盛于明清。金石学研究的范围当然不限于古铜器的铭文和古代石刻，但总是以铭文和石刻为主，所以算是历史文献学的一个分支。敦煌学是20世纪初伴随着敦煌石室遗书和石窟壁画的发现而迅速崛起的一门以地名学的专门学科，现已成为一门国际性的显学。它最初主要是指对敦煌莫高窟藏经洞出土文书的研究，之后范围不断扩大，如今已扩展到敦煌乃至吐鲁番出土或保存的所有文物和文献。尽管如此，鉴于敦煌文书的发现是敦煌学形成的关键，而敦煌文书文献又一直是敦煌学研究的主要对象，所以学术界总是将它从属于历史文献学。简帛学即简牍、帛书之学，自汉晋以来，虽然偶有简帛发现，但数量不大，影响有限。近几十年来，湖北、湖南、山东、河南、甘肃、安徽等地不断有简牍或帛书出土，而且数量较大，内容丰富。伴随着这一批又一批简帛的发掘、整理、保护和研究工作的展开，简帛学日益兴盛，并引起了国际学术界的关注，成为中国历史文献学中一个新亮点。

与中国历史文献学相互独立但又有着密切联系的学科很多，首先是文字学、训诂学，其次是史料学和中国史学史。古人读书治学强调要从小学入手，"小学"即文字、音韵、训诂之学。钱大昕在《经籍纂诂序》中说："有文字而后有诂训，有诂训而后有义理。训诂者，义理之所出，非别有义理出于训诂之外者也"。讲的就是这个道理。整理古代传世历史文献，自然离不开对古字古言的音、形、义训释，而要整理传世文献，首先遇到的便是古文字的释读问题。由此看来，历史文献学首先离不开文字训诂学。史料学和中国史学史也是历史文献学的相邻学科。虽然这三者的研究对象各有不同，范围也广狭不一，但都涉及史书的材料来源以及形式、内容、特点和价值等，只是角度和侧重点不同而已。再者，整理研究历史文献往往需要参考利用实物史料和口碑史料，而中国史学史又为个体历史文献的研究提供了开阔的视野和史学发展的背景。另外，由于中国古代历史文献的内容非常广泛，涉及不同的学科门类，因而它又与经学史、中哲史、科技史、文学史等有着密切的联系。历史是在时空中演变的，因而古代的历史记录必然涉及大量的时间概念和山水州县等地名，由此决定历史文献学与年代学和历史地理学也有着密切的联系。

介于分支学科和相关学科之间的是目录学、版本学、校勘学、辨伪学、辑佚学和考据学，而且在古代它们就已成为专门之学。目录、版本、校勘、辨伪、辑佚和考证，不仅是历史文献学家必备的基础知识，而且作为整理研究历史文献的传统方法被经常地、广泛地加以使用，甚至成了中国历史文献学研究内容中的重要组成部分，所以它们不是一般性的相关学科，而是关系更近。但是，版本、目录也好，校勘、辨伪、辑佚、考证也罢，都是古人治学常用的方法和门径，也是研治各种古代文献通用的方法和手段，因而又不能完全将它们包容于历史文献学的范围之内。

五　结语：历史文献学当前的任务和发展趋势

自从 20 世纪 80 年代初正式提出中国历史文献学学科建设问题以来，历史文献学取得了长足的进步，也存在着许多不足。进入新的世纪，历史文献学又面临着新的任务和挑战，由此也规定着或呈现出一些新的发展趋向。

第一，要加强历史文献学学科理论建设，提高研究人员的理论素养。一般说来，一门学科的形成并走向成熟，不仅要有明确的研究对象和范围，而且要有清晰的科学概念、系统的研究方法和完整的理论体系。早在 20 世纪 80 年代初，白寿彝先生就指出："我们研究历史文献学，就必须提倡理论问题的研究"。全国高校古籍整理研究工作委员会自成立以来，就不断强调要"加强学科的理论建设"。20多年过去了，虽然我们在学科理论建设上也提出了一些问题，进行过一些讨论，取得了一定的成绩，但总起来看"重视不够，进展缓慢"，"其理论形态远不如实践形态发展得充分"。直到最近，学者们仍在感叹："严格地说，到目前为止，文献学还没有能够建立起一个较为完整的得到大家认同的学科体系，无论是学科本身的性质、任务、内容和方法，还是它与其他相邻学科的关系，都未能取得相对统一的意见。尤其是文献学的理论研究，更是薄弱环节。从现已出版的文献学著作来看，这方面较少涉及，即使涉及了也没有充分讨论"①。这种状况不仅影响着历史文献学的学科形象和学术地位，而且使历史文献的整理和研究缺乏必要的理论指导，从而制约着整个学科的进一步发展。造成历史文献学学科理论建设滞后的原因当然是多方面的，但自古以来我国的文献学家就有重实践轻理论的倾向，总是把研究整理历史文献视作具体的技术性的学术工作，这才是问题的症结所在。因此，要改变目前历史文献学理论研究落后的局面，首先要改变历史文献工作者轻理论重实践的认识和习惯，坚持两者并重，提高其理论兴趣和理论素养，积极从事有关理论问题的探讨，只有这样才能把学科理论建设落到实处。

第二，面向社会，贴近现实，突出学科的时代特点。早在80年代，高振铎先生就曾批评当时的古籍整理"缺乏时代感"，强调"要贴近现实，参与现实，使研究富有时代感"。最近，仍有学者批评"文献学学科研究与社会实际生活严重脱节，很多经济方面的、科技方面的古代文献等待我们去研究"②。这说明在历史文献学界，无论是研究旨趣还是研究内容，一直有脱离社会现实的倾向存在。历史文献学存在的价值和发展的动力，不仅在于它的学术价值，还在于它社会作用的发挥。为此，我们要特别强调历史文献工作者的时代感和社会责任感，要把握时代的脉搏，了解社会的需要，努力使自己的研究富有时代气息，最大限度地贴近现实，满足人民群众的需求和社会发展的需要。其实，在80年代，整个文献学界一方面对各种古文献进行抢救性发掘整理，一方面通过选编、今注、今译从事文献的普及工作，取得了令人瞩目的成就。今天的历史

---

① 顾志华：《关于文献学研究的几个问题》，华中师大历史文献研究所编：《历史文献学论集》，25页，武汉，崇文总局，2003。

② 周少川、陈晓华：《中国历史文献学学科建设的思考》，《历史文献研究》，总第22辑，武汉，华中师范大学出版社，2003。

文献学更应该肩负起自己的历史使命，为社会的经济建设和文化传承作出更大的贡献。另外，历史文献虽然是静态的、客观的，但人们认识文献的能力以及文献价值的评判标准都随时代的变化而变化。从这个意义上讲，历史文献学是有时代性的。任何一个时代，人们不仅要整理研究新文献，而且要重新认识旧文献。这就要求我们每一个历史文献工作者，要站在时代的高度更新知识、观念，用新的视角、方法和价值尺度，去重新审视、解读、阐释历史文献，使历史文献研究更具有时代特点和科学水平。

第三，加强学科内部联系，促进历史文献整理与研究的结合，传世文献研究与出土文献研究的结合。由于历史文献范围广泛，种类繁多，加上研究队伍庞杂，所以形成了不同的研究领域和分支学科。它们之间往往各守各的疆域，彼此之间缺乏联系，致使整个历史文献学显得有些散乱。为了加强历史文献学学科内部的联系，从大处着眼，要特别注意两方面的结合。其一，历史文献整理与研究的结合。整理与研究本来是历史文献工作中既有区别又有联系的两个环节和两个方面。所谓"整理"，主要指校勘、辑佚、标点、注释、今译等。所谓"研究"，主要指关于作者和文献思想内容的考辨、分析、评价等。显然，两者各有分工，侧重点不同，但两者之间又有密切的联系。首先，整理与研究的区别是相对的，整理中往往包含着研究。比如校勘，如果对作者及作品的思想内容素无研究，只对大量而繁杂的异文加以罗列，机械对比，而不进行深入分析、研究、判断，要想写出精审的校勘著作是不可能的。其次，整理是研究的基础，研究是整理的深化和开拓，两者相互为用，相辅相成。目前，有的人重研究而轻整理，也有的人只满足于文献的整理，似乎"研究"是别人的事情，这两种看法都是不适当的。其二，出土文献研究与传世文献研究的结合。传世文献是指产生之后流传至今的文献，出土文献则是指通过考古发掘或文物调查等方式新发现的文献。近几十年来，由于有大量战国和秦汉时期的简帛出土，简帛文献研究兴盛一时，这不仅有助于人们认识一些古籍的原貌和古籍的形成及流传过程，而且也使一些聚讼纷纭的学术问题得到了解决，或者为解决一些历史上悬而未解的疑难问题提供了新的材料和思路。按道理讲，简帛文献的出土应该引起历史文献学界的高度关注，并将这些文献的研究与相关传世文献的研究结合起来，从而推动历史文献学的发展。但事实则不然。裘锡圭先生说："考古资料在传世古籍的整理研究工作中的作用，大体上可以分为两个方面：一、有助于研究古籍的时代和源流；二、有助于校正、解读古籍"①。"但是在近年来的古籍整理工作和字典、词典的编纂工作中，考古资料却往往没有受到应有的重视，甚至前人在利用考古资料整理研究传世古籍方面已经取得的成果，也往往受到忽视。这是很不正常的。希望这种情况能够很快改变。"②

第四，迎接现代科学技术的挑战，实现历史文献学研究手段的现代化。当前，人类社会已进入电子信息时代，科学技术的日新月异，特别是计算机信息科学的迅猛发展，使历史文献的整理和研究已经或者正在发生着一系列重大变化：（1）历史文献的载体和传抄形式的变化。以往的历史文献载体形式主要有甲骨文献、金石文献、简帛文献和纸质文献，计算机信息技术使文献有了全新的载体，如磁盘、光盘和 Internet 等，传抄方式也由书写印刷转向电子拷贝。（2）整理和研究方式、方法的变化。以往的历史文献整理与研究，包括底本复制和资料检索、摘录、排比等，主要靠手抄笔录的手工劳动，现在显示器代替了书本，键盘和鼠标代替了纸与笔，信息资料的检索和加工越来越趋向智能化、自动化。有人甚至预测，随着古籍整理专家系统的研究问世，将会出现不同古籍版本的自动校勘、自动断句标点和自动注释翻译等。（3）观念的变化。如电子文献的出现使"版本"的概念发生了变化，"校勘"也不再是传统的"两人对校"或"一人校其上下"。过去考订史料出处或旁征博引例证常常是学问高深的标志，而今，电子版巨型历史文献的全文检索系统使文献学家在一定范围内"竭泽而渔"地搜集有关研究资料有了现实的可能性。

面对上述变化，文献学界反映不一。有的为之欣喜，乐于接受，有的则疑虑重重，加以排拒。笔者认为，将计算机信息技术引入历史文献的整理与研究工作目前尚处于摸索阶段，还有许多不成熟不完善的地方，不可盲目乐观。但是，历史文献的电子化和研究手段的现代化是大势所趋，我们应当与时俱进，迎接挑战，充分利用现代科学技术，把历史文献学推向新的历史发展阶段。

（原载《安徽大学学报》，2005 年第 4 期）

---

① 裘锡圭：《阅读古籍要重视考古资料》，《国学大师论国学》，下，463 页，上海，东方出版中心，1998。

② 同上书，472 页。

杨共乐

后现代主义和后现代史学探析

　　后现代主义（Postmodernism）作为对现代性的一种批判思潮兴起于 20 世纪 70 年代的欧美学术界，因为这一思潮具有强烈的反传统倾向，所以格外引起学界和社会的关注，褒者不少，贬者也很多。近些年来，随着中外学者相互之间交往机会的增多，我国学界对于后现代主义作品的介绍也大有增强的趋势。因此，弄清楚后现代等概念的由来及其相关内涵，无论对于我们了解西方史学的现状，还是发展方向都有很重要的意义。那么后现代、后现代主义和后现代史学到底是一个什么样的概念呢？后现代史学的主要内涵是什么？它又是怎样挑战现代史学的？这些都是本文所要探讨的。

一

　　"后现代"（Postmodern）是相对于"现代"（Modern）而言的一个概念。美国学者伊哈勃·哈桑（Ihab Hassen）认为，"后现代"作为一个术语，最早出现于西班牙学者费德里科·德·奥尼斯于 1934 年编辑出版的《西班牙和拉美诗歌选集：1882—1932》中。八年以后，达德利·菲次在其《当代拉丁美洲诗歌选集》中①，又沿用了这一术语。后来，英国历史学家阿诺德·汤因比在其

---

　　① 而据卡宏的研究，最早提到这一术语的是德国哲学家鲁道夫·潘唯兹（Rudolf Panwitz）。

缩写本《历史研究》中也使用了这一术语，意思是说，从 1875 年以后，西方文化开始向世界方向发展，对世界其他地区的文化产生明显的影响，成了其他地区纷纷效仿的标本，所以，汤因比认为，从那时开始，世界已经进入了一个全新的时代，即后现代。

不过，从现实意义上看，当时他们所使用的"后现代"或者只是描述文学批评中的一种反现代主义倾向，或者只是作为一个时代简单的分期术语，不但在社会上没有产生较大的影响，就是在学界也没有引起较为强烈的反应。

自从 20 世纪 70 年代中期以来，尤其是西方主要发达国家完成工业化，进入信息化以来，社会经济发展迅猛，社会变化明显加速。而随着西方经济的发展，生产行业，尤其是制造业的主体地位日益动摇，消费的作用日渐增大，消费不但对人们的思想观念产生了很大的影响，而且在某种程度上还制约了人们的思维、观念和行为。更为重要的是，信息工业的蓬勃发展，使社会秩序、结构以及人与人之间的关系发生了显著的改变，信息网络已很发达，数字符号已经走进人们的日常生活，成为许多现实和客观事物的代名词，人们似乎生活在一个由文本、符号、声音等组成的与客观世界完全不同的另一自然里。认识主体和客体之间的关系越来越复杂。面对快速变迁的现代社会，越来越多的学者开始在自己的作品中使用了"后现代"这一概念，并以此作为新时代分期的基本术语。

大约与此同时，又有一些学者开始用一种批判现代理性的方法来研究社会，研究现实，研究现代文化，其中著名的有 M. 傅柯、J. 德里达等。到了 70 年代末，这一以批判现代文化为主的社会思潮在西方已相当流行，人们开始将其统称为"后现代主义"。西方学者哈桑曾对后现代主义作过认真的研究，并将它与现代主义作了深入的比较，现将其比较的主要结果列表于下①。从这里我们能够清楚地看到后现代主义的大致特点。

---

① Margaret A. Rose, *the Post-modern and the Post-industrial*: *A Critical Analysis*, New York, 1991. pp. 49 – 50.

表1　现代主义与后现代主义的比较

现代主义	后现代主义
提倡形式	反对形式
目的鲜明	不讲目的
刻意规划	随遇而安
等级严明	毫无秩序
作品完整	临时发挥
客观对待	参与其间
一统天下	四分五裂
中心明确	中心分散
边界分明	互涉文本
阅读理解	边读边解
叙述清晰	有头无尾
深入透彻	表面肤浅
确定性强	无确定性
超越经验	变化迅速

当代最先出现后现代主义思潮的是建筑、艺术。此后，后现代主义又开始对语言学提出质疑，否定语言的确定性，挑战语言所反映的事物的客观存在性，并由此逐渐走向文学和文学批评等领域。大约到 20 世纪 70 年代，后现代主义由于"语言学转向"（Linguistic Turn）而进入历史学。美国学者海登·怀特可以说是这方面的始作俑者。1973 年，他发表了著名的《元史学，19 世纪欧洲的历史想象》（*Metahistory*：*The Historical Imagination in the Nineteenth-Century in Europe*）一书。在书中，他以 19 世纪的四位史学家（米什莱、托克维尔、兰克和布克哈特）和四位哲学家（黑格尔、马克思、尼采和克罗齐）为例，指出历史学家和哲学家所写的著作没什么不同，历史学家虽然用的是史料，但目的是为了表述一种哲学理念，所以，人们无法从历史著作中获取真实的历史。人们在写作历史的时候，与其说是追求真相，不如说是追求语言的修辞效果。

历史语言与文学语言没有什么区别，历史和文学一样都是人们想象的产物。① 自从海登·怀特向历史学首先发难以后，西方传统的历史基本理念如历史的客观性、历史的真实性、历史的因果关系等都受到了后现代主义者的批判和责难。

对于后现代史学的挑战，大多数史学家最初都采取不屑一顾的态度。但从 20 世纪 90 年代以来，后现代史学的攻势越来越猛，迫使不少史学家对之作出一些反应。美国的《历史与理论》（History and Theory）、英国的《过去和现在》（Past and Present）等杂志也就"历史学与后现代史学"这一问题举行过讨论。许多学者还专门写书来发表自己的看法。其中著名的有美国学者乔伊斯·阿普尔比（Joyce Appleby）等的《历史的真相》（Telling the Truth about History）、理查德·艾文思（Richard Evens）的《为历史辩护》（In Defense of History）以及澳大利亚学者凯思·文夏特乐（Keith Windschuttle）的《历史的谋杀》（The Killing of History）等。直到20 世纪末，西方后现代主义的思潮才开始慢慢地消沉下去。

综观后现代主义发展的大致过程，我们能够知道后现代主义的相关内涵。这些内涵主要包括：（1）标志着一种新的时代或文化时期；（2）作为一种新的文学、文学的批评理论；（3）代表一种以批判启蒙运动以来所提倡的理性主义的思想思潮，反对理性的普遍化与扩大化。而这一点也正是历史工作者们所要认真对待和关注的。

二

后现代主义进入史学领域以后，对史学的冲击力是非常明显的。不过，与前人相比，后现代主义史学对现代史学也即理性史学的批判有非常明显的特点。前人论述比较集中的方面有：史学不可能像科学研究那样客观正确，因为史学研究的对象与科学研究的对象不同，而且在研究的手段和方法之间也存在着明显的差异；史学研究因为带有史学家自身的思考和理解，史学家的知识结构、认识水准、社会背景和经历等，都会对他的研究产生一定的影响，所以即使像兰克那样标榜"如实直书"

---

① Hayden White, *Metahistory: The Historical Imagination in the Nineteenth-Century in Europe*, The Hopkins University Press, 1973.

（wie es eigentlich gewesen） 的史学家，也不可能完全摆脱其自身的政治和文化偏见。而后现代史学选择攻击的突破点恰恰是西方现代历史编纂学（The Western Modern Historiography）的理论和实践，其目标则是颠覆与此相关的重要历史观念，颠覆现代历史学。

后现代主义史学否认普遍真理的存在。自从启蒙运动以来，人们逐渐形成了这样一种共识，即人类社会是不断向前发展的，这种发展又是有规律的，而这种规律又常常通过事件之间的相互联系和相互的因果关系表现出来。因此，人们能用理性的方法去叙述它、认识它，并预测其发展的方向。正是在这一认识的指导下，人们以前所未有的热情探讨人类社会的发展规律，揭示历史演变的内在逻辑和相关意义。所谓的"宏大叙述"（grand narrative）就是这些探索活动的结果。后现代主义者否认这些原理的普遍存在，挑战理性的普遍性原则，强调政治权力的规则，把普遍原理看成是一种权力，一种靠政治和金钱运转的游戏，是政治力量的产物和结果。而建立在此基础上的宏大叙述不但不能揭示社会发展和演变的规律，而且也有违客观性原则。同时，后现代主义者还从语言学入手来支撑自己的观点。他们把原来写的历史看作一种语言的表达方式。既然用语言来表达，而语言又是有局限的，语言无法准确无误地传播思想，语言与思想行为不可能等量。语言与历史真实之间不可能相互一致。所以历史学家创作的著作是不真实的，是在制造一种科学的迷信。

后现代主义史学撇开原来纠缠不清的主观和客观问题，选择现代史学的表述形式叙述体作为其攻击的主要对象。海登·怀特是首先把叙述看作历史写作内在本质的人，他认为史学家为了达到其叙述对象的全面性和完整性，在写作著作时，肯定会不断整理、选择适用于自身要求的资料。他指出："作为一种象征性的结构，历史叙述无法重造它所描述的事实；它只告诉我们应从哪些方向去思考这些事实。"[1] 因此，它不仅传达意义，还创造意义；它不仅是形式，还是内容。另一位后现代主义者汉斯·柯尔纳（Hans Kellner）也认为：虽然史学家想充分表现历史长河的连续性，但实际上，由于叙述的需要，作者必须划分历史时期，从而将历史分割开来，而分割本身就是历史学家对历史的一种理解和解释，

---

[1] Hayden White, *Tropics of Discourse*, *Essays in the Cultural Criticism*, p. 91.

所以它根本无法与客观真实相等同。①

诠释是现代历史学的重要功能之一，也是后现代史学攻击的主要对象。从 20 世纪上半叶开始，西方哲学的研究重心发生了重大变化，原来的重心主要放在世界本原的探究上，后来则逐渐转移到人与世界之间的关系这一认识论问题上。于是，诠释学理论成了人们研究的重点。传统诠释学的目的，是让读者去了解作者作品的内涵。在这里主体和客体之间的关系比较明显。然而，后现代哲学和史学却根本不考虑读者与作者之间的主、客观关系，不把诠释工作视为读者对作者的一种认识，一种理解，而是把它看作是读者寻找自我的一个过程。这样，作者的权威性和独立性也就消失了。随着作者的消亡，原来被动的读者解放了，他可以阅读，而且可以随心所欲、自由地解释史料、文献和档案。这一认识的最终目的是要动摇现代历史编纂学的基础。如果历史学家对史料或作品都能任意取舍，随意解释，那么历史的真实性就成了一句空话。

后现代史学的一个重要特点是将史学文学化。历史学家都认为自己的首要工作是忠实于历史事实。这一思想的前提是有一个历史的真相，历史学家的任务是去研究、描述和揭示这一真相。但后现代主义者认为人不能运用理性认识自己的世界，不能找到历史的真相。历史根本"不是过去的事情，而是写下来供人们阅读的历史话语"，只有把档案、史料"纳入有意义的结构中"才成为"历史"。历史文本的决定因素不是已经过去的历史事实，而是它的"潜在的深层结构"，即"范式"（Paradigm）。史学家在展现这种"范式"时，肯定会出现作者的情节设置、形式论证和意识形态暗示等主观和虚构的因素。因此，柯尔纳说："对有知识的读者来说，所有历史都是故事的一部分，是一种明显或隐蔽的历史叙述。那种对纯洁的、没有进行加工的材料的追求，并希望从这些材料中获取更新、更真实的事实真相的想法，是注定会以失望的结局而告结束的。因为世上不存在没有经过加工的材料；一件实物或文件一旦被认为是史料，它已经深刻地反映了一个文化系统。"② 于是，他认为，阅读历史的方法恰恰是虚构历史。因为人不可能揭示历史的真相，而且历史学的作品也带有明确的目的性和情节设置，与文学、艺术没有两样，

① Hans Kellner, Language and Historical Representation, *The Postmodern History Reader*, pp. 127 – 137.

② 同上书，pp. 127 – 137。

它们都是在编造故事。

当然，后现代主义史学对于传统史学的挑战还表现在其他多个方面，如注重原来的边缘史学的研究，注重妇女史的研究等。但其核心还是力图在挑战西方现代历史编纂学的基础上，动摇历史的科学基础，颠覆西方自启蒙以来建立起来的历史观念。

三

后现代主义史学对于现代史学的挑战及影响应该说是很大的。这是因为后现代主义史学从分析语言的不确定性、局限性和倾向性等具体的形式入手，不但明确地肯定了历史主观主义的存在，而且也对现代史学的主要基础产生了严重的冲击。这种冲击主要表现在：第一，后现代史学否定了历史学的科学性和学术性，认为能反映客观事实的历史是不存在的，历史事实和历史事件之间的因果关系常常是人们用虚构的方法或用语言修辞这种形式建立起来的。第二，后现代史学否定历史学的客观性和真实性，认为历史学家在写历史著作时，并不拥有一种独立于日常语言之外的特殊语言，他们的语言必然融入日常语言所带有的道德含义和文化成见。第三，后现代史学否定历史学作为独立学科的地位。在后现代主义看来，历史无非是一种特殊的文学形式，这不仅仅是因为历史的写作具有文学性，而且更重要的是历史著作就本质而言就具有文学的性质。第四，后现代史学否定历史的主体——人的存在。他们认为，高度发达的科学技术不但快速改变着客观世界，而且也改变着人类的主观世界以及人类自我认识的方式，知识经济和消息网络化把世界变成了一系列可以复制的符号，人则成为某种数据或参数，这样，人作为主体也就消失了，而历史主体的消失实际上也标志着历史的终结。种种都表明，如果后现代史学被接受的话，那么，历史学就根本在。即使能存在的话，其研究的对象、研究的目的和内容、研究表述方式以及研究者的研究方法和手段等都得重新考虑。

然而，在对后现代史学的主要作品和观点进行认真研读后，我能发现，后现代史学也有其明显的局限性，存在着严重的缺陷，这陷主要表现在：第一，过分夸大了语言的作用，实际上已经走上了言决定论"的道路。第二，强调文本独立性、个体性，从而忽略了与其他相关文本之间的关系，使原来统一的历史变成头绪混杂、散乱不堪的历史，使原来可以认识的东西失去了认识的可能。第三，根本否认或割断语言与事实之间的关系，使语言变成了与事实毫无关系的独立物。后现代主义者研究的历史显然就是指这种独立物。后现代主义者强调的史学没有真相，有的只是关于真相的看法，史学家建构的过去并非历史的真实，而只是用语言组成的自以为真相的东西。这些史学虚无主义化的观点显然是建立在对语言或文本这种独立物认识的基础上的。而从实践上说，这种认识肯定是错误的。这是因为建立这种认识的基础不是事实与事实的表现形式——语言之间的统一，而是它们之间的分离。大家都知道，历史首先是历史事实，随后是历史认识，最后才是历史语言。语言之所以能与历史联系在一起，完全是因为语言有助于人们认识历史事实。后现代史学把历史仅仅看作是话语，否认话语的基础是历史事实和对历史事实的认识这一事实，这显然是不对的。如果没有作为认识对象的客观事实，没有对客观事实有所认识，那么也就根本不可能出现历史话语。总之，人们不能因为历史事件已经过去，就否认它的存在，更不能因为历史事实无法再现，而否认历史学的认识功能，从而走上历史虚无主义的道路。

后现代史学不但有其不合理的地方，而且在许多方面还具有很大的危害性。首先，从政治上讲，这种理论由于否定历史真相的存在，否定人们能够具有认识历史真相的能力，所以，它在客观上为世界上形形色色的政治野心家或军国主义者否认甚至篡改自己的历史提供了极大的方便。其次，对于史学界而言，由于后现代主义者强调一切都是相对的，史学根本不可能达到求真的目的，所以历史学家为求真而付出的所有劳动都是徒劳的，没有任何价值。既然历史学不能揭示真相，历史作品的评判标准也就失去了作用，历史著作与著作之间的好坏高低自然也不复存在，所有的历史学训练也就成了多余的事。其结果必然是走向历史相对主义，从而造成史学界的极大混乱。当然，这些理论确实也为急功近利者或非职业历史学家提供了一条"超越"前人的捷径。而从现有的情况看，真正对史学研究进行严厉批判的后现代主义者多半也都是不做实际研究工作的史学家。

不过，后现代史学虽然有其明显的缺陷，但不能否认，它确实给人们提出了许多值得深思的问题，而且在某些方面还为人们提供了重新认识世界和真理的新的视角。尤其是在认识论方面，后现代史学首先提出了历史表述中语言的主观性问题，这是一直都被人们所忽略但又十分重要的问题，因为历史不仅涉及过去本身，而且还涉及为了了解过去而被历史学家创造出来的语言。语言主观性的发现和研究对于历史学的求真意义深远，应该说，这是历史认识论史上的一大进步。它有助于促使史学家在研究历史时，更加注意对史料的鉴别和判断；更加注意自身的局限，努力避免史学家本身可能出现的政治和文化偏见；更加注意语言文字的局限性和不确定性，尽量在审视历史文献和表述历史内容方面做得更加准确，使历史认识更加接近于历史事实。

当然，从后现代主义、后现代史学挑战的对象和内容看，它确实是西方学者在他们自己的思想理论传统内提出的一个问题。詹明信把它界定为"当下资本主义的文化逻辑"（Postmodernism, or Cultural Logic of Late Capitalism）。然而，在消息技术高度发达的今天，它又不仅仅是西方理论传统内的问题，它的传播必然会对我们的思想意识带来一定的影响。因此，我们在介绍和研究这种理论时，必须去其糟粕，吸其养分，使其能更好地为我国的历史学建设服务。

（原载《高校理论战线》，2003 年第 6 期）

陈 新

实验史学——后现代主义在史学领域的诉求

自 20 世纪 60 年代开始，后现代主义思潮循建筑、艺术、文学、哲学、文化领域依次前行；80 年代末，它广泛介入史学领域①；从 90 年代中期始，我国史学界通过西方文本接触到后现代思潮，这些文本先有后现代主义代表人物福柯的著作②，后有史学家何伟亚的《怀柔远人》这类贯注后现代主义思想的历史作品。③ 后现代主义作为与现代主义差异重重的一种学术思潮，学术界面对它往往是恐惧、反对、理解和接受并存，这种"平衡"情境在西方历 40 余年而不衰，足见现代主义与后现代主义竞争的激烈性。本文将以一种理解和接受的心态，探讨后现代主义在史学领域的诉求，并论证后现代主义将促使历史学成为一种实验史学，即它不再是那种宣告历史真实的史学，它将在历史性情境下提供个体史学家认可的文本，并交由读者阅读、判断，通过该文本产生的效用来确认其是

① 事实上，海登·怀特建构的历史话语的比喻理论应当归为后现代史学思想，它形成于 20 世纪 70 年代，见 Hayden White, *Metahistory*: *The Historical Imagination in Nineteenth-Century Europe*, Baltimore, 1973; *Tropics of Discourse*: *Essays in Cultural Criticism*, Baltimore, 1978。只是到了 80 年代中后期，西方史学界才正视他的这一思想，并产生了广泛影响。这一时期有关后现代主义的重要文章还有 Frank Ankersmit, Historiography and Postmodernism, History and Theory, 1989（28）, pp. 137 – 153。

② 如谢强、马月译《知识考古学》，三联书店 1998 年版；刘北成、杨远婴译《规训与惩罚》、《疯癫与文明》，三联书店 1999 年版，等等。此外，其他后现代主义代表人物，如利奥塔、德里达等人的著作也多有中译本，但由于其中少有涉及现代史学范畴的内容而不易被我国当代史家关注。

③ 何伟亚：《怀柔远人：马嘎尔尼使华的中英礼仪冲突》，邓常春译，北京，社会科学文献出版社，2002。

否真实。如此，任何一种史学实践都将是历史学家当下进行的一项追求历史真实的实验，而实验成功与否，完全取决于实验环境，即阅读环境所提供的条件。

一　面对后现代主义

后现代主义产生于对既有传统的不满；在后现代主义者那里，这种既有传统或被称为现代主义，或被称为逻各斯中心主义。目前学术界公认的后现代主义主要表述者有利奥塔（J. F. Lyotard）、福柯（Michel Foucault）、德里达（J. Derrida）、詹明信（Fredric Jameson）、罗蒂（Richard Rorty）、德勒兹（Deleuxe）等，与史学领域直接相关的是福柯、海登·怀特（Hayden White）、弗兰克·安克斯密特（Frank R. Ankersmit）等人。鉴于后现代主义不把定义看成确定其本质的手段，我们很难从上述代表人物错综复杂的思想中获得对后现代主义本质特征准确、全面的概括。并且，由于后现代主义涉及的领域广泛，它也不是其中那些被认为构成某某流派（如新历史主义、后结构主义）的学者们呈现的思想所能涵盖的，因此，人们很少将后现代主义称作一个大的流派，比较合适的称谓是后现代主义思潮。

应该说，后现代主义思潮在孕育之初就已经通过罗兰·巴尔特的《历史的话语》① 和海登·怀特的著述进入史学领域。20 世纪 70 年代，怀特试图通过《元史学》和《话语的比喻》两部著作证明诗性行为在建构历史话语之中的普遍作用，证明比喻理论能够在历史与想象、真实与虚构之间建立合理联系，从而挑战传统上那种将想象、诗性行为排除在史学实践之外的做法②。那个时候，怀特的思想在文学界逐渐被新锐们作为一种后现代主义思想接受，但史学家们却采取漠视的策略，回避这种对现代史学，尤其是对他们信守的那种历史真实的挑战。现在看来，这多少是当时史学界闭门造车，无视学术环境变化的一个例证。正如理查

---

① 罗兰·巴尔特：《历史的话语》，李幼蒸译，载于张文杰主编：《现代西方历史哲学译文集》，上海，上海译文出版社，1984。

② 关于怀特的历史哲学思想，可参阅拙文《历史·比喻·想象——海登·怀特历史哲学述评》，《史学理论研究》，2004 年第 4 期。

德·汪所说，《历史与理论》①的编辑们"仅仅是在后结构主义淹没了结构主义的时候才刚刚理解结构主义"②。这种情形在 80 年代得到了很大改观，以至于理查德·汪认为新旧历史学之间发生了一种范式转变，语言成了许多历史学家反思的主题。事实上，不只在史学领域，一切出现后现代主义思潮的人文学科领域，对语言的反思以及由此而产生的种种"语言学转向"正是后现代主义兴盛的根源③。

虽然后现代主义进入史学领域相对较晚，或者说史学对后现代主义的防御更严，但它还是不可抵挡。在这个中西文化交往频仍的时代，来自西方的后现代思潮也很快渗入到中国史学研究中。例如，1997 至 1998 年间，国外汉学家与一些国内学者关于何伟亚著《怀柔远人》的争论已经被有的学者视为后现代主义进入中国内地学术界的标志性事件。④ 当一种理论上早已存在的思潮反映在某种具体的实践中时，褒之贬之或褒贬各作三七、四六开等评价实不少见。我们将那些在实践交锋之后暂时沉淀的论点收集到理论层面来分析，以此来为后现代主义在史学领域的诉求辩护。

在史学领域内，对后现代主义的评论多集中在以下诸方面。极端化的批评以台湾学者汪荣祖为代表，他认为后现代主义对整个史学具有严重的颠覆性，其后果将是彻底的反历史、反真相、反客观、否定时间，它使史学去"古"存"今"、美学化、哲学化、文学化，最后丧失史学的自主性，而正面贡献不过是扩大史家的视野及耕耘的园地。⑤ 批判地接受后现代主义的国外学者有伊格尔斯，国内以罗志田、葛兆光为代表。伊格尔斯认为，"后现代主义的思想就由于警告人们要反对空想主义的与进

---

① 这份史学理论杂志在 20 世纪 60 年代创刊。在当时，该杂志讨论的主题和表达的观点相对于从事具体研究的史家而言已经算是比较前卫了。

② 理查德·汪：《转向语言学：1960—1975 年的历史与理论和〈历史与理论〉》（续），陈新译，刊于《哲学译丛》，1999 年第 4 期。

③ 20 世纪西方哲学中解释学、结构主义、分析哲学等流派对语言的认识成果卓著，相信当下任何一本哲学史著作都会有所介绍，唯有了解 20 世纪语言哲学的历程才能从学理方面理解后现代主义的兴盛。笔者在此不赘。有关语言哲学与史学的某些讨论，亦可参见拙文《解构与历史：德里达思想对历史学的可能效应》。该文刊于《东南学术》，2001 年第 4 期。

④ 葛兆光：《中国思想史·导论》，上海，复旦大学出版社，2001。

⑤ 汪荣祖：《历史学的走向》，见 2003 年 10 月北京师范大学举办"20 世纪中国史学与中外史学交流国际研讨会"宣读论文。这一观点也得到内地史学理论家蒋大椿先生的认可和呼应。

步的观念而对当代历史学的讨论作出了重大的贡献。然而这应该引导我们不要放弃或是拒斥启蒙运动的遗产，反而是应该对它作出批判的重新审查。"① 在此，他善意地告诫后现代主义者不要采取历史虚无主义的做法对待启蒙运动的遗产，而应扬弃之。罗志田认为后现代主义者特别强调的解构意识较难使他们跨越由破到立的阶段，而唯有以立为主，这一思潮才能对史学作出更大贡献。② 葛兆光认为后现代史学把"过去"与"历史"分开，把"历史"降格为"叙述"，并表示他并不认可这一思路，因为"各种考古遗迹、文献档案、口述资料、回忆传记以及其他史料的存在，人们不可能把'过去'与'历史'彻底分开，像文学创作一样'无中生有'，进行想象甚至幻想"③。

　　上述种种评论大致可概述如下：汪荣祖的批判认为后现代主义反历史、反真相、反客观、反时间，以及令史学丧失自主性；伊格尔斯的告诫暗含后现代主义存在历史虚无主义特征；罗志田认为后现代主义的破与立，即解构与建构之间尚存断裂，有待发展；葛兆光则以区分"过去"与"历史"，而"历史"等同于"叙述"作为后现代主义的特点加以拒斥。然而，我认为这些评论都程度不同地存在着对后现代主义的误解。更直接一些，我这样解释前面这句话：以上诸位先生所作判断的对与错，取决于读者个人对后现代主义的理解并以此作为判断的准则，这意味着，当我认为他们的判断存在误解并写作此文时，我作为读者在做此判断并进行书写之时也令我成为作者，加入了评价后现代主义的文本实验，从而面对更多的读者，自然、自主地判断我的文本呈现的后现代主义是对是错，是每一位读者具有的权利。

二　历史认识的结构变迁

　　直接针对现代史学发难的后现代思想家有福柯、怀特和安克斯密特，

————————

　　① 伊格尔斯：《20 世纪的历史学》，何兆武译，169 页，沈阳，辽宁教育出版社，2003。

　　② 罗志田：《〈怀柔远人〉译序》，见《怀柔远人：马嘎尔尼使华的中英礼仪冲突》，17 页。

　　③《中国思想史·导论》，134～135 页。

此外，德里达的解构主义亦可助阵，直捣现代史学的认识论核心。① 然而，在史学领域内，我们有理由认为后现代主义者颠覆现代历史认识论的目的并非是取消历史学的合法地位，亦非反历史，相反，它意在重塑历史研究的尊严②。那么，有哪些是现代史学失去了又未能意识到的尊严呢？我们不妨从史学区别于其他学科的根本差异来入手。

自古以来，历史写作都以求真为己任，而时间意味着延续，是历史不言而喻的脉络，此外，史学的功用也历来为历史学家所关注。我们可以将真实、时间、效用称为史学三要素。我们假定把西方史学历程分为前现代、现代（上起 18 世纪末 19 世纪初，以史学的职业化为标志，下至 20 世纪 70 年代初）和后现代三个阶段。首先可以明确的是，无论在哪一个时代，只有当三要素齐备时，历史/史学领域才具备区别于其他领域的特征。不过，我们也可大致判断，在不同时代，史学三要素在历史认识结构中具有的重要性不同，效用、真实、时间依次是三个时代历史认识结构的中心。

在前现代，历史叙述中效用重于真实。历史叙述或意在认知社会、树立典范，或意在证明信仰。此时，现代意义上的历史真实尚缺乏现代的技术手段来确认，真实完全建立在相信的基础上，或是相信目击者、传言，或以信仰保证。③ 历史叙述中运用的是线性时间观，它是事物空间运动的刻度。

当现代史学随着科学理性的兴盛而展开时，现代考古技术、文字学及文献解释学的发展，促使现代史学将真实确立为历史认识结构的中心。职业化历史学的第一原则是寻求真实，它意味着要与曾经发生的客观存在相符合，而追求真实则是不断地靠近那绝对真实，即曾经客观存在的过去。事实上，在史学领域，人们将历史、过去、真实当成了同义词。当然，"历史"一词的两重性使它既可作为过去，又可作为历史叙述。但如果像现代史学那样将具有两重性的"历史"等同于只是代表绝对真实的过去，那么，人们就可能简单地将作为"历史叙述"的"历史"等同于过去而造成恶果。之所以说它造成恶果，是因为当现代社会普遍确立

---

① 《解构与历史：德里达思想对历史学的可能效应》中有详细论述。

② Hayden White, The Burden of History, History and Theory, Vol, 1966.

③ 笔者曾有《论古代历史叙述类型、动机与历史意识的萌生》、《论欧洲中世纪宗教意识对历史叙述的影响》两文可为之证明，分别刊于《人文杂志》1998 年第 4 期和《广西大学学报》1998 年第 3 期。

了以真实性代表客观、真理、权威和合法性的意识与认同之后，若史学家们浑然不知自己是在将那种蕴含了主观性的历史叙述来冒充纯粹客观、真实的过去，那未免是缺乏自知的表现；若史学家有所认知而执意为之，那就如同让某种骗术猖行于世。这两种情形都将导致滥用历史。纳粹的种族优越论正是历史叙述的产物，它方便地借助于"历史"的两重性，变历史叙述为过去而盗取了依附在过去之上的客观性、真实性、合法性、权威性，从而以历史为刀，制造了奥斯维辛的惨剧。

现代史学在确立真实的核心地位之后，对时间概念的思考表现出两种趋向。在多数情况下，遵循科学理性的史学家们还是如前现代那样尚未意识到时间是需要反思的史学要素，它仍旧被当作物理时间，作为记事的刻度，过去之真实便意味着一种不以人的意志为转移的超时空存在。不过，问题在于，一旦历史叙述借助历史一词隐蔽地取代了过去，其真实性也就像过去那样，自然过渡为超时空的绝对真实。应该说，真实在时间之外是科学理性主导的现代史学的一大特征，它实际造成了真实与时间的割裂。

在思考时间的问题上，另一种情形出现在 18 世纪以来促成历史理性发展的历史主义思想中。历史主义因其强调特殊性、个体性而注意到历史真实与特定情境相关，即历史研究对象的个体性和特殊性正是特定时空的产物，如此，不同时空的差异也成为历史主义倡导多元性和泛神论的基础。可是，现代史学中的历史主义在反对追求宏大叙事的启蒙思想时，最终并没有培育出多元价值观和真理观，相反，它倒是促成了各种"特殊优待区"和"例外论"出笼[1]，以至产生了 20 世纪初期的"历史主义"危机，其政治后果是列强交恶，大战爆发。细加分析，现代史学中的历史主义对时间的思考缺陷在于，它注意到了现实生成的历史性，却没有意识到现实朝向未来展开的历史性。以赫德尔为例，即便他以历史主义思想为基础判定欧洲作为人类文明的优待区是真实的，这也无法保证欧洲在未来仍旧可以成为优待区，保持那种真实。然而赫德尔却要用这种未经保证的真实来规划世界历史总的行程[2]，此时，在现在通向未来的向度上，时间与真实的割裂再次出现。历史主义开启了史学领域中

[1] 如赫德尔将欧洲划为人类文明的特殊优待区，20 世纪德国"例外论"、美国的"例外论"，等等。

[2] 对赫德尔历史主义思想分析的展开可参见拙文《论近代"世界历史"观念》，刊于《学海》，2001 年第 4 期。

对时间的反思，但它并不彻底。

时间意味着变化，只要时间仍然存在，变化就一刻不止。公然声称要在时间和变化之外谈历史，相信现代史家没有这种勇气，但现代史家口诛笔伐的相对主义史学观却是因为它将真实置于时间与变化中而遭受谴责。此外，我们要再次回到"过去"与"历史"的区别这个问题上来。西方语言中，"历史"的词源学意思是"探询"，它理应意指"探询"的活动及成果，即史学实践或历史叙述及其文本，但它却偏偏有了"过去"的含义。这种实在论"历史"含义的形成是以相信作为其认识论基础的，它在康德那里成了一种假设，但现代史学很快遗忘了康德的成就，在科学理性之上重新建立起历史与客观、实在的联系。① 如果我们的分析可以解构客观"历史"的实在性，而重新将它当作一种康德意义上的"物自体"，那么"历史"的两重含义便可清除掉一种，以"过去"代表着那作为"物自体"的"历史"，而以"历史"代表"历史叙述"。正是在这种意义上，后现代主义区分"过去"与"历史"，并将"历史"等同于"叙述"，这正是要使现代史家从乌托邦的迷梦中清醒过来，重获自主性和自尊，认识到过去只有作为一种理论假设才具有存在的意义，认识到史学家自身的能力与限度，不再自以为是；也正是在这种意义上，后现代主义反对等同"过去"的"历史"，反对静止的"时间"（毫无意义变化的单纯延续）、反对时间之外的"真实"。

后现代史学的兴起以历史叙述研究为突破口，但它的根本变化在于历史认识结构中心的更替，即时间取代真实成为中心。正如安克斯密特所说，"后现代主义最好被看成是历史主义的极端化形式，因此，它既不奇怪，也不必像某些人相信的那样是学术上的威胁。"② 前文已经提到，历史主义思想亦是现代史学的理论支柱之一，所谓后现代主义作为历史主义的极端化，在笔者看来，正是在史学领域内对时间的彻底反思。以下分析我们将看到，后现代主义反对现代主义而在史学领域中的诉求都将围绕着对时间的再认识展开。

后现代主义在叙述实践中的重大主题乃是反对宏大叙事，这种观点

---

① 对实在论历史概念的批判请参见拙文《我们为什么叙述历史》，刊于《史学理论研究》，2002 年第 3 期。

② Frank Ankersmit, The Origins of Postmodernist Historiography, in *Historiography Between Modernism and Postmodernism*, edited by Jerzy Topolski, Amsterdam, 1994, p. 93.

从利奥塔的论述中早已能够得知。在史学领域，类似于黑格尔《历史哲学》和阿克顿《剑桥近代史》这样的宏大叙事曾被当作现代历史哲学和史学的典范，不过，它们只是宏大叙事在文本和学术思想上的代表，更多的宏大叙事还暗藏在人们对生活结构诸要素的理解中，如日常生活里习惯性地对不同性别、种族、阶级等要素的描述中。事实上，许多史学家在妇女史、儿童史、环境史、区域地方史等领域内付诸的实践已然包含了某些后现代主义促成多元化历史叙事的因素。这种被一些现代史家仅仅视作丰富史学园地、拓宽史学范畴的动向并不简单，它实则是后现代主义从认识根基上解构现代史学的一种直接效果。

宏大叙事呈现出现代性的种种特征。正是因为叙述者强调它是一种"发现"而非"构造"，从而具有了外在于主体的真实性和客观性，获得一统天下的权威地位。如此，叙事具有的真实性和客观性乃是时间之外的存在，其结构也就只能是一种封闭的静态结构，而非开放的动态结构。在这种静态结构之下，未来出现的任何变化都不再可能对其体现的真实性和客观性构成威胁。既然真理已经揭示，历史便行将终结。然而，事实却是，宏大叙事只能压制过去、现在和未来之中曾经、正在和将要涌现而又与其不相协调的经验，以便维持静态结构的稳定性和一致性，保持它的真实和客观。

然而，后现代主义认为，宏大叙事只要通过语言表述，它就不可能是客观的"发现物"，而是主体认识在语言中的"创造物"，它的结构也非静态的。当时间被引入结构获得认真对待时，结构具有的那种客观性和真实性也就不再呈现出超越时间的特性，相反，它们将通过与现在不断到场的新经验协调来改变自身。这样，真实与客观便唯有在当下主体的理解或叙述实践中获得，即在时间之中呈现一种开放状态，随着时间而变化。后现代主义反对宏大叙事便是反对它无视时间和变化的野蛮和专制。在引入时间解构了宏大叙事的真实性神话之后，曾经在史学领域中被政治权威、主流意识形态，以及形形色色的权力压制、忽略的因素才可能受到重视，在史学领域中取得合法位置。

当人们将德里达的解构主义称作结构主义的激进化时，指的就是他将时间带入了结构主义的思考之中。在那里，时间不再是连续的、线性的，而是网状的。时间的外在化便是空间，而书写编织了时间之网，书写过程即是文本的赋意过程、结构的产生过程，也是时间之网的编织过程。结构不断在时间中构成的运动被称为"延异"（differance），它是差异（difference）在时间中的运动。

强调差异是后现代主义在认识论中的主题，我们甚至可以说，差异是后现代主义克服宏大叙事的一剂苦口良药。在史学领域内追求差异难免造成文本理解、叙述的多元化，但这恰恰是后现代主义的目标。回想一下利奥塔回应现代性的宣言："让我们向统一的整体开战，让我们成为不可言说之物的见证者，让我们不妥协地开发各种歧见差异，让我们为秉持不同之名的荣誉而努力。"① 强调差异可以解构一切追求同一性的话语，这并不是要否认同一性话语存在的合法性和可能性，而在于指明那种同一性的有限性和暂时性，以及由此体现其客观与真实的历史性，指明它不过是多元话语之中的一元。正如安克斯密特所说："后现代主义并不拒斥科学历史学，它只是提醒我们关注现代主义者的恶性循环，这种恶性循环使我们相信在它之外一无是处。然而，在它之外，却是历史目的与意义的整个领域。"② 由此可见，后现代主义反对宏大叙事是因为它无视差异，以自身充当唯一、绝对和权威，后现代主义并不摒弃它，相反，宏大叙事只有在后现代主义对它的解构中才获得自身真正的合法性，在强调差异的情况下，它将具有与其他任何叙事平等而非更高的叙事权力。③ 我们依据德里达的思想能认识到，延异作为差异在时间中的运动使差异绝对化，这意味着作为一种叙事，后现代主义在解构宏大叙事的同时，也必然存在解构自身的可能，以避免后现代主义本身成为一种宏大叙事。这时，我们便能进一步体会那种后现代主义倡导的精神状态，它体现了一种摆脱束缚、追求自由的精神。它将要求我们在史学领域中安然面对任何文本，不因其所谓的"权威"而臣服，因为任何权威性文本及其代表的真实和客观都将因时而异，相反，它呼吁我们创作出更多丰富历史理解的文本。在安克斯密特所说的这个文本生产过剩的时代，每一种蕴涵差异的文本都代表着一种原创力，它也为读者增添了一种理解历史的维度。

---

① 利奥塔：《后现代状况：关于知识的报告》，岛子译，211 页，长沙，湖南美术出版社，1996。

② The Origins of Postmodernist *Historiography*. *Historiography Between Modernism and Postonodernism*, p. 153.

③ 我们在许多有关后现代主义的评论中看到一种误解，认为后现代主义解构宏大叙事、元叙事便是彻底地否定它，实际上，它不过是想解除宏大叙事对真实性的垄断，而是平等赋予一切种类的叙事呈现历史性真实的可能。

在后现代主义历史认识结构中，时间是其中心，它是指时间本身代表着历史性和变化，它充实在认识结构的每一个角落。正如在德里达那里，时间甚至被比喻为一种网状结构，相对现代历史认识结构以真实为中心而言，以时间为中心的结构也是一种无"中心"结构。灌注了时间或历史性的后现代主义思想将使现代主义史学诸多习见的观念发生变化，从而促使历史学成为一种实验史学。

三　历史叙述与实验史学

后现代主义为史学变革提供了契机，它将令史学呈现一幅不断变化的图景。历史作为叙述，叙述作为叙述者在当下社会情境中的一种实践行为，它便是历史实践，同时也就是史学本身。在此，"史学"之"学"将意指"历史地"理解世界的方式，它不代表"学科"，因为学科分野主要归功于科学理性，它画地为牢，将人类对世界的认识进行分割。西方史学的职业化或学科化诞生于 18 世纪末，如果说它在 19 世纪和 20 世纪上半叶并未对我们的生活造成阻碍的话，如今则到了该寿终正寝的时候了。德里克在批评周锡瑞对何伟亚的攻击时说："他似乎认为'后现代主义'与文学有关，与历史无关，这表明了对历史文化氛围的漠视，这种现象在一些历史学家中很是普遍，在他们眼中，后现代主义不是一种要面对的思想挑战，而是一种对学科的威胁，必须使其消失——即使要头顶思想蒙昧主义的帽子也在所不惜。"① 在德里克看来，周锡瑞提供了历史学职业化弊病的一个典型案例。事实上，后现代主义不仅挑战现代史学观念，还将挑战现代史学制度。安克斯密特表达这种意向时仍有一丝忧虑，他认为，"后现代主义史学意味着历史学作为一门学科的死亡，它唯有以一种完全私人化的方式才能生还。但这是好是坏，将由未来决定。"② 此处，安克斯密特所说的私人化呈现出后现代史学的特征，一方面，历史叙述将是一项私人事件，而接受历史也是一项私人事件。对于单个历史文本而言，由叙述到接受都将是一种个人与个人的交往，也是

① 德里克：《后现代主义与中国历史》，刊于《中国学术》，第 2 卷，2001 年第 1 期，第 1 页注 1。

② The Origins of Postmodernist Historiog raphy, *Historiography Between Modernism and Postonodernism*, p. 117.

史学的一次实验和检验过程。后现代主义将提供培育实验史学需要的所有基因和条件。

使实验史学成为可能的是后现代主义带来的一种心态变化。后现代主义者解构宏大叙事的贡献在于，它告诉人们那种"客观"和"真实"的事件不过是叙述者主观构造之后"实在化"的结果。这样，史学家（历史叙述者）作为往昔代言人的地位将不复存在，取而代之的是一个话语实验者的位置。史学家在文本写作时将自觉表现出他并非过去之神的牧师，而不过旨在提供一种有关过去的个性化理解。这种理解应当是史学家在某个历史时刻所提供的最好的理解，也是他此刻主观认可的真实表现，他明白文本是否具有更广泛的真实性将视读者的接受情形而定，因而，历史文本是作为一种建议供读者选择。另一方面，作为在个性上具有平等地位的读者也将明确意识到，他所面对的历史文本从叙述结构到语言表述，无处不表现出它是一种历史性的主观构造，同时，读者自我存在的历史性要求也认识到其理解和接受行为的个体性和特殊性，这种个体性和特殊性将通过他的意志赋予其接受文本的自由。实验史学创作的历史将如同安克斯密特所言："后现代主义将这种历史比作画廊里的绘画作品，它将受到个人的评判和喜爱。就我们认识的风格发展而论，这种认识只是因为它可能刺激一种更好的对单件绘画作品的理解，而不是说绘画作品被简化为仅仅是历史风格发展的例证，它才有用处。"① 他在此说明了后现代史学文本的处境，其中包括具有概括性认识功能的史学史与史学理论文本的价值，尽管它们是一种概括性理论（例如本文），但目的也在于促成对单个文本的理解。同样，相对于不可尽数的读者来说，它们永远都只能是些实验性文本，其真实性将由个体读者来确定，而他自身存在的历史性将使之在被接受的过程中随时具有变化的可能。

在后现代主义情境下，史学家和读者仍然力求真实，不过，由于真实取决于蕴含着时间因素的历史性，他们对于同一历史文本是否真实的判断都可能因时而异，为此，实验史学家的实践目的也将由此发生改变。史学家认识到每一种文本都是历史性存在，这样，在承认自己创作的文本表现出个体的真实之后，他也将承认他人创作的文本相对于该作者本人具有的真实性。为了防止单一文本冒"真实的过去"之名重现现代史

① The Origins of Postmodernist Historiography，*Historiography Between Modernism and Postonodernism*，p. 93.

学中存在的那种以单一解释封杀多元解释、以个体历史性认识封杀他人的历史性认识而产生的弊端，实验史学家将尽可能多地提供与现有文本存在差异的文本，目的在于使读者有更多选择的可能。① 既然文本之真取决于作者和读者存在的历史性以及由此造成的判断，当代研究罗马帝国兴衰史②的史学家有权认为他描述的文本因为运用了新的材料而是真实的，但在当代读者面前，该文本可能并不比其他的历史表现更真，除非读者阅读之后作出如此的判断。这样，史学家的每一次历史表现都为读者把握真实增加了一种选择性资源。或许现代主义者会认为，实验史学将造成相对主义盛行，而倡导多元化解释将使得史家放弃对所创作的文本承担的道德责任。恰恰相反，正因为后现代主义表明了任何历史文本中都存在着道德蕴涵③，当人们获得更多存在差异的历史文本时，同时意味着有更多道德倾向蕴涵在这些文本中供读者判断、选择，这样，读者各不相同的选择就能令某种叙事对道德造成的危害降到最低限度，避免像现代史学中某些宏大叙事那样对道德造成危害。

正如前文论及，后现代主义在为宏大叙事之外的其他种种叙事争取合法性时仍然保留了宏大叙事的合法地位，实验史学亦将容纳现代史学思想的存在，它并不会像伊格尔斯担心的那样放弃或是拒斥启蒙运动的遗产。它同样会将现代性历史认识作为构造历史叙述的一种思维方式，以此令读者在以不同思维方式构造的历史叙述文本中作出选择，体现实验史学为读者呈现差异、提供多样化选择的目的。后现代主义解构现代史学的同时也在从事史学实验。例如，当何伟亚解构那些审视马嘎尔尼使华事件的"现代眼光"时，他也在实践实验史学的某些要求。其中的关键并不在于他放弃追求宏大叙事的愿望，而在于他不断向读者宣示他的预设、理论前提和主观性介入的方式，这表明他明白自己构成的将是一种有背景、有偏见，因而也是有政治性的知识，由此以一种历史性真

---

① 这里含有安克斯密特的观点，他曾针对历史表现认为："我们拥有的表现越多，它们就越有可能成功地彼此比较，而我们也能更好地准备评估它们相对的价值。"参见拙译：《为历史主观性而辩》，下，刊于《学术研究》，2003 年第 4 期。

② 此外姑且不论"兴衰"的提法本身包含了太多主观构造的痕迹。

③ 海登·怀特在《元史学》中成功地证明了这一点，他的批评者伊格尔斯对此亦表示认同。他说："怀特认为意识因素进入了每一种历史叙述，这绝对正确。"参见《学术与诗歌之间的历史编纂》，陈恒译，刊于《书写历史》，13 页，上海，三联书店，2003。

实与关于马嘎尔尼使华事件的"现代文本"的普遍真实形成差异；他并不一味否定原有的"现代文本"，而是重视它们产生的情境，这样便能像理解自己的文本那样理解"现代文本"构成的知识的有限性，也就认识到其中的偏见和政治性是如何被掩盖的。① 这种对历史性的自觉正是实践实验史学的必备条件。

在写作方法与技艺方面，实验史学仍然可以继承现代史学研究的方法论资源，但它不局限于此，还开拓出更多的历史表现途径，使人们了解到现代史学所运用的不过是其中的一部分。当怀特表明了历史写作与历史文本中的文学性、虚构性成分时，许多批评者的判断是他将历史等同于文学。事实上，他关注的同时是历史中的文学性和文学中的实在性。他说道，"在试图揭示历史作品的文学性和文学作品的实在性时，我力求确立它们各自那种写作、描述、模仿、叙述和证明技艺是'相互蕴涵的'。"② 因此，我们也可以在声明"史皆文也"③ 的同时表明"文皆史也"，后现代主义同时使文学成为了历史。这样，实验史学不仅将现代史学当作文本差异的一个来源，还将把文学创作当作差异生成的源泉。实验史学对文学文本之历史性的关注将使人们能够触摸到文学的实在性，这样，它将为把文学作品转变成历史资料提供一种理论的表述，延续那种"以诗证史"④ 的传统。

不久前，安克斯密特曾将历史著述比作一块试验田，意思是我们可以从这些著述在现实中被接受、认可的程度来验证政治和道德的价值。其理由在于，一来每一种著述中都存在政治和道德倾向，二来读者之中存在一种潜在的审美判断标准。在他看来，被最广泛接受的文本中代表的这种政治和道德倾向往往合乎这种审美判断的标准，因而我们便可以直接用这种政治和道德来指导我们现实的实践。⑤ 在这样的论述中，历史叙述的真实性程度如何，实际上取决于读者认可的程度高低，并且，历

---

① 《怀柔远人：马嘎尔尼使华的中英礼仪冲突》，26～30 页。

② Hayden White, *Figural Realism：Studies in the Mimesis Effect*, Baltimore and London, 1999, p. ix.

③ 《中国思想史·导论》，115～116 页。

④ 此处的"诗"、"史"仍延用了现代意义中的"诗"、"史"概念，若在后现代主义的意义中，不如说"以诗述史"，"诗"乃是诗性思维的作品，"史"为以历史性引导的著述。

⑤ 安克斯密特：《为历史主观性而辩》，下。

史叙述的效用也将由此决定。如果以实验史学的态度来接受安克斯密特的主张，那么我们还必须认识到，由于读者与历史文本都具有的历史性，任何理解、接受和认可都只可能是暂时性的和策略性的。正是由于这种暂时性和策略性的特征，实验史学总是积极地面对未来可能出现的差异，在不断生成的历史性中保持一种对差异的期待，如此体现出后现代主义在反对现代主义的权威与独断时，对自由的渴望，同时也不忘对现代主义的宽容。

（原载《北京师范大学学报》，2004 年第 5 期）

彭　刚

历史地理解思想

——对斯金纳有关思想史研究的理论反思的考察

一

　　怀特海有过一句广为人知的名言，是说两千年来的西方哲学史都可以看作是对柏拉图的一连串注脚。其中的蕴涵，与另一句歌德的名言并无二致——歌德说的是：凡是值得思考的问题，没有不是被人思考过了的，我们所能做的不过是力图重新思考而已。长久以来，哲学史和思想史研究领域所盛行的一个基本假设——虽然经常是未经反思就被认之为当然的——乃是：由于人类的根本处境并没有随着历史条件的变化而发生根本的变化，哲学、政治、道德、宗教等领域值得人们思考的问题也就没有发生根本性的变化。过往杰出的思想家们以其经典著作表达了他们对这些问题的思考成果，第一流的头脑对于这些根本而具有永恒性的问题的探索，构成为人类思想的宝库，内中包含了永恒的智慧，那是我们任何严肃认真的重新思考都必须引以为自己的出发点的。思想史研究的价值，就在于我们可以期望从研究这些永恒要素之中直接学习和受益。思想史家所要做的，就是去研究和阐释一套经典文本，其作者已被学术传统确立为思想史伟大的"英雄榜"或"点鬼簿"（canon）中的一员。由于永恒问题对于人类处境的持久相关性，人们研读这些经典文本，就应像对待自己的同代人的作品一样，将考察的焦点放在它们的论证上，看看关于那些永恒问题它们要告诉我们一些什么东西。倘若我们误入歧途，将重点放在考察它们所从其中出现的生活条件或思想语境，我们就会看不到它们那永恒的智慧，从而错过了研究它们的价值和目的。

这样的假设与 19 世纪以来历史主义传统的立场形成了尖锐的对立。在历史主义看来，所有文化都孕育、发展于特定的独一无二的自然、社会和历史条件之下，它们所具有的价值就在于其不可与其他文化通约的独特性。一切人类思想都受到它们所处的具体历史环境的制约和影响，没有任何思想能够超越其历史局限性，因而，人类思想中就没有什么真正永恒和持久的因素。政治思想史领域中的巨擘列奥·施特劳斯（Leo Strauss）就是在与历史主义和相对主义持续不断的论战中，鲜明地展示出自己立场的。在他看来，历史主义本身乃是自相反驳的，因为"历史主义既已断定所有的人类思想，或者至少是所有合理的人类思想都是历史性的，它就承认了人类思想有能力获得某种普遍有效、并且不会受到任何将来的惊人事件影响的最为重要的洞见。……历史主义之兴旺发达是基于这样的事实：它没有保持连贯一致，而使自己摆脱了它自己给所有人类思想所下的诫命"①。既然历史主义站不住脚，人类思想所由其中产生的具体处境和条件的历史性，就并不见得就给所有思想的成果一劳永逸地套上了历史性的枷锁。人类处境的根本相似性和根本问题的持久性，为思想超越历史视域而达到某种自然视域（natural horizon），从而获得苏格拉底意义上不同于"意见"的"知识"敞开了可能性。施特劳斯说道：

> 历史远没有证明历史主义的推论的合法性，毋宁说它倒是证明了，一切的人类思想，而且当然地，一切的哲学思想所关切的都是相同的根本整体或者说是相同的根本问题，因此，在人类知识就其事实与原则两方面所发生的一切变化中，都潜藏着某种不变的结构。这一论点显然与以下的事实并不冲突，那就是，认识到这些问题的清晰程度、处理它们的方式、提出来的解决它们的办法都或多或少地因不同的思想家而异，因不同的时代而异。倘若在一切的历史变迁之中，那些根本的问题保持不变，那么人类思想就有可能超越其历史局限或把握到某种超历史的东西。即使力图解决这些问题的一切努力都注定要失

① 列奥·施特劳斯：《自然权利与历史》，彭刚译，25～26 页，北京，三联书店，2003。

败，而且它们之注定失败是由于"一切"人类思想都具有的"历史性"，情况仍然会是这样的。①

由这样的立场出发，思想史和哲学史研究的主要方法当然就是专注于经典文本，通过字里行间的仔细研读（reading between lines）来把握各种清晰显明的论证、观点或者各种晦暗不清的微言大义。

与此相类的是观念史②学科的奠基者拉夫乔伊（Arthur O. Lovejoy）的立场。在其名著《伟大的存在之链》中，拉夫乔伊开宗明义地指出：

> 我所谓的观念史指的是比之哲学史既更加具体又更少受到限制的某种东西。它首先是由它自身所关注的那些单元的特性所辨明的。尽管它很大程度上处理的是同思想史的其他分支相同的素材，并且极大地依赖于那些分支先前的工作，它却是以某种特殊的方式来划分那一素材，将部分引入新的群集和关系之中，从某种特定目的的视角来考察它。它最初的程序可以说是——尽管这样的类比有其危险性——多少有类于分析化学。比如说，在处理哲学学说的历史时，它为着自身的目的切入到铁板一块的各个系统之中，将它们分解为它们的各个单元观念。③

拉夫乔伊所说的这些单元观念（unit – ideas）乃是构成各种学说的基本单位，这些单元观念包括各种概念、范畴、假设等，如拉夫乔伊本人所考察过的存在之链（chain of being）、自然（nature）、高贵（nobility）等。政治思想史领域内的"自然权利"、"社会契约"、"权力分立"等也属于此类。这些单元观念在思想史上的某个时刻开始出现，不断孕育成熟，

---

① 《自然权利与历史》，25 页。

② 思想史一词相对应的英文一般有 history of thoughts，intellectual history，history of ideas。后者（history of ideas）在拉夫乔伊等人那里有着区别于一般思想史的、以考察下文所说的"单元观念"为核心内容的具有独立学科意义的含义，译为"观念史"较为妥当。但"history of ideas"一词本身常常对应的就是中文中的思想史，斯金纳使用此词时，除对拉夫乔伊研究取向的讨论和批评的场合外，均是指一般意义上的"思想史"。

③ Arthur O. Lovejoy，*The Great Chain of Being*，Cambridge，MA，Harvard University Press，2001，p. 3.

成为人们在某个思想领域进行思考时所仰赖的基本成分。在拉夫乔伊看来，基本的单元观念的数量可能相当有限，各种学说的原创性和新颖性，往往并非来自于构成它们的基本单元，而是更多地来自于这些基本相同的单元观念构建成为复杂的思想系统的组合模式上。观念史考察的就是各个单元观念出现、孕育、发展和组合进入各种思想系统的过程。此种思路下的观念史研究，注重的就并非思想家在具体社会、历史处境下所面临的问题及其进行思考的全部努力，而是某种思想成分是否以及以何种方式出现在他的思考之中，此种成分是否达到了该单元观念所理应达到的那种"理想类型"，抑或是虽然有了初步的萌芽，却距离那种理想而标准的状态尚有距离。观念本身似乎就获得了某种独立的生命力，它不过暂时寄居于各个思想家的思想母体，却通过迁移于不同时代、民族和文化的思想家之间，而完成自身发育成熟的过程。拉夫乔伊眼中的那些"单元观念"之于具体思想家，就仿佛黑格尔历史哲学中的世界精神，虽然在不同时代体现于各个具体的民族精神，但其实现纯粹自由的历程在逻辑上并不与实际历史进程中各个具体的民族精神有着必然的关联。非历史性的考察方式遂成为施特劳斯式的政治思想史研究和拉夫乔伊式的观念史研究的相通之处。①

在昆廷·斯金纳（Quentin Skinner）及其同道波柯克（J. G. A. Pocock）、约翰·达恩（John Dunn）等剑桥学人于 20 世纪 70 年代以其新颖的研究方法和丰硕的研究成果而成为政治思想史研究中引人瞩目的剑桥学派之前，这一领域的研究状况所反映出来的，就是类似的工作假设的大行其道。传统的政治思想史往往以进入了学术传统所确立的"英雄榜"或"点鬼簿"的思想家为讨论对象，然而，具体人物是依据何种标准而获得了"准入"资格，却似乎并没有一定之规。有人虽则未必在当时或随后思想发展的脉络中有过多大作用，而是晚近才被人们重新"发现"出来，却

---

① 在远在拉夫乔伊使得观念史学科化之前就已问世的一些影响颇大的著作，如伯里对"进步"观念（J. B. Bury, *The Idea of Progress*, *An Inquiry into Its Origin and Growth*, New York, Dover Publications, 1987）和梅尼克对"国家理性"（raison d'etat）观念（Friedrich Meinecke, *Machiavellism*, *The Doctrine of Raison D'etat and Its Place in Modern History*, Douglas Scott tred. , London, Routeledge and Kegan Paul, 1957）的考察就都体现出了此种特点。

因为本身的思想深度和系统程度而入选，如维柯①；有人则是因为被认定成为某个观念发展中的关键环节而随着此观念由边缘进入中心而获得了自身的重要性，如梅尼克之突破陈说，将莱布尼茨的单子论视作历史主义发展中的一个阶段②。如同里希特所说，传统的政治思想史讨论的是进入了思想史花名册中的主要思想人物，他们之间的联系往往暗淡不清。而在美国，政治思想史主要是以这样三种面目出现的：第一种是建构被指定为花名册中成员的思想家之间就永恒问题而进行的玄秘对话；第二种则是选取若干文本，构成一条发展线索——通常是自由主义或"西方政治传统"的发展；第三种则以长期充当标准教科书的萨拜因的《政治学说史》③ 最为典型，乃是文本、语境和哲学评论的一个折中主义的混合物。④ 政治思想史中所谓斯金纳式的革命（Skinnerian Revolution）⑤ 就是在这样一个背景下出现的。

二

斯金纳在剑桥求学期间，他的老师拉斯莱特（Peter Laslett）对他作为思想史家的学术生涯产生了极大的影响。20 世纪 50 年代，拉斯莱特重新整理和编辑了洛克的《政府论两篇》，并对其进行了历史性的研究，确定了该著作的写作时间，梳理了当时政治思想的具体语境。传统的观念

---

① 维柯的思想在他身后重新得到发掘和重视，很大程度上是由于 20 世纪匇克罗齐的努力。

② 梅尼克：《历史主义：一种新史观的兴起》（Friedrich Meinecke, *Historism, The Rise of a New Historical Outlook*, J. E. Anderson, tred., London, Routeledge & Kegan Paul, 1972, pp. 15 – 30。以上所说的情形，在中国思想史和哲学史的研究中也屡屡出现，前者如侯外庐《中国思想通史》中对方以智等人的发掘，后者如程朱理学蔚为大国后对周敦颐地位的追认及其现今各种哲学史、思想史对此的确认。

③ 此书有商务印书馆两卷本中文译本。

④ 里希特：《重构政治语言：波柯克、斯金纳和历史基本概念》，载《历史与理论》（Melvin Richter, Reconstructing the Language of Politics: Pocock, Skinner and the Geschichtliche Grundbegriffe, History and Theory, vol. 29, 1990 (1), p. 54）。

⑤ 帕罗能：《昆廷·斯金纳：历史、政治与修辞》（Kari Palonen, *Quentin Skinner: History, Politics, Rhetoric*, Cambridge, Polity Press, 2003）一书中有一章就名为"斯金纳式的革命"，以标举斯金纳思想史研究在理论、方法和实践上的创新性。

认为，洛克《政府论》中真正的论战对象是霍布斯，第二篇的写作是在 1688 年光荣革命完成之后，并以为光荣革命进行理论辩护为宗旨。在他为自己所编辑的洛克此书所写作的长篇导论[1]中，拉斯莱特对传统的观念提出了挑战。他成功地表明，该书的写作是在其付印十年之前，其时正是查理二世治下专制王权甚嚣尘上之时；《政府论两篇》的种种论题都有其针对当时现实政治和现实论争的内涵，洛克并不具有建立一套超越当时当地经验的持久性理论的企图。此书后来被认为是古典自由主义的经典、光荣革命的理论辩护、英国宪政主义的开山之作，但这一切都绝非它本身所具有的历史身份（historical identity）。对于还在本科时代的斯金纳来说，拉斯莱特的洛克研究不仅是为该主题的研究提供了新的标准，而且也开启了一种新的研究路数。[2] 它表明，将政治思想史视作是后世所确立的思想史花名册中既定成员之间的对话乃是误入歧途，政治文本只有通过对其进行历史语境的分析和梳理才能够真正得到理解。有意思的是，拉斯莱特本人很快就转移学术兴趣，离开了这一领域。而在他本人看来，对于洛克这样主要是针对当时当地政治局势发言的思想家而言，他的研究路数才是适合的。他的成就表明，应该将洛克的《政府论两篇》从政治思想史不朽的经典论著之列中剔除；对拉斯莱特而言，思想史的人物和著作的经典名册还是存在着的，像是霍布斯那样思辨能力卓尔不群，似乎是针对超越具体时空的人类政治根本处境立论的思想家，像是《利维坦》这样的著作，不应该与洛克和《政府论两篇》等量齐观。年轻的斯金纳所要做的，却是要将拉斯莱特的洛克研究中所展现出来的对政治文本的历史语境分析的方法贯彻到所有的研究对象之上。

1969 年，进入政治思想史研究领域不过数年，28 岁的斯金纳在《历

---

① 拉斯莱特所编辑的这个文本后来收入了斯金纳与他人一起为剑桥大学出版社主编的《剑桥政治思想史文本》（Cambridge Texts in the History of Political Thought）系列之中。见 Peter Laslett ed., John Locke, *Two Treatises of Government*, Cambridge, Cambridge University Press, 2003。

② 见伯克《新史学：自白与对话》（Maria Lúcia Pallares-Burke, *The New History: Confessions and Conversations*, London, Polity Press, 2002, pp. 214 – 215）中作者对斯金纳的访谈。

史与理论》杂志上发表了《思想史中的意义和理解》① 一文。在这篇产生了巨大反响而被他引以为自身思想史研究的"宣言书"（Manifesto）②的论文中，斯金纳对当时思想史研究领域所盛行的多种明确的或暗含的理论预设进行了激烈的攻击，并在此基础上提出了自身的理论纲领。这里首先要引述和分析的，是他对在他眼里思想史研究中几种主要的谬误形式——学说的神话（the mythology of doctrines）、融贯性的神话（the mythology of coherence）和预见的神话（the mythology of prolepsis）——的批评。

在斯金纳看来，思想史家在从事对于过往思想的历史性理解时，最持久、最容易出现的危险就是自身在进行研究时所预先具有的种种期待。而我们关于某人必定是（或者本应该是）说了什么或做了什么的期待，本身就会决定我们在研究对象中看到他的所言所行是什么，而那往往是当事人不会接受为是对于他们的言行的描述的。③ 思想史研究中的各种谬误大都源自于此。

1. 所谓"学说的神话"，指的就是史家在从事研究时往往期望着，每一位经典作者在被认为构成为某一主题的所有话题上都必定发表了某种主张。此种期望体现于思想史实践中的一种形式，就是史家经常自觉不自觉地将经典作者某些零散而偶然的言论转化成为关于某一主题的学说，思想史由此就成为将重心置于单个思想家的思想传记的合集。④此种思想传记的特殊危险在于容易犯时代错置（anachronism）的毛病，研究者往往在经典文本中过于轻易地发现所期待的学说。例如，胡克尔（Richard Hooker）关于人的天然的社会性（natural sociability）的讨论，就被人视

① Quentin Skinner, Meaning and Understanding in the History of Ideas, History and Theory, 1969 (8)。本文依据的是收入斯金纳晚近三卷本文集《政治的视界》第 1 卷中此文的修订本，见 Quentin Skinner, *Visions of Politics*, vol. 1, pp. 57 – 89, Cambridge, Cambridge University Press, 2002。其他斯金纳论文也依据的是收入此文集中的修订文本。

② 见 *The New History*: *Confessions and Conversations*, p. 219。

③ Meaning and understanding in the History of Ideas, *Visions of Politics*. vol. 1, p. 59。

④ 比如，施特劳斯和克罗普希所主编的反映其学派特色的《政治哲学史》一书，就是由对于政治哲学史上若干重要人物的专题述评的合集，见 Leo Strauss & Joseph Cropsey ed., *History of Political Philosophy*, 3rd edition, Chicago, The University of Chicago Press, 1987。

作是从胡克尔到洛克、再从洛克到启蒙哲学家们（philosophes）的"社会契约"学说发展史的一个环节。拉夫乔伊的"观念史"，在斯金纳看来乃是此种"学说的神话"的另一种体现形式，其危险就在于将观念实体化，结果就是，"故事很轻易地就采用了适合于描述某种生长发育的有机体的那种语言。观念预设了当事人这一事实轻而易举地就消失了，似乎观念自身就在生长奋斗一样。"① 这样一种实体化所导致的荒谬之处，就在于每一种"观念"都有其理想类型，"观念史"研究因而也就是要找寻朝着这一理想类型不断逼近的过程。对思想家们评判依据的是他们对于该理想类型的趋近和偏离程度，"有时甚而乔装为历史的伪饰都被抛在一边，过去的论者仅仅根据他们看来在多大程度上接近于我们的处境而受到褒贬。"② 于是，会有论者赞扬孟德斯鸠预见了充分就业和福利国家的观念，而莎士比亚则因为对于跨种族、跨信仰的社会的可能性提出了疑问而受到表彰。

很多思想史家在从事研究时，暗中依据的是这样的假设：过往的思想家们必定有着这样的意图，要使得他们关于某些论题的讨论成为对该领域的最具系统性的贡献。就像一枚硬币的两面，"学说的神话"一方面体现在以各种方式将经典理论家零星片断的言论整理加工成为他们关于史家所期待的某个主题的"学说"；另一方面则是当理论家们未能在此种主题上形成相应的学说时会因此而受到指责，而无论他们本来是否有此意图。如果某位理论家事先被认定旨在作出系统性的理论创造，对他们的指责就变成了论列他们未能加以讨论的议题：

> 如果胡克尔必定试图在其《教会政体法》中阐述"政治义务的基础"，从而他未能花力气来反驳绝对主权理论就成了他政治观的一个缺陷。又如，倘若一开始就认定《君主论》旨在解释"政治中人的特性"，当代的政治科学家很容易就会表明马基雅维里的努力是"极其片面而不系统的。"又如，倘若洛克的《政府论》包含了他关于自然法和政治社会所要讲的一切，那么当然就可以追问他为什么没有能够提倡一个世界国家。③

---

① Meaning and Understanding in the History of Ideas, *Visions of Politics*, vol. 1, p. 62.

② 同上书，p. 63。

③ 同上书，p. 66。

斯金纳在对"学说的神话"的种种形式提出批评时，实际上强调的是不要对作者意图妄作揣测。这种种谬误形式中，对过往理论家的评判，无论是强行将他们的片言只语转化为条理化的学说，还是认为他们未能就某个话题系统所可能涉及的问题发表见解，都是或隐或显地预先就认定了，作者具有对研究者期望中的所有主题都发展出来（或者应该发展出来）自己的学说的意图，再据此作出褒贬议论，而那种意图往往实际上却是作者本身并没有而为研究者所强加于其上的。

施特劳斯及其学派被斯金纳视为此种谬误的一种极端的形式。在施特劳斯看来，道德、政治学说的历史乃是思想史上伟大人物对某些根本问题的不断追寻，于是，人类根本处境的相似性就使得人们有可能在某个时刻突破人类历史性的局限，而达到对于根本问题的真正的洞见。否认了这样的可能性，也就否定了以寻求绝对知识为己任的哲学的可能性，否定了"自然权利（正义）"（natural right）的存在。施特劳斯在自己学术生涯的后期，日益转向古典哲学的研究，其原因在于：

> 人们必须严肃地对待过去的思想，或者说，人们必须准备好认为这乃是可能的：过去的思想在关键性的方面比之当今的思想更为优越。人们必须认为这是可能的：我们生活在一个在关键性方面比之过去更加低劣的时代，或者，我们生活在一个衰颓或败落的时代。人们必须衷心地向往着过去。①

由这样的立场出发，施特劳斯及其学派对现代思想的考察，就将现代思想视作在对生活及其目标的反思方面，比之古典时代而言乃是一场堕落。而现代政治思想与古代相比发生的一个重大转变就是，"传统的自然法，首先和主要地是一种客观的'法则和尺度'，一种先于人类意志并独立于人类意志的、有约束力的秩序。而近代自然法，则首先和主要是一系列的'权利'，或倾向于是一系列的'权利'，一系列的主观诉求，它们启始于人类意志。"②在他对马基雅维里和霍布斯的研究中，就据此将这两人视作是使古典传统被颠覆的始作俑者，偏离和破坏了永恒智慧已

① 施特劳斯：《论柯林武德的历史哲学》，载《思想史方法入门》（Leo Strauss, On Collingwood's Philosophy of History, in Preston King ed., *The History of Ideas*, *An Introduction to Method*, London, Croom Helm, 1983, p. 167）。

② 施特劳斯：《霍布斯的政治哲学》，申彤译，2 页，南京，译林出版社，2001。

经透露给人们的启示。于是，马基雅维里在他笔下乃是"非道德、非宗教的""邪恶的教师"，① 霍布斯也因为同样的缘由而受到责备。既然，政治思想乃是对永恒的政治问题的思考，而思考的结果有可能（或者在过往的思想史上已经）在某些方面获得了永恒的智慧，此种思考就应该有一种纯正的标准，乃是从事思考者都应该达到的。这大概就是施特劳斯思想史研究中潜藏的理论逻辑。而斯金纳强调的是对思想的历史性理解，强调思想史并非对于永恒问题的不断贡献，而是对于变化着的问题的变化着的解答。因而，施特劳斯式的思想史研究中那种评判思想家理论贡献的逻辑，就无论如何都是他所无法接受的，而被他视为"学说的神话"的"魔鬼学的版本"（demonological version）。②

2. 所谓"融贯性的神话"，就是研究者总是倾向于将研究对象的思想和著作视作一个融贯的整体。极端的做法，就是从经典文本中找到片言只语的信息（message）甚或某个概念，以之作为贯通全部文本的基础。各种宗教或准宗教的历史上，此种以某个单独命题或概念来贯穿全部教义或学说的努力屡见不鲜。③ 经典文本和进入了思想史"不朽者"名册的理论家的思想历程，似乎注定了必然有着内在的融贯性（inherent coherence），而研究者的任务正是要力图去揭示和说明此种融贯性。文本表面上的矛盾会使得研究者在试图展示其融贯性时碰到障碍，但那不是真正的障碍，因为经典文本不可能容纳任何实质性的内在矛盾。换言之，按照这一融贯性的预设，在研究文本碰到有疑义的情况时，研究者向自身提出的正确的问题，不是所研究的作者的思想是否不融贯，而是该如何解释他（表面上的）矛盾之处。在很多人看来，对文本整体的全盘把握才是不二法门，那会使得矛盾之处变成不过是尚未在不成功的解释中获得升华的部分。

在斯金纳看来，一方面，思想家本身在不同阶段的思想历程中出现

① 参见施特劳斯：《关于马基雅维里的思考》，申彤译，南京，译林出版社，2002。

② Meaning and Understanding in the History of Ideas, *Visions of Politics*, vol. 1, p. 64.

③ 显著者如马丁·路德以"因信得救"的观念来阐释和组织其对《圣经》真义的理解。中国思想史研究中，"礼"或"仁"才是贯穿孔子思想的中心概念，是《论语》中所有命题都可以据之得到解释并由此在孔子思想系统中得到定位的核心，而孔子对"仁"的多处表述哪一个才是最具根本性的，曾是一个长期讨论的话题。

前后矛盾和互不相容的情形，乃是思想史上常有的情形。比如，洛克在其早期的政治理论著述中，试图维护的显然是某种保守的，甚而是权威主义的立场，被认为是自由主义政治理论家的洛克，是在其50多岁以后的事，而此时他的诸多观点是30多岁时的洛克所必定要反对的。另一方面，这种融贯性的预设实质上是没有能够真正把握思想活动的特质：

> （思想活动）不是模式化的，也不是整齐划一的有目的性的活动。我们所从事的毋宁是难以忍受的与语词和意义的搏斗，努力溢出我们智力的边界并且变得零乱，对我们的观点进行综合的努力最终所呈现出来的概念上的混乱至少和融贯的学说一样的多。此种考虑一旦被忽视，散乱的话语就会被整理成系统，表现得融贯，而标示着思想活动本身特质的努力和混乱却消逝无踪了。[1]

在这个问题上，施特劳斯又再次成为斯金纳主要的批评对象。在施特劳斯看来，经典文本中每个表面上的相互矛盾和混乱之处，往往都有深意存焉，那些矛盾是称职的研究者通过自己字里行间的认真研读后可以最终消解掉的，而深层蕴藏的真义也就在这一过程中得以显现。在《迫害与写作艺术》[2] 一书中，施特劳斯进一步提出了这样的一般性方法论原则：过往的伟大思想家们由于常常在写作时受到迫害和检控的威胁，或者由于他们卓越的思想不能（也不应）为庸众所领会，他们的著作不是要为众生说法，而只能是针对少数值得信任的而又足够睿智的读者（trustworthy and intelligent reader），他们注定了常常要以隐晦的而非直白的方式来表达他们的真实观点，而表面上的矛盾冲突之处恰恰构成为某种提示性的线索，指引我们去索求思想家的真实的（因而也必定就是融贯的）观点。斯金纳指出，此种对于融贯性的辩护碰到的困难在于它依赖于两个先验的假设，这些假设虽然不合情理，也没有经过论证，却被视作理所当然的事实。这两条假设之一，是将思想上的原创性等同于颠

---

① Meaning and Understanding in the History of Ideas, *Visions of Politics*, vol. 1, p. 78.

② 参见 Leo Strauss, *Persecution and the Art of Writing*, Chicago, Chicago University Press, 2002。还可参考甘阳为三联书店"施特劳斯政治哲学丛刊"所写导言中的相关论述，载《自然权利与历史》。

覆性，指引着读者在字里行间去找寻真义的实际上就是这样的考虑。假设之二，则是任何此种施特劳斯所力倡的字里行间的细读法所提出来的解释，预先就免于他人的批评，因为未能认同这种方法所达到的解释的研究者，都可以被指责为粗心大意而无法领略微言大义的读者。

实际上，思想和文本中真实冲突的存在，大概是任何研究者都不能完全否认的事实。而此种冲突和矛盾，既可能是思想对于充满混沌和对抗的实在的某一面相的反映，也可能是思想家本身不同思想倾向的交相颉颃。它们本身就足以成为研究者高度关注的对象。施特劳斯本人对卢梭的研究就认为，"在返于城邦与返于自然状态之间有着明显的紧张关系。此种紧张乃是卢梭思想的实质之所在。"① 斯金纳对"融贯性的神话"的批评，提醒我们需要对思想史研究中对于融贯性的未经反思的预设和过度强调保持足够的警惕。然而，他的批评却难免让人产生矫枉过正的印象。一方面，斯金纳的思想史研究强调的是对作者意图的还原，我们大概可以有把握地断定，过往的思想家们往往具有这样的意图，那就是在他们某一阶段甚而毕生的思想探险的历程中保持足够的概念和理路上的融贯性。明确了存在着此种意图的可能性，甚而是确定了在相当一部分经典文本写作时此种意图的真实性，对于融贯性的追求就理当成为研究者的主要任务之一。就斯金纳本人思想史实践中成果颇丰的马基雅维里研究而论，不少论者所热衷于谈论的《君主论》与《论李维》之间以及它们各自内部的矛盾之处，就有不少在斯金纳的笔下涣然冰释。② 例如，在《论李维》中，马基雅维里曾断言只有在共和制下自由才有可能存在，但他又肯定地说在罗马早期诸王的治下确实存在着自由，于是就出现了这样的问题：在马基雅维里的眼里，自由与君主制究竟是否相容？许多研究者认定马基雅维里在这里出现了自相矛盾和混乱的情形，而斯金纳则通过对马基雅维里文本的全面审查，表明共和制一词在马基

---

① 《自然权利与历史》，260 页。

② 斯金纳对马基雅维里的研究主要见其成名作《现代政治思想的基础》的上卷"文艺复兴"（Quentin Skinner, The Renaissance, *The Foundations of Modern Political Thought*, vol, 1, Cambridge, Cambridge University Press, 1978；中译本《近代政治思想的基础》，奚瑞森、亚方译，北京，商务印书馆，2002）中的相关部分，他为牛津大学出版社"过往的大师"（"Past Masters"）系列所做的小册子《马基雅维里》（中译本，王锐生、张阳译，北京，工人出版社，1993），以及《政治的视界》第 2 卷中的相关论文。

雅维里那里者的可以是任何一种政府形式，只要在其治下，法律所培植和效劳的乃是公共利益。① 于是，字面上显然的矛盾就由此得以消解。

另一方面，许多思想家在其文本中固然可能有着种种我们不应强作解人的矛盾冲突之处，然而，对其思想历程和文本整体中所可能具有的某种连续性的"底色"的揭示，并不见得就是误入歧途。柏克（Edmund Burke）早年曾反对东印度公司对印度的掠夺和破坏，支持北美殖民地反抗英国的斗争，却在法国革命爆发之初就竭力声讨。他的政治姿态在很多人看来是前后判若两人，迥不相侔。同时代人和后世的研究者中颇有些人以为，他是因为儿子病故、家庭财政出现危机，加之政治生涯陷入低谷而有些神经不正常了，以此来解释他晚年与此前政治立场的矛盾和冲突。然而，对柏克在不同时期针对不同事件而写作的政治论著中，我们确实可以看到某种清晰的理论立场的连续性：对传统的尊崇从而反对任何根本性的变革，强调抽象的政治原则和理论应服从于错综复杂、瞬息万变的政治环境。这样一些思想底色确实贯穿于他的政治态度之中。②

也许，对于"融贯性的神话"，我们未必可以轻易地丢弃。只是在确认我们的研究工作需要揭示和追求某种融贯性时，首先要对我们的研究对象和研究前提有更严肃和深入的反思和考察。

3. 所谓"预见的神话"，"在我们对于某个片段在回溯中所具有的重要性比之它对于当时的当事人所具有的意义更感兴趣时，就很容易发生了。"③ 斯金纳所列举的此种谬误形式的例证，是这样的说法："当彼得拉克登上文都峰时，文艺复兴时代就迎来了它的黎明。"④ 斯金纳指出，那无论如何不可能是彼得拉克的本意。观察者可以合理地在思想史的某个片段中所看到的意义与那一片段本身所具有的意义之间，往往是不对称的，而"预见的神话"的特点就在于夸大了此种不对称性。他所列举的例证，如卡尔·波普尔在《开放社会及其敌人》中将柏拉图视为极权主义思想家，塔尔蒙视卢梭思想为"极权主义民主的起源"，都是我们所

---

① 斯金纳 《解释、合理性与真》（Interpretation, Rationality and Truth, *Visions of Politics*, vol. 1, p. 55）。

② 参见拙文，《激进与保守——柏克的法国革命观》，《清华大学学报》（社科版），1994 年第 2、第 3 期。

③ Meaning and Understanding in the History of Ideas, *Visions of Politics*, vol. 1, pp. 73.

④ 同上书。

熟悉的类似情形。在这些论点中，"对于一部著作的历史意义可能为真的某种叙述与在原则上不可能为真的对于其作者所做事情的叙述被混杂起来"①。"预见的神话"往往表现为带有目的论意味的解释方式，于是，研究者就常常会以自己所熟悉的在后的思维模式来解读和评判在先的思想片段：

> 马基雅维里被认为是"现代政治取向的奠定者"，有了他才使"我们站在了现代世界的入口处"。这些对于马基雅维里思想的历史重要性的评判虽然可能是成立的（然而，这似乎是以某种多少有些天真的对于历史因果的观点为前提的）。然而，类似断言常常使得众多研究者致力于探讨其思想中的"现代"因素，甚而将其当作是马基雅维里本人的作意。这里的危险不仅在于太过轻易地看到论者想要在马基雅维里那里看到的现代因素，而且，这种解释远离了马基雅维里的政治著述本打算成就的东西。②

问题在于，既然斯金纳已经认可了这两种意义——观察者眼中思想史片段所具有的历史意义和那一片段本身所具有的意义——之间的不一致性，我们就完全可以在此基础上演绎出这样的立场：思想史研究既要探索前一种意义，又要确定后一种意义。研究者完全可以作出将自己的解释重心置于何种意义的选择，只是他必须随时警惕着，不要将前者与后者相混同。在讨论"预见的神话"时，斯金纳也许是因为将还原作者意图作为思想史研究的主要（有时甚至是排他性的）宗旨的缘故，过于将自己的注意力集中在对于将两种意义混同的现象的批评，以至于对于前一种意义的探索的合法性似乎在他这里都有些成了问题。例如，在他看来，类似于"洛克的认识论预见了贝克莱的形而上学"等论断毫无意义，因为洛克不可能有此意图。③ 这样的评判未免过于武断了些。毕竟，断言洛克的认识论事实上启发和导引了贝克莱的形而上学，或者洛克的认识论中的某些理论原则可以被视作是贝克莱形而上学理论立场的预备，与断

---

① Meaning and Understanding in the History of Ideas, *Visions of Politics*, vol. 1, p. 73.

② 同上书，pp. 73 - 74。

③ 同上书，p. 78。

定洛克在从事其认识论研究时就有着要为后来的某位贝克莱或别人做预备工作的意图，终究是判然有别的两回事。后一种断言之荒唐，并不就证明了前一种断言之无意义。作为历史学的一个门类，思想史研究的特点也在于，其研究者的视域中必不可免地会带有"后见之明"（hinc-sight）的因素。① 后世所"层累地叠加"的因素固然有可能给我们对于当事人本来意图的理解带来障碍，但一方面，对于思想史片段的历史意义的探求本身应是思想史研究的题中应有之义，而对于此种意义的探寻，恰恰在很大程度上要依赖于对于斯金纳所竭力批评的这样一种思想前提——某个片段要留待将来才能学会它所具有的意义——的认可②；另一方面，作者虽然是本身意图最权威的裁断者，但其文本本身所反映出来的多种蕴涵未必就清晰地出现在作者的明确意图之中。斯金纳是承认存在着利科所谓的解释学上的"多出来的意义"（surplus meaning）的③，他也明确指出过，"当事人对于他们的意图所特有的此种权威性并没有排除这样的可能性：观察者有可能处于某个位置来对当事人的行动作出比之他们自己给出的更充分或更有说服力的描述（精神分析就是建立在此种可能性之上的）。"④ 正如优秀的文学评论往往让文学家发现自身作品中并没有为自己所认识到的层面一样，研究者借助于"后见之明"，也未始不可以揭示出超出作者清晰意图之外却又真实可信的文本本身的意义来。无论如何，思想史家所能够合理承担的任务远不止于斯金纳有时所表述的那样，仅只是去还原研究对象的观点和意图。解释学传统中所标举的"比作者本人更好地理解作者"的目标，并非不可取，亦非不可为。

"预见的神话"另一种常见的褊狭，就是人们太轻易地谈影响，认为在后的作者总是在指涉着先前的作者（或承继或反驳）。对此，斯金纳认

---

① 丹图在其《分析的历史哲学》中的核心议题之一，就是指出，历史陈述具有此种"后见之明"的特性。比如，"于是，三十年战争爆发了"或者"工业革命开始了"这样一个简单的陈述，就包含了此种"后见之明"，因为当时人不可能知道这场战争会持续三十年并以此为名，也不可能了解某一事件与"工业革命"之间的关联。见 Arthur C. Danto, *Narration and Knowledge*, New York, Columbia University Press, 1985, Chap. VIII。此书是其 *Analytical Philosophy of History* 的扩充本，包括了原书全文。

② Meaning and Understanding in the History of Ideas, *Vistions of politics*, vol. 1, p. 74.

③ 斯金纳：《解释与对言语行为的理解》（Interpretation and the Understanding of Speech Acts），同上书，p. 113。

④ Meaning and Understanding in the History of Ideas, 同上书，p. 77。

为，"影响"并非不能成其为解释范畴，然而不可脱离必要的条件来侈谈"影响"。他借用论者有关柏克政治观点的思想史谱系学的例证，对此作出了精彩的评论：

> 柏克"论当前不满的缘由"旨在抵消博林布鲁克的影响，博林布鲁克自身据说又是受到洛克的影响。洛克反过来是被霍布斯所影响，要么他在写《政府论》时必定心中想着霍布斯，要么是想要对抗霍布斯的影响，而霍布斯则是受到了那位影响了所有人的马基雅维里的影响。这些解释大多纯粹是神话性质。有必要考虑，要通过求诸在先的 A 的"影响"来解释某种学说在在后的 B 那里的出现，所需要的必要条件是：1. 确知 B 研究过 A 的著述；2. 除却 A 外，B 不可能在别处碰到相关学说；3. B 不可能独立地达到相关学说。而在上述例证中，马基雅维里对霍布斯和霍布斯对洛克所谓的影响，无法通过 1 的检验。霍布斯从未明确讨论过马基雅维里，而洛克也从未明确讨论过霍布斯。而霍布斯对洛克和博林布鲁克对柏克的所谓影响，无法通过 2 的检验。在所有对沃坡尔政府持有敌意的 18 世纪早期的政治小册子中，很容易就能找到据说他受之于博林布鲁克影响的学说，而洛克也同样能够在 1650 年代的大量政治论著中找到据说是霍布斯所特有的东西——至少我们确知洛克读过这些东西，而他是否仔细研读过霍布斯则并不清楚。所有的例证都无法通过 3 的检验（甚至可以说 3 的检验如何才能通过是无法说得清楚的）。①

未经足够的理论反省就轻易地使用"影响"范畴，确实是思想史研究中最常见不过的情形。拉斯莱特的洛克研究的原创性，很大程度上就在于否定了在他之前所盛行（却未经严格证明）的论点——洛克《政府论》是以霍布斯为主要论战对象的。思想史的研究往往都在自觉不自觉地建构一个思想史的谱系和脉络，而（正反两方面的）"影响"则是此种谱系或脉络借以获得连续性的主要因素之一。翻开通行的各种中西哲学

---

① Meaning and Understanding in the History of Ideas, *Visions of Politics*, vol. 1, pp. 75 – 76.

史、思想史，内中所描述的前人对后人的影响中，经得起严格考察的实在不多。然而，纵然斯金纳也承认"影响"可以作为一种重要的解释范畴，可是按照他那种严格的理论逻辑，对于"影响"的表述，除了研究对象本人关于"影响"有自供状的情形之外，在上述三项条件的检验之下，恐怕就难得有幸存者了。由于他所论列的必须同时得到满足的各项条件过于严苛了些，"影响"作为一种解释范畴几乎就完全丧失了合理性和用武之地。

其实，细究起来，这三项条件颇有些可异议之处。首先，如同斯金纳本人所承认的，判断独立发展出某种学说的可能性是否存在，本身乃是一个几乎无法完成的任务。其次，即便确认了此种可能性的存在，也并不同时就排除了 B 受到 A 影响的可能性，完全可以设想出多种多样的情形。如（1）虽然 B 在原则上可能独立发展出某种学说，但事实上是由于接受了 A 的影响而阐述了此种学说；（2）B 尚未完全独立发展出某种学说，就因为受到 A 的影响而接纳了在 A 那里已发展完备的类似学说；（3）B 独立发展出来某种学说，但在表述方式和表述重点上受到 A 的影响；（4）B 受到 A 的负面影响，在独立提出自己的学说的同时，就准备好了对于 A 及其类似立场可能提出的诘难的辩驳……无论如何，在类似这样的情形下，即便不能满足条件 3 的检验，"影响"范畴并没有就因此丧失其适用性。再次，条件 1 和条件 2 之间的关系也与此类似，即便 B 在 A 之外也可以接触到别的相同学说，也并不就排除了这样的可能性：或者 B 同时受到 A 或别的来源的影响，或者 B 仍然是从 A 那里接受了最具决定性的影响。最后，就思想史研究的实践而论，有关某一个论题，能够提供我们以足够的史料证据，来判断 B 是否确曾阅读过 A 并受到其影响，以及当时是否有 B 可以看到并确实阅读过、而又给他提供了包含与 A 同样论点的其他论著，这样的情形至少是并不常见。思想史实践中未尝不可以有所限定的表达方式来探讨各种推断的（presumed）而非确证了的"影响"。宽泛意义上的历史研究不仅应该探讨各种现实性，也应探讨各种可能性，才能丰富和提高我们的历史思维，[①] 思想史研究也理应如此。虽然，这里的必要前提乃是理论反思上的高度自觉和语言表述上的严格限定。

---

① 参见何兆武：《可能性、现实性和历史构图》，载其《历史理性批判论集》，北京，清华大学出版社，2001。

斯金纳对思想史研究中各种他所认为的谬误形式的批判，并非专以破坏为目的，而是旨在确立一种能够使我们真正历史地理解过往思想的研究方法。他曾自陈是一位在研究取向上跨文本的、语境论（intertextual, contextualist）的思想史家①，他及以他为主将的政治思想史研究中的剑桥学派的研究特色，可以从他和别人在剑桥大学出版社编辑的一套思想史研究著作丛书的题名中体现出来，那就是"语境中的思想"（Ideas in Context）。

三

斯金纳思想史研究的取向受到维特根斯坦和奥斯汀等人的语言哲学很大的影响。维特根斯坦的《哲学研究》的核心论点之一就是，我们不应孤立地思考语词的意义，而是应该到具体的语言游戏中，更广泛而言是要到特定的生活形式之中去考察它们的用法。奥斯汀的研究重心则是言语行为（speech act），他在《如何以言行事》（*How to Do Things with Words*）中指出，所有言语都是行为，言语行为的功能除了以言表意（locutionary）外，还有以言行事（illocutionary）。② 而这后一种功能就提示我们，必须充分考虑说话者的意图。冬天里公园湖面的管理人对着试图下湖滑冰的人喊话："这里的冰层太薄！"其中警告、提醒和禁令的含义，是单纯考虑语句的字面意义所无法揭示出来的。在斯金纳看来，维特根斯坦和奥斯汀的论点对于思想史家而言具有格外的解释学上的价值。③ 从这样的立场出发，拉夫乔伊式的观念史在其取向上就是根本错误的，因为思想史上"并不存在着什么不同的作者都要为之效力的确定的观念，而只有一系列不同的人物以一系列不同的意图作出的一系列不同的陈述，我们看到的是并没有什么观念的历史需要写就。存在的只是一种有关其

① 见 Maria Lúcia Pallares-Burke，*The New History*，*Confessions and Conversations* 一书中作者对斯金纳的访谈。

② 参见陈嘉映：《语言哲学》，237～241 页，北京，北京大学出版社，2003。奥斯汀所指出的言语行为的功能还有以言取效（perlocutionary），但这是斯金纳所不大提及的。

③ 斯金纳：《解释与对言语行为的理解》（Interpretation and the Understanding of Speech Acts），*Visions of politics*，vol. 1，p. 103.

各种具体的用法以及使用它的时候的各种不同的意图的历史。"① 文学理论中的"新批评"（"New Criticism"）学派曾以探讨文本背后作者本人的意图为谬误（亦即他们所谓"intentional fallacy"），认为作者的意图和打算对于指引我们还原某个文学文本的意义而言，既不可得又不可取（neither available nor desirable）；而在斯金纳看来，对于思想史研究和文学文本的研究来说，最重要的就是要去探索某个片段背后作者本人的意图（他以这个片段的文字想要做的事究竟是什么）。②

斯金纳说过，对于他"作为一名历史学家的实践而言有着最直接的理论影响的就是柯林武德了"③。在他学生时代，"就被柯林武德的核心观念（那最初源自他的美学）吸引住了，那就是，一切艺术作品（也包括哲学和文学作品）都是有其意图的物品，因而要理解它们，我们就必须努力去还原和理解它们之中所潜藏着的目的。"④ 柯林武德的问答逻辑认为，任何思想命题都是在某个特定场合的某个特定意图的体现，都是针对某个特定问题作出的回答，因此，这一问与答的综合体就必定是从属于某一个特定的历史语境。思想史上并不存在什么永恒的问题，存在的只是对于个别问题的个别回答。就此而论，对于斯金纳来说，奥斯汀的哲学分析在其关键性的方面就不过是柯林武德所谓的问答逻辑的一种体现。⑤

在斯金纳看来，他所剖析和批判的思想史研究中的种种"神话"和谬误，其危险都来自于，研究者将思想史中的经典文本视作是自足的研

---

① Meaning and Understanding in the History of Ideas, visions of politics, vol. 1, p. 85。

② 斯金纳：《动机、意图与解释》（Motives, Intentions and Interpretation），同上书，p. 90。

③ The New History, Confessions and Conversations, p. 216.

④ 同上书，p. 222。

⑤ Interpretation and the Understanding of Speech Acts, Visions of Politics, vol. 1, p. 115. 在我看来，斯金纳可以只从柯林武德出发而无须利用维特根斯坦和奥斯汀的语言哲学，就完全能够达到和阐述他关于思想史研究的理论立场。有论者将历史主义、英国分析哲学和英国政治生活的特定传统视作斯金纳方法论所承袭的三个不同但相互关联的传统，似乎并不准确，斯金纳思想中所具有的某些特点，应该说是柯林武德与历史主义的契合之处而非历史主义的直接影响。参见 Bhikhu Parekh, R. N. Berki, The History of Political Ideas: A Critique of Q. Skinner's Methodology, Journal of the History of Ideas, Vol. 34, No. 2, 1973。

究对象，将考察重点置于每个作者对进入永恒问题清单上的主题所发表的见解，从而力图借此恢复他们著作的意义和重要性。这样的研究有着内在的缺陷，绝非小心谨慎就能避免。斯金纳说道：

> ……还原某一特定哲学家关于某个特定问题可能说了些什么，绝不足以使我们对他们的著作达到历史性的理解。……提出一个论点，永远是在与某个人探讨，是为着赞成或反对某个结论或某个行动方案而进行推论。情形既是如此，对任何包含了此种形式的推论的任何文本进行解释的任务，就永远要求我们（最粗略不过地来说）遵循两条相互关联的研究路线。初步的任务显然是要把握论点本身的实质。倘若我们想要达到对于文本的解释，对于其内容之所以是这样而非别样的理解，我们就还有着进一步的任务，去还原作者在提出那一特定论点时所可能具有的意图。也就是说，我们需要能够说明他们在表呈他们的论点时是在做什么：他们在……全部言语行动中，支持或维护、攻击或驳斥、以反讽来讥刺、以辩论中保持静默来表示轻蔑的，是什么结论或行动方案。①

简而言之，研究过往的思想家们说了些什么，只不过完成了两项解释任务中的第一项，解释任务的第二项——而且如果我们的宗旨是要获得对于思想史片段的历史性理解的话，那常常是更加重要的一项——则是要力图了解作者的意图，而这一任务只有通过对作者发表某一番言论时的历史语境的考察才有可能完成。这其中牵涉到的语境，乃是多重的。语言的语境（linguistic context）是必须考虑到的。一方面，语词会随时间而改变意义，比如，贝克莱的批评者们经常指责他的立场是"egoism"，此词今天的含义是自我中心的利己主义，而在那个时代其含义则相当于今天的"solipsism"（唯我论），今天意义上的"egoism"在那个时代的对应词则是"hobbism"（霍布斯主义）。② 不考虑到语言语境的因素，对于某些文本即便是字面意义上的理解都会发生危险。另一方面，考察某一文

---

① 斯金纳：《消极自由的观念：马基雅维里式的与现代视角》（The Idea of Negative Liberty：Machiavellian and Modern Perspectives），*Visions of Politics*，vol. 2，p. 194。

② Meaning and Understanding in the History of Ideas，同上书，vol. 1，p. 80。

本时不对当时的语言常规（linguistic convention）① 有所了解，就无法对该文本的思想史意义作出准确的判断。比如，《君主论》中明确提出，君主应该知道什么时候表现得没有德行。研究者只有考察了大量当时同类的"君王宝鉴"一类的论著，看到几乎所有这类论著都在鼓励君主应该时时表现出德行，才可能深入了解马基雅维里这一论点的内涵。诚如斯金纳的入室弟子塔利（James Tully）所说，史学家要想了解某一言语行为在多大程度上是原创性的或不过是俗套，那是脱离语境孤立考察文本或者考察语境时不考虑到语言常规者所做不到的，而要了解当时的常规或常态，就必须不仅考察思想史上的大人物，还必须考察大量名不见经传的小人物。②

遵循柯林武德的问答逻辑，我们对任何思想立场和命题的理解，就都要求我们必须追溯到它所力图解决的问题，而问题的确定，离不开对具体思想语境的把握。斯金纳以晚近以来笛卡儿研究中所取得的进展为例来说明这一点：关于笛卡儿在《沉思》中对确定性的讨论，传统的哲学史对此的处理无法让人餍足，用柯林武德的话来说，它不能让我们了解笛卡儿以其确定性学说所要解答的问题。而新近的研究表明，笛卡儿所针对的是 16 世纪后期古代皮浪主义文本的重新获得和传播。这种解释不仅提供了一种考察《沉思》的方式，而且对很多细节提供了有效的说明，如文本为何以某种方式来组织，为何使用某些词汇，为何特别强调某些论点，等等。③

很多时候，只有对社会、政治语境进行考察，才能使我们对思想家在发表某种学说或言论时的意图达到真正的理解。14 世纪意大利的法学家巴托鲁斯（Bartolus）的盛名，来自于他挑战了罗马法。注释法学派（the glossatorial school of Roman law）的传统观点——事实必须依据法律来

---

① 此种 linguistic convention，既包含了特定思想家在写作时所可能利用的现成的概念工具、表达方式等，又包含了同一时代性质相类的论著在相似问题上的一般倾向等等。

② 见塔利：《笔为利剑：昆廷·斯金纳对政治的分析》，载其所编《意义和语境：昆廷·斯金纳及其批评者》（James Tully, The Pen is a Mighty Sword: Quentin Skinner's Analysis of Politics, in James Tully ed. , *Meaning and Context*, *Quentin Skinner and His Critics*, London, Polity Press, 1988）。

③ Meaning and Understanding in the History of Ideas, *Visions of Politics*, vol. 1, p. 83.

调整，因为罗马法乃是不变的标准。巴托鲁斯在 1320 年反对此种成说，明确提出在法律和事实相冲突时，需调整法律来适应事实，为后注释法学派的法学研究提供了方法论基础。这一理论立场的潜在语境在于，此时北意大利的各公社已在事实上独立于神圣罗马帝国，而论争中所涉及的法律乃是罗马帝国皇帝可据之认定自己对北意大利享有治权的罗马法。法学观点论战的双方分别是在维护和否认北意大利的独立。于是，对现实社会、政治语境的考量，就是我们力图把握思想学说和命题蕴涵时须臾不可离弃的重要环节。

这类例子数不胜数。它们表明，单纯反复细致地研读文本，是无法解决思想史研究中的一些重大问题的。修正派的思想史研究号称，对特定文本的专注而精心的研读就能揭示其真实内涵。然而，它们对霍布斯和培尔（Pierre Bayle）的解释就提供了一个很好的例证，表明此路不通。霍布斯讨论自然法时称自然法乃是上帝法，因而我们必须遵守。传统上人们认为这是一个怀疑论者在以大家都最熟悉不过的词语来服务于异端的用途。修正派则认定这是霍布斯的真实信仰，并把他解释为一个基督教义务论（Christian deontology）的鼓吹者。培尔的《哲学辞典》中颇多激进的加尔文教派神学的内容，修正派一反传统观点，认为培尔绝非稍后于他的嬉笑怒骂的启蒙哲人的原型，他信仰笃实，对他的文字应该按照字面来理解。在斯金纳看来，修正派似乎没有意识到，他们的解释同时就包含了对于霍布斯、培尔以及他们生活时代的一些令人感觉很可怪的假设。这两位思想家都被启蒙时代的哲人们视为怀疑论的伟大先驱，同时代的批评者和同情者也都如此看待他们，没有人怀疑他们的意图是要抨击当时的宗教正统。当然，修正派还有可能坚持认为，所有这些人都弄错了。然而，此种说法导致的是解释霍布斯和培尔的态度时进一步的困难。他们两人都有足够的理由认识到，宗教上的非正统是件危险事。霍布斯有相当一段时间担心被主教们把他当作异端送上火刑柱，培尔因为反天主教而被色当大学解除了教授职位，后来又因为不够反天主教而被鹿特丹大学解除了教授职位。倘若真如修正派所说，二人在其论著中真诚地想要传布正统的宗教情感的话，我们就无法理解，他们为何不从他们著作较晚的版本中删除或修改那些显然是被严重误解了的部分？两人都有大量的机会来做这件事，培尔还曾被人催促着这样去做，而他们却都没有花力气去消除对他们著作的"误解"。① 修正派的解释无法解决这样的问题，相反，这样的例子说明，"语境本身因而可以作为某种上诉法庭，来裁断不相容的对于意图的推想的相对合理性。"②

斯金纳这样一种"跨文本的、语境论"的研究取向，"旨在对任何在文本与语境之间的截然分别提出挑战"。③ 这样的研究路数，即便探讨的对象是某个在传统思想史花名册上地位毋庸置疑的大思想家（他本人主要研究的人物就是马基雅维里和霍布斯），研究的过程也绝不仅仅是对其本人文本的考察，而更多的是将其置入具体的语言学的、思想的、社会政治的语境来加以定位。斯金纳自己是这样来概括此种研究取向的特点的：

> ……我所勾勒的研究方法令传统的作者形象大相失色。个别的作者们一般所做的是复述、强调和维护常识性的见解，他们……不过是他们那语境的体现。我的研究方法当然就具有了这样的蕴涵：我们的注意力不应放在个别作者身上，而是放在更具普遍性的他们那时代的话语之上。④

这样的研究所展示出来的思想家的思想建构和表达方式，就不会是凌空出世，而是其来有自。对思想家原创性的展示，也因为与同时代语境的参照而更加具有说服力。反过来，单个思想家也为我们更加了解特定时代思想气候的具体状况和变迁，提供了例证。在斯金纳近年来霍布斯研究方面的力作《霍布斯哲学中的修辞与理性》⑤ 中，近半篇幅是在考察文艺复兴时期的英国对古典修辞学的接受。在都铎时代的修辞家们看来，理性必须得到雄辩（eloquence）的支持才能真正说服人。斯金纳利用霍布斯的大量手稿和文献表明，霍布斯的"公民科学"的形成过程，受到他对于这一论断的态度前后不一的影响。在其早期著作中，霍布斯一反

---

① Meaning and Understanding in the History of Ideas, *Visions of Politics*, vol. 1, p. 81.

② 同上书，p. 87.

③ Interpretation and the Understanding of Speech Acts, 同上书，p. 117。

④ 同上书，p. 118。

⑤ Quentin Skinner, *Reason and Rhetoric in the Philosophy of Hobbes*, Cambridge, Cambridge University Press, 1996.

他所受到的人文主义教育，试图建立起一套精确而形式化的政治科学。但在《利维坦》等著作中，他不仅主张在政治科学中要利用雄辩术，而且在写作过程中也大量运用了修辞策略。于是，霍布斯思想建构的原创性和表达方式不仅被置入一个有着各方面丰富细节的语境之中，而且欧洲道德和政治思想由人文主义向科学主义所发生的重大转变，也通过这一个案研究得到了具体的展现和说明。

四

斯金纳所力倡的语境论的研究（contextualist approach）的理论前提之一，是思想史上并不存在永恒不变的问题，也不存在对这些问题作出了解答的永恒的智慧，存在着的只是变化不断的问题和变化不断的对这些问题的答案。他的这一基本立场来自于柯林武德。柯林武德认为，哲学面对的是永恒的问题这样一种观点，"不过是一个粗劣的错误，是对历史缺乏辨别能力的结果。"在政治思想的领域中也是同样的情形。许多人认为，霍布斯的《利维坦》和柏拉图的《理想国》都同样是在提出一套关于国家的理论，而在柯林武德看来，真实的情况乃是：

> 他们理解的"国家"不仅有表面的差异，而且从根本上就是不同的……"国家的本质"在柏拉图的时代与在霍布斯的时代是很不相同的，这里的差异是指国家的观念属性而不是国家的经验属性。那些最优秀、最睿智的从政者们所努力追求的东西已经有了改变。柏拉图的《理想国》试图为一种东西构建一套理论；而霍布斯的《利维坦》则试图为另一种东西构建另一套理论。……我很快认识到，政治学说史记载的并不是对同一个问题的不同回答，而是一个不断变化着的问题，随着问题的变化，对问题的解答也发生了相应的变化。①

斯金纳秉承此种立场，对于那种围绕着"永恒问题"（如"正义国家的性

---

① 柯林武德：《柯林武德自传》，陈静译，62～63页，北京，北京大学出版社，2005。

质"）而编排的思想史提出了质疑：

> 我对于此种历史的怀疑的理由……不仅在于每一个思想家都是以他自身的方式来回答关于正义的问题，还因为表述这一问题时所使用的词语（"国家"、"正义"、"性质"）在他们不同的理论中是以如此之相去甚远的方式体现出来的，认为可以挑出任何稳定的概念来，不过是明显的混乱。简而言之，错误在于假定存在着某一组问题，是不同的思想家都会向自己提出来的。①

在柯林武德和斯金纳的眼中，即便是相同的概念，在不同思想家那里也不可避免地具有不同的蕴涵，而此种具体蕴涵是只有诉诸各种语境才能澄清的。的确，貌似相同的概念在不同场合和不同思想家那里，不可能具有完全相同的意义。然而，用维特根斯坦的术语来说，它们之间毕竟总有着程度不一的"家族相似性"，这还是不能轻易否认的。不同时代不同人面临的问题可能有所不同，前代的问题可能对后世而言不再成为问题，后世又可能提出一些前人不可能碰到的问题。不同信仰、不同种族之间如何能够建立一个和谐的共同体，乃是早期现代的西方才真正开始碰到的问题②，全球化与主权国家之间的关系更是新近才凸显出来的论题。但是，从更宽泛角度来看，许多根本问题还是保持了足够的连续性的。柏拉图和霍布斯所设想的国家确实相去甚远（以至于柯林武德和很多人一样，认为将希腊城邦一词译为国家这一现代字眼是不恰当的），但无论如何，换一个更加宽泛些的概念范畴来说，两人所探讨的总还都是人类政治组织的基本原则。又比如，在伦理学的讨论中，"幸福"一词人言言殊，但无论如何，对于理想人生状态的追求乃是众多伦理学家所致力于要探求的问题。斯金纳过于强调不同场合不同思想家所提出的问题

---

① Meaning and Understanding in the History of Ideas, *Visions of Politics*, vol. 1, p. 86.

② 有趣的是，施特劳斯有名的弟子阿兰·布鲁姆（Allan Bloom）将莎士比亚引入政治思想史的研究，并认为莎士比亚政治观念的核心之一就在于探讨跨信仰、跨种族的政治共同体的可能性。参见其《巨人与侏儒——布鲁姆文集》（张辉选编，秦露等译，北京，华夏出版社，2003）中讨论莎士比亚的章节。

和所使用的概念的差异性，而无视其相通的和共同的层面，难免就带上了过于浓厚的唯名论的思想色彩。

与这种理论立场适成相反的另一个极端，乃是施特劳斯在这个问题上的观点。施特劳斯认定了人类思想所面临的根本问题乃是相同的，针对有人会提出的质疑——亚里士多德不会提出关于世界国度（world state）的构想，施特劳斯分辩说：

> 有人会说，那他毕竟不会设想一个世界国度。可是这是为什么呢？世界国度的出现需要以某种技术的发展作为前提，而这是亚里士多德做梦也想不到的。技术的发展，反过来又要求科学在本质上要被视作是服务于"征服自然"的，而且，还必须把技术从任何道德的和政治的支配下解放出来。亚里士多德不能构想一个世界国度，那是因为他坚定不移地认为，科学在本质上乃是理论性的，而将技术从道德和政治的控制之下解放出来，将会导致灾难性的后果。科学与艺术的融合，再加上不受约束、漫无节制的技术进步，已经使得普遍而持久的暴政的出现具有了严重的可能性。只有鲁莽之士才会认为，亚里士多德的观点——以及他对于这些问题的答案：科学在本质上是否理论性的，技术进步是否需要严格的道德和政治的控制——已经被人驳倒了。然而，无论人们对于他的答案看法如何，可以确定的是那些他所要解答的问题与我们今天所紧密关切的根本问题并无二致。①

可是，这番滔滔雄辩并不能消除读者的疑惑。毕竟，尽管世界国度的问题与科学是否理论性的、技术进步是否需要受到伦理和政治考虑的限制的问题紧密相关，但要把前一个问题完全等同于（或者说还原成）后一个问题，未免也走得太远了些。思想史中是存在着永恒的、相同的问题，还是问题永远在变化，因时、因人、因地而异，就此或许我们可以说，对这一问题的答案有赖于我们观察问题时视角的不同。"自其异者视之，肝胆楚越也；自其同者视之，万物皆一也"。② "盖自其变者而观之，则

---

① 《自然权利与历史》，24 页。
② 《庄子·德充符》。

天地曾不能以一瞬；自其不变者而观之，则物与我皆无尽也"。① 准此而论，斯金纳可谓是有见于异，无见于同，有见于变，无见于常；而施特劳斯则是有见于同，无见于异，有见于常，无见于变。

其实，差异和变化与同一和不变始终是互为前提的，斯金纳也未必就能够始终一贯地像他有时所表现出的那样，将思想史上的问题和概念视作仿佛是其差异和变化的程度达到了不可通约的地步。那样的话，我们就根本无从谈论思想史的连续性了。而斯金纳并不能，也没有否认此种连续性：

> 当历史学家研究遥远时代不同话语共同体内的不同理论时，我想，他或她总会碰到两种相反的事态。一方面，我们当然会在即便是渺远的前人和我们自己之间找到概念上的连续性。对于非常深邃的概念如自由、权利、权威、义务等等而言就是这样的情形。另一方面，这些概念汇拢起来构成为理论的方式确有着巨大的差异。再想一下我举的作为限制之阙如的自由概念。现代自由主义传统认为，能够被认定为限制的乃是个体受到别的个体或群体的实际强制。而某种更早的传统则对限制的概念有着不同的构想，并提出，个体倘若生活在依赖于他人的善意的条件下，他们也同样受到了限制。我们在这里看到的是，虽然两个思想流派都确确实实在讨论我们关于自由的概念，然而在涉及到某个行为人是否自由的问题的大量事例上，他们却并不一致。这确实就是在哲学史上常见的连续性中的非连续性。②

这里的表述，似乎将思想史的连续性置于个别概念上的连续性，而思想史的变化乃是这些概念组合成为理论的方式上的变化，这样的论点似乎与他所一直尖锐批评的拉夫乔伊相去不远了。只不过在斯金纳看来，既然过往思想史研究关于永恒问题的假设是错误的，思想史的写作就不应该再围绕着追踪"单元观念"来组织，也不应将焦点放在个别思想家关于"永恒问题"所发表的见解上。这样说，并不是要否认西方道德、社会和政治哲学中有着长期的连续性，并且这种连续性就反映在许多关键

---

① 苏轼：《前赤壁赋》。
② *The New History*, *Confessions and Conversations*, pp. 234–235.

概念和论证模式的稳定性之上。"要说的只是，有足够的理由不再围绕对此种连续性的研究来编排我们的历史，如此一来，我们就不再会有类似于比如说阐明并比较柏拉图、奥古斯丁、霍布斯和马克思关于'正义国家之性质'的观点的研究。"① 换言之，斯金纳在激烈批判过往基于此种连续性的思想史研究（施特劳斯和拉夫乔伊的研究都属于此列）之后，又回过头来在很大程度上承认了其合法性。

孟子尝言："颂其诗，读其书，不知其人可乎?"② 照此思路，知人论世，似乎是研究各种文本所必需的前提条件。追溯和还原经典文本的语境，在斯金纳看来是思想史研究的不二法门。此种跨文本、语境论的研究取向所具有的优长之处，此处无须再论。可以提出异议的是，斯金纳似乎完全没有从理论上来考虑这样的可能性，也即经典文本具有并非具体语境所能局限的普遍性和超越性。一方面，语境的还原并不就能够囊括和穷尽经典文本所具有的全部蕴涵。我们对于自然科学命题的理解，除了科学史性质的研究之外，大概是无须考虑到某个科学成就所出现的具体语境的。比如，阿基米得为了在不破坏金冠的情况下判断其中是否掺了假，终于在浴室中灵感突发，找到了解决之道。知道这一背景（其中当然包括了他取得这一科学成就的原初意图），并无助于（也无损于）我们对浮力定理的理解。就文学艺术作品而言，了解贝多芬和曹雪芹当时的创作语境，固然可以满足我们的好奇心，并在一定程度上帮助我们理解《英雄交响曲》和《红楼梦》，但我们照样可以脱离这一切，而将其作为独立自主的整体来加以体验。思想史上的经典文本，既有其从中产生的特定的语境并因而反映了这一语境，然而它本身一经产生，也在很大程度上具有了其超越具体语境的独立性。超越具体语境而进行普遍性的思考，本身就是众多思想家在从事思想活动时所具有的原初的意图。无论这一意图在实践上和原则上能否达成，思想史研究需要确认的一条原则就是，思想家的创造性活动是无法完全化约为对其语境的反映的。另一方面，斯金纳似乎有一种倾向，将他所要处理的所有思想史文本都视为是同质的。他在受到拉斯莱特的洛克研究巨大影响的同时，也指出拉斯莱特的失误在于，他将霍布斯视作与洛克根本性质有异的研究对象，

① Meaning and Understanding in the History of Ideas, *Visions of Politics*, vol. 1, p. 85.

② 《孟子·万章下》。

并认为对于前者，研究者应该主要就其内在的理论结构来进行考察。斯金纳的考虑当然有其充分的合理性，他的思想史理论和实践的辉煌成就就在于贯穿了此种语境论的原则。然而，思想史文本就其所具有的抽象性和普遍性而言，往往处于不同的层次。如有的论者①所言，我们完全可以分辨出三种不同层次的政治思想史文本：第一，各种针对具体事项提出抗议或要求的小册子，如法国革命前的各种"陈情书"；第二，在稍高一些的层次上，虽然针对特定事件和受众，但提出了更加抽象、精致的理论原则的论著，如柏克的《法国革命论》；第三，代表了政治哲学所可能具有的最高的抽象性层次，受到其自身历史条件的拘束而不受到其局限（circumscribed but not limited）的文本，如霍布斯的《利维坦》。这三个层次的文本与它们特定的历史语境、各自作者的个人与社会的经历发生关联的方式有着很大的差异。对待不同层次的文本，语境论的研究取向适用性的范围、程度和方式恐怕也会有所不同，而传统思想史研究路数的合法性体现于不同层次的文本，也会有所差异。这些似乎都是斯金纳所没有能够认真考虑的。

如里希特所说，政治思想史领域很少有人在哲学才智上能够与斯金纳相媲美。② 斯金纳本人也曾明确表示过，就思想史研究所能达到的理想境界而论，"最激动人心的可能性乃是哲学分析与历史证据之间的一场对话。"③ 当然，按照他的理论立场，思想史研究的价值不可能是找寻对于永恒问题的历史性追索中所可能包含着的永恒智慧。可是，这绝不意味着，思想史的研究就没有哲学价值。斯金纳说：

> 在我看来，经典文本关注的是它们自身的问题而并不必定
> 是我们的问题这一事实，恰恰赋予了它们以它们的"相关性"

---

① 参见 Bhikhu Paresh，R. N. Berki，The History of Political Ideas：A Critique of Q. Skinner's Methodology。两位作者认为，属于最高层次的霍布斯的《利维坦》或亚里士多德的《政治学》思考的是与所有地方、所有时代的人都相关的基本问题，因而具有普遍性的价值。这样的立场虽然是斯金纳所不可能接受的，但思想史文本所具有的异质性却的确是斯金纳的理论反思所没有注意到的。

② Melvin Richter，Reconstructing the Language of Politics：Pocock，Skinner and the Geschichtliche Grundbegriffe，History and Theory，vol. 29，1990（1），p. 59.

③ Meaning and Understanding in the History of Ideas，*Visions of Politics*，vol，1，p. 87.

和对于当前的哲学意义。尤其是道德、社会和政治理论方面的经典文本，能够帮助我们揭示的……不是本质上的相同，而是可行的道德预设和政治信念的多样性，而这可以说正是它们的哲学甚至是道德价值之所在。①

于是，在斯金纳看来，思想史研究的价值就在于它给我们展示了多种多样的可能性，可以使得我们了解自身思想信念和社会政治制度安排的偶然性，从而使得我们更加宽容，更加开放。思想史研究所展示的各种在历史演进中被从中心挤压到了边缘甚而隐匿不彰的思想资源，也可能给我们的思考带来新的可能性。② 也正是在这个意义上，在传统的模式之外，斯金纳思想史研究的理论和实践也给我们提供了这一领域学术发展的别样的可能性。

（原载于《思想史研究》，第 1 卷，广西师范大学出版社 2005 年版）

---

① Meaning and Understanding in the History of Ideas, *Visions of Politics*, vol. 1, p. 88.

② 斯金纳本人从对于马基雅维里和文艺复兴时期自由观念的追溯，发掘出了共和主义的自由观念。此种自由观念与霍布斯、洛克一系后来占据主导地位的思想传统不同，并不以"权利"概念作为自己的核心，而强调公民对于政治生活的积极参与以及公民为实现理想的政治生活所应该具有的品德。斯金纳以思想史研究的方式，直接参与了当代政治理论中由伯林所引发的有关"消极自由"和"积极自由"的论争。参见斯金纳讨论此问题的专题论文的修订本，The Idea of Negative Liberty：Machiavellian and Modern Perspectives，*Visions of Politics*，vol. 2。斯金纳本人也因其对于"自由"等问题的考察和思想史研究的理论反思等层面的思想贡献，在其思想史家的身份之外，也成为当代政治思想领域的一个重要理论家。见 Kari Palonen, *Quentin Skinner*：*History*，*Politics*，*Rhetoric*，Cambridge，Polity Press，2003。

陈其泰

中国古代设馆修史功过得失略论

中国史官设置很早，相传夏朝、商朝即有史官，周初的史佚，春秋时期的董狐、南史，更是闻名史册的人物。现存的《竹书纪年》，据学者研究，是战国后期魏国史官撰成的编年体史书。封建朝廷诏令史官修史，则发轫于东汉初撰修《东观汉纪》。此后，设馆修史制度逐步形成和确立，成为古代之朝政大事，二十四史中自《晋书》、《周书》、《隋书》以后，绝大多数都是朝廷设局监修，而储存历史资料极其丰富的《明实录》和清代各朝实录，也都是史馆撰修的成果。故私撰（如《左传》、《史记》、《通鉴》等）和官修，是中国史学发展之两大支流，共同汇成浩渺的史学长河。但以往很长时间内，我们对官修史书的研究是很不够的。国家启动纂修大型《清史》这一现实的大型文化工程，也启发、促使我们对历代设馆修史的功过得失作认真、系统的探析、总结。我的初步认识是，应首先着重从三个方面作总结、阐释：第一，古代设馆修史制度对于保证历史记载连续不断，促进中华文明保持其强大传承力、生命力、影响力具有重大的意义；第二，设馆修史制度又保证了各个历史时期，哪怕是战乱频仍、朝代更迭迅速的特殊年代，也能及时记载史事，储存了丰厚的历史文献成果；第三，古代设馆修史所完成的各个朝代的"正史"，大多具有"一代全史"的价值，其负责主纂的学者有统筹全局、综理推动刊定之功，预修的史官除完成其承担的篇章外，在商讨体例、各献专长和坚持直笔等项也都作出贡献。当然封建时代的设局监修也有多种教训和缺陷。本文因限于篇幅，仅就其最末一项，也是对当前纂修大型《清史》最有直接借鉴作用的几个问题略陈己见，以就教于学术界。

一 主修者综理总揽之功

历代"设局修史"均属史臣集体修撰成书，然史书之撰成，必有主修或起主要作用的史学家。以受诏"监修"的大臣言，也不尽是"署名而已"（如北齐监修《魏书》之平原王高隆之，后晋时署名监修《旧唐书》的刘昫），也有在实际上能起到重要作用者。一部有价值的史书的产生都需要经历复杂的过程，负责主修或总纂的史家必定在制定体例、确定范围、广搜史料、裁定有争议的关键问题、亲自撰稿、审定书稿等方面发挥其主导和决定的作用。历代官修正史，因是在封建政权"监修"下产生的，其内容、体例、书法或议论必然存在种种缺陷和弊病，以往的论著总是指摘其舛误者多，而对其书之艰难修成，特别是主修者综理总揽之功探讨分析不够。此不仅未能体现"实事求是"的原则，亦不利于从以往的史学实践中总结出有益的编纂经验。本节为论述方便，对设馆修史综理主持者的成功做法归纳为四项，并举要论列。

（一）确定有关全局的记载内容和篇章设置，撰写序、论或总论，畅论历史治乱兴衰教训，提高史书的认识价值和思想价值

令狐德棻是唐初大规模修史的发起者。武德四年（公元621年）他任起居舍人时，向高祖建议撰修梁、陈、北齐、北周、隋五代史，为高祖采纳，于武德五年诏令修史，当时即任命令狐德棻修周史。但因建国伊始，条件并未具备，历数年未见成效而罢。贞观三年（公元629年），太宗复敕修五代史，"乃令德棻与秘书郎岑文本修周史"，"德棻又奏引殿中侍御史崔仁师佐修周史。德棻仍总知类会梁、陈、齐、隋诸史。武德以来，创修撰之源，自德棻始也。"[①] 故令狐德棻既主修《周书》，同时又在五代史总监修房玄龄、魏征之下，负统理协调之职。这使他对修史更有全局眼光，并以此指导如何确定《周书》记载的内容。赵翼《陔余

---

① 《旧唐书》，卷七十三，《令狐德棻传》。

丛考》对此有重要的评论：

> 《周书》叙事繁简得宜，文笔亦极简劲，本令狐德棻所撰
> 也。德棻在当时修史十八人中最为先进，各史体例皆为所定，
> 兼又点裁诸史，而《周书》乃其一手所成。……同修者虽有数
> 人，而始终其事者德棻也。李延寿南、北二史，亦先就正于德
> 棻，然后敢表上。则可知德棻宿学，为时所宗矣。今试取《北
> 史》核对，当后周时，区宇瓜分，列国鼎沸，北则有东魏、高
> 齐，南则有梁、陈，迁革废兴，岁更月异，《周书》本纪一一书
> 之，使阅者一目了然。《北史》虽亦兼记邻国之事，然有书有不
> 书者。①

《周书》中作为政治、军事、民族、外交大事总纲的"本纪"，能兼
顾南北朝对峙、东西魏（其后是北齐、北周）分立的复杂纷繁局面，将
这一时期中"迁革废兴"的形势清楚表达出来，无疑正是令狐德棻作为
《周书》主编和全部三代史协调统理者的精心安排。在此之前，魏收《魏
书》修于北齐，只叙述北魏、东魏，而不及西魏（收以东魏为正统，西
魏为僭伪）。令狐德棻则在《周书·文帝纪》中详细记述了西魏的军国大
事，故《周书》的记载范围实则包括了西魏、北周。"这样，《周书》所
述西魏史事乃成为后人了解西魏一朝历史的第一手材料了。"②

令狐德棻又于贞观二十年（公元 646 年）主修《晋书》。据《唐会
要》载，由房玄龄、褚遂良、许敬宗监修，来济、陆元仕、李淳风、李
义府等"分功撰录"，令狐德棻、敬播、李安朝、李怀俨"详其条例，量
加考正"③。《新唐书·令狐德棻传》云："当时同修一十八人，并推德棻
为首，其体制多取决焉。"《晋书》于贞观二十三年撰成，共计 130 卷
（其中包括帝纪 10 卷，列传 70 卷，载记 30 卷）。修《晋书》成，德棻因
有功擢秘书少监。另有记载说："凡起例皆（敬）播独创焉"④。若此，
则可理解为《晋书》由敬播初拟体例，令狐德棻负责裁定。关于《晋书》
的评价，《旧唐书·房玄龄传》有云："以臧荣绪《晋书》为主，参考诸

---

① 赵翼：《陔余丛考》，卷七"周书"条。
② 瞿林东：《唐代史学论稿》，165 页，北京，北京师范大学出版社，1989。
③ 《唐会要》，卷六十三，《史馆·修前代史》。
④ 同上书。

家，甚为详洽。然史官多是文咏之士，好采诡缪碎事以广异闻；又所评论，竞为绮艳，不求笃实，由是颇为学者所讥。"这段评论本来称其瑕瑜并见，而且首先肯定其"甚为详洽"，可是后来却瑜为瑕掩，论者一提《晋书》，无不以"诡缪琐碎，好聚异说"目之，而罕及其成功之处。这种看法有失公允。实际上《晋书》仍是官修正史中较为成功的一部。我们可举出最明显的几项：（1）设三十"载记"记述十六国历史极有创造性。东晋与十六国政权并立，错综复杂，如何处理，成为修《晋书》的难题。史书中设"载记"，原见于班固等撰《东观汉纪》，以之记载平林、新市、公孙述史事。《晋书》则用来记载各少数民族政权的历史，叙事极有章法，被称为"简而不漏，详而不芜"。从今天的观点看，这30篇载记详细记述了十六国时期各少数民族的活动以及民族间经过斗争达到融合的史实，尤为可贵。（2）十篇志中设置了《食货志》，记述内容突破了起于西晋立国的限制，上承《汉书·食货志》，从东汉和三国时期写起，显示出史家重视历史发展的连续性的史识，且在一定程度上填补了《续汉志》中缺《食货志》和《三国志》无志的缺陷。（3）《晋书》又多载有用之文，如《刘宝传》载《崇让论》，《裴頠传》载《贵有论》，《李重传》载论九品之害，《陆机传》载《辨亡论》，《傅玄传》载兴学校、务农功疏，《江统传》载《徙戎论》等，都是一代重要论议，再现两晋时期政治、社会、民族、学术等方面的特点，极有助于探究历史的丰富性和复杂性。（4）《晋书》在历史叙事上也颇有特色，如赵翼所论："当时史官，如令狐德棻等，皆老于文学，其纪传叙事，皆爽洁老劲，迥非《魏》、《宋》二书可比。"①所有这些，都说明令狐德棻作为《晋书》主编对全书篇目、内容、体例"取决"的正确和统观全局的非凡史识，及其对修改、润色、定稿所起的重要作用。

《隋书》的修成，当时即号称良史。《旧唐书》载："秘书监魏征修隋史，与尚书左仆射房玄龄监诸代史"。②又云："初，有诏遣令狐德棻、岑文本撰周史，孔颖达、许敬宗撰隋史，姚思廉撰梁、陈史，李百药撰齐史，征受诏总加撰定，多所损益，务存简要。隋史序、论皆征所作，梁、陈、齐各为总论，时称良史。史成，加左光禄大夫，进封郑国公，

———————

①《廿二史札记》，卷七"晋书"条。

②《旧唐书》，卷七十三，《令狐德棻传》。

赐物二千段。"① 故魏征是《隋书》的主编，又是唐初修五代史的总撰。他所起到的重要作用，突出体现在他为《隋书》撰写的多篇史论之中。唐朝是在隋朝灭亡的废墟上建立的，唐初高祖五年（公元 622 年）第一次下诏修五代史，即强调称修史的目的在于"考论得失，究尽变通，所以裁成义类，惩恶劝善，多识前古，贻监将来"②，首先就是要总结隋朝灭亡的教训。当贞观三年（公元 629 年）魏征主修《隋书》之时，离隋朝灭亡只有 11 年，隋朝从强盛局面到众叛亲离、土崩瓦解、迅速覆亡的历史场景仍历历在目。故贞观君臣动色相戒，随时以隋亡的教训做己戒人，警惕不要重蹈隋朝灭国的覆辙。魏征主修《隋书》，对史论的重视达到前所未有的程度，在作为全书总纲的《高祖纪》、《炀帝纪》两篇，都撰写了长篇史论，深刻地从治国方针、帝王性格、君臣关系等项分析隋朝短祚灭亡的原因。《高祖纪》的后论说：高祖（文帝）初年，实行"薄赋敛，轻刑罚，内修制度，外抚戎夷"的政策，使 20 年间天下无事，区宇晏如。"但素无术学，不能尽下，无宽仁之度，有刻薄之资，暨乎暮年，此风逾扇。又雅好符瑞，暗于大道，建彼维城，权侔京室，皆同帝制，靡可适从。听哲妇之言，惑邪臣之说，溺宠废嫡，托付失所。灭父子之道，开昆帝之隙，纵其寻斧，翦伐本枝。坟土未干，子孙继踵屠戮，松槚才列，天下已非隋有。"③《炀帝纪》后论中，更以犀利有力的笔锋，剖析隋炀帝贪狠残忍、剥削无度、穷兵黩武、连年征战的个人性格和内外政策，致使一个强盛的皇朝在 14 年中顷刻覆亡的历史教训："负其富强之资，思逞无厌之欲，狭殷、周之制度，尚秦、汉之规摹。恃才矜己，傲狠明德，内怀险躁，外示凝简，盛冠服以饰其奸，除谏官以掩其过。淫荒无度，法令滋章，教绝四维，刑参五虐，锄诛骨肉，屠剿忠良，受赏者莫见其功，为戮者不知其罪。骄怒之兵屡动，土木之功不息，频出朔方，三驾辽左，旌旗万里，征税百端，猾吏侵渔，人不堪命。乃急令暴条以扰之，严刑峻法以临之，甲兵威武以董之，自是海内骚然，无聊生矣。"④ 由魏征亲自撰写的史论，极具时代意义地显示出贞观年间太宗君臣反思历史的特点，丰富了中华民族的历史智慧，大大提高了《隋书》的思想价值，使之成为官修史书中很有特色的上乘之作。

---

① 同上书，卷七十一，《魏征传》。
② 《旧唐书》，卷七十三，《令狐德棻传》。
③ 《隋书》，卷二，《高祖纪下》。
④ 同上书，卷四，《炀帝纪下》。

（二）苦心经营筹划，从搜集史料做起，克服巨大困难，以蒇其事

五代后梁龙德年间，史馆便酝酿要效法唐初撰修前朝史的成法，开始了修唐史的运作。但首先即遇到史料缺乏的困难，因唐朝史料经过安史之乱和唐末大乱而大量焚毁散失。自唐高祖至代宗尚有纪传体的国史记载，德宗朝亦存实录，武宗以后六代，仅武宗朝尚存实录一卷，余皆无之。故如何竭力搜集唐后期六朝的史料，便成为撰修唐史的先决条件。龙德元年（公元 921 年），史馆奏请令天下有记得会昌以后公私事迹者，抄录送官，皆须直书，不用词藻，凡内外臣僚奉行公事，关涉制置沿革有可采者，一并送官。后唐长兴年间，史馆又奏，宣宗以下四朝未有实录，请下两浙、荆湖等处，购募野史及朝报、日历、百司簿籍，一律上进。若民间收得，或隐士撰成野史，亦命各列姓名以赏。明宗从之。又闻得成都有本朝实录，即命官员前往寻访，最后只得九朝实录。

历后梁、后唐均因史料缺乏未能撰修唐史的难题，至后晋赖宰相赵莹擘画运作，才推动了问题的解决。后晋天福五年（公元 940 年），诏令赵莹监修唐史，史臣张昭远、贾纬、赵熙、郑受众、李为光共同修撰。赵莹在组织人力、分工发挥同修者的作用，尤其是搜集史料上苦心经营。赵翼对此论之颇详："莹以唐代故事残缺，署能者居职，纂补实录及正史。贾纬丁忧归，莹又奏以刑部侍郎、侍御史尹拙同修。又奏请据史馆所缺唐书、实录，下敕购求。况咸通中，宰臣韦保衡与（薛）［蒋］伸、皇甫（焕）［煟］撰武宗、宣宗实录，［又光化初，宰臣裴贽撰僖宗、懿宗两朝实录，］皆因多事，并未流传。今保衡、裴贽现有子孙居职，或其门生故吏亦有纪述者，请下三京诸道，凡有此数朝实录，令其进纳，量除官赏之。会昌至天祐垂六十年，李德裕平上党，有《武宗伐叛》之书，康成训定徐方，有《武宁本末》之传。凡此之类，令中外臣僚有撰述者，不论年月多少，并许进纳。从之。"[①] 故《旧唐书》的撰成，相较于北宋初又征集到唐代大量史料之时，所面临的困难要大得多。而赵莹为监修，总揽全局，推动、组织此项修史工程终于完成，功劳极大。如赵翼云：

---

① 《廿二史札记》，卷十六"旧唐书源委"条。引文中错两字，缺 17 字，据王树民《廿二史札记校证》改。并参《旧五代史》，《晋书·高祖纪五》及《赵莹传》。

"此事赵莹为监修，综理周密，故莹本传谓，《唐书》二百卷，莹首力焉。"① 诚为笃论。

（三）针对迁延多年、影响全局的关键问题作出果断的决定

北宋初君臣对《旧唐书》的修成不满意，认为它在史料上、体例上、叙述史事上都有许多毛病，乃有重修唐史之举。宋仁宗庆历四年（公元1044年），枢密使贾昌朝建议重修《唐书》，于是诏令建立书局，由翰林学士宋祁、翰林学士王尧臣、天章阁侍讲曾公亮、大理寺丞范镇并为编修官。宋祁于史职颇为尽力，在局六年，多所撰述。以后即连续出任亳州、郑州等地任官职，近十年中皆以史草自随。其他预修者都进展不大。宋祁也因史事迁延正苦恼，于皇祐四年（公元1052年）上疏要求朝廷派宰相监修《唐书》，以统制全局，裁定褒贬，商榷订正，保证修史工作的有效进行。疏云："臣先奉诏修定《唐书》。是时贾昌朝罢执政，丁度以参加知政事嗣总其任。度比罢免，而书局不解。今度不幸薨谢，臣又远守边郡，本局止有删修官王畴以下四员，至今编纂迟延，纪、志俱未有草卷。诚恐书无统制，诸儒议论不一，淹引岁时，欲望朝廷许依前例，以宰相监修。窃以一王大典，垂法千古，今功且垂成，而其间褒贬是非，出史臣等，须藉当国大臣商榷订正，为斯文之重，庶书成行远，无愧前人。"②

仁宗乃于至和元年（公元1054年）诏翰林学士欧阳修主持撰修工作。欧阳修首先作了明确分工，由宋祁专门撰写列传，本人则带领史局中吕夏卿、范镇、宋敏求、刘羲叟、梅尧臣等人，撰修纪、志、表，并负责全局工作。因分工恰当，职责明确，史局工作为之改观，修史工作效率大大提高。其时主撰欧阳修在都城开封，宋祁在外地，两地修史，为了沟通信息，商定重要体例，欧阳修曾专派精于义例的吕夏卿到郑州与宋祁"商较同异"③。如何商较和解决，我们现仍能从《新唐书》相关的纪、志和传中找到一些线索。武后既立纪又有传，二者并非重复，而是各有分工，各有侧重。又如赵翼所说："《旧书》有祖孝孙、傅仁均、

---

① 《廿二史札记》，卷十六"旧唐书源委"条。
② 《宋景文集》，卷二十九，《乞宰相监修唐书疏》。
③ 同上书，卷二十八，《让转左丞札子》。

一行传，《新书》祖孝孙事具《礼乐志》中，傅仁均事具《历志》中，一行事具《历志》及《天文志》中，不另立传。《旧书》不为施敬本、卢履冰、王仲丘、康子元立传，事具《礼仪志》中。《新书》增立施敬本等四人传，皆取《旧志》之文而成，《礼乐志》因而从略。"①

《新唐书》中志的部分多达 50 卷，内容很有特色。在欧阳修主持下，对此做了卓有成效的工作。修史以志书难度最大，此乃历代史家的共识，为了使《新书》志的部分内容丰富而详确，欧阳修曾于至和二年（公元1055 年）奏请派编修官整理官府所藏唐及五代奏牍案簿。奏疏云："自汉以下，惟唐享国最久，其间典章制度，本朝多所参用，所修《唐书》新制（一作志）最宜详备。然自武宗以下并无实录，以传记别说，考正虚实，尚虑缺略。闻西京内中省寺留司御史台及銮和诸库，有唐至五代以来奏牍案簿尚存，欲差编修官吕夏卿诣彼检讨"。② 朝廷准其所请。后来吕夏卿所撰《唐书直笔》恰好论述了《新书》志的部分因资料精确价值而高于《旧书》："《唐书》著于五代幅裂之际，成篇迫遽，殊未详悉，故有诏纂辑十余年矣。今广内藏书之盈，传记可以质据者；得大衍、景福之历，而律历志可完矣；得职该《六典》之书，而百官志可完矣；得开元曲台礼，《郊祀录》，而礼乐志可完矣。"欧阳修又对志的篇目设置和内容安排作了很好的裁定。根据时代特点，《新书》创设了一些新志，即《旧唐书》所无的《仪卫志》、《选举志》和《兵志》。《兵志》记述唐代府兵制的废置得失，《选举志》记述唐代科举取士、官吏铨选制度。再就内容的特色言，"《食货志》较旧志增加了一倍有余，更多地保存了唐代社会经济的史料。《地理志》详述了唐朝地理沿革、州县等第，记载了军府设置、物产分布、水利兴废等状况，补充了不少旧志所没有的资料。《历志》的篇幅增加最多，几乎超过旧志的三倍。它记载了唐代八次改历的历法，特别可贵的是保存了在历史上占有重要地位的《大衍历》的历义（历法理论）。《艺文志》比旧志增加了很多书目。特别是开元以后的著作补充不少，唐人文集就增多了五百余家。"③ 欧阳修还编制了一些新的表谱，如《宰相表》、《方镇表》、《宗室世系表》、《宰相世系表》。其中，《宰相表》反映了唐代宰执名号、员额的多变，《方镇表》反映了唐

---

① 陈光崇：《中国史学史论丛》，159～160 页，沈阳，辽宁人民出版社，1984。
② 《续资治通鉴长编》，卷一八一。
③ 陈光崇：《欧阳修的史学》，《中国史学史论丛》，139～140 页。

代特有的"方镇之恶",《宰相世系表》反映了诸臣"务以门族相高"的士族制度的余风。这些新制的表,与欧氏在其所撰《新五代史》中所设《十国世家年谱》在纪传体史书编纂上有共同的意义,即"恢复了马、班以来长期为史家所忽而不为的史表"。"自此以后,宋、辽、金、元、明、清诸史,无不编制史表,可见欧史影响之深。"① 在宋祁原先在局撰史的基础上,经欧阳修受命主撰之后七年的努力,至仁宗嘉祐五年(公元1060年)全书完成进呈,共225卷(其中宋祁撰修的列传部分150卷),得到朝廷的嘉奖。

元修宋、辽、金三史也曾经历长期迁延的过程,其后,负责都总裁的宰相脱脱起了重大的推动作用,终于促使修史工作得以有效进行,成为历史上的佳话。

辽、金、宋三朝本各有本朝实录或国史。辽史在辽时已有耶律俨本,在金时又有陈大任本,这是辽史旧本。金主九代大都撰有实录,金亡时,累朝实录被降元将领张柔载归北去,后交元朝史馆。加上金末文人元好问所撰《中州集》、《壬辰杂编》及刘祁所撰《归潜志》,也提供了有价值的史料。宋亡后,历朝国史、实录计两千余册,由元臣董文炳悉解运到元都,贮国史院,此为宋史旧本。这些半成品或史料,即是元修三史的凭借。元世祖中统二年(公元1261年),翰林学士承旨王鹗奏请修辽、金二史,诏左丞相耶律铸、平章政事王天统监修。及宋亡,又命史臣通修三史。至元末至正年间,迁延达60年,修史终未有效进行。其主要原因为"义例"未定。关于义例的争论主要有两种意见:一种主张仿《晋书》例,以辽、金作为"载记",附于宋史;另一种主张仿《南史》、《北史》例,以北宋为"宋史",南宋为"南史",辽、金为"北史"。为此而争议不决。直到至正三年(公元1343年),元顺帝诏令丞相脱脱为都总裁,决定:辽、金、宋三史"各与正统,各系其年号",各修一史,至此才最终结束长期停顿的局面。都总裁以下,又设铁机塔识、太平、欧阳玄、揭傒斯等为总裁官。遴选史臣分撰三史:惠山海牙、王沂、陈绎曾等撰修《辽史》;沙剌班、王理、伯颜、费著、赵时敏、商企翁等撰修《金史》;斡玉伦徒、泰不华、杜秉彝、王思诚、张谨、贾鲁、余阙、

---

① 《欧阳修的史学》,《中国史学史论丛》,138 页。

危素等撰修《宋史》。① 至正四年三月至至正五年十月，三史先后告成。计《辽史》116 卷，《金史》135 卷，《宋史》496 卷。宋、辽、金三史卷帙浩巨，成书甚速，虽各自存在错漏，但毕竟三史各自记载了各朝历史的基本面貌，修成一代典册。其中《宋史》内容丰富，《金史》则向被称为叙事详核，条例严密，文字简洁，于三史中为最佳。此项大型文化工程实与都总裁官脱脱的努力分不开，脱脱以其识断解决了"义例"的关键问题，促使三史迅速修成，堪称是蒙古族建立的元朝对中国文化所作的一大贡献。

（四）主撰者对成于众手的史稿精心修改、审定，使之成为内容、体例、文字上互相协调的一代典册

《明史》的实际撰修工作始于清康熙十八年（公元 1679 年），至雍正十三年定稿（公元 1735 年），历时五十余年。前后参加修撰的学者约有百人，中间诏令任监修、总裁者几次更换。历经时间如此长久，预修的史臣如此众多，最后能成一部 332 卷的巨著，被称为取材丰富、文字简洁、体例比较严密，在历代官修正史中占据较高的地位，实有赖于先后负责主撰者万斯同、王鸿绪之力，而以万斯同贡献尤大。

清顺治初和康熙初两次设馆修明史，但均因条件不具备而未有实际成效。康熙十八年，命内阁学士徐元文为监修，翰林院掌院学士叶方蔼、右庶子张玉书为总裁。征博学鸿儒彭孙遹、朱彝尊、汤斌、潘耒、尤侗、吴任臣等 58 人入翰林，与卢琦等 16 人为纂修，开始大规模修史。前此两次开馆未见成效的重要原因是史料不足。对此，叶方蔼力请刻期购书。他上疏称：令督抚责成各省学臣，或遣官专行采访，凡载有故明事迹，及郡县地志，或明代大臣名臣名儒文集传志，皆修史所必需，务令加意搜罗，以期必得。具体办法，可按卷帙价值，或登记借用，俟纂修完毕归还，或雇人就家誊抄。朱彝尊亦言于总裁，以聚书为史馆急务。当时，黄宗羲、顾炎武身系一代掌故，名望崇高，朝廷多方延请而不至。宗羲派其子百家、门生万斯同及万言参加史局。万斯同精于史学，熟悉明实录及各种记载，抱元遗山之志，欲以修史报答故国。康熙十八年，斯同

① 参见中华书局标点本《宋史》、《辽史》、《金史》出版说明，赵翼：《廿二史札记》，卷二十七"辽史"、"金史"条。

应徐、叶之征入京修史，宗羲以《大事记》、《三史钞》授之，并做诗多首送行，其中有云："四方声价归明水，一代贤奸托布衣。"深沉地嘱咐他在修史中负起裁定一代贤奸、正确评价明朝历史的重任。斯同请以布衣参史事，不受朝廷俸禄，馆于徐元文家，出于众手的史稿均由他审定。全祖望生动地记述其隐然起到主修的作用："时史局中征士，许以七品俸称翰林纂修官，学士（徐元文）欲援其例而授之，先生请以布衣参史局，不署衔，不受俸，总裁许之。诸纂修官以稿至，皆送先生覆审。先生阅毕，谓侍者曰，取某书某卷某叶，有某事当补入，取某书某卷某叶，某事当参校。侍者如言而至，无爽者。"① 徐元文即通过万斯同这位明史权威起到总领史局的作用。黄百家《万季野墓志铭》云："监修徐元文在史局论事，尝曰：'万先生之言如是！'朝士曰：'万先生何人？'答曰：'季野。'又问：'季野何人？'元文怫然曰：'恶！焉有为荐绅而可不识万季野者！'"可见徐元文对其倚重之至。徐元文罢职后，继任总裁者又延斯同主其家，专委一如元文，正如黄云眉先生所指出："惟斯同以一生所学，鞠躬其事，历二十余年，不居纂修之名，隐操总裁之柄"②。总之，在明史馆撰修的前期，万斯同实际起到主修的作用，直至其去世，前后历 23 年。由他初步删改定稿的《明史稿》416 卷，虽然尚比较粗糙，但从其囊括的内容和基本的格局说，它无疑已经为《明史》的最后纂成作出了决定性的贡献。

王鸿绪在《明史》纂修前期即参与史馆工作（先为纂修官，后为总裁），后期复任总裁后，以十余年岁月多次对史稿校核修订，故他对《明史》修成的贡献仅次于万斯同。黄爱平《王鸿绪与〈明史〉纂修》一文，主要根据王氏康熙五十三年《进呈明史列传稿疏》及雍正元年《进呈明史全稿疏》，旁参与王氏先后同在史馆任职的学者的记载，以及其他文集、笔记的有关资料，对此详加考辨论证，足资参考。监于万斯同初步删定之《明史稿》尚存在"缺而不全，涣而不一"的缺陷，王鸿绪于康熙三十三年（公元 1694 年）重任《明史》总裁后，与同为总裁的陈廷敬、张玉书等商定，将初稿本纪、列传、志表分开，分别审定，各专其职。王氏所负责为数量最大的列传部分，他仍延请万斯同馆于家，直至

---

① 全祖望：《万贞文先生传》，《鲒埼亭文集选注》，297 页，北京，中华书局，1982。

② 黄云眉：《明史编纂考略》，《史学杂稿订存》，125 页，济南，齐鲁书社，1980。

万氏去世，并聘钱名世一同参订。康熙四十八年，王鸿绪因参与诸皇子争夺储位之事，受斥解任回籍，他将全部列传稿携回再作修订。康熙五十三年，将删改完毕的列传稿奏上，康熙下令交明史馆收贮。又因陈廷敬、张玉书先后去世，王鸿绪又对初稿之本纪及部分志、表作删改，最后汇编成《明史稿》310卷，于雍正元年（公元1723年）进呈，同年，卒于京邸。王鸿绪不仅先后对列传史稿进行了详慎的考核和修订，且对志、表部分，他也能承袭初稿的长处，并作了有价值的创新。如《历志》附以插图，立《七卿年表》，独立于《大臣年表》之外。（王氏对一些志、表的删改也有不恰当之处）当时人如同在明史馆任纂修官的汪由敦等都曾对王鸿绪的修改稿加以褒扬。故以往曾颇为流行的王鸿绪"窜改"、"攘窃"的说法是不能成立的。通过考辨，可以得出如下看法："王鸿绪自康熙十八年以后，一直参与《明史》的编纂工作，前后凡四十余年。特别是在史馆后期，于史事阑珊，同馆凋零的情况下，以一人之力，老耄之年，独自担任明史全稿的修订工作，终于汇成一部较为翔实可信的史稿，为流传于后世的《明史》最后成书奠定了良好的基础。"王鸿绪在《明史》纂修中的贡献，"确为仅次于万斯同之后的第二人"①。雍正元年（公元1723年）张廷玉任总裁后，即以王鸿绪《明史稿》为蓝本加以增删，于雍正十三年定稿，终成一部包括本纪24卷，志75卷，表13卷，列传220卷，总计332卷的一代史册。

二　商讨体例、发挥专长、坚持直笔

自隋以后，历代需要依靠集体的力量，修撰成一代全史，这是史学发展的客观趋势。西汉大史学家司马迁继承其父司马谈的遗愿，能以一人之力撰成《史记》，这除了凭借他非凡的天资、雄奇的创造力外，也与上古史料数量较为有限、社会状况也还较为简单直接相关。后代则大不相同，社会愈加复杂，人物、事件更为纷纭，史料异常繁富。因此，自唐初修成《北周书》、《隋书》以后，历代正史绝大多数必由史馆集体修撰而成，只有五代史，先在宋太祖开宝年间设局撰修，后至宋仁宗时欧

---

① 黄爱平：《王鸿绪与〈明史〉纂修——王鸿绪"窜改"、"攘窃"说质疑》，见《史学史研究》，1984年第1期。

阳修对之不满意而私修成《新五代史》，故前后有新、旧两部。设局纂修，主撰者的统帅作用无疑系于全局的成败，而预修集体的共同努力同样是极其重要的。各位史臣除分工搜集史料、撰写所任的篇章外，还在商议、制定体例，发挥专家之学、撰成典志（或表谱）之作，以及抵制曲笔粉饰、力求写出信史等方面各效其能，发挥重要作用。

刘知几说："夫史之有例，犹国之有法。国无法，则上下靡定；史无例，则是非莫准。"① 这是对撰史经验的总结。优秀的史书无不做到义例恰当、精严、整齐，全书才能成为结构严密的整体。集体撰史如何通过各抒己见、集思广益，制定好体例，尤为重要，务求反映不同时期历史的变化，而且使所有预修者有规矩可循。

南朝齐建元二年（公元480年），诏檀超与江淹掌史职。檀超首先重视制定史例。据《南齐书·檀超传》载，超将所拟体例奏上，大旨为：开元纪号，不取宋年，封爵各详本传，不设年表，立十志，仿班固立《律历》、《礼乐》、《天文》、《五行》、《郊祀》、《刑法》、《艺文》，仿蔡邕、司马彪立《朝会》、《舆服》，仿徐爰立《州郡》，仿范晔立《百官》，日月蚀旧载《五行》，应改入《天文志》，帝女应立传，以备甥舅之重，并立《处士》、《列女》传。诏内外详议。王俭详加论议，认为，应立《食货》，省《朝会》，因食货乃国家之本务，朝会则前史不书，乃蔡邕一家之意，日月蚀应仍载入《五行》，帝女若有高德绝行，当载《列女传》，若止于常慧不立传。齐高帝诏令裁定，日月蚀仍载《天文》，其余如俭议。这就是萧齐时所议定的修国史义例。对此，赵翼评价："今案萧子显《齐书》，……其体例与超、淹及俭所议皆小有不同，盖本超、淹之旧而小变之。"② 唐太宗贞观二十年（公元646年）诏修《晋书》，诏令中任命房玄龄三人"掌其事"。来济、陆元仕等14人"分功叙录"外，又特命令狐德棻、敬播、李安朝、李怀俨"详其条例，量加考正"。③ 欧阳修、宋祁主修《新唐书》，在制定义例上得吕夏卿襄助甚大。吕著有《唐书直笔》，发挥义例，谨严精核，其论议深见于欧、宋撰成之作。

《明史》纂修过程中，馆臣反复商讨、制定"义例"更是一件大事。康熙十八年重开明史馆后，朱彝尊首先上书言体例应本乎时宜，不墨守

---

① 《史通》，卷四，《序例》。
② 《廿二史札记》，卷九"齐书旧本"条。
③ 《唐会要》，卷六一三，《史馆上·修前代史》。

旧史成法，请先确定以为修史定式。其论云：

> 明三百年事有创见者：建文之逊国革除，长陵之靖难，裕陵之夺门，宜何以书？跻兴献王于庙，存之则为无统，去之则没其实，宜何以书？志河渠者，前史第载通塞利害而已，明则必兼漕运言之，而又有江防海防御倭之术，宜何以书？志刑法者前史第陈律令格式而已，明则必兼厂卫诏狱廷杖晰之，宜何以书？若夫志地理则安南之郡县，朵颜之三卫，曾入图版，旋复弃之；又藩封之建置，卫所之参错。宜何以书？至于土司之承袭，顺者有勤王之举，反侧者兴征讨之师，入之地志则不能详其事，入之官制则不能著其人，宜何以书？又魏、定、黔、成、英、临、淮诸国，衍至一公，咸与明相终始，则世家不可不立；惟是张道陵之后，觍颜受世禄，奉朝议，于义何居！然竟置不录，难乎免于阙漏，宜何以书？盖作史者必先定其例，发其凡，而后一代之事，可无纰缪。①

后诏令徐乾学被命与陈廷敬、张玉书、汤斌、王鸿绪同为总裁官，乾学与徐元文先商榷议就修史条议，得 61 条。王鸿绪继之成《史例议》，汤斌亦有《修史凡例议》。此三者成为修史条例的主要依据。馆臣中，朱彝尊先后上总裁书多次，毛奇龄有《奉史馆总裁札子》，黄宗羲有《答万贞一论明史历志书》，王源有《与徐立斋学士论王威书》、《与友人论韩林儿书》等，均以极认真的态度提出有关史例的建议，不乏真知灼见。当时激烈争论之焦点，在是否依《宋史》设立道学传（或理学传）。徐氏兄弟《条议》中论应设理学传的四条理由，大意为：（1）明朝讲学者最多，成、弘以后，指归各别，今宜如《宋史》例，以程朱为一派，另立《理学传》，如薛敬轩、曹月川、吴康斋、罗整庵等。（2）白沙、阳明、甘泉宗旨不同，其后王、湛弟子，又各立门户，要皆未合于程朱者，宜如《宋史》象山、慈湖例入《儒林传》。（3）浙东学派，最多流弊，王龙溪及泰州王心斋辈，皆不必立传，附见于江西诸儒之后可也。（4）立《理学派》目的，在显示学术宗旨，宜归一是，学程朱为切实平正，不生流弊。除徐氏兄弟外，彭孙遹亦有另立《道学传》之奏。馆臣中看法分歧

---

① 朱彝尊：《曝书亭集·史馆上总裁第一书》。

不能统一，因此立传之事长久搁置。此后，黄宗羲移书史馆，"驳诘徐议，并斥《宋史》立《道学传》为元人之陋，《明史》不当仍其例"①。其书先将徐氏兄弟所论四款逐条驳辩后，更强调"儒学"之名可包括众多学者，不能再以"道学"标榜其高出于他人。云："统天地人曰儒，以鲁国而止儒一人，儒之名目，原自不轻。儒者成德之名，犹之曰贤曰圣也，道学者以道为学，未成乎名也，犹之曰志于道，志道可以为名乎？顾重而反轻，称名而背义，此元人之陋也。"② 恰值朱彝尊亦持此议，其《史馆上总裁第五书》论云："元修宋史，始以儒林道学析而为两：言经术者入儒林，言性理者，别之为道学；又以同乎洛闽者进之道学，异者置之儒林。其意若以经术为粗，而性理为密，朱子为正学，而杨陆为歧途，默寓轩轾进退予夺之权，比于春秋之义。然六经者，治世之大法，致君尧舜之术，不外是焉，学者从而修明之，传心之要，会极之理，范围曲成之道，未尝不备，故儒林足以包道学，道学不可以统儒林。"③ 总裁汤斌得黄宗羲之书及朱彝尊之建议后，主意乃定，于是以黄氏书信示众人，删去"道学"之目。④

撰修志、表，乃纂史中甚为艰巨的工作。尤其是修志，要为一朝之各种典章制度及社会各方面的情状，作全面、概括而又具体详明、原委毕见的论述，是尤为困难的工作。故南朝史家江淹有言："修史之难，无出于志。"这也是历代正史中有的缺修书志的重要原因。故书志要修得好，就必须依靠专家之学。遴选出精于某一学问的学者分工执笔，集合众长方能告成。

唐贞观年间诏修的《五代史志》历来负有盛名，就因为预修的于志宁、李淳风、韦安仁、李延寿都是具有专长的学者，其中于志宁通地理，李淳风精于天文、历法，一人独修《天文》、《律历》、《五行》三志。宋高似修所撰《史略》有中肯的评价："《隋志》（按即《五代史志》），因合于《隋书》刊行，故名。独该五代，南北两朝纷纷然淆乱未易贯穿之事，读其书则了然如在目。良由当时区处各当其才。"《新唐书》一向获得好评，除欧阳修、宋祁二人分别主撰本纪、列传外，又"得诸名手佽

---

① 黄云眉：《史学杂稿订存》，131 页。
② 黄宗羲：《南雷文定·移史馆论不宜立道学传书》。
③ 《曝书亭集·史馆上总裁第五书》。
④ 参见全祖望：《梨洲先生神道碑文》，见黄云眉编选：《鲒埼亭文集选注》，济南，齐鲁书社，1982。

助，宜其称良史也"。其中范镇、王畴都在史馆预修历十余年之久。吕夏卿熟于唐事，又通谱学。梅尧臣撰《方镇》、《百官表》。刘羲叟是著名的天文、历法专家，负责专撰《律历》、《天文》、《五行志》。《新唐书》有"良史"之称，正是这些专家共同努力的结果。明初修撰的《元史》诸志，也是依赖于元代郭守敬这些专家所提供的学问基础，如赵翼所说："其《天文》、《五行》诸志，则有郭守敬所创简仪、仰仪诸说；《职官》、《兵》、《刑》诸志，又有虞集等所修《经世大典》；水利河渠诸志，则有郭守敬成法及欧阳玄《河防记》以为据依，故朝制度，亦颇详赡。"①《明史》的志、表，则遴选了当时一批专门学者撰修，如潘耒撰《食货志》，尤侗撰《艺文志》，徐乾学撰《地理志》，姜宸英撰《刑法志》，王源撰《兵志》。《天文志》先由吴任臣撰后黄百家又继任之。《历志》则汇集了吴任臣、黄百家、汤斌、梅文鼎四人之心力。据梅文鼎《勿庵历算书目历赘言提要》云："康熙己未，愚山侍讲奉命纂修明史，寄书相讯，欲余为历志属稿，因作历志赘言寄之。大意言明用大统，实即授时，宜于元史阙载之事详之，以补其未备。又回回历承用三百年，法宜备书。又郑世子历学。已经进呈，亦宜详述。他如袁黄之历法新书，唐顺之周述学之会通回历，以庚午元历之例例之，皆得附录。其西洋历方今现行。然崇祯朝徐李（按，指徐光启、李天经）诸公测验改宪之功，不可没也，亦宜备载缘起。盖历志大纲，略尽于此。一二年后，担簦入都，承史局诸公以历志见商，始见汤潜庵先生所裁定吴志伊之稿，大意多与鼎同，然不知其曾见余所寄愚山赘言与否？"潘耒为修《食货志》，抄辑了资料60余本。姜宸英所撰《刑法志》，甚得当时学者王士祯的推服，称此《志》"极言明三百年诏狱廷杖立枷东西厂卫缇骑之害，其文痛切淋漓，不减司马子长"。②

唐初设馆修史制度确立之后，修撰工作中的确存在着直书与曲笔的斗争。历代朝廷诏修史书，既有重视历史记载连续性、增强中华文明的传承力、促进各民族的历史文化认同的功绩，又有封建官府加强对史学控制的明显意图。隋文帝开皇十三年（公元593年）下诏："民间有撰集国史、臧否人物者，皆令禁绝。"③唐以后，史馆中的总纂、刊修官、纂

① 《廿二史札记》，卷二十九"元史"条。
② 王士祯：《古夫于亭杂录》，转见《史学杂稿订存》，140页。
③ 《隋书》，卷二，《高祖纪下》。

修官，都是皇帝下诏任命，而且修当代史、修前代史，都由宰相或其他大臣监修。这种监修制度，当然是为了保证纂修工作要体现朝廷的意志和评判标准。当权者总是要凭借其权力控制史事，甚至有因修史触犯当权者意旨，著史者被治罪，史籍遭禁毁的事例，如，"南宋高宗时，秦桧主和有私史之禁，李焘尝以作史得罪，桧死，禁始弛，宁宗嘉泰二年，韩侂胄，复有私史之禁，凡事干国体，悉令毁弃"①。但是，中国史学又有发扬直笔精神的传统。先秦史官董狐、南史秉笔直书、不怕权臣威吓、不惜以身殉职的风格传扬千古，司马迁著史不隐恶、不虚美的"实录"精神流传百代。后世正直史官乃以善恶必书、务求实录为己任，勇于抵制、抨击曲笔讳饰、虚誉隐恶的行径。《唐会要》所载贞观中史臣回答太宗善恶必书乃史臣之本职的话就颇为典型："贞观十六年四月二十八日，太宗谓谏议大夫褚遂良曰：'卿知起居记录何事？大抵人君得观之否？'对曰：'今之起居，古之左、右史。以记人君言行。善恶必书，庶几人主不为非法。不闻帝王躬自观史。'太宗曰：'朕有不善，卿必记之耶？'遂良曰：'守道不如守官，臣职当载笔，君举必书。'黄门侍郎刘洎曰：'设令遂良不记，天下之人皆记之矣。'"②唐代之《高祖实录》、《太宗实录》，本为敬播所修，颇详直，后许敬宗擅作修改，高宗时发现后，又令史臣刊正。武后时，刘知几、吴兢修《则天皇后实录》。刘知几不惧武三思的压力，敢于坚持直笔。吴兢书张易之诬魏元忠有不顺之言，引张说为证。说先已许张，赖宋璟力阻，始对武后谓元忠无此语。后张说见《实录》已将事情经过悉书，于己不利，乃嘱吴兢改之，兢反诘曰，如此何名实录？故赵翼甚重视此事，明确肯定"刘、吴二人修实录尚存直笔"。③韩愈所修《顺宗实录》能据实记载，但事涉宦官干政擅权，故招致非议。文宗诏史臣路隋刊正。据《旧唐书·路隋传》载，隋奏云：周居巢、王彦远、李固言诸臣皆谓不宜修改。而宰臣李宗闵、牛僧儒谓史官李汉、蒋偕皆愈之婿，不可参撰。臣独以为不然，愈所书本非己出，自元和至今无异词，且请示其甚谬者，付下刊定可耳。乃诏摘出贞元、永贞年间数事改正，馀不复改。《宪宗实录》在唐武宗会昌年间曾重修。据《旧唐书·李汉传》载，时李德裕当政，于李汉所修实录书其父李吉

① 金毓黻：《中国史学史》，94页，石家庄，河北教育出版社，2000。
②《唐会要》，卷六十三"史馆杂录上"。
③《廿二史札记》，卷十六"唐实录国史凡两次散失"条。

甫之事不加掩饰，德裕大不满，乃借口李汉是李宗闵党予以贬逐，重修实录。及宣宗即位，又诏《宪宗实录》乃不刊之书，李德裕擅作窜改，夺他人之美事，为私门增光，乃诏崔龟从等重加刊正，成《宪宗实录》之定本。北宋欧阳修任翰林学士兼史馆修撰时，于嘉祐四年（公元 1059 年）上奏，切陈当朝日历时政记所载："简略遗漏，百不存一，至于事关大体者，皆没而不书"。他直言其主要原因，即由于皇帝亲阅日历的现行做法造成史官不敢据实直书，"自古人君，皆不自阅史，今撰述既成，必录本进呈，则事有讳避，史官虽欲书而不可得也"。同时他建议对懒惰失职或记载讹误的史官实行处罚，"乞每至岁终，命监修宰相亲至史院，点检修撰官纪录事迹，内有不勤其事隳官失职者，奏行责罚。"① 南宋孝宗隆兴元年（公元 1163 年），起居郎胡诠也上奏要求诏准"记注不必进呈，庶人主有不观史之美"②，他不怕招来谤议，大胆陈言，希冀有效地实行史官独立记载不受干预的制度，以保证史官确实能履行"君举必书，善恶必录"的职责。

三　教训和缺陷

在封建时代，设馆修史的重要意图之一是为加强朝廷对史学的控制，不论对当朝史或前代史，都要由官方裁定褒贬史事、臧否人物的标准，皇帝诏命的监修、总裁、刊修官执行的就是朝廷的意旨，史臣如何思考、如何撰写，都绝对不能逾越。故封建时代官修史书是同史家的独立见解，如司马迁所追求的"成一家之言"，范晔所揭示的"激浊扬清"，刘知几所提倡的"独得之学"直接相对立的，史学家的进步史识和自由思想必然受到严重的桎梏。封建社会的时代局限和史官的阶级局限，也必然造成历史记载存在大量的夸饰、隐讳和失实。历代官修正史的体裁形式，其总体格局也是代代相因、缺乏创造，如章学诚所激烈批评的，"纪传行之千有余年，学者相承，殆如夏葛冬裘，渴饮饥食，无更易矣。然无别识心裁，可以传世行远之具，而斤斤如守科举之程式，不敢稍变；如治

---

① 欧阳修：《论史馆日历状》，《欧阳修全集》，卷十二。
② 《宋史》，卷三七四，《胡诠传》。

胥吏之簿书，繁不可删。"① 纂修前代史是艰巨、复杂、细致的文化工程，事件、人物、制度、社会情状等千头万绪，史料繁富纷纭，加上众人分工、分头撰写，这一切都要求在统制、协调上有周密的措施，做大量有效的工作，然而在封建时代是远远不能达到的。故古代设馆修史必定存在许多缺陷和弊病，兹择举若干事实并略加申论。

一是权臣监修，庸才而寡识，却对撰修工作乱加干预，或组织、调配无方，专横跋扈，令史臣无所适从。当刘知几在史馆任职时，武三思之辈炙手可热，对负责修撰实录、国史的史臣横加干预。同时朝廷中不同政治势力集团之间的权力争斗，以及官僚门阀世家之间以国史记载作为光耀门庭、显示社会地位的手段，也都严重影响史官做到秉笔直书。为此，刘知几愤然辞去史职，并对史馆存在的弊端加以抨击："恩幸贵臣，凡庸贱品，饱食安步，坐啸画诺……故凡所引进，皆非其才，或以势力见升，或以干祈取擢。"② "近代史局，皆通籍禁门，深居九重，欲人不见，寻其义者，盖由杜彼颜面，防诸请谒故也，然今馆中作者，多士如林，皆愿长喙，无闻齰舌，傥有五始初成，一字加贬，言未绝口，而朝野具知，笔未栖毫，而缙绅咸诵"。"夫《尚书》之教也，以疏通知远为主；《春秋》之义也，以惩恶劝善为先；《史记》则退处士而进奸雄；《汉书》则抑忠臣而饰主阙……斯并曩时得失之列，良史是非之准，作者言之详矣。顷史官注记，多取禀监修，杨令公则云必须直词，宗尚书则云宜多隐恶，十羊九牧，其令难行，一国三公，适从何在"。"窃以史置监修，虽古无式，寻其名号，可得而言，夫言监者，犹总领之义耳，如创纪编年，则年有断限，草传叙事，则事有丰约，或可略而不略，或应书而不书，此刊削之务也；属词比事，劳逸宜均，挥铅奋墨，勤惰须等，某帙某篇，付之此职，某传某志，归之彼官，此铨配之理也。斯并宜明立科条，审定区域，党人思自勉，则书可立成。今监之者既不指授，修之者又无遵奉，用使争学苟且，务相推避，坐变炎凉，徒延岁月。"③ 韩愈任史职时，正是宦官专擅朝政、为祸极深之时，面对邪恶之徒搬弄是非、造谣生事，也使他承受巨大的压力，故云："且传闻不同，善恶随人所见，甚者附党，憎爱不同，巧造言语，凿空构立善恶事迹，于今何所

---

① 章学诚：《文史通义》，内篇一《书教下》。
② 《史通》，卷十，《辨职》。
③ 同上书，卷二十，《忤时》。

承受取信，而可草草作传记令传后世乎?"①

二是成于众手，缺乏有效的检核协调机制，造成歧误、重复，或体例不相统一。《旧唐书》对唐初至唐代宗时期的历史事件叙述比较完整，而对唐后期的记载却大不如前。"穆宗以后的本纪内容繁琐冗杂；《历志》、《经籍志》叙述仅至玄宗时代；列传中对唐代末期人物缺漏较多"。② 还存在一人两传等现象。如杨朝晟在列传之七十二和九十四有两传，王求礼在列传之五十一和一百三十七也有两传。像这种因纂修组织工作粗疏低效而造成内容、体例上的诸多舛误，《宋史》、《元史》同样明显。《宋史》在史料剪裁、史实考订、全书体例结构等项有许多缺陷，被称为繁芜杂乱。而元初修《宋史》系以宋人纂修的国史为依据，宋代国史对北宋记载特详，南宋中叶以后罕所记载，《宋史》修撰者据以成书，未再下工夫采撷史料，故显得前详后略，头重脚轻，甚不协调，书中还有许多自相矛盾之处，如一人两传，无传而说有传，一事数见，有目无文，纪与传、传与传、表与传、传文与传论之间互相抵牾等。顾炎武曾指出，《元史》列传中第八卷之速不台即第九卷之雪不台，十八卷之完者都即二十卷之完者拔都，三十卷之石抹也先即三十九卷之石抹阿辛，皆是一人两传，可见修史之草率从事。赵翼《廿二史札记》中对此也多有指摘，《宋史》中李熙靖既见于列传之一百一十六，又见于二百一十二。③ 这些都是因组织不严密、缺乏认真核查把关所致。列传编排上的缺陷还可追溯到更早。魏晋至唐初门阀制度盛行，以一门数代皆任高官要职相炫耀，故魏收《魏书》、李延寿《南史》、《北史》均采用以子孙附其父祖的立传方法，此也属体例之失当，史书成为门阀世族的家谱，致使"一传中有数十百年事，阅一传即需检数朝之史，其实转滋瞀惑"。④

三是回护不实，徇情曲笔。《周书》的列传有不少地方明显地夸耀门阀贵显、虚饰祖宗功绩。《周书》的主撰令狐德棻之祖令狐整是北周的大将军，宇文政权骨干人物之一。尤其是，唐朝帝室和唐初大臣，也大多为西魏、北周骨干人物的嫡派子孙。因有这种政治背景，《周书》在编纂上就要竭力歌颂宇文政权的骨干人物，即关右旧族、八柱国、十二大将军，且要大力赞叹"今之称门阀者，咸推八柱国家"。凡是唐朝的达官贵

---

① 韩愈：《答刘秀才论史书》，《韩昌黎全集》，外集卷二。

② 中华书局标点本《旧唐书》，"出版说明"，2 页，北京，中华书局，1975。

③《廿二史札记》，卷二十四"史家一人两传"条。

④ 同上书，卷三十一"明史"条。

戚，《周书》便设法为其在周代的祖先立传，并不惜歪曲事实加以颂扬。如，"杜杲并无多少值得记载的事迹，但他却是唐朝宰相杜如晦的曾伯祖，杜家是关中头等门阀，唐朝谚语说'城南韦、杜，去天尺五，'周书没有杜家的传，不是'缺陷'吗？因此特为杜杲立专传，但由于事迹实在不多，只得把他出使陈朝的一些无谓的应对之辞塞进传中，以充篇幅。萧詧是梁朝的宗室，为了争夺帝位，不惜勾结西魏军队进攻梁朝的疆土，导致江陵十余万人民沦为奴婢的惨祸，自己卑躬屈节，充当西魏军监护下的傀儡皇帝。而弓中竟给他作出'盖有英雄之志，霸王之略'这样与本人立身行事截然相反的评语。其所以如此，正是因为这个萧詧是唐朝另一个宰相萧瑀的祖父。"① 刘知几在《史通·曲笔》篇中，早已严词贬斥这种爱憎由己、徇情曲笔的行为："自梁、陈已降，隋、周而往，诸史皆贞观年中群公所撰，近古易悉，情伪可求。至如朝廷贵臣，必父祖有传，考其行事，皆子孙所为，而访彼流俗，询诸故老，事有不同，言多爽实。"②

薛居正《旧五代史》也因照抄实录而对人物多有虚美隐恶，不可尽信。清代王鸣盛对此有切中要害的批评："实录中必多虚美，而各实录亦多系五代之人所修，粉饰附会必多。今薛史以（朱）温为舜司徒虎之后，令人失笑。又言生时庐舍有赤气，熟寐化为赤蛇，居然以刘季等话头作装缀也。他所载机祥图谶颇繁，非得之实录者乎！"又说："盖五代诸实录皆无识者所为，不但为尊者讳，即臣子亦多讳饰。"③ 如石敬瑭是向契丹称"儿皇帝"的民族败类，《旧五代史·晋高祖本纪》却加给了他"旰食宵衣，礼贤从谏"，"能保其社稷"的美名。桑维翰是首先提倡投靠契丹军事贵族集团的，《旧五代史·桑维翰传》却为他开脱，说"和戎之策，固非误计"，赞美桑维翰是"效忠"后晋的"社稷臣"。故学者指出这类虚假失实的记载和评语，"完全违反了历史事实"，"是《旧五代史》的重大缺陷"④。

元修《宋史》，度宗以前各朝多本宋朝所遗留之国史，国史每每依据各家事状碑铭一类记载编缀成篇，这些家传、表志的特点是有善者则尽量夸饰，有恶者必设法隐讳，据此以修国史，其是非实有不能据信处。"元人修史又不暇参互考证，而悉仍其旧，毋怪乎是非失当也。"如《丞

① 中华书局标点本《周书》，"出版说明"，3 页，北京，中华书局，1975。
②《史通》，卷七，《曲笔》。
③ 王鸣盛：《十七史商榷》，卷九十三"欧史喜采小说薛史多据实录"条。
④ 中华书局点校本《旧五代史》，"出版说明"，2～3 页，北京，中华书局，1976。

纲传》中靖康围城之役，李纲本与姚平仲共谋劫营之事，遂遭失败。但据传中所述致败之责任全在姚平仲，李纲并无责任。"此事本载纲所著《靖康传信录》，史馆即据以立传也。"① 契丹首领阿保机之兴起，据欧阳修《新五代史》记载，原先契丹各部族实行八部迭相更代，轮流掌权的制度，独阿保机凭其势力强盛不肯遵行，自号为王，并以计诱杀八部大人，此书又载于《新唐书》，两处所载相合，当是阿保机实情，但《辽史》中却对此隐而不载。"盖耶律俨修实录时，为其先世隐讳，陈大任修史亦遂因之，不复勘对《唐书》及欧《史》也。"② 赵翼又指出《元史》中诸多记载不实处："《元史》亦多回护处，非明初修史诸人为之著其善而讳其恶也，盖元时所纂功臣等传本已如此，而修史者遂抄录成篇耳。如阿里海牙传，历叙其戡定湖广之功，而占降民为私户及征占城失利等事，则概不叙入。"③

四是匆促成书，将原国史的特定称谓或格式照录下来，造成明显的疵病；或者将所据史料任意割裂，颠倒位置，致使叙述史实不相连贯，乃至记载失误。《旧唐书》成书时间短促，不少地方系大抵抄撮唐代史料成书，书中所用"今上"、"我"等字眼，都是沿袭唐代国史或实录的旧文。"今上"指唐代史官撰述时的当代皇帝，"我"指唐朝。论赞中常出现"臣"字，也是唐代史官当时的称谓。元初修《宋史》，多依国史原本稍加排次，而未细加考订，故有任意割裂之病。赵翼对此也举出了很典型的例证。如宋朝国史《牛皋传》本附在《岳飞传》后，故有一段总叙岳飞的功绩。《宋史》既将《牛皋传》独立，却未将这段总叙移至《岳飞传》之后，致使此处失于累赘不合章法，彼处又失于缺漏。"此徒为以意割裂，而未及订正之失也。"④ 再者，《宋史》中《袁彦传》、《张保续传》均载刘仁瞻降，此为薛居正旧史之误。但欧阳修《新五代史》已辨明刘仁瞻不降，实为别将以仁瞻病笃诈为其书以降者，所以特列仁瞻于《死节传》。"今《宋史》袁彦等传尚云然，岂元人修史时，并欧史也亦不检对耶？"⑤《元史》也因编纂时间极为短促而造成内容、体例上的许多谬误。如编纂者误把不同皇帝的后妃领取岁赐的名单，统统当作同一

① 《廿二史札记》，卷二十三"宋史各传回护处"条。
② 同上书，卷二十七"辽史二"条。
③ 同上书，卷二十九"元史回护处"条。
④ 同上书，卷二十三"宋史多国史旧本"条。
⑤ 同上书，卷二十四"宋史各传错谬处"条。

皇帝的后妃处理，"以致在《后妃表》中将儿媳、曾孙媳、玄孙媳妇当成平列的妻妾"①。至于译名不相统一、年代史实乖误之处更多，因此《元史》一直为后人所诟病。相比之下，清代用了 60 年时间修成《明史》，对体例的商讨、安排比较周密，史料的剪裁较为恰当，文字的修订也较充分，故质量远高于《宋》、《元》诸史。

（原载《河北学刊》，2003 年第 5 期）

---

① 中华书局点校本《元史》，"出版说明"，2 页，北京，中华书局，1976。

蒋重跃

说"禅"及其反映的王朝更替观

春秋战国之世，尧舜禅让之说鼓噪而起；汉魏以降，假"禅让"之名的王朝更替史不绝书。"禅让"可视为中国古代历史上的重要现象之一。那么，如何认识这个历史现象呢？首先遇到的问题，便是如何解释"禅"这个概念。战国时期，"禅"字开始用来指代和平授受方式的王朝更替；南北朝到隋唐，"禅让"逐渐成为若干同类表达形式中最为流行的一种。可以肯定，这是一个有意义的概念。那么，古人为什么用"禅"字指代这类历史现象？或者说，"禅"字何以有禅让的含义？这是关系到能否正确理解中国古代王朝更替观的重要问题。据我的初步了解，这个问题还没有得到很好的解决。本文是我近几年来思考这个问题的一个阶段性总结，敬请方家指教。

一 关于"禅祭"说

"禅"字具有"禅让"之义，在传世先秦古籍《孟子》、《庄子》和《韩非子》中已有证据。这个意义来源于何处呢？这些文献没有提供现成的答案，后代有学者认为来源于祭祀，可称之为禅祭说，影响较大的主要有如下三种说法。

一曰封禅而禅位说。按，封禅说起源于战国，《管子·封禅书》为其代表作。秦皇（公元前 259—前 210 年）、汉武（公元前 156—前 87 年）对封禅极有兴趣，《史记》的《秦始皇本纪》和《封禅书》有详细记录。

《大戴礼记·保傅》也谈到封禅之事。东汉时期，封禅说大行于世，班固（32—92年）整理的《白虎通义·封禅》正式将禅位与封禅联系起来："王者易姓而起，必升封泰山……始受命之时，改制应天，天下太平，功成封禅，以告太平也。"① 他还在《汉书·眭弘传》中引述眭弘之言："泰山者岱宗之岳，王者易姓告代之处"② 。这个易姓告代，自然包含禅代。应劭（灵献时人）《风俗通义》也持这样的看法："盖王者受命易姓，改制应天，天下太平，功成封禅，以告平也。"③ 东晋人袁宏（328—376年）曰："夫揖让受终，必有至德于天下；征伐革命，则有大功于万物。是故王者初基，则有封禅之事，盖以其成功告于神明者也。……必于所宅，崇其坛场则谓之封，明其代兴则谓之禅。"④ "禅"因"封禅"而指接替而起（"代兴"）。

二曰除地而禅位说。东汉郑玄（127—200年）注《周礼》大司马之职"暴内陵外则坛之"云："坛读如同墠之墠。《王霸记》曰：'置之空墠之地。'……谓置之空墠以出其君，更立其次贤者"唐贾公彦疏："取其除地曰墠"⑤ 。何谓"墠"？《礼记·祭法》郑玄注："封土曰坛，除地曰墠"⑥ 。《诗·东门之墠》毛传："墠，除地町町者"⑦ 。晚清学者王先谦（1842—1918年）云：《华严经音义上》引《韩诗传》曰："墠，犹坦也。"清儒陈乔枞云："《毛传》'除地町町'，言除地使之平坦。"⑧ 盖"坛"为古文家说，"墠"为今文说，郑玄取今文家说，更为近古。此说认为，禅乃铲平土地，在空地上举行祭祀，废黜昏主，更立新君。⑨

---

① 陈立：《白虎通疏证》，280~281页，北京，中华书局，1994。
② 班固：《汉书》，3154页，北京，中华书局，1962。
③ 王利器：《风俗通义校注》，68页，北京，中华书局，1981。
④ 刘昭：《续汉书八志注补》，卷七，《祭祀志上》，韩江书局依汲古阁本刊清刻本。
⑤ 郑玄、贾公彦：《周礼注疏》，835页，《十三经注疏》本，北京，中华书局，1980。
⑥ 孔颖达：《礼记正义》，1589页，《十三经注疏》本。
⑦ 孔颖达：《毛诗正义》，344页，《十三经注疏》本。
⑧ 王先谦：《诗三家义集疏》，362页，吴格点校，北京，中华书局，1987。
⑨ 按《周礼》原文作"以九伐之法正邦国：凭弱犯寡，则眚之；贼贤害民，则伐之；暴内陵外，则坛之；野荒民散，则削之；负固不服，则侵之；贼杀其亲，则正之；放弑其君，则残之；犯令陵政，则杜之；外内乱、鸟兽行，则灭之。"郑玄注："诸侯有违王命则出兵以征伐之，所以正之也。"贾公彦疏：（所引九条）"皆是违三命者也。"（《周礼注疏》，835页）而所谓"坛之"，与"眚之""伐之""削之"等并列成文，系对违王命者的处罚。此段文字又见《司马法·仁本》，刘仲平注"坛之"为"另立贤君"（刘仲平：《司马法今注今译》，22页，台北，商务印书馆，1978），盖取郑玄说也。

三曰除地告天传位说。唐人杨倞训解《荀子》"擅让"一词时（《荀子注》成于唐宪宗元和十三年，即公元818年）说："擅与禅同，墠亦同，义谓除地为墠，告天而传位也。后因谓之禅位。"①

以上三说的共同之处是认为"禅让"之义来源于"墠"，因而与祭祀有关。

按"禅"字已见于金文。《虢姜毁铭》："虢姜作宝尊毁，用禅追孝于皇考惠仲"。汪仁寿《金石大字典》收录此字②。于省吾据《广雅·释天》"禅，祭也"，认为这里的"禅"字有祭祀之义③。但是否来源于"墠"，未见证据，不好确定。金文多有"单"字，其义诸家说解不一，要之，有星宿说（高田忠周）、蜩蝉说（章太炎、林义光）、捕鸟器说（郭沫若、朱芳圃）、扞蔽说（丁山）等④，以上诸说与除地而墠是否有关，尚无法确定。甲骨文也有"单"字。于省吾认为"单"、"台"双声，可通用，甲骨文"南单""西单""东单"等即为台地之证据⑤。不过，甲骨文并没有提供更多的材料，进一步说明单与墠的关系，当然更无从说明墠与禅让的关系。

揆诸史籍，在禅让之义出现之前，除地而墠，大致有两种情况。其一，《书·金縢》：武王病重，周公乃"为三坛同墠，为坛于南方北面，周公立焉，植璧秉珪，乃告大王、王季、文王。"传云："坛筑土，墠除地。大除地，于中为三坛"⑥。此事《史记·鲁周公世家》、《论衡·死伪篇》、《汉书·王莽传》也有记载。《死伪篇》云："周公请命，设三坛同一墠……乃告于太王、王季、文王"，并通过史策祝词，声称自己多才多艺，"能事鬼神"，可以代替武王（去死）。王充（27—约79年）指出，所谓"鬼神者，谓三王也。"⑦《礼记·祭法》："天下有王，分地建国，置都立邑，设庙祧坛墠而祭之。乃为亲疏多少之数，是故王立七庙，一坛一墠……"郑玄注："封土曰坛，除地曰墠，《书》曰'三坛同墠'。"

① 王先谦：《荀子集解·正论》，221页，《诸子集成》，第2册，上海，上海书店，1986。

② 汪仁寿：《金石大字典》，香港，中华书局香港分局，1975。

③ 于省吾：《双剑誃吉金文选》，331页，北京，中华书局，1998。

④ 周法高：《金文诂林》，第2卷，138页，香港，香港中文大学出版社，1974。

⑤ 于省吾：《甲骨文字释林》，释四单，131页，北京，中华书局，1979。

⑥ 孔颖达：《尚书正义》，196页，《十三经注疏》本。

⑦ 王充：《论衡》，207页，《诸子集成》，第7册。

孔颖达正义："起土为坛，除地曰墠，近者起土，远亲除地……墠轻于坛"①。《广雅·释天》："庙祧坛场鬼，祭先祖也。"② 王念孙引《祭法》之文以为佐证。是墠可用为祭祖典礼，但却是不太重要的一部分。

其二，《左传》昭公元年，"春，楚公子围聘于郑，且娶于公孙段氏，伍举为介。将入馆，郑人恶之。使行人子羽与之言，乃馆于外。既聘，将以众逆。子产患之，使子羽辞曰：'以敝邑褊小，不足以容从者，请墠听命。'"杜注："欲于城外除地为墠，行昏礼。"③ 是墠似又可用为婚仪，但却是权宜之计，并非常礼，下文记公子围的不满和拒绝，可以为证。

总之，以上两例均与禅位无关。

封禅晚出。目前可见保存封禅说的最早文献大概要算《管子》。据《管子·封禅篇》记载，僖公九年葵丘之会，齐桓公于行封禅，管仲援引古代十二家帝王封禅之事谏而止之④。《左传》、《国语》记载葵丘之会最为详细，却未见此事。按《左传》、《国语》成书于战国中期以前，《管子》成书时间目前一般认为不会早于战国中期，这说明封禅说大概是战国中期以后齐国术士的发明，后为深谙齐学的司马迁采录，保留于《史记·封禅书》中，《大戴礼记·保傅》也据以成文。另据《史记》，把封禅从虚构变为现实的是秦始皇。之所以如此，有两条历史根据，一是秦国有长期筑畤祭天的传统；二是统一后，采纳了齐国方士的封禅说。由此看来，当孟子师徒讨论"唐虞禅"时，尚不知封禅之事。

即使到了后代，也无法证明封禅与禅位有什么必然联系。秦皇、汉武、光武之流大行封禅，可他们偏偏不是易姓禅代之君。从汉到北宋，禅位仪式大多是在都城南郊举行的专门典礼，没有一家是到泰山、梁甫举行封禅礼的。对于封禅说的这个困难，前人早已指出。孔颖达《礼记正义》云："禅者，除地为墠，而《白虎通》云以禅让有德，其义非也。"他引《史记·封禅书》记载管仲谏齐桓公止封禅事，说明古代封禅乃天子有德受命的纪念，并非禅代典礼。⑤ 孔氏把除地而"墠"与封禅之"禅"联系起来；但却把封禅礼与君位禅代截然分开。所称引的十二

---

① 《礼记正义》，1589 页。

② 王念孙：《广雅疏证》，288 页，南京，江苏古籍出版社，2000。

③ 杜预：《春秋左传集解》，1171 页，上海，上海人民出版社，1977。

④ 郭沫若：《郭沫若全集：历史编》，第 7 卷，143～144 页，北京，人民出版社，1984。

⑤ 《礼记正义》，1440 页。

家封禅礼均与禅代无关。而齐桓公欲行封禅更非欲行禅代也。《宋本广韵》这样解释"禅"字："禅，圭（封）禅。又禅让、传授。"① 一个"又"字，明确地告诉我们，"封禅"和"禅让"是不相干的两码事。

郑玄虽然有"置之空墠以出其君，更立其次贤者"的说法，可惜没有交代原委，它的真实性尚不能确定。

"告天传位"更为晚出。所谓"告天传位"在历史上就是登坛举行禅位礼。《广雅·释天》云："圆丘大坛祭天也"，清儒王念孙疏证又作"圜丘"②。在西晋司马彪（？—约306年）的《续汉志·祭祀志上》里面，"即位告天"和"郊"、"封禅"鼎足而三，记曰："建武元年，光武即位于鄗，为坛营于鄗之阳，祭告天地"③。作为祭天礼的一种，禅位典礼也应在圆丘（圜丘）即大坛上举行。历史上，第一次有正式而详细记录的禅位典礼是曹丕的禅位礼。关于此次典礼，《献帝传》有"登坛受禅"、"登坛受命"等记载。《三国志》的记载中也有"王升坛"、"降坛"的说法④。《后汉书·孝献帝纪》李贤（655—684年）等注引《献帝春秋》也作"登坛"⑤。到了唐朝，依然如此。李延寿《北史·隋本纪上》记载：周静帝禅位诏书命杨坚"升圆丘而敬苍昊"，然后杨坚"设坛于南郊"⑥。在杜佑（735—812年）的《通典》中，禅位大典属于郊天礼，皆须筑坛为之，从魏文帝曹丕开始，晋武帝、齐高帝、梁武帝、陈武帝、隋文帝等的禅位典礼都是在"圆丘"即"坛"上举行的⑦。贾公彦疏解《周礼注》时，把郑玄的"置之空墠以出其君，更立其次贤者"，径直说为"坛之夺其位，立其次贤"⑧。这说明他是读到了汉唐间筑坛告天禅位的历史的。杨倞生活于唐朝中后期，也是读到了历史上的禅位典礼的，他的告天说是对汉唐历史的认同。但是，汉唐历史却无法成为禅让之仪的最初源头。

此外，"墠"而祭天，还有"坛"、"禅"相通的影响。《说文》：

① 余廼永：《新校互注宋本广韵》，409页，上海，上海辞书出版社，2000。

② 《广雅疏证》，288页。

③ 《续汉书八志注补》，卷七，《祭祀志上》。

④ 《三国志·魏书·文帝纪》注，75页、62页，北京，中华书局，1959。

⑤ 王先谦：《后汉书集解》，390页，北京，中华书局，1984。

⑥ 李延寿：《北史》，403页，北京，中华书局，1974。

⑦ 杜佑：《通典·郊天礼上》，243~245页，北京，中华书局，1984。

⑧ 《周礼注疏》，835页。

"禅，祭天也，从示单声。"① "禅"字何以有祭天之义呢？清儒朱骏声的解释颇有道理。他说："按……墠为祭地，壇为祭天。从壇省，禅从墠省，皆秦以后字，许书收禅不收，故云祭天耳，其实为壇无不先墠者，祭天之义，禅自得兼。"② 本来"墠"指祀地，这是把"壇"、"墠"分作两处来理解的，比如封泰山，禅梁甫；再比如《史记·卫将军骠骑列传》的"封狼居胥，禅于姑衍"，《正义》"积土为壇于山上，封以祭天也。祭地曰禅"③。一升高，一就低，一祭天，一祀地，截然区分，顺理成章。而说"禅"有祭天之意，根据朱氏的解释，大概有两层意思：一是把"壇"、"墠"合为一处来理解。凡筑壇必先除地，是为壇必先为墠，壇墠不可分开。东汉以后，碑铭和文献中，"壇墠"、"壇场"连称着者，所在多有，壇而祭天，墠当然也就随之祭天了。二是"禅"与"襢"的通假。《汉书·武帝纪》晋灼曰："襢，古禅字也。"④《后汉书·梁竦传》注："襢，古禅字也。"⑤ 清儒段玉裁推测："凡封土为壇，除地为墠，言封禅字盖只作墠。"⑥ 清儒陈奂⑦和马瑞辰⑧也早就认为"壇"、"墠"古音通用。

杨倞一方面承认"除地为墠"，另一方面，又承认"告天而传位"，这是把"墠"字祀地的本义和祭天的假借义、把"墠"的字义训诂和禅位的历史记载等多重因素捏合在了一起。究其实质，就是想方设法要把自己熟悉的祭天禅位的汉唐逸事附会为先秦历史，这种折中的做法，聪明则聪明矣，却难免落下穿凿之病。

总之，到目前为止，尚未找到确凿证据说明"禅"字的禅让之义最早来源于"墠"。当然，禅祭说出现以后，禅让之义中又包含了墠而传位的因素，这也是不可否认的。

---

① 段玉裁：《说文解字注》，示部，7 页，上海，上海古籍出版社，1988。
② 朱骏声：《说文通训定声》，741 页，北京，中华书局，1984。
③《史记》，2936～2937 页，北京，中华书局，1959。
④《汉书》，186 页。
⑤《后汉书》，1173 页，北京，中华书局，1965。
⑥《说文解字注》，示部，7 页。
⑦ 陈奂：《诗毛氏传疏·郑风东门之墠》，北京，中国书店，1984。
⑧ 马瑞辰：《毛诗传笺通释》，陈金生点校，277 页，北京，中华书局，1989。

二　禅让之义源于"蝉"

《十三经注疏》中有《孟子注疏》一种，旧题北宋孙奭撰，在训解《万章》篇"唐虞禅"一句时说："云禅者，盖唐虞禅祭而告传位，故曰禅也。"① 一个"盖"字，表明宋人不敢肯定禅祭与禅位是否真的有联系。非但如此，前面所引《宋本广韵》在"封禅"之外，又把"禅"解释为"禅让、传授"。根本未提禅祭和禅让有什么联系。南宋朱熹（1130—1200 年）训解"唐虞禅"云："禅，音擅。禅，授也。或禅或继，皆天命也。"② 这种训释强调了字义的理性内容，排除了禅祭传位的可能。凡此种种，至少可以说明，在某些宋代学者那里，禅祭说并非禅让之义的全部内容。到了清代，禅祭和禅让的区别更加明确。陈立《白虎通疏证》云："取（以）其除地而祭，则取义于墠；以其成功相代，则取义于传禅也。"③ 这里，"禅"字有两个含义，各有来源，一是除地而祭的"墠"，这是指祭祀的意义而言的；一是"传禅"，这才是"禅"所有的禅让的意义，两者不可混淆。朱骏声则更前进一步，一方面承认"禅"有祀地之义，另一方面又明确指出"禅"可假借为"嬗"，"嬗"可假借为"蝉"，"禅"、"嬗"等字又可假借为"传"④。后面这个提示非同小可，它改变了研究者致思的方向，具有重要意义。

朱氏的提示能否证实呢？下面我们就讨论这个问题。

"禅"字的禅让之义与"蝉"字是否有关？章太炎、林义光有肯定答案。章氏据《毛传》"三单相袭也"，谓"袭"为"单"之本义，其字象蝉联相续；林氏据《散盘铭》断定"单"是个象形字，上面的两口"象双目，下象腹尾也"，结论："禅让之禅……与单同音，亦并有变蜕义"⑤。"单"自原本是否蝉的象形？目前尚无法确证，但说禅让之义来源于"蝉"字，在古音通假和文献上都是有根据的。

————————

① 《孟子注疏》，《十三经注疏》本，2738 页。

② 朱熹：《四书章句集注》，《孟子·万章上》，309 页，《新编诸子集成》，第 1 辑，北京，中华书局，1983。

③ 《白虎通疏证》，280 页。

④ 《说文通训定声》，746～748 页。

⑤ 《金文诂林》，第 2 卷，138 页。

众所周知，假借基于声训。清人对先秦有韵文献进行研究，得出比较可信的上古韵部分类，影响至今。在段玉裁《六书音均表》中，从"单"从"亶"之字皆归十四部①；在王国维的音韵学中，从"单"从"亶"之字并在元部②。与古韵学相比，上古声母的研究相对薄弱，不过，清代以来的研究成果仍有许多可以利用，如，从"单"从"亶"之字声母多入端、定、禅三纽，端、定均为舌头音，属旁纽双声，端、禅一舌头，一舌面，属准旁纽双声；在黄侃的古音十九纽中，禅隶定纽（禅为变声，定乃古本声），与端母字旁纽双声③。是从"单"从"亶"之字在上古应该双声叠韵，合乎通假规则。

先秦两汉文献中，除了"禅"字以外，禅让之义多由从"亶"之字表达：《荀子》作"擅"，如"非擅也"。杨注："擅与禅同，言非（周公）禅让与成王也"④；"尧舜擅让"。杨注："擅与禅同。"⑤《周礼》作"壇"，如"暴内陵外则壇之"⑥；《司马法》同⑦。《扬子法言》作"僤"，如"允哲尧僤舜之重"，司马光注曰："僤与禅同，蝉战切。"⑧《音义》引《楚辞·惜誓》"僤回而不息"注："僤回，运转也。"⑨《汉书》作"襢"，如《异姓诸侯王表》："舜禹受襢"；《盖宽饶传》："宽饶指意于求襢"；《眭两夏侯京翼李传》："襢以帝位"，师古曰："襢，古禅字也。"⑩

---

① 《说文解字注》，826 页。

② 王国维：《王国维遗书》，第 9 册，《补高邮王氏说文谐声谱》，上海，上海古籍出版社，1983。

③ 黄侃：《黄侃论学杂著》，音略三，72～73 页，上海，上海古籍出版社，1980。

④ 《荀子集解·儒效》，74 页。

⑤ 《荀子集解·正论》，221 页。

⑥ 《周礼注疏》，835 页。

⑦ 《司马法·仁本》，《四部丛刊：子部》，上海，涵芬楼据常熟瞿氏铁琴铜剑楼影宋钞本印行。

⑧ 李轨等：《监本五臣音注扬子法言·问明》，北京，北京师范大学图书馆藏明刻本。

⑨ 《扬子法言》，48 页，《诸子集成》，第 7 册。

⑩ 《汉书》，363 页、3247 页、3154 页。2001 年 5 月 11 日中央电视台第一套节目"晚间新闻"报道，山东出土一枚古代玉牒，上刻"封亶泰山新室昌"一句。按"新室"乃王莽新朝皇室的省称，见《汉书·王莽传下》"永为新室宾"（4099 页）等。"封亶"即"封禅"也。可见，两汉之际，在正式的封禅玉牒上，"禅"可写作"亶"。

其中使用"嬗"字之例最多。《庄子·寓言》有"以不同形相禅"①一句，在《淮南子·精神》中作"以不同形相嬗也。"②《汉书·王莽传上》："……莽至高庙拜受金匮神嬗。"师古注："嬗，古禅字，言有神命，使汉禅位于莽也。"《汉书·律历志下》："尧嬗以天下"。师古曰："嬗，古禅让字也，其下亦同。""虞舜嬗以天下"③。《后汉书·梁竦传》注："嬗，古禅字。"④ 按《说文》段玉裁注云："依许说，凡禅位字当作嬗，禅非其义也，禅行而嬗废矣。"⑤ 从唐到清，学者多认为"禅"应是个假借字，被用来假代"嬗"字，"禅"字流行以后，原来的"嬗"字反倒暗淡下去。

在古典注解中，可找到"嬗"假借为"蝉"字以及"蝉"字名词动词化的重要证据。《山海经·南山经》："又东四百里曰亶爰之山"，晋人郭璞注："亶音蝉"⑥。这是一个重要线索。《史记·屈原贾生列传》和《汉书·贾谊传》均保存贾谊《鵩鸟赋》，其中有"形气转续兮，变化而嬗"一句。刘宋裴骃《集解》："服虔曰：'嬗音如蝉，谓变蜕也'。或曰蝉蔓相连也"。唐人司马贞《索隐》："韦昭云：'而，如也。如蝉之蜕化也。'苏林云：'嬗音蝉，谓其相传与也。'"⑦《汉书》师古注曰："此即禅代字，合韵故音婵耳。苏说是也。"⑧ 王先谦在《汉书补注》中引《文选》"嬗作蟺"，断曰："服、韦说是"⑨。按《文选李善注》之《鸟兽部》有贾谊《鵩鸟赋》，原文正作"形气转续兮，变化而蟺"，李善注云："韦昭曰：而，如也；苏林曰：转续相传与也。蟺音蝉，如蜩蝉之蜕化也。或曰：蟺，相连也。"⑩ 古人对"蜕"字的训释还可补充"蝉之蜕化"这个意义。唐人李贤等注《后汉书·张衡传》："蜕音税。《说文》曰：'［蜕］，蝉蚹（蜕）所解皮也。'言去故就新，若蝉之蜕也。"⑪ 是东

---

① 郭庆藩：《庄子集释》，409 页，《诸子集成》，第 3 册。

② 刘文典：《淮南鸿烈集解》，229～230 页，北京，中华书局，1989。

③《汉书》，4095～4096 页、1013 页。

④《后汉书·梁竦传》，1173 页。

⑤《说文解字注》，女部，621 页。

⑥ 郝懿行：《山海经笺疏》，成都，巴蜀书社据还读楼校刊本影印，1985。

⑦《史记》，2498 页。

⑧《汉书》，2227 页。

⑨ 王先谦：《汉书补注》，1053 页，北京，中华书局，1983。

⑩ 李善：《文选李善注》，卷十三，金陵书局校刊，同治八年。

⑪《后汉书》，1924 页。

汉、三国、晋、唐学者早有"嬗"（"亶"同）"蝉"通假之说，在他们的说解中，"蝉"有"变蜕"、"蜕化"、"相连"、"相传与"、"去故就新"的表述，它们说的是同一件事，但其中的"变蜕"、"蜕化""去故就新"更倾向于变，而"相连"、"相传与"则更倾向于连，因而在"蝉"字的内涵中潜藏着变与连的对立和同一。

"蝉"字还有相近的另一种解释，保留在更早的西汉方言学中。扬雄《方言一》："嬛、蝉、缚、撍、未，续也。"① 《尔雅·释诂》："续，继也。"② 按《说文》："繼，续也，从系𢇇。"这是一个会意字，左边系部，右边"古文绝，象不连体，绝二丝"，合起来，段氏"谓以系联其绝也"③。东汉隶书碑铭"继"字有作"繼"者，可为旁证④。《说文》："𢇇，古文绝"；这种书法在先秦彝铭和汉隶碑刻中可以得到印证。《中山

---

① 关于此处断句，清人约有两说。一曰"未"隶下句，读"未续"。戴震曰："蝉，《玉篇》：'蝉连，系续之言也。'……'未续'应谓欲续而未结系。"卢文弨曰："案'未续'则欲续之也"（《扬雄：《方言》，卯思贤讲舍刻本）。一曰"未"上属，亦为被训之字。此说又可一分为二。一说"未"本身即有"续"义。朱骏声云："未，《荀子·正论》'且徵其未也'，注'谓将来'。又借为尾。按《方言一》：'未，续也。'"（《说文通训定声》，560 页）一说"未"乃"末"之讹。《广雅·释诂二》"未，续也。"王念孙云："'未'与'续'义不相近，《方言》、《广雅》'未'字，疑皆'末'字之讹。"（王念孙：《广雅疏证》，56 页，南京，江苏古籍出版社，2000）钱绎援引经典传注中"未"、"末"互讹之例以为旁证（钱绎：《方言笺疏》，卷一，100～101 页，上海，上海古籍出版社，1984）以上诸家都有道理，但比较起来，我更倾向于王、钱之说，并略作补充。查敦煌、武威出土汉简，"未"与"末"字写法有完全相同，非依上下文不能分辨者（陈建贡、徐敏：《简牍帛书字典》，420～421 页，上海，上海书画出版社，1991）。是汉隶中两字互讹属平常之事，关键要看上下文。从字义来看，《方言》卷十云："末，绪也。"（扬雄：《方言》，602 页）《广雅》云："绪，末也。"（《广雅疏证》，卷一下，27 页）是"末"与"绪"同义。《说文》："绪，丝耑也。"段注："耑者，艸木初生之题也。因为凡首之称，抽丝者，得绪而可引。引申之，凡事皆有绪可缵。"（《说文解字注》，643 页）"耑"与"端"同。《方言》卷十二云："末，随也。"（《方言笺疏》，674 页）《易·随卦》释文云："随，从也。"（《经典释文·周易音义》，86 页）"从"字义为两人相随，引申为凡相随之义。"绪"指丝端，"末"有相随之义，合起来可以作这样的理解：找到丝的头绪或末端然后再把丝线一条接一条地系连起来，这种解释最与"续"的含义相合。

② 《尔雅》，《十三经注疏》本，2569 页。

③ 《说文解字注》，系部，645 页。

④ 洪适：《隶释》，卷六，楼松书屋汪氏本，皖南洪氏晦木斋集资摹刻，同治十年（1871）。

王壶》有"绝"字，作"囍"①。字形与《说文》"从刀糸"相合。《国三老袁良碑》"至王莽而繼"，洪适曰："繼即绝字"②。《说文》："反繼为鑾。"③ 鑾字古文作"鑾"，即继字。《小盂鼎》有"鑾"字，郭沫若云："鑾即古继字。"④《拍敦盖》"继"字作"鑾"⑤。东汉《帝尧碑》有"河南张宠鑾拟前绪"句，"鑾"即"继"。是"繼""鑾"变形反训，合二而一，《拍敦盖》的"鑾"（继）字形居"繼""鑾"之间，或可兼有绝、继二义。在《郭店楚简》中，绝字又写作"囍""囍""囍"⑥，乃"鑾"之省形，可证"鑾"本身即可为反训字，兼有绝、继二义⑦。"蝉"字所有的"续"的内涵尽在于此。《说文》"继"字从糸，虽为蛇足，但更加强调克服断绝而后继续（连接断丝）的意义，与此相合。

总之，以上讨论说明，"禅"可假借为"蝉"，因而有"变蜕"和"相连"、"断绝"和"继续"辩证统一的意义。

三 "禅"、"传"通用

"禅"与"传"的通用可为禅让含义提供进一步的说明。

按"传"字在《六书音均表》中属十四部，在《补高邮王氏说文谐声谱》中属元部，与从"单"从"亶"之字同韵。在隋唐韵书中，反切

① 徐中舒：《汉语古文字字形表》，497 页，成都，四川辞书出版社，1981。

②《隶释》卷六；顾南原：《隶辨》，702 页，北京，中国书店据清康熙五十七年（1718 年）项氏玉渊堂刻版影印，1982。

③《说文解字注》。645 页。

④ 郭沫若：《两周金文辞大系图录考释》，《小盂鼎》，37 页，上海，上海古籍出版社，1999。

⑤ 容庚：《金文编》，670 页，北京，科学出版社，1959。

⑥ 荆州市博物馆：《郭店楚墓竹简》，《老子甲》、《老子乙》、《缁衣》、《六德》，北京，文物出版社，1998。

⑦ 据顾颉刚、顾廷龙辑：《尚书文字合编》，上海，上海古籍出版社，1996。唐以前的《尚书》写本中，"囍""鑾"或为反训字，兼有绝、继二义，与战国至东汉间"鑾"字反训之例相合。

上字为 "中"，"丈"，"直"①。"中" 在知母，"丈"、"直" 在澄母。据清儒钱大昕的发现："古无舌头舌上之分，知彻澄三母，以今音读之，与照穿床无别也，求之古音，则与端透定无异。"② 是 "传" 字的反切上字与端母、定母字相通，可读作舌头音。在黄侃古音十九纽中，知母、澄母字的古本声分别在端纽、定纽③，与此相合。而且上古 "直" 字就有读 "德" 的，如《郭店楚简·唐虞之道》中的 "德" 径作 "直"，凡四见④；江西方言中 "直" 仍有发德音者，"德" 为端母字，是定、端二纽相通之证也。由此可知，"传" 与从 "单" 从 "亶" 之字在上古可为同纽或旁纽双声，而且叠韵，故音近可通假⑤。

战国秦汉时期，在政权转移或传承的意义上，"禅"、"传" 可以互易。如，《孟子·万章上》："不传于贤而传于子"；下文云："唐虞禅，殷周继"⑥。是在同一篇文字里，"传于贤" 等于 "禅"。《韩非子·十过》："尧禅天下，虞舜受之"；《外储说右上》说三："尧欲传天下于舜"⑦。是在同一本书里，"禅天下" 又作 "传天下"；《史记·陈杞世家》："舜已崩，传禹天下"；"太史公曰：舜之德可谓至矣！禅位于

---

① 陆德明：《经典释文》，《左传音义》成五年传，985 页；《礼记音义》之二，713 页、732 页；《穀梁音义》，1286 页；《尚书音义·立政》，191 页；《康王之诰》，195 页；《周易音义》，73 页；《周礼音义下》，528～529 页，上海，上海古籍出版社，1985。孙愐：《唐韵》，见周祖谟：《唐五代韵书集存》，665 页，北京，中华书局，1983。

② 钱大昕：《十驾斋养新录》，卷五，111 页，上海，上海书店，1983。

③ 黄侃：《黄侃论学杂著》，71～72 页。

④《郭店楚墓竹简》，157 页、158 页。

⑤ 按现代汉语中 "亶"、"单" 两字读音相近且近古，"禅" 在上古也应读 "亶" 或 "单" 音。安世高是西域佛教僧人，东汉桓灵间来华，据说他是最早从事佛经汉译的人之一，当时即用 "禅" 翻译梵文 dhyana（禅那），如《佛说禅行三十七品经》、《禅行法想经》等（见《大正藏》第十五卷经集部二），这是 "禅" 字古音的直接证据。"传" 字在日语中简化为 "伝"，是个音读字，拼写为 "でん"，接近于汉语 "单" 或 "亶" 的发音。唐代流行用语如 "传奇"，日语读作でんき，"传记" 也读作でんき，"传法" 读作でんぼう，"传习" 读作でんしゅう，"传灯" 读作でんとう，"传道" 读作でんどう，"传授" 读作でんじゅ。这说明，至少在唐以前，"传" 与从 "亶" 从 "单" 之字读音或相近，在上古可与 "禅" 字相通。

⑥ 焦循：《孟子正义》，《诸子集成》，第 1 册，381 页、385 页。

⑦ 陈奇猷：《韩非子集释》，187 页、741 页，上海，上海人民出版社，1974。

夏。"① 是在同一世家里，"传禹天下" 又作"禅位于夏"。

在汉代文献中，"禅"、"嬗" 两字多以"传"字训解。如《淮南子·精神》："以不同形相嬗也。"高诱注："嬗，传也。万物之形不同，道以相传生也。"②《史记·惠景间侯者年表》："至孝惠时，唯独长沙全，禅五世，以无嗣绝"③。《汉书·吴芮传》："赞曰：……唯吴芮之起，不失正道，故能传号五世，以无嗣绝，庆流支庶，有以矣夫，著于甲令而称忠也！"④ 把"禅"解做"传号"。《汉书·王莽传》："莽曰：'予之皇始祖考虞帝受嬗于唐，汉氏初祖唐帝，世有传国之像'"⑤。唐帝有"传国之像"，结果便有虞帝的受"嬗"，这里也是把"嬗"作"传"来理解的。许慎《说文解字》："嬗，……从女，亶声，一曰传也。"⑥

"传"字如何释义呢？按甲骨文、金文已见"傳"字。近人徐中舒主编，彭裕商等编纂的《甲骨文字典》认为："传"字从"人"从"專"，《说文》"一曰：專，纺專。"甲骨文"專"字为象形字，上半部的"叀"正象纺砖之形，上面的十字，原象三股线，纺砖旋转，三线即成一股，下面的"又"或"寸"，示以手旋转纺砖之意，为转之本字。从"專"之字皆有转动之义⑦。

近人陈初生等认为，"传"字甲骨文、金文意为"传车"。他引下列材料加以说明，《后下·七·一三》："传氏（致）孟白（伯）。"意即用传车把孟伯送来。《散盘》铭文曰："余有散氏心贼，则鞭千罚千，传弃之。"以传车放之。《齐侯壶》铭文："齐侯命大子乘传来匄宗伯"。"乘传"即乘传车也。《左传》成公五年："晋侯以传召伯宗"。即用传车召唤伯宗⑧。

---

① 《史记》，1575 页、1586 页。

② 刘文典：《淮南鸿烈集解》，229～230 页，北京，中华书局，1989。《淮南子·精神》："举天下而传之于舜"。高诱注："传，禅"（233 页）。是"禅"、"传"又可转注。

③ 《史记》，977 页。

④ 《汉书》，1895 页。

⑤ 《汉书》，4108 页。

⑥ 《说文解字注》，女部，621 页。

⑦ 徐中舒：《甲骨文字典》，892 页、329 页，成都，四川辞书出版社，1988。

⑧ 陈初生：《金文常用字典》，780 页，西安，陕西人民出版社，1987。

按《说文》"传,遽也。""遽,传也。"互为转注。段玉裁注云:"《周礼》行夫:掌邦国传遽。注云:传遽,若今时乘传骑驿而使者也。"《说文》:"驲,传也。从马,日声。"段注:"《释言》曰:'驲,传遽也。'许用《释言》文。《左传》文十六年、襄廿一年、昭五年、《国语·晋语》韦、杜注皆曰:'驲,传也。'《尔雅》舍人注曰:'驲,尊者之传也。'《吕览》注曰:'驲,传车也。'按驲为尊者之传用车,则遽为卑者之传用骑可知。'①是"传"指"传车","遽"指"驿马",为了行至远方,人们须不断换乘传车、驿马,才能最终到达目的地。具体而言,一辆传车只能跑一段路程,但从总体上看,许多传车不断接续,就可行之遥远。因此,"传"又指不断更替、辗转延伸,它来自"专"字所具有的转动、循环的含义,这样就与"蝉"(假借为"禅"、"嬗"等)所具有的"变蜕"与"相连"、"断绝"与"继续"相统一的意义吻合了。

"传"字还有许多与禅位之义相近的用法。《史记·卫将军骠骑列传》索隐:"传犹转也。"②《释名·释宫室》:"传,转也,人所止息而去,后人复来,转转相转,无常主也。"③旅店、客舍,人往人来,没有一定,用这样的"传"字比喻王朝的更替,再恰当不过了。

在先秦文献中,"禅"和"嬗"等字并不多见,遇到表达禅让之义的情况,当时多用"传"字。《孟子·万章上》:"不传于贤而传于子"④。《商君书·修权》:"公私之分明……论贤举能而传焉"⑤;《吕氏春秋·不屈》:"愿得传国……而传之贤者……传而贤者尧也……非独传舜";《吕氏春秋·求人》:"尧传天下于舜"⑥;《韩非子·外储说右上》说三:"尧欲传天下于舜";《韩非子·外储说右下》说三:"古者禹死,将传天下于益……今王信爱子之,将传国子之";"燕王欲传国于子之也……故传天下于益……是禹名传天下于益……今王欲传之子之……是名传之";《韩非子·八说》:"故有揖让而传天下者";《韩非子·五蠹》:"古传天下而

① 《说文解字注》,人部,377 页;马部,468 页。

② 《史记》,2927 页。

③ 王先谦:《释名疏补证》,卷五《释宫室》,光绪丙申(1896)刊。

④ 《孟子正义》,3□1 页。

⑤ 《商君书》,《诸子集成》,第 5 册,24 页。

⑥ 《吕氏春秋》,《诸子集成》,228 页、292 页。

不足多也。"①《战国策·秦策一》："孝公行之八年，疾其不起，欲传商君，辞不受。"《战国策·燕一》："传之益也，……是禹名传天下于益"②。《燕召公世家》同③。如此等等。除了《万章上》那句话后边那个"传"字以外，其余的"传"字在后代皆可以"禅"或"嬗"字替代。

不过，虽然可以通假，但"传"不如"蝉"更接近"禅"字，因为从"单"从"亶"之字（如"禅"、"嬗"、"蝉"等）声韵不异（包括在音韵学上的分化和合并），且"蝉"、"禅"偏旁相同；"传"字声韵小有差异，偏旁相距较远，所以，比较而言，"蝉"应该认为是"禅"的禅让之义的直接来源，而"传"则为间接来源，但却是知识背景中除了"蝉"以外最重要的部分。

四　结束语

古代中国经历了多次"禅让"式的王朝更替。其中，有尧、舜、禹禅让的远古美谈，更有假"禅让"之名或被后人名之为"禅让"的暴力攘夺，最为典型的就有（西）汉新、（东）汉（曹）魏、魏（西）晋、（东）晋（刘）宋、宋（南）齐、齐（南）梁、梁陈、（东）魏（北）齐、（西）魏（北）周、周隋、隋唐、唐（后）梁、（后）汉（后）周、周（北）宋的更迭。④ 在这个历史时期，不论政治形势如何的有利，新兴的最高权力的争夺者，几无例外，都要想方设法用"禅"所指代的方式完成朝代的更替。而通过这种方式夺取了政权的统治者，没有一个不强调他的权力来自前朝的授予，没有一个不宣称这种授予体现着天命的更改和传承，没有一个不利用五行相生的运转模式来证明这种授予是于天有征。

古代中国的王朝统治并没有因为这些更迭而衰亡，相反，却有发达和强化的趋势，就仿佛蜩蝉在不断的"变蜕"和"相连"、"断绝"和

---

① 《韩非子集释》，741 页、775 页、776 页、974 页、1041 页。

② 《战国策》，77 页、1059 页，上海，上海古籍出版社，1985。

③ 《史记》，1556。

④ 1912 年清室退位，走的也是"禅让"的老路，这是"禅"所反映的传统的政权更替方式在近代中国的重演。

"继续"的过程中延续着生命，也仿佛"传车"经过辗转接续才能行至远方。这对于理解"禅让"的含义具有非常重要的意义。如此看来，挖掘"禅"字里面禅让含义的来源，从一个侧面，清理古代中国的王朝更替观，探寻王朝更替与发展的原因，自是题中应有之义。

（原载《北京师范大学学报》，2002 年第 2 期，有删改）

许殿才

《商君书》中的古与今

　　秦始皇实行焚书坑儒政策，把文化专制主义推向极致，让人们看到了法家蔑视文化的一面。李斯在论证焚书必要性时所言："今诸生不师今而学古，以非当世，惑乱黔首。……古者天下散乱，莫之能一，是以诸侯并作，语皆道古以害今，饰虚言以乱实，人善其所私学，以非上之所建立。"① 又让人们以为抵触历史是法家的一贯态度。其实法家对待文化和历史的态度并不那么简单。白寿彝教授曾分析秦始皇对待历史采取的是两面态度：一方面"从秦始皇二十六年灭六国、建帝制时起，他就露骨地表现出来害怕真实的历史记载"；另一方面"他要抓紧历史阵地为他的统治服务"。白先生特别提示："他的这种办法并不能实现他的愿望。但他的愿望和他采取的手段，却在中国史学史有重要的意义。因为这表明了史学跟政治联系的新的阶段的开始。一般对于秦始皇跟史学的关系，没有足够的注意，未免是一种疏忽。"② 先生的分析对于我们深入研究和全面认识法家统治政策的特点，特别是法家思想与史学的关系富有启发意义。遵循这个思路，笔者追本溯源，细致研读了法家代表著作《商君书》③，发现其中有很丰富的历史知识与历史见解。对此进行深入的研究，对

---

　　①《史记》，卷六，《秦始皇本纪》，北京，中华书局，1959。
　　② 白寿彝：《中国史学史》，第 1 册，52～53 页，上海，上海人民出版社，1986。
　　③ 对《商君书》是否商鞅本人所作，目前学术界还有不同的看法。从《史记》所载商鞅言行基本与《商君书》相合，以及司马迁所言："余尝读商君《开塞》、《耕战》书，与其人行事相类"（《史记·商君列传》）来看，这部书反映的是商鞅和早期法家的思想是没有什么问题的。

于准确认识法家思想的特点，和历史知识在古代政治思想与政治决策中的作用是有参考作用的。

一 对以往历史的认识

在《商君书》中我们看到，引用历史知识论证自己的主张，是作者常用的方法。书中不但有丰富的历史知识，而且对于历史发展变化的特点有很准确的把握，对于某些历史现象出现的原因有很深的探究。在当时的条件下能对历史有这样的认识水平，是很不容易的。

《商君书》探讨的是治国之道，对历史上的治乱安危之故，书中作了大量记述与分析。三王五霸是书中出现频率非常高的词汇，对于他们的事迹，作者相当熟悉。作为成功典型被称引的，既有他们治国的原则，又有具体的作为。《赏刑第十七》基本是用历史事实论证自己的主张。篇中举晋文公处罚颠颉而使晋国令行禁止的事例，讲以刑止刑的道理："晋文公将欲明刑场以亲百姓，于是合诸侯大夫于侍千宫。颠颉后至，请其罪。君曰：'用事焉。'吏遂断颠颉之脊以殉。晋国之士稽焉皆惧曰：'颠颉之有宠也断以殉，况于我乎？'举兵伐曹五鹿，及郑之垌，东征之亩，胜荆人于城濮。三军之士，止之如斩足，行之如流水，三军之士无敢犯禁者。故一假道重轻于颠颉之脊而晋国治。"篇中还讲："汤武既破桀纣，海内无害，天下大定，筑五库，藏五兵，偃武事，行文教，倒载干戈，搢笏作为乐以申其德，当此时也，赏禄不行而民整齐。故曰明赏之犹至于无赏也。"从上述两段话中，我们可以对早期法家思想有稍全面些的理解。他们讲以刑止刑，与滥用刑罚是有区别的；"赏"在法家治国三张中有一定地位；赞成兵刑之后偃武修文的举措，表明他们理解一张一弛的历史应对之道，与后来秦始皇一味实行高压政策的取败之道有很大不同。

在书中我们看到作者对先民的历史活动有很完整的认识。其中既包括社会生活变化的描述，也有制度演进的考察。《画策第十八》讲历史上有"昊英之世"，有"黄帝之世"，有"神农之世"。他们处于不同的社会状态下，顺应历史变化采取了不同的统治制度，因而同样取得历史成就："昔者昊英之世，以伐木杀兽，人民少而木兽多。黄帝之世，不麛不卵，官无供备之民，死不得用椁，事不同，皆王者，时异也。神农之世，男耕而食，妇织而衣，刑政不用而治，甲兵不起而王，神农既没，以强胜弱，以众暴寡，故黄帝作为君臣上下之义，父子兄弟之礼，夫妇妃匹之合，内行刀锯，外用甲兵。是故时变也。由此观之，神农非高于黄帝也，然其名尊者，以适于时也。"这个叙述有值得注意之处：第一，所言"昊英之世"云云，不必实有其名，但不同历史时期不同社会生活状况的描述大体是得其情的；第二，制度要随着社会生活状态的变化而变化，这个看法是合乎历史发展客观规律的，有这样的认识，才能在历史变化面前取得主动权。从书中还可以看到作者所描绘的历史是变化的、前进的，而且其变化进步表现出阶段性的特点。他把历史划分为上世、中世和下世。它们的演化受制于客观社会条件，也是人们顺势而为的结果：

> 天地设而民生之，当此之时也，民知其母而不知其父，其道亲亲而爱私。亲亲则别，爱私则险。民众而以别险为务则民乱。当此时也，民务胜而力征。务胜则争，力征则讼，讼而无正则莫得其性也。故贤者立中正，设无私而民说仁。当此时也，亲亲废，上贤立矣。凡仁者以爱为务，而贤者以相出为道，民众而无制，久而相出为道则有乱。故圣人承之，作为土地财货男女之分，分定而无制不可，故立禁，禁立而莫之司不可，故立官。官设而莫之一不可，故立君。既立君，则上贤废而贵贵立矣。然则上世亲亲而爱私，中世上贤而说仁，下世贵贵而尊官。①

这里对于生民之初状态的描绘，特别是民知其母而不知其父的说法，与我们现在的认识是相合的，应该说是符合历史实际的。对于国家与君主的出现，书中的解释可以说基本是正确的。对于历史发展阶段性及其特点的把握在历史认识发展史上，更是有意义的，表明古人对客观历史的运动，已有了一定的把握能力。

二　对古今关系的思考

历史知识在法家的知识体系中占有重要地位，这一点从上引他们的立论中得到了充分体现。进一步考察后，还可以得出历史认识对于法家

---

① 《商君书·开塞第七》，上海书店影印诸子集成本。

思想与治国方略有重要影响的结论。

历史经验教训常常被《商君书》引用作为现实施政的参考，除上引《赏刑第十七》外，还可举出一些例证。论法的重要时，书中说："今夫人众兵强，此帝王之大资也，苟非明法以守之也，与危亡为邻。……楚国之民，齐疾而均速，若飘风宛钜铁，利若蜂虿，胁蛟犀兕，坚若金石，江汉以为池，汝颍以为限，隐以邓林，缘以方城。秦师至鄢郢，举若振槁。唐蔑死于垂涉，庄蹻发于内，楚分为五。地非不大，民非不众也，甲兵财用非不多也。战不胜，守不固，此无法之所生也。"① 这个历史论证是很有说服力的。对于认为可行的古代制度，书中可以直接取来作为现实的原则。书中赞赏"先王县（悬）权衡，立尺寸，而至今法之，其分明也。"② 对国家的土地分布，书中认为："故为国任地者，山林居什一，薮泽居什一，溪谷流水居什一，都邑蹊道居什四，此先王之正律也。"③ 对于制度的合理性，书中常用历史考察的方法加以说明："古者未有上下君臣之时，民乱而不治，是以圣人别贵贱，制爵位，立名号，以别君臣上下之义，地广民众万物多，故分五官而守之。民众而奸邪生，故立法制为度量以禁之，是故有君臣之义，五官之分，法制之禁，不可不慎。处君位而令不行则危，五官分而无常则乱，法制设而私善行，则民不畏刑。"④ 可见历史考察是他们立制的重要依据。对于历史运作中某些稳定性东西的认识，也成为他们的治国要道："凡知道者，势数也。故先王不恃其强而恃其势，不恃其信而恃其数。"⑤ 这个看法基于对历史很深的理解。

《商君书》中明言"不法古，不修今"，与李斯的言论一致。人们往往由此得出法家轻视历史的结论。其实仔细研究后可以看出，他所强调的是历史条件在变化，对策也要随之变化，不能照搬先人的做法而不知变通；他所说的"不法古"是不全盘照搬的意思，不是不从古代历史中吸取有益的营养。在"不法古"的说法前后，他论述的是"民道弊而所重易也，世事变而行道异也"，强调的是有弊才要改易，世事变化所行之道才要变化。他所做的论证也是相当有力的："法古则后于时，修今则塞

---

① 《商君书·弱民第二十》。
② 《商君书·修权第十四》。
③ 《商君书·算地第六》。
④ 《商君书·君臣第二十三》。
⑤ 《商君书·禁使第二十四》。

于势。周不法商，夏不法虞，三代异势而皆可以王。故兴王有道而持之异理。"①这个论断符合历史实际，因而是很难反驳的。这种对待历史的态度是明智的、可取的。

进一步说他们对古与今的关系有很好的理解。历史与现实有同有异，因其同而别其异才是正确的对待历史态度，在这一点上他们确实是比较高明。可以说他们对历史的理解甚至有超出惯于讲三代的儒家之处。儒家向来讲祖述尧舜宪章文武，是把三代理想社会等作为样板，作为现实的直接参照。法家则强调历史是变化的，是变动不居的，只有掌握了历史的变化才能在此基础上吸收对现实有益的东西，才能谈到为治之道。书中说："三代不同礼而王，五霸不同法而霸，……前世不同教，何古之法，帝王不相复，何礼之循？伏羲、神农，教而不诛；黄帝、尧、舜，诛而不怒；及至文、武，各当时而立法，因事而制礼。礼法以时而定，制令各顺其宜，兵甲器备，各便其用。臣故曰：治世不一道，便国不必法古。汤、武之王也，不修古而兴；殷、夏之灭也，不易礼而亡。然则反古者，未必可非；循礼者，未足多是也。"② 在这里我们看到的是比一般儒家更深刻的历史思考。

法家一是明察秋毫，对现实的利害关系与社会动向有深刻观察；二是积极进取而无所顾忌，不背任何历史包袱。正是这两个特点决定了他们借鉴往古而立足当今的思维特点。"察"字在书中多次出现，反映了法家的精明。在察今的基础上，根据时势采取适宜的应对措施，是法家取得成就的关键因素之一。所以"当时而立法，因事而制礼"，"礼法以时而定，制令各顺其宜"是《商君书》中始终强调的重要原则。在他们看来，"观俗立法则治，察国事本则宜"③。从正面讲"制度时，则国俗可化而民从制"，从反面说则"今世主皆欲治民，而助之以乱，非乐以为乱也，安其故而不阔于时也"。④ 深入地看，虽然这在历史把握上与儒家相比缺乏更长远的目光，但在治乱安危之际，察今与应时使法家取得了当时历史活动的主动权，因而最终完成了统一中国的宏伟事业。可以说这样的思想方法不能助其成万世之治，但可以徼当时之利而称雄一时。一般说法家急功近利，目光短浅，但在对历史动态的认识和以时变观点看

①《商君书·开塞第七》。
②《商君书·更法第一》。
③《商君书·算地第六》。
④《商君书·壹言第八》。

待历史方面，他们却有独到之处。

商鞅对不能顺时应变只知拘守成规的腐儒之见，作了有力的批驳。在议论能否变法时，他说："常人安于故习，学者溺于所闻。此两者，所以居官而守法，非所与论于法之外也。……故知者作法，而愚者制焉；贤者更礼，而不肖者拘焉。拘礼之人，不足与言事；制法之人，不足与论变。"① 一针见血指出了对待历史的常见病态。食古不化表面是尊重历史，实际是对历史的践踏。这种做法使历史成为现实的包袱，所谓"死的拖住活的"，说的正是这种情况。

法家由道德入刑名，从思想渊源上说与史家有着千丝万缕的联系。以时变观点对待历史也正是史家的基本方法。司马迁"承弊易变"② 的理论主张、班固"备其变理"③ 的撰述要求和"周失之弱，秦失之强，不变之患也"④ 的历史见解，与法家的见解是紧密相通的。

在对待古今关系上，法家有独到的理论思考，这种理论思考又与他们的治国之术紧密联系在一起。麦孟华指出商鞅据"社会进化之次序，而明其所以然之故"，"明法治之所由生，生于时势之所不容已"⑤ 的看法是有道理的。侯外庐等著《中国思想通史》对此给予很高评价，说："法家从历史的观点，反对了'无变古，无易常'的先王观念，这是古代社会阶级斗争的反映，也是古代思想的光荣终结。"⑥ 这样的思想观念产生了相当大的历史影响。后来的一切变法者都强调随时立制，与早期法家的思想正是一脉相承。

法家认识历史的可取之处有二，除以上所言时变观念外，另一个有价值的思想是法家基本是以人事人谋解释历史的变化，而不言天命鬼神。他们要奋发有为，需要冲破各种束缚，包括历史的束缚，也包括人为因素之外的一切束缚，所以反天命或者避开天命强调人为也是他们的主要理论武器。在《商君书》大量的历史评述内容中，我们看不到一处天命影响人事，以及修人事以求天佑的论述，可以充分证明这一点。

必须指出的是法家在对待文化，对待历史知识方面确实存在着一种

---

① 《商君书·更法第一》。

② 《史记》，卷八，《高祖本纪》。

③ 《汉书》，卷一〇〇下，《叙传下》，北京，中华书局，1962。

④ 《汉书》，卷六十四下，《严朱吾丘主父徐严终王贾传下》。

⑤ 麦孟华：《商君评传》，诸子集成本《商君书》附。

⑥ 侯外庐等：《中国思想通史》，第 1 卷，609 页，北京，人民出版社，1957。

病态心理。对社会现状的明察和片面的国家富强要求，使他们习惯从敌对的视角看被统治者，过度放大了放纵人的各种性情对政权的离心力。所以他们认为如果想要国家安定富强，统治者一定要严明法纪，掌握强国治民之术；而民众只有两件事可做，一是务农，二是打仗："圣人之为国也，入令民以属农，出令民以计战。……入使民尽力则草不荒，出使民致死则胜敌。胜敌而草不荒，富强之功可坐而致也。"① 百姓民众要掌握的知识除农战之外，就是法律禁令，因为这样可以促使他们守本分而不至于为乱。所以要"为置法官，置主法之吏，以为天下师。"② 可见他们自己掌握了丰富的历史知识，却不愿意让民众同样掌握历史知识。百姓民众伸张自然欲望和具备农战之外的能力，都是国家乱亡的祸根："夫治国舍势而任说，说则身修而功寡。故事诗书谈说之士，则民游而轻其君；事处士则民远而非其上；事勇士，则民竞而轻其禁；技艺之士用，则民剽而易徙；商贾之士佚且利，则民缘而议其上。故五民加于国用，则田荒而兵弱。"③ 他们尤其害怕被统治者掌握了诗书礼乐等文化知识，把这些列为国之"六虱"，因为民愚则易治，民智则易乱。他们明言"辩慧，乱之赞也。"④ 而"国用诗书礼乐孝弟善修治者，敌至必削国，不至必贫国。"⑤ 在《商君书》中，没有特殊强调对历史知识的封锁，但可以明显感受到害怕文化知识传播开来的恐惧。这与秦始皇、李斯等人的思想毫无二致，也可以说秦始皇毁弃文化，抹杀人们历史记忆的极端做法，正是早期法家思想合乎逻辑的发展结果。

（原载《史学史研究》，2004 年第 2 期，题为
《商君书对历史知识的运用》，本次重刊题目和内容都作了修改）

---

① 《商君书·算地第六》。
② 《商君书·定分第二十六》。
③ 《商君书·算地第六》。
④ 《商君书·说民第五》。
⑤ 《商君书·去强第四》。

汪高鑫

董仲舒与汉代史学思潮

汉代史学发达，史学思想多姿多彩。在汉代史学思想的发展和演变过程中，注重以天道论人道、探寻历史的变易及其法则和着力阐发大一统思想，则是贯穿于始终的三条主线或三大主潮。而汉代史学思想的发展何以会演绎成这三大主潮，则与董仲舒历史思想的影响密不可分：董仲舒通过构建天人感应理论，借助这种神学形式来表述其历史盛衰观，从而启发了汉代史学家、思想家们注重去"究天人之际"；董仲舒宣扬"三统"历史变易说，从而影响了汉代史学家、思想家们的"通古今之变"；董仲舒倡导大一统思想，其中蕴含的尊王论、民族一统论和思想一统论，则成了汉代史学家、思想家们阐发其大一统思想的理论路径。以下试对此加以具体论述。

一

关于天人关系问题，自先秦以来人们已经对此作了很多探讨。然而，只有到西汉中期，经学大师董仲舒为满足汉武帝"垂问乎天人之际"要求的需要，通过借助于对儒家经典的阐释和发挥，在其《春秋繁露》和《贤良对策》（即《天人三策》）中提出了一整套"大道之要，至论之极"，才真正构建起了一套系统的天人感应理论体系。

董仲舒天人感应论的逻辑起点或理论前提是天有意志，其主旨思想则是宣扬天命王权和天人谴告（亦即灾祥说）。董仲舒宣扬天命王权，认为"天之所大奉使之王者，必有非人力所能致而自至者，此受命之符也。"① 在董仲舒看来，君王之所以称作"天子"，便是体现了这种授命之意：何谓天子？"德侔天地者，皇天右而子之，号称天子。"② 董仲舒天命王权理论的一个重要论调是"圣人无父感天而生"说。此说源于《诗经》。《诗经·商颂·玄鸟》说："天命玄鸟，降而生商，宅殷土芒芒。"董仲舒认为："四法之天施符授圣人，王法则性命形乎先祖，大昭乎王君。"③ 在他看来，圣王的祖先乃天神所生，当上天赋予他们生命之时，也就注定了他们的后人必然会称王天下。《三代改制质文》肯定了舜、禹、汤、文王的王权皆为天命所授，而非人力所为。经过董仲舒的大力发挥，"圣人无父感天而生"说遂成为汉代今文学家的一种系统的天命王权理论。董仲舒宣扬天命王权思想，是出于尊王的政治需要。在西汉前中期，王权是国家统一和政治有序的象征，只有强化王权，才能使西汉政治大一统局面得以维系。而强化王权的最好办法则是神化王权，只有赋予王权以神性，才可使广大臣民感到敬畏而顺从于君王的统治。与出于尊王的需要而宣扬天命王权不同，董仲舒宣扬天人谴告则是出于"神道设教"的需要。董仲舒时代是一个普遍敬畏天命的时代，汉武帝在试策时向贤良文学们提出的"三代受命，其符安在？灾异之变，何缘而起？"④ 便集中反映了封建帝王对于天命和灾异之变的畏惧和困惑。作为积极入世的思想家，董仲舒正是借助于为汉武帝答疑解惑的机会"言天道而归于人道"。董仲舒认为："天之生民，非为王也，而天立王以为民也。故其德足以安乐民者，天予之；其恶足以贼害民者，天夺之。"⑤ 这就是说，上天对于王权的收授与否、降灾还是布祥，都是由人间的政治得失、历史的治乱兴衰所决定的。因此，董仲舒的天人感应论实际上是一把双刃剑，它既可以使民众畏惧而服从于君王的统治，又可以使君王畏惧而服从于上天的意志。他希望君主发挥人为作用，以安乐民众为己任。毫无疑问，董仲舒所宣扬的这套天人感应论，就其实质而言，显然不是一种宇宙哲学，而是一种政治哲学、历史哲学。他是要借助于这种神学的形式，来表述自己的历史盛衰观点。

---

① 《汉书·董仲舒传》。
② 《春秋繁露·顺命》。
③ 《春秋繁露·三代改制质文》。
④ 《汉书·董仲舒传》。
⑤ 《春秋繁露·尧舜不擅移、汤武不专杀》。

董仲舒构建起的这套天人感应理论体系，对于汉代思想家、史学家的历史思想和史学思想无疑产生了重要影响。

司马迁和董仲舒是同时代人，他曾问学于董仲舒，是在汉武帝推崇儒学的时代氛围中成长起来的杰出史学家和思想家。共同的时代背景和学术渊源关系，使得司马迁与董仲舒一样，也非常关注对天人关系问题的探究，而明确以"究天人之际"作为其《史记》撰述的旨趣。同时，从思想内涵而言，董仲舒天人观之于司马迁的影响也是显而易见的。这一方面表现在司马迁接受了董仲舒"圣人无父感天而生"的天命王权思想——《史记》的《殷本纪》、《周本纪》、《秦本纪》和《高祖本纪》等篇章在谈到商、周、秦、汉的王权由来时，对这一思想作了系统宣扬；另一方面则表现在司马迁吸收了董仲舒"言天道而归于人道"的思想——《史记》创立的以人物为中心的纪传体史书体裁，将论载"明主贤君忠臣死义之士"作为史书撰述目的之一，通篇都体现了一种重人事的思想。然而，由于人生经历和对社会历史认识的不同，司马迁的天人观又与董仲舒的天人观存在着很大的不同。首先，司马迁对于"天"的认识是充满矛盾的，他一方面相信天命，相信天命王权思想，一方面又对天道表示怀疑，提出质问。其次，司马迁重人事思想之"人"，其内涵要较董仲舒宽泛得多，在他的笔下，人是一种群体（所谓"明主贤君忠臣死义之士"），而不只是封建帝王一人。

两汉之际，随着封建政治局势的变化，"究天人之际"思潮也出现了新的变化。其具体表现则是在神意史观得到进一步发展的同时，社会上也出现了一股反神学的批判思潮。

西汉后期，随着政局的衰败，作为封建统治思想的经学（主要是今文经学）逐渐与谶纬迷信神学相结合，儒家思想进一步神学化。在这种政治、思想背景下，西汉的史学思想也发生了明显的变化——神意史观得到了一定的发展。具体表现一是董仲舒天人感应论之灾异学说在这一时期得到了大力宣扬，其中以刘向为代表的史家得董仲舒灾异论之精髓。刘向著《洪范五行传论》，以灾异之变说外戚专权，以此来警示封建统治者，以期挽救封建统治危机。而以眭孟（董仲舒再传弟子）为代表的思想家，则借言灾异以鼓吹"异姓受命"①，显然已经背离了董仲舒言灾异的初衷。二是面对刘汉灭亡和王莽代汉已成为一种不可逆转的形势，古

---

① 《汉书·眭弘传》。

文经学派的建立者刘歆编纂《世经》①，构建了一套五行相生之五德终始历史学说，系统宣扬了"圣人同祖"的天命思想②，特别是集中阐发了"汉为尧后"说③，从而为刘汉政权的和平过渡提供理论依据。

东汉政权建立后，一方面由于光武帝由一介儒生而登上帝王宝座，主要是依靠了谶纬神学作为精神支柱，因此，谶纬神学很快便成为东汉初年风靡一时的学问；同时，刘汉政权经历这场兴衰之变后，也需要史学家们对其政权的合法性从神意角度作出解释。东汉初年这种特定的时代背景，自然促进了神意史观的进一步发展；而这种神意史观进一步发展的集中表现则是大力宣扬"汉为尧后"说。与西汉末年刘歆宣扬"汉为尧后"说以为王莽代汉提供理论依据不同，东汉初年史家宣扬"汉为尧后"说，则是要为刘汉政权的合法性从神意角度作出论证。先是班彪作《王命论》，肯定"刘氏承尧之祚，氏族之世，著乎《春秋》。"④ 接着班固作《汉书》，进一步宣扬了"汉为尧后"的神意思想。班固一方面在所作《汉书·高帝纪赞》中详细考证出了一个"汉为尧后"的刘氏世系，并明确指出"断蛇著符"便是刘氏"德祚已盛"奉天命建汉的具体标志，另一方面还系统宣扬了自董仲舒、刘向以来的天人感应思想。如《汉书》不但为天人感应论的构建者董仲舒单独立传，还特意将系统反映董仲舒天人感应思想的《天人三策》完整地载入到《董仲舒传》中，《汉书》的《天文志》则系统宣扬了董仲舒以来的灾异理论，等等。

当然，在两汉之交神意史观流行的同时，也出现了像王充这样的反神意思想家。王充著《论衡》，认为天道自然，王者圣而不神，历史治乱兴衰"皆在命时"。他反对灾异为有意志的天所谴告的说法，而认为是阴阳之气失调的结果。但是，王充的反神意并不彻底，他在否定意志之神的同时，又肯定了命运之神的存在，在批判天人谴告说的同时，却又认为符瑞与圣贤和盛世联系在一起。很显然，在当时那个神学弥漫的时代，要想彻底摆脱神学的束缚，并非是一件容易的事情。

---

① 《汉书·律历志下》。

② "圣人同祖"说认为，伏羲氏"继天而王"，炎、黄二帝继之而王，黄帝以后诸帝皆黄帝之后。

③ 刘歆"汉为尧后"说的理论基点是王莽代汉，它在确定黄帝、虞舜为土德的前提下推衍出王莽的土德，进而由虞舜、王莽的土德又推出唐尧、刘汉的火德。参见拙著：《中国史学思想通史·秦汉卷》（黄山书社2002年版）第2编第6章第3节。

④ 《汉书·叙传》。

东汉末年，封建政治出现了宦官、外戚轮流专权，王权日益衰落的局面。这种政治统治的严重危机，在当时思想家、史学家的天人观上也得到了明显的反映。首先是更加重视阐发灾异论。在这一时期，以何休、荀悦为代表的思想家和史学家们继承了董仲舒"言天道而归于人道"的灾异论传统，都非常重视结合东汉末年的衰政，来着力阐发灾异与人事的关系，大力宣扬灾异不离人事、灾异由人事招致的思想。应该说，他们的灾异论尽管披着的是神学的外衣，而内蕴实质无疑是紧密服务于挽救统治危机这一时代政治主题的。其次是继承并大力宣扬了自刘歆、班彪、班固以来的"汉为尧后"说这一天命王权思想。如荀悦作《汉纪》，以刘歆的新五德终始说为开篇，以班彪的《王命论》为结语，所体现的神意史观是一贯到底的。荀悦在汉末群雄并起之时大力宣扬"汉为尧后"说，显然是出于维护刘汉正统的需要。

从上可知，自从董仲舒构建天人感应理论体系，从而系统表述其历史盛衰观以后，它从理论思维方式到具体思想内涵都对汉代史学家、思想家产生了巨大的影响，这些人正是沿着董仲舒的理论路径，同时结合时代政治需要，去努力探究天人之际，阐发其天人思想的。

二

关于历史变易及其法则问题，春秋战国时期的思想家就已经作了探究。儒家经典《易传》的作者就充分肯定事物变易具有必然性，《系辞下》将其变易思想集中表述为"《易》穷则变，变则通，通则久。"《易传》还进一步提出以革命的手段实现变易的必要性，《革》卦象辞认为革命的意义在于"文明以说，大亨以正"，因而它是自然界和人类社会变易发展的共同法则。儒家代表人物孟子通过对历史变易及其法则的探究，提出了在中国思想史上产生久远影响的"五百年必有王者兴"之历史循环变易阶段论。战国后期，阴阳家的代表人物邹衍创立了一套较为系统的五德终始说，用以解释历史变易及其法则。根据《吕氏春秋·应同》的引述，邹衍认为历史王朝的更替是按照"土木金火水"五行相胜之序循环变易的。据此，黄帝得土德、大禹得木德、商汤得金德、文王得火德。《吕氏春秋》代邹衍立言，代火者水，继周而建的王朝必将是得水德的王朝。邹衍这套五德终始历史循环变易论，对于战国秦汉时期人们的历史变易观影响很大。

董仲舒的历史变易观无疑是受到了先秦思想家特别是《易传》的变革思想和邹衍的五德终始说的影响，故而他在《春秋繁露·尧舜不擅移、汤武不专杀》中提出了"有道伐无道"思想，认为自有夏氏以来的历史变易是"夏无道而殷伐之，殷无道而周伐之，周无道而秦伐之，秦无道而汉伐之"的一个相克相胜过程。

然而，董仲舒的历史变易思想主要还是体现在他对"三统"说的系统阐述上。"三统"说的创始人究竟是谁，现已无法确知，但从现有资料来看，对这一学说记述最为详尽的，当数董仲舒的《春秋繁露》一书。因此，"三统"说无疑是董仲舒历史思想体系的一个重要组成部分。董仲舒的"三统"说从表面上看宣扬的是一种历史循环变易论，因为他认为历史王朝是按照黑、白、赤三统顺序循环更替的，以此来对应历史朝代，则商朝为白统，周朝为赤统，《春秋》为黑统①；从实质而言，他却是主张"继治世者其道同，继乱世者其道变"②，以更化救弊为目的，强调汉皇朝更化的必要性，因而是一种历史更化论。如果我们将董仲舒"三统"说与邹衍五德终始说作一比较便不难发现，二者虽然在形式上都是宣扬历史循环论，但是它们的内蕴却明显不同。五德终始说的五德变易是一个相胜的过程，而"三统"说的三统循环则是一个更化的过程，正如刘家和先生所说的，"董氏三统、三正之变，只是同一个道在不同阶段的展现形式之不同"，认为"既是救弊，便没有五行相胜说的前后相反"。③因此，同样都是历史循环变易学说，五德终始说是一种改朝换代的学说，而"三统"说则是一种巩固政权的学说，它们的政治作用是不相同的。

伴随着董仲舒经学思想正宗地位的确立，董仲舒的"三统"历史变易学说自然也对汉代史学家和思想家产生了重要影响，这一方面表现在它启发了汉代史学家和思想家们注重运用变易的观点去看待历史；另一方面它或者直接被汉代史学家和思想家们用以表达他们的历史变易观，或者被他们作为用以构建其历史变易学说的重要素材。

──────────

① 董仲舒认为孔子有其德而无其位，他托于王鲁而作《春秋》，以当一王之法，这一王之法是专门为汉朝制定的。因此，董仲舒以《春秋》为黑统制度，其实也就是许汉朝以黑统制度。

②《汉书·董仲舒传》。

③《古代中国与世界——一个古史研究者的思考》，449 页，武汉，武汉出版社，1995。

　　史学家司马迁重视探究历史变易及其法则，"通古今之变"是其撰述《史记》所奉行的重要旨趣。而从思想渊源而言，司马迁的历史变易思想不但受到了《易传》"《易》穷则变"思想的影响（司马迁的易学有家学渊源）和邹衍五德终始说的影响（司马迁主汉为土德说），同时也受到了董仲舒"三统"说的重要影响。司马迁受董仲舒"三统"说的影响，不仅表现为重视以原始察终、见盛观衰的方法来观察历史，即所谓追溯其原始，察究其终结，以期对历史运行的盛衰法则作出把握；尤其表现在对"三统"学说的具体吸取上。如《天官书》接受了董仲舒"三统"循环理论，认为天运有三五循环之变，而天人一系，故"为国者必贵三五"。肯定三五循环之变是天人之际普遍存在的一种法则。《高祖本纪》则直接援用董仲舒的"三道"循环变易说（"三统"说之一种）来解说自夏朝以来的历史演变，认为夏、商、周三王之道分别为忠、敬、文，而接周而建的秦朝却不知变道救弊，实行忠质之道，汉朝则能"承敝易变，使人不倦"，故"得天统矣"。由此来看，《史记》确实对董仲舒的"三统"说作了重要吸取。

　　西汉末年，古文经学家刘歆创立的以五行相生之序来解说历史变易和王朝更替的新五德终始说，显然也是与自邹衍以来人们古史观念的不断变化特别是董仲舒历史思想的影响分不开。首先，董仲舒的"三统"历史变易说对于刘歆新五德终始说的创立有着直接的影响。如"三统"说将古史上溯至五帝、三皇时期①，这一古史期与刘歆的《世经》几乎是一致的；"三统"说所宣扬的三统、三正及三道的循环变易，都不含有相胜相反之义，这与五行相生之新五德终始说有相通之处；"三统"说没有以十月为岁首的秦朝为一统所肇端的摒秦思想，对于新五德终始说宣扬的彻底的摒秦论无疑是有着重要影响的。其次，如果撇开历史运次而论五行相生，刘歆以前最早对此作出系统阐述的当属董仲舒（见《春秋繁露》）。董仲舒虽然尚未将五行相生说运用到古史的解说中去，但对刘歆构建五行相生之五德终始说无疑是有重要思想启迪作用的。概言之，董仲舒历史变易思想对于刘歆的影响，一方面表现为一种思想启迪作用，一方面则为其历史变易学说的构建提供了具体素材。

---

　　① 钱唐说："董子法以三代定三统，追前五代为五帝，又追前三代为九皇。"（转引自苏舆：《春秋繁露义证》186 页）据《春秋繁露·三代改制质文》，商汤做新王，即推庖羲为九皇。

东汉末年，公羊巨子何休又提出了一套别开生面的"三世"学说，用以描述历史发展的过程。"三世"说的主旨思想是认为历史的发展必然经历"衰乱世——升平世——太平世"三个时期，从而肯定历史发展是一个从低级到高级、从衰乱到太平、从野蛮到文明的过程，体现了身处东汉衰世时代的思想家何休对于人类历史的发展和进步所充满的一种自信。从理论渊源而言，何休的"三世"说其实也是对公羊先师董仲舒"三统"说的一种系统改造和重要发展。作为汉代公羊家的一种历史发展理论，"三世"说实肇端于董仲舒，只是董仲舒在论述其"三世"说（即其"三等"说）时，是将它视为其"三统"说的一种别传。按照董仲舒的"三世"说，《春秋》十二世被划分为"所传闻世——所闻世——所见世"三等；而何以要作如此划分，旨在体现尊新王大义，因而隐含了一种历史发展的观点。何休正是在此思想基础上赋予了"三世"说以全新的内容，从而将《春秋》三世论提升为一种对人类历史发展总趋势的描述。

由上所述可知，汉代时期是一个历史变易思想多姿多彩、历史变易理论不断涌现的时代，一方面先秦《易传》的变易思想、邹衍的五德终始说继续对汉代史学家、思想家有着重要影响，另一方面又先后出现了董仲舒的"三统"说、刘歆的新五德终始说和何休的"三世"说。然就董仲舒"三统"说对于汉代历史变易观的影响来说，它不但启发了史学家司马迁等人去"通古今之变"，而且也对刘歆新五德终始说和何休"三世"说的构建有着直接的影响。

三

"大一统"作为一种历史观和政治观，也是自春秋战国以来思想家们所着力阐发的一种思想。如儒家孟子的"定于一"思想，墨家的"尚同"思想等，都是对这种"大一统"理论所作的具体阐述。西汉景帝时期著于竹帛的公羊学派的重要经典《公羊传》，则别开生面地从《春秋》"王正月"推论出"大一统"之义，从而最早从形上层面上对这一思想作了解说。到了西汉武帝时期，随着大一统政治局面的形成和巩固，时代要求思想家们对于"大一统"之义作出系统的阐发和论证。董仲舒适应时代政治需要，不但通过构建天人感应学说，从天人合一、天人一系的高度论证了大一统的合理性，而且作为公羊大师，他还以《公羊传》为理论依据，对"大一统"之义从形上和形下两个方面作了系统论证和重要发挥。

董仲舒对"大一统"形上之义的阐发，显然是承继了《公羊传》的思维方式，其切入点也是由"王正月"到"大一统"，但在对其内涵的理解上，二者有着较大的出入。《公羊传》所谓"王正月"，是指天下承奉周正（周历），一统于周天子；而董仲舒则认为天下一统于受命新王，且新王必须改正朔、易服色，以对天命进行报答，由此新王又必须一统于天。同时，董仲舒还对《公羊传》首言"元年"作了追究，认为"元"是一种先于天地、先于万物的本体，因此是天地万物之"始"；这个作为万物源头的"始"之所以称作"元"，是因为它不同于具体的"一"，是一种"大一"，所谓"元者辞之所谓大也"①。因此，"王正月"所体现的天下一统于新王、新王一统于天，追根溯源还必须要天一统于元。于是乎，"元"也就成了董仲舒"大一统"论的形上根源。如果说董仲舒推究"大一统"形上之义的目的在于立"元"正始的话，那么他阐发"大一统"形下之义的目的则是宣扬王者一统。为了建立起王者一统的政治历史统治秩序，董仲舒在政治上鼓吹尊王，而其尊王论的具体内涵则是神化君权和立王正始；在思想上主张"罢黜百家，独尊儒术"；在民族关系上强调夷夏之辨和以夏化夷。正是由于有了董仲舒的系统阐述，大一统理论才因此而成为汉代公羊家的一种重要理论。

董仲舒的大一统思想对于汉代史学家、思想家有着重要影响。

史学家司马迁曾从董仲舒问《春秋》公羊学，故而他对于以董仲舒为代表的公羊家的大一统理论有着极深的领会。与思想家董仲舒关于"大一统"之义所作的义理阐发不同，作为史学家的司马迁则主要是通过一种史实叙述来表达自己的大一统思想，《史记》从编纂体例到记述内容，无不内蕴了大一统的思想。如《十二本纪》的撰述，司马迁取年的周期数即所谓历数与自黄帝以来的帝王之数相配，目的一方面是为了说明人事运行与天道运行的一致性，体现了一种天人合一的思想；另一方面以人间君王与统御万物的天相对应，旨在说明君王也应像天一样拥有统御人间的权力，体现了一种王者一统的思想。又如《三十世家》的撰

---

① 分见董仲舒《春秋繁露》的《玉英》、《王道》、《重政》等篇和班固的《汉书·董仲舒传》。

述，司马迁视"三十世家"为君王的"辐拂股肱之臣"、环绕北辰的星宿，认为无论众星如何运行、车辐如何旋转，北斗星和车毂的轴心位置是永远不变的；同样，无论人间世道如何变化，君王至尊的地位也是永远不会变化的，从而体现了一种王者独尊的思想。《史记》还用大量的篇幅对黄帝以来的大一统政治作了热情颂扬，如司马迁对秦政多有批评，却充分肯定秦的统一是"世异变，成功大"；司马迁盛赞汉皇朝大一统功业，《平准书》对文景太平盛世时期经济繁荣局面作了满怀激情的颂扬，《汉兴以来诸侯王年表》则对汉武帝为加强大一统局面而消除封国势力给予了充分的肯定。值得注意的是，司马迁在继承董仲舒大一统思想的同时，却也提出了一些与董仲舒大一统之义不尽相同的思想。如在民族观上，如果说董仲舒重视夷夏之别的话，那么司马迁则"不斤斤于夷夏之别"①，他更重视强调夷夏一统。也可以说董仲舒的夷夏观重于"别"，而司马迁的夷夏观则重于"统"。学术思想上，董仲舒主张"罢黜百家，独尊儒术"，而司马迁则提出"阙协六经异传，整齐百家杂语"，② 其学术思想大一统的路径与董仲舒存在着明显的不同。

东汉史家班固基于对西汉大一统皇朝历史的充分认识，而断汉为史作《汉书》，以此凸显西汉大一统政权的历史地位。《汉书》的大一统思想是很丰富的，它不但对西汉一代大一统盛世作了热情讴歌，而且还重视将西汉历史作为统一的多民族的历史过程来加以把握，体现了其民族一统的历史意识。班固的民族一统思想，就其理论渊源而言，主要是承继董仲舒的夷夏观，但二者具体内涵却不尽相同。班固一方面接受了董仲舒的以夏化夷观，《西南夷两粤朝鲜传》积极宣扬了"招携以礼，怀远以德"的德化思想；另一方面，班固出于对蛮夷民族的偏见，视他们为"贪而好利，被发左衽，人面兽心"之人，故而又主张对蛮夷实行羁縻之策。③

东汉末年，宦官、外戚轮流专权，由此导致皇权的极度衰弱，大一统政治出现了严重危机。在这种特定历史背景下，作为东汉公羊巨子，何休出于挽救东汉大一统政治局面的需要，继承了汉代公羊学派重视阐发大一统思想的传统，并沿袭了公羊先师董仲舒的理论路径，从形上、

---

① 白寿彝主编：《中国通史》，第 1 卷，10 页，上海，上海人民出版社，1989。

②《史记·太史公自序》。

③《汉书·匈奴传赞》。

形下两个方面对大一统思想作了系统阐述。首先，何休着重对汉代公羊家的"五始"说作了系统阐述。"五始"说是汉代公羊家关于《春秋》经文首句"元年，春，王正月"的解释，他们认为"元年"、"春"、"王"、"正月"外加"公即位"（因鲁隐公意在摄政，思虑以后还要归政于桓公，故经文首句"元年春王正月"之后省去了"公即位"这一书法定式）这五要素都体现了"始"之义，故而共成"五始"。"五始"说不见于《公羊传》，公羊先师董仲舒虽未提出"五始"之名，却已对其内涵作了初步论述，只是形上色彩还不够彰显。何休在公羊先师的论说基础上，将"五始"概括为"元年"为天地之始，"春"为四时之始，"王"为受命之始，"正月"为政教之始，"公即位"为一国之始。①"五始"各为一统，"元"统"春"、"春"统"王"、"王"统"正月"、"正月"统"公即位"，"五始"之间又"相须成体"，它们合乎逻辑地构成了一种天人一系的宇宙图式。而"统者，始也，总系之辞。"②确定天地万物的统属关系，目的就是要立统正始，立定法式。所以何休说："故《春秋》以元之气，正天之端；以天之端，正王之政；以王之政，正诸侯之即位；以诸侯之即位，正境内之治。"③何休关于"五始"说的系统阐发，使得公羊学派的"大一统"形上理论由此更加完善、更为系统。其次，何休大力宣扬"尊天子"论。董仲舒宣扬尊王思想，是出于构建王者独尊的大一统政治的需要；而何休宣扬"尊天子"论，则既是秉承公羊先师的遗教、遗训，同时也是对东汉末年皇权衰落、政治无序、国家衰败的一种警世之论。何休认为，东汉末年的天子不尊，是强臣专权、妃党势众所致，因此，只有"屈强臣"、"弱妃党"，才能使王者谨守王权，天子受到尊崇。《春秋公羊传解诂》常常借史发论，阐发这一"尊天子"之义。最后，何休将"张三世"与"异内外"相结合，用一种历史发展的观点来看待民族关系问题和国家统一问题。董仲舒等公羊先师对于"张三世"和"异内外"之义都曾经作过表述，可是他们却都没有从中阐发出"大一统"之义来。因此，将"张三世"和"异内外"相结合来阐发"大一统"之义，这既是何休大一统理论的主要特色，也是何休对公羊学大一统理论的重要发展。何休以"三世"说来解说"异内外"，认为在"所

①《春秋公羊传解诂》，隐公元年，上海，上海古籍出版社，1990。

② 同上书。

③ 同上书。

传闻之世"（亦即"衰乱"之世），夷狄"未得殊也"，故而不存在夷夏之辨问题；在"传闻之世"（亦即"升平"之世）时，夷狄已"可得殊"，故而必须"内诸夏而外夷狄"；到了"所见之世"（即"太平"之世），夷狄通过不断进化，已经由野蛮而至文明，成为诸夏的一部分，因此这是一个"夷狄进至于爵，天下远近小大若一"的大一统之世。① 毫无疑问，何休的"异内外"说体现了一种民族发展的观点，对传统公羊"大一统"说作出了新的诠释。

由上可知，董仲舒的历史思想对于汉代史学思潮的出现和走向是有着重要影响的。重视对中国传统经学与史学的关系的研究，是深入认识中国古代史学思想民族特点的十分重要的工作。董仲舒是汉代公羊大师，他的经学化的历史思想对于汉代史学思潮产生了重大影响，揭示这一史学特点，也就抓住了中国传统史学的一个关节。

（原载《史学史研究》，2003 年第 4 期）

---

① 《春秋公羊传解诂》，隐公元年。

罗炳良

从宋代考据史学到清代实证史学的发展

宋、元、明、清时期是中国传统史学走向繁荣发展与理论总结的重要时期，产生出两大主要史学思潮，即义理化史学思潮和考证性史学思潮。揭示这两种史学思潮发展的历程、内涵及其意义，对于阐明中国传统史学发展的某些内在规律，深入研究中国史学史具有重要的学术价值。笔者曾经以宋、元、明、清时期中国传统史学作为考察对象，探讨了由宋代义理化史学到清代实证性史学转变的历程及其意义①。近年来有学者提出以下看法："宋代是中国传统考据学发展史上一个极为重要的时期"②；"如果全面地、准确地考察宋代学术，可以发现，义理之学与考据之学构成了宋代学术相辅相成、互相渗透的两个方面"③；"宋代学术以理学为特色，与之相应，在史书的修纂中形成了义理史学一类，……主张在史学中以微言大义为旨，不太重视历史事实的考据。但是此类史书在宋代史学史中并不占据主要地位，占主要地位的当属以求真求信为目的的考据史学。"④ 为了比较全面地考察宋、元、明、清时期中国史学的面貌，本文再从中国传统考据学发展的角度，探讨传统史学从宋代考据史学到清代实证史学的发展历程及其意义，以期深刻认识宋、元、明、清时期中国史学的内涵与性质。

---

① 见《从宋代义理化史学到清代实证性史学的转变》，《史学月刊》，2003 年第2 期。
② 庞天佑：《理学与宋代考据学》，见《湛江师范学院学报》，1996 年第4 期。
③ 陈江：《宋代的考据之学》，见《上海教育学院学报》，1996 年第4 期。
④ 邹志峰：《宋代历史考据学的兴起及其发展演变》，见《文献》，2000 年第4 期。

一

宋、元、明、清时期是中国传统考据学形成、发展和成熟时期，历史考证学在这个时期同样取得了辉煌成就。宋代的考据史学领域相当广泛，特别到南宋时期成就更加突出。元明两代由于义理化史学占据主导地位，导致了历史考证学的衰落。明清之际考史学风开始复苏，到清代实证史学臻于极盛。在宋、元、明、清时期历史考证学的发展过程中，最突出的成就是史家对考史理论与方法论的提出和总结，这是中国传统历史考证学发展成熟最显著的标志。

第一，"实事求是"考史理论的形成和完善。

中国史学重视考据的传统虽然起源很早，但在宋代以前史家关注的焦点主要侧重历史记载是否能起到彰善瘅恶的借鉴作用，而修史过程中对史料的甄别考察则处于次要地位。这从春秋时期孔子赞誉"董狐，古之良史也，书法不隐"①，到唐代史学批评理论家刘知几推崇"史之为务，厥途有三焉。何则？彰善贬恶，不避强御，若晋之董狐，齐之南史，此其上也"②的理论总结，无不如此。宋代以后，中国传统史学的价值观念逐渐由以道德评价为主转变为以事实评价为主，史家修史更加注重是否客观真实地记载历史事实，这就为历史考证学的独立发展和理论总结奠定了基础。

北宋史家吴缜对什么是"历史事实"作出理论界定，并把它摆在史学的首要位置。他说："夫为史之要有三：一曰事实，二曰褒贬，三曰文采。有是事而如是书，斯谓事实；因事实而寓惩劝，斯谓褒贬；事实、褒贬既得矣，必资文采以行之，夫然后成史。至于事得其实矣，而褒贬、文采则缺焉，虽未能成书，犹不失为史之意；若乃事实未明，而徒以褒贬、文采为事，则是既不成书，而又失为史之意矣。"③吴缜把真实地记载历史事实作为史学的首要任务，说明宋代史家对于史学性质具备了更深刻的理性认识。他对"历史事实"的理论概括非常全面，既不是把历

---

① 杜预：《春秋经传集解·宣公二年传》，上海，上海古籍出版社，1985。
② 刘知几：《史通·辨职》，沈阳，辽宁教育出版社，1997。
③ 吴缜：《新唐书纠谬序》，商务印书馆四部丛刊三编本。

史事实看作单纯的人类社会过往历程，也不是简单地认为史书记载的内容就是历史事实，而是强调客观历史与史家主观认识两者的有机结合。对"历史事实"范畴作出这样全面、深刻的理论阐述，在宋代以前还不曾有过。既然"有是事而如是书"才能成为历史事实，那么我们自然就会得出"有是事而不如是书"或"无是事而如是书"就不是历史事实的结论。史家记载历史如果"有是事而不如是书"，无论出于何种动机，都会造成历史记载的回护与曲笔；倘若"无是事而如是书"，那就是伪造历史。上述两种情况，在我国古代历史著作中都大量存在，所以需要对古代史籍和史事进行校勘、纠谬、辨伪、考异等考证工作。吴缜的理论认识，揭示出历史考证学产生的学术条件及其存在的必要性，只有在考史经验积累到相当成熟的阶段才能形成这样深刻的考据学理论。

元代至明代中叶，理学影响史学愈演愈烈，导致史学趋向义理化发展。元明史家治史"不考百王之典，不综当代之务"① 的空疏虚妄学风，导致了历史考证学的衰落。随着明代后期理学的没落和实学思潮的兴起，明末清初学风逐渐走向征实，历史考证学也开始缓慢复兴。晚明史家王世贞是一位勤奋的史料整理者和严肃的史料辨析者，形成了对历史材料的批判态度和对历史事实的求真精神。王世贞关于国史、野史和家史的价值评判，就具有考史理论的意义。他说："国史人恣而善蔽真，其叙典章，述文献，不可废也；野史人臆而善失真，其征是非，削讳忌，不可废也；家史人谀而善溢真，其赞宗阀，表官绩，不可废也。"② 所谓"国史人恣而善蔽真"，是批评历代官修史书为维护统治集团的利益而出现肆意掩盖历史真相的弊端；"野史人臆而善失真"，是批评历代私家撰史主观臆度而造成记载失实的弊端；"家史人谀而善溢真"，是批评历代谱牒与家传因溢美或谀墓而导致言过其实的弊端。他认为研究历史当然不可废弃国史、野史和家史各种历史资料，但必须经过考证确切之后才能看清历史的真实面目。王世贞对国史、野史和家史的认识，是把历史记载是否符合历史事实作为史学的核心问题看待，在传统考史理论的发展中占有一定的位置。

到清代中期的乾隆、嘉庆年间，历史考证学发展到传统史学的繁荣

---

① 顾炎武著，黄汝成集释：《日知录集释》，卷七，《夫子之言性与天道》，长沙，岳麓书社，1994。

② 王世贞：《弇山堂别集》，卷二十，《史乘考误引言》，北京，中华书局，1985。

与成熟阶段。清代史学同宋代的考据史学相比，不仅呈现出明显的理性意识与科学特征，而且治史的实证精神深入史学骨髓，发展成实证史学。在乾嘉时期的史家中，最具实证精神的代表人物是王鸣盛和钱大昕。王鸣盛主张"史家所记典制，有得有失，读史者不必横生意见，驰骋议论，以明法戒也。但当考其典制之实，俾数千百年建置沿革了如指掌，而或宜法，或宜戒，待人之自择焉可矣。其事迹则有美有恶，读史者亦不必强立文法，擅加与夺，以为褒贬也。但当考其事迹之实，俾年经事纬，部居州次，记载之异同，见闻之离合，一一条析无疑，而若者可褒，若者可贬，听之天下之公论焉可矣。书生胸臆，每患迂愚，即使考之已详，而议论褒贬犹恐未当，况其考之未确者哉！盖学问之道，求于虚不如求于实，议论褒贬，皆虚文耳。作史者之所记录，读史者之所考核，总期于能得其实焉而已矣，外此又何多求邪！"① 他批评那些以褒贬历史为己任的史家不能揭示历史演变的真相，阐明治史"据事直书"和"实事求是"的理论原则。钱大昕也强调说："夫良史之职，主于善恶必书，但使纪事悉从其实，则万世之下，是非自不能掩，奚庸别为褒贬之词！"② 史家只要搞清历史事实，历史记载据事直书，善恶是非就会昭然若揭，后世足以对历史作出客观评价，无须史家主观褒贬历史。钱大昕总结其考史理论说："世之考古者，拾班、范之一言，摘沈、萧之数简，兼有竹素烂脱，豕虎传讹，易斗分作升分，更子琳为惠琳，乃出校书之陋，本非作者之愆，而皆文致小疵，目为大创，驰骋笔墨，夸耀凡庸，予所不能效也。更有空疏措大，辄以褒贬自任，强作聪明，妄生疥疡，不卟年代，不揆时势，强人以所难行，责人以所难受，陈义甚高，居心过刻，予尤不敢效也。桑榆景迫，学殖无成，惟有实事求是，护惜古人之苦心，可与海内共白。"③ 由此可见，清代史家以"实事求是"悬为历史考证的鹄的，把追求史书记载的真实作为史家的纪事原则提出来，展现出清代实证史学深邃完备的理论风貌。

第二，宋、元、明、清时期的史家在考史过程中，对考异、纠谬和辨伪等考据方法问题进行了深入总结，丰富和完善了传统历史考证学方法论。

---

① 王鸣盛：《十七史商榷序》，北京，中国书店，1987。

② 钱大昕：《嘉定钱大昕全集·潜研堂文集》，卷十八，《续通志列传总序》，南京，江苏古籍出版社，1997。

③《嘉定钱大昕全集·廿二史考异序》。

宋代是中国古代史学发展的繁荣昌盛时期，史学的发展要求史家广泛搜集、整理和辨析史料，因而促进了考据史学的繁荣。北宋史家吴缜纠摘《新唐书》谬误，归纳出《新唐书》以无为有、似实而虚、书事失实、自相违舛、年月时世差互、官爵姓名谬误、世系乡里无法、尊敬君亲不严、纪志表传不相符合、一事两见而异同不完、载述脱误、事状丛复、宜削而反存、当书而反缺、义例不明、先后失序、编次未当、与夺不常、事有可疑、字书非是 20 条谬误，同时还总结出责任不专、课程不立、初无义例、终无审复、多采小说而不精择、务因旧文而不推考、刊修者不知刊修之要而各徇私好、校勘者不举校勘之职而惟务苟容 8 条致误原因。这些内容虽然是针对《新唐书》而言，但其意义已超出就事论事的范围，而具有一般方法论的价值。南宋史家朱熹既是一位义理化史学的代表，同时在考据史学方面也作出很大成绩。他总结出"参伍错综"的考异方法，颇具考史方法论意义。朱熹指出："错、综，自是两事。错者，杂而互之也；综者，条而理之也。参伍、错综，又各自是一事。参伍所以通之，其治之也简而疏；错综所以极之，其治之也繁而密。"[1] 他还指出："天地阴阳事物之理，修身事亲齐家及国，以至于平治天下之道，与凡圣贤之言行，古今之得失，礼乐之名数，下而至于食货之源流，兵刑之法制，……若非考诸载籍之文，沉潜参伍以求其故，则亦无以明。"[2] 这种考据方法就是要求史家综合各种相关史料加以旁参互稽，通过比较分析各种记载之异同，考证清楚历史的真相。宋代理学的兴起，使学者研治经史突破了汉唐时期固守注疏藩篱的局限，逐渐形成一股疑古惑经的辨伪思潮。南宋史家朱熹认为："生于今世而读古人之书，所以能辨其真伪者，一则以其义理之所当否而知之，二则以其左验之异同而质之，未有舍此两途而能直以臆度悬断之者也。"[3] 他主张根据义理和左验审视古代历史典籍的真伪，亦即按照古籍内在的思想理路和外在的历史背景予以检验，初步形成考据学中"内考证"与"外考证"方法论。宋代学者以辨伪求真的目光审视历代古籍，总结出辨析史料真伪的准则，在历史考证学方法论上取得了较大成就。

元明两代史家虽不甚重视考据，但也有一些史家在考史方法论方面

① 朱熹：《朱子大全·朱文公文集》，卷五十四，《答王伯丰》，上海，中华书局四部备要本。

② 同上书，卷八十，《福州州学经史阁记》。

③ 同上书，卷三十八，《答袁机仲》。

提出深刻见解。被元代学人视为"身任一代文献之寄"的史家苏天爵，特别强调史家应当保存信史，使后世有所考证。他说："先儒以修史为难。昔隋尧君素、周韩通之死，史官不为立传，盖难言也。如《新五代史》诸《世家》则曰：其后事具国史。今宋自宁宗，金自章宗，已与国家相接，欲尽书之，则有当回护者；欲尽削之，则没其实矣。如曰事具国史，则金自章宗后仅三十年始亡，宋自宁宗后仅五十年始亡，岂可皆不书乎？况其死事之臣，又岂只一尧君素、韩通而已！"① 他所主张的史书记事方法是史家无论善恶贵贱都应当如实记载，尽可能给后世留下了解历史全貌的真实材料。明代学者陈第在前人的基础上，对文献考据方法进行了专门总结，真正上升到方法论层次。他对《毛诗》"稍为考据，列本证、旁证两条。本证者，《诗》自相证也；旁证者，采之他书也。二者俱无，则宛转以审其音，参错以谐其韵"②。他总结出历史考证学的本证法、旁证法和理证法三种原则，进一步丰富与完善了传统考据学方法论。明代晚期有些学者致力于辨伪方法论的探讨，取得了较高的成就。例如胡应麟总结出"凡核伪书之道，核之《七略》以观其源，核之群《志》以观其绪，核之并世之言以观其称，核之异世之言以观其述，核之文以观其体，核之事以观其时，核之撰者以观其托，核之传者以观其人。核兹八者，而古今赝籍亡隐情矣"③。他从上述八个方面探讨了古籍辨伪问题，主张区分伪书产生的不同情况，分别进行辨伪，系统地归纳出辨伪方法论。

历史考证学在清代成为史学发展的主流，取得了前所未有的辉煌成就。清代史家比较普遍地从事历史考证，对考史方法论作出了更大的贡献。钱大昕通过考证秦置郡数，不赞同前人所谓秦置40郡之说，进一步提出考证历史的方法论。他认为："言有出于古人而未可信者，非古人之不足信也，古人之前尚有古人，前之古人无此言，而后之古人言之，我从其前者而已矣。秦四十郡之说，昉于《晋书》，《晋书》为唐初人所作。自今日而溯唐初，亦谓之古人，要其去秦汉远矣。……自后汉至晋，史家俱不言秦有四十郡也。……地理之志，莫古于孟坚，亦莫精于孟坚。不信孟坚而信房乔、敬播诸人，吾未见其可也。"④ 钱大昕强调历史考证

---

① 苏天爵：《滋溪文稿》，卷二十五，《三史质疑》，北京，中华书局，1997。

② 陈第：《毛诗古音考序》，学津讨原本。

③ 胡应麟：《少室山房笔丛》，卷三十，《四部正讹下》，广雅书局刻本。

④ 《嘉定钱大昕全集·潜研堂文集》，卷十六，《秦四十郡辨》。

应当相信距离历史事件发生较近时期史家记载的可靠性，考证出最早的史料来源。这种考史方法论被近代历史考证学大师陈垣发展为专门的史源学理论，至今仍为史家所沿用，其意义影响长久而深远。王鸣盛在考史方法上继承和发展了"参伍错综"的考证方法。他考史除利用正史以外，还充分利用各种辅助材料："搜罗偏霸杂史，稗官野乘，山经地志，谱牒簿录，以及诸子百家小说笔记，诗文别集，释老异教，旁及于钟鼎尊彝之款识，山林冢墓、祠庙伽蓝碑碣断缺之文，尽取以供佐证，参伍错综，比物连类，以互相检照，所谓考其典制、事迹之实也。"① 他主张史家只有会通各方面材料考史，才能真正认清历史的真相。赵翼则继承和发展了本证考史方法，在《廿二史札记》中强调："间有稗乘脞说，与正史歧互者，又不敢遽诧为得间之奇。盖一代修史时，此等记载无不搜入史局，其所弃而不取者，必有难以征信之处。今或反据以驳正史之讹，不免贻讥有识。是以此编多就正史纪、传、表、志中参互勘校，其有抵牾处，自见辄摘出，以俟博雅君子订正焉。"② 上述各种考史方法，是清代史家对传统历史考证学作出的新贡献。清代史家考辨伪书和伪史的成绩最大，而在辨伪理论与方法论上成就最高的史家当属崔述。崔述受家学熏陶，形成了不迷信、不盲从的史学意识。他说："南方人初读《论》《孟》，即合朱子《集注》读之；《大学》《中庸》章句亦然。北方人则俟《四书》本文皆成诵后，再读经一二种，然后读《四书注》，而读注时亦连本文合而读之。先君教述读注皆不然，经文虽已久熟，仍令先读五十遍，然后经、注合读亦五十遍；于温注时亦然。谓读注当连经文，固也；读经则不可以连注，读经文而连注读之，则经文之义为注所间隔而章法不明，脉络次第多忽而不之觉，故必令别读也。"③ 崔述治史经、传分开，认清了两者分别属于不同时代的学术成果，产生出疑古辨伪思想，确立了宗《六经》而疑传注和诸子的考史宗旨。他考史："不以传注杂于经，不以诸子百家杂于经传，久之而始觉传注所言有不尽合于经者，百家所记往往有与经相悖者。……于是历考其事，汇而编之，以经为主，传注之与经合者则著之，而异端小说不经之言，咸辟其谬而删削之，题之曰《考信录》。"④ 崔述不愿盲目轻信前人的历史记载，意欲剥去后人附会的

---

① 《十七史商榷序》。
② 赵翼著、王树民校证：《廿二史札记校证·小引》，北京，中华书局，1984。
③ 崔述著，顾颉刚编订：《崔东壁遗书·考信附录》，北京，中华书局，1983。
④ 《崔东壁遗书·考信录自序》。

伪史，考证清楚上古历史真相，还古人以真实面目。他说："今为《考信录》，不敢以载于战国、秦、汉之书者悉信以为实事，不敢以东汉、魏、晋诸儒之所注释者悉信以为实言，务皆纠其本末，辨其同异，分别其事之虚实而去取之，虽不为古人之书讳其误，亦不至为古人之书增其误也。"① 崔述不存迷信前人的成见，不依傍历代学者对古史的穿凿附会之说，形成了独树一帜的治史宗旨，取得了前无古人的考史成就。崔述考史尽管没能摆脱儒家经学的束缚，虽怀疑传注而仍尊崇经义，但和前人相比，理性意识无疑大大增强，因而能够总结出最深刻的疑古辨伪理论与方法论。

二

中国传统历史考证学的内涵主要包括考证史书和史实讹舛、校勘古籍谬误和辨析古籍真伪、辑佚古籍和补作旧史、收集金石文字考证史籍。宋、元、明、清时期是中国传统历史考证学由繁荣走向极盛的发展阶段。特别是宋代和清代，考史风气盛行，考史范围广泛，考史成果卓著，考史类别丰富。下面对宋、元、明、清时期各类考史成果择其荦荦大者以述之，借以观其概貌。

（一）考异和纠谬

考异是考订一个历史事实在群书记载中的异同，去伪求真，以存信史的工作。南北朝时期出现的大量注史之作，就包括了考异的目的和内容。宋代以后，考异形成一种独立完备的史学形式，成为历史考证学中最典型的部类。纠谬就是针对他人所撰的史书纠摘谬误，保证历史记载真实可靠。宋、元、明、清时期，考异和纠谬类史学著作成果丰富，蔚为大观。

宋代不论官修史书还是私人修史，多采用在史书正文之下附录注文以明去取的方法。其中具有代表性的考异著作就是北宋史家司马光所作的《资治通鉴考异》和南宋史家范冲所作的《神宗皇帝实录考异》。司马

---

① 《崔东壁遗书·考信录提要》，卷上，《释例》。

光修《资治通鉴》，选择较为可信的史料入史，同时又将对该事件的各种不同记载附录其下，并说明取舍理由及根据，"参考群书，评其同异，俾归一途，为《考异》三十卷"①，不仅保证了历史记载确有依据，而且给后人进一步考证历史保存下珍贵史料。范冲重修《神宗皇帝实录》，针对北宋修撰的"《神宗皇帝实录》既经删改，议论不一，复虑他日无所质证，辄欲为《考异》一书，明示去取之意"②。《神宗皇帝实录考异》五卷，详载对史料增删的理由，读史者可以清楚地看到宋代修史的具体情况，给后世留下了足资考证的宝贵资料。除此之外，宋代还出现考据史学的专门著作。南宋史家李心传所撰《旧闻证误》，王应麟所撰《汉书艺文志考证》，宇文绍奕所撰《石林燕语考异》，都是考史成就较高的专门史学著作，历来受到学界好评，此不赘述。纠谬方面的代表作是北宋史家吴缜的《新唐书纠谬》和《五代史记纂误》。两书所纠之谬，多取欧阳修的《新唐书》和《新五代史》纪、志、表、传对比考证，揭其舛误。把《新唐书》谬误归纳为 20 个门类，《新五代史》谬误胪列 200 余事，考证虽未尽合理，但纠正史书记载谬误的成绩是主要的，对宋代考据史学的发展具有积极意义。

元至明代中叶，由于受到义理化史学的影响，只有极少数史家从事历史考证工作。明代中期杨慎撰《转注古音略》考辨上古音韵，开晚明考据风气之先。此后梅鹜撰《尚书考异》，王世贞撰《史乘考误》，余继登撰《典故纪闻》等，都是比较严谨征实的考据史书，成为晚明史学中的上乘之作。

进入清代，考据之风大兴，历史考证学也臻于鼎盛时期。清代考史成就最高的著作是清初史家顾炎武的《日知录》和乾嘉时期史家赵翼的《廿二史札记》、钱大昕的《廿二史考异》、王鸣盛的《十七史商榷》、崔述的《考信录》。《日知录》是一部颇负盛名的考史著作，内容涉及历代政治、经济、文化、天文、地理众多领域。采用归纳考史方法，每考一事，以类相从，详其始末，开清代实证史学之先河。赵翼《廿二史札记》考史的特点是"每史先考史法，次论史事"③。他为《廿二史札记》的撰

---

① 司马光：《司马文正公传家集》，卷十七，《进资治通鉴表》，清乾隆培远堂刻本。

② 李心传：《建炎以来系年要录》，卷八十五，绍兴五年二月辛丑范冲奏疏，北京，中华书局，1988。

③ 赵翼著，王树民校证：《廿二史札记校证》，附录二，《陈垣题记》。

述确定了两个宗旨：一是"此编多就正史纪、传、表、志参互勘校，其有抵牾处，自见辄摘出"，这属于考证历史事实；二是"至古今风会之递变，政事之屡更，有关于治乱兴衰之故者，亦随所见附著之"①，这属于归纳历史事实。这两个方面共同构成了《廿二史札记》的内容，表现出《廿二史札记》的撰述方法和主要特征。钱大昕撰《廿二史考异》，对从《史记》到《元史》的 22 部正史进行了系统的考证。他认为："史非一家之书，实千载之书，祛其疑乃能坚其信，指其瑕益以见其美。拾遗规过，匪为龂龂前人，实以开导后学。"② 钱大昕明确认识到这决非轻而易举就能做到，因为"廿二家之书，文字烦多，义例纠纷，舆地则今昔异名，侨置殊所；职官则沿革迭代，冗要逐时，欲其条理贯串，了如指掌，良非易事"③，于是把主要精力用于校勘文字，辨析名物，补正讹误，考证历代舆地、职官、典章制度。钱大昕考史首先列出所考史书的篇名，然后摘出该篇中的错误记载，最后旁征博引考异纠谬。王鸣盛的《十七史商榷》是我国传统史学走向总结时期的一部重要历史考证学著作，对宋代以前的历代正史作了一次全面清理。他说："十七史者，上起《史记》，下讫《五代史》，宋时尝汇而刻之者也。商榷者，商度而扬榷之也。海虞毛晋汲古阁所刻行世已久，而从未有全校之一周者。予为改讹文、补脱文、去衍文；又举其中典制事迹，诠解蒙滞，审核舛驳，以成是书，故名曰《商榷》也。"④ 王鸣盛考史特点是首先对一部正史作总体评价，然后考证各种具体问题，最后论及与此相关的其他史书。《十七史商榷》突出成就表现在史书文字的考订、历史事迹的考订和地理、职官等典章制度的考订上，为清理和总结我国古代史学作出了贡献。《考信录》是崔述的考史代表作，其考史旨趣不同于赵翼、钱大昕和王鸣盛之书考证历代正史记载谬误，而在于考证史书记载的事件历史上是否确有其事，疑古辨伪。他指出："古之国史既无存于世者，但据传记之文而遂以为固然，古人之受诬者尚可胜道哉！故余为《考信录》，于汉、晋诸儒之说，必为考其原本，辨其是非。非敢诋诽先儒，正欲平心以求其一是也。"⑤ 此外，汪辉祖的《元史本证》、梁玉绳的《史记质疑》、章宗源的《隋书经籍志

①《廿二史札记校证·小引》。
②《嘉定钱大昕全集·廿二史考异序》。
③ 同上书。
④《十七史商榷序》。
⑤《考信录提要》，卷上，《释例》。

考证》、牛运震的《读史纠谬》、李文田的《元朝秘史注》、王先谦的《汉书补注》，也是比较重要的考史之作。

（二）刊误和辨伪

刊误即对古籍校雠而勘正讹误，辨伪指考辨古籍和古史传说的真伪。这两方面工作主要属于文献学范畴，但在历史考证学中也占有相当重要的位置。

宋代史家校勘前代史书，集中在宋仁宗和宋英宗两朝，主要围绕两《汉书》和唐修八史。北宋史家曾巩受诏校勘皇室藏书，撰有《战国策目录序》、《南齐书目录序》、《梁书目录序》、《陈书目录序》等勘误之篇，把上述已经散佚的史书校补成完帙，取得了很大成绩。宋仁宗景祐二年，诏余靖校勘《汉书》，逾年撰成《汉书刊误》。宋英宗治平年间，刘攽奉诏校勘《后汉书》，撰有《东汉刊误》，又与刘敞、刘奉世合撰《三刘汉书标注》，成为宋代考据史学名著。南宋时期，吴仁杰又对三刘之书补遗，对两《汉书》进一步校勘，撰成《两汉刊误补遗》。曾绛为此书做序，赞誉作者"据古引谊，旁搜曲取，凡邑里之差殊，姓族之同异，字画之乖讹，音训之舛逆，句读之分析，指意之穿凿，及他书援据之谬陋，毕厘而正之，的当精确"①，说明这是一部校勘和考证相结合的著作。与此同时，在理学思潮的影响下，宋代疑古惑经的学者很多，史家在辨伪方面也取得了很大成就。欧阳修撰《易童子问》、《毛诗本义》，不仅攻驳传注，而且对《六经》本身提出怀疑和驳难。吴棫撰有《书稗传》，率先对《古文尚书》予以辨伪，启发了后人的思想。朱熹对《六经》及《左传》、《国语》、《战国策》、《世本》等史书均有辨析，成为宋代最具辨伪眼光和辨伪成就最高的史家。他们对上古史籍经过重新审查，对古代传说和古代史籍作了一次清理，澄清了许多史书的谬误。

元代的辨伪学只有史家吴澄继承宋代吴棫、朱熹的事业，进一步考辨《古文尚书》。明初史家宋濂撰《诸子辨》考辨先秦诸子，成为凤毛麟角的辨伪学著作。晚明胡应麟撰有《四部正讹》，对古籍中的伪书条分缕析，考辨精当，成为辨伪学史上的名著。

清代的校勘之学和辨伪之学都达到鼎盛阶段，产生出一批重要成果。

---

① 曾绛：《两汉刊误补遗序》，清同治七年金陵书局刻本。

清代涉足校勘的学者较多，而成就最高的当属乾嘉时期的学者卢文弨和顾广圻两人。卢文弨所校古籍包括《逸周书》、《荀子》、《吕氏春秋》、《新书》、《韩诗外传》、《春秋繁露》、《白虎通》、《颜氏家训》等，收入《抱经堂丛书》。他晚年编定的《群书拾补》，集中了校勘诸书的精华和精辟的论断，为传统校勘学的发展作出了重要贡献。顾广圻是继卢文弨之后的又一专家，治学长于版本、校勘。经他主持校刻的古籍非常丰富，计有《周礼》、《仪礼》、《战国策》、《抱朴子》、《列子》、《盐铁论》、《唐律疏议》等等。每校毕一书，皆综其校订内容，作《考异》或《校勘记》附于书后。他在长期从事校勘工作的基础上，对校勘学的发展提出一系列校勘原则，把传统校勘学推进到更加完备的程度。清代的辨伪之学以清初三大家成就较高。阎若璩著有《尚书古文疏证》，继承前人考辨《古文尚书》的成果，最终把这部书定谳为伪书，成为铁证难翻的定案。胡渭著有《易图明辨》，考证出儒家所宣扬的《河图》、《洛书》以及《先天图》乃是宋代道士陈抟和理学家周敦颐、邵雍等人杜撰的伪书，彻底推翻了宋明理学的根基。姚际恒著有《古今伪书考》，考辨经、史、子部各类伪书数十种，如《易传》、《古文尚书》、《毛诗序》、《周礼》、《大戴礼记》、《孝经》等等，虽然未必尽当，却有对世人破惑启迪的作用。乾嘉时期的辨伪学，处在汉学佞汉信古风气的笼罩之下，不仅范围没有扩大，而且水平也未必能超越清初辨伪学。值得称道的只有对上古历史传说辨伪的崔述和梁玉绳，他们根据考信于《六艺》的宗旨，对史书记载的先秦古史体系作了系统考证，剥落了多层后人强加在古人身上的面纱，澄清了许多历史上的疑团。

（三）辑佚和补史

中国古代辑佚学是由单纯的掇拾坠简残编发展成一门有系统理论和方法的专门学问。宋、元、明、清时期从事辑佚的学者远远不限于史家，而辑佚的古逸书又大大超出史书范围。清代嘉道年间，古籍辑佚的方法臻于完善，至晚清出现繁荣局面，成绩相当可观。补史是对历代正史体例残缺加以补撰，其中最为突出的成绩表现在补表和补志两个方面。与辑佚古籍一样，清代补史活动经历了清初积累，乾嘉年间蔚然成风，道光以后趋于繁荣的发展过程。

宋代辑佚学成就最大的当属郑樵和王应麟。郑樵提出散亡之书可据现存书中称引辑录成帙的思想，而王应麟则创辑佚之成法，标志着传统辑佚学的形成。宋人始有补表、补志之作。补表始于宋人熊方所撰《补后汉书年表》，补断代史志始于宋人钱文子所撰《补汉兵志》，然而仅仅处于创始阶段，远没有形成规模。

元明两代，学者高谈性命，束书不观，很少有人愿意做这种耗费功力的事情，只有元代陶宗仪、吴澄和明代胡应麟等少数人从事辑佚事业，所以没有在宋人基础上继续发展，辑佚与补史工作处于中衰阶段。

清代辑佚工作包括官府辑佚和私人辑佚两种形式，辑佚风气空前活跃，许多散佚已久的史籍重见天日，为后世利用这些文献研究历史提供了极大便利，对历史文献的整理研究作出了巨大贡献。清代前期在辑佚学上成就较大的史家是姚之骃和全祖望。姚之骃治学长于古史，搜集久佚的八家《后汉书》，辑成《后汉书补逸》。本书"捃拾细琐，用力颇勤。惟不著所出之书，使读者无从考证，是其所短"[1]；但它改变过去专就一人一书辑佚的方法，开创专门辑佚一代诸书的先例，拓宽了辑佚学的范围，对后来辑佚学发展具有启示意义。全祖望的贡献在于首先发现《永乐大典》中保存世间久佚的古籍，引起了学者的重视，开乾隆年间四库馆臣大规模从《永乐大典》辑书之先河。全祖望对宋史研究很感兴趣，所辑之书多是宋代佚书，如王安石《周官新义》、佚名《春秋鲁十二公年谱》、刘敞《公是先生文钞》等十余种。清代中期，成绩最大的是官府辑佚。四库馆臣从《永乐大典》"裒辑成编者，凡经部六十六种，史部四十一种，子部一百三种，集部一百七十五种，共四千九百四十六卷"[2]。这是收入《四库全书》的 385 种辑佚书，如果再加上《四库存目》中收录和《四库全书》未收录的辑佚书，实际数量更多。四库馆臣辑出的散篇旧史中，邵晋涵辑佚和整理《旧五代史》，具有特殊意义。他在四库馆任职期间，即着手辑佚此书，力求恢复本书的原貌。邵晋涵对于史书体例颇有研究，在编订过程中参考大量宋元文献，制订出 15 条《编定旧五代史凡例》，严格按照原书梁、唐、晋、汉、周断代为史的体例，虽知其不善，亦不予改动，显示出尊重前人学术的态度。邵晋涵在对五代史实严格考订补葺的基础上，撰写出《旧五代史考异》一书，说明去取原委，

---

① 永瑢等撰：《四库全书总目》，卷五十，《后汉书补逸提要》，北京，中华书局，1965。

② 同上书，卷一三七，《永乐大典提要》。

材料来源。经过他的辛勤劳动，《旧五代史》大体上恢复了原貌，得以收入《四库全书》，跻身于二十四史之列。清代学者对邵晋涵的辑佚工作给予了很高的评价，彭元瑞赞誉"《永乐大典》散篇辑佚之书，以此为最"①。这是清代四库馆臣在旧史辑佚方面取得的最突出的贡献。嘉道年间辑佚古籍成绩较大的学者，有严可均汇集散佚而成《全上古三代秦汉三国六朝文》；张澍辑佚先秦至隋唐关陇文人佚书数十种，刊刻《二酉堂丛书》；汪文台用主要精力辑成《七家后汉书》，在清代各家《后汉书》辑本中种类最多，佚文繁富，体例精当，编辑有序，考辨审核，出处详明，堪称佳作。《七家后汉书》的辑佚颇具家法，为清代辑佚学向理论化发展作出了贡献。晚清辑佚学成就最大的学者首推汤球，他"少耽经史，从〔俞〕正燮、〔汪〕文台游，传其考据之学"，尝辑郑玄逸书九种、刘熙《孟子注》、刘珍《东观汉记》、皇甫谧《帝王世纪》、谯周《古史考》诸书；又"读史用力于《晋书》尤深，广搜载籍，补晋史之阙"②，辑有九家纪传体《晋书》、九家编年体《晋纪》、萧方等《三十春秋》、崔鸿《十六国春秋》各书，成绩卓著，在中国史学史上占有重要的位置。

清代史家补断代史之作主要有马骕《绎史》、李锴《尚史》、谢启昆《西魏书》、吴任臣《十国春秋》、洪亮吉《西夏国志》、吴广成《西夏事略》、周春《西夏书》、张鉴《西夏纪事本末》，等等，虽然史学价值不能与正史相提并论，但却具有收集整理一代文献之功。自《史记》、《汉书》奠定纪传体史书规模以后，纪、表、志、传四种体例成为主要组成部分。然而有些史书因所记载的皇朝短祚，或史家修史时间仓促，表、志两种体例不是缺而不备，就是记载漏略，留下遗憾。清代从事补表和补志的人数众多，著作层出不穷。清初史家补表的成绩，以万斯同最为著名。他有感于马、班以后历代正史的史表缺而不备，为东汉至五代的纪传体皇朝史——补撰史表，著有《历代史表》。万斯同是清代最早补撰史表的史家，所补史表多为首创，具有极大价值。四库馆臣赞誉《历代史表》"使列朝掌故端绪厘然，于史学殊为有助"③。乾隆中叶以后，补表之家逐渐增多。卢文弨撰有《史记惠景间侯者年表校补》，钱大昭撰有《后汉书补表》，周嘉猷撰有《三国纪年表》，《补南北史年表》、《补南北

---

① 彭元瑞：《知圣道斋读书跋》，卷一，式训堂丛书本。

② 赵尔巽等撰：《清史稿》，卷四八六，《汤球传》，北京，中华书局，1977。

③ 永瑢等撰：《四库全书总目》，卷五，《历代史表提要》。

史帝王世系表》、《补南北史世系表》、《五代纪年表》，汪远孙撰有《辽史纪年表》、《西辽纪年表》，钱大昕撰有《元史氏族表》，均为补表佳作。清代较早的补志之作，是康熙年间倪璨所撰《宋史艺文志补》和《补辽金元艺文志》。倪璨与修《明史》，鉴于《辽》、《金》、《元》三史皆无《艺文志》，而《宋史·艺文志》所载止于度宗，缺宋季二朝载籍，于是撰《明史艺文志》稿时"并取二季，以补其后，而附以辽、金之仅存者，萃为一编，列之四部，用传来兹"①，对清代补志风气的形成产生了很大影响。到乾隆年间，产生了专门的补志之作。厉鹗所撰《辽史拾遗》中有《补艺文志》，杭世骏所撰《金史补缺》中有《艺文志补缺》，卢文弨所撰《群书拾补》中有《续汉书志注补》、《魏书礼志校补》、《金史礼志补脱》，是乾隆年间补志成就较高的著作。乾隆末至嘉庆年间，补志之作趋于成熟。钱大昭撰有《补续汉书艺文志》，洪亮吉撰有《补三国疆域志》、《东晋疆域志》、《十六国疆域志》，郝懿行撰有《补宋书刑法志》、《补宋书食货志》，钱大昕撰有《元史艺文志》，皆为补志名篇，深受时人推重。道光年间补志之风继续发展，补志范围不断扩大，而且体例更加严谨。顾怀三撰有《补后汉书艺文志》、《补五代史艺文志》，侯康"以隋以前古书多亡，著书者湮没不彰，补撰《后汉》、《三国》、《晋》、《宋》、《齐》、《梁》、《陈》、《魏》、《北齐》、《周》十书《艺文志》而注之"②，实际成书者只有《补后汉书艺文志》、《补三国艺文志》两种。顾、侯二人补志的特点是超越简单搜集、排比史料，而是把各书相关的考订、注疏、校勘成果统统辑入注文，将辑佚和考证有机结合起来，极大地丰富了补志的形式和内容。1935年开明书店编纂《二十五史补编》，收录北宋至近代学者的补表、补志之作，包括240余种正史表、志的校订和补遗著作，其中绝大部分是清代史家的成果，展现出清代大规模补撰旧史表、志工作所取得的重大收获。

（四）金石证史

宋、元、明、清时期历史考证学最富有创造性的内容就是利用金石

---

① 二十五史刊行委员会编：《二十五史补编·宋史艺文志补》，卷首，《明史艺文志序》，北京，中华书局，1955。

② 缪荃孙：《续碑传集》，卷七十七，《侯康传》，台北，文海出版社，1973。

文字考证文献材料，对古代文献或前人说经论史中的失误做纠谬补缺工作。宋人开创以金石与文献相互印证的考据方法，不仅在历史考证学发展史上具有里程碑的意义，而且对后世产生了深远影响。清代史家的金石证史考据方法是承袭宋人而来，不论其搜集校订金石文字的规模还是利用金石碑刻证史的水平，都达到了一个崭新的境界。

北宋最先研究金石器物的史家是刘敞，曾经收集商、周铜器详加考证，撰成《先秦古器图》。他认为金石文字对于校补古代文献具有重要价值，可以达到"礼家明其制度，小学正其文字，谱牒次其世谥"① 的目的。欧阳修积十余年之功，集录 1000 卷金石铭文，撰成《集古录》。他谈到收集金石碑刻的目的是要把那些"可与史传正其缺谬者，以传后学，庶益于多闻"②。南宋赵明诚撰《金石录》，同样强调金石碑刻对于考史的价值。他指出历代正史记载的"岁月、地理、官爵、世次，以金石刻考之，其抵牾十常三四。盖史牒出于后人之手，不能无失，而刻词当时所立，可信不疑"③。洪适撰《隶释》和《隶释续》，也是比较重要的金石著作，历来为考古学者所重视。宋人开创的金石证史方法为宋代考据史学引入了新的材料和方法，对传统历史考证学的发展具有不容低估的价值。

清代金石学发展进入全盛时期，不仅从事搜集和整理金石碑刻的学者很多，而且撰集的金石学著作丰富。清初史家顾炎武、万斯同等人十分重视运用金石材料考史，顾炎武著有《石经考》、《求古录》、《金石文字记》等书，万斯同著有《石经考》等书，为乾嘉时期金石学的兴盛奠定了基础。乾嘉时期的学者在搜访金石碑刻方面不遗余力，取得了累累硕果。最著名的金石考据著作有王昶的《金石萃编》，孙星衍的《平津馆金石萃编》，邢澍的《寰宇访碑录》，钱大昕的《潜研堂金石文字目录》、《续录》、《金石文跋尾》，毕沅的《关中金石记》、《中州金石记》、《山左金石志》，阮元的《积古斋钟鼎彝器款识》、《两浙金石志》，等等，这些著作在考证经史方面取得了突出的成就。金石证史的价值主要表现在对文献记载正误和补缺两方面。例如钱大昕以金石碑刻证史书之误，考证《旧唐书·突厥传》"可汗者，犹古之单于，其子弟谓之特勒"的记载，

① 刘敞：《公是集》，卷三十六，《先秦古器记》，丛书集成初编本。
② 欧阳修：《欧阳修全集·居士集》，卷四十一，《集古录自序》，北京，中国书店，1996。
③ 赵明诚：《金石录序》，商务印书馆四部丛刊续编本。

认为"特勒"当是"特勤"之误。他说："顾氏《金石文字记》历引史传中称特勒者甚多，而《梁国公契苾明碑》特勤字再现，又柳公权《神策军碑》亦云大特勤嗢没，斯皆书者之误。予谓外国语言，华人鲜通其义，史文转写或失其真，唯石刻出于当时真迹，况《契苾碑》宰相娄师德所撰，公权亦奉敕书，断无舛讹，当据碑以订史之误，未可轻訾议也。"① 他还以金石碑刻补史书之缺，考证《新五代史·葛从周传》"拜昭义军节度使，封陈留郡王，食其俸于家"的记载，指出正史漏载葛从周使相官职。他指出："是时泽潞为晋所有，但假其名以宠从周，俾食其俸耳。……《五代会要》：梁末帝使相三十二人，从周居其一。予尝见从周《神道碑》云：检校太师兼侍中。此欧史所失书也。"② 窥一斑而见全豹，清代史家把金石碑刻用于校勘古籍，纠谬订讹，拾遗补缺，考证出历代史书因传抄刊刻而造成的许多舛误，发挥了单纯利用版本校勘所无法企及的作用。宋代和清代金石学家大量的金石证史成果，是我国传统史学的宝贵财富，为近代历史考证学家提出"二重证据法"提供了史料基础和方法借鉴，应当给予充分重视。

三

中国古代的历史考证尽管起源较早，汉唐时期的史家多有涉及，并且取得了不少成就，但是中国传统历史考证学走上独立发展道路，乃是宋代考据史学开其端，清代实证史学集其成，两者具有直接的渊源关系。清代考据学家对宋代金石学成就推崇备至，自觉继承宋人金石证史方法。顾炎武称："自少时即好访求古人金石之文，而犹不甚解。及读欧阳公《集古录》，乃知其事多与经史相表里，可以阐幽表微，补缺正误。"③ 钱大昕也认为"金石之学，与经史相表里。……欧、赵、洪诸家涉猎正史，是正犹多"④。又指出"金石之学始于宋，录金石而分地亦始于宋。……书契以还，风移俗易，后人恒有不及见古人之叹。文籍传写，久而舛讹，

① 《嘉定钱大昕全集·十驾斋养新录》，卷六，《特勤当从石刻》。
② 《嘉定钱大昕全集·廿二史考异》，卷六十二，《五代史二·葛从周传》。
③ 顾炎武：《顾亭林诗文集·亭林文集》，卷二，《金石文字记序》，北京，中华书局，1983。
④ 《嘉定钱大昕全集·潜研堂文集》，卷二十五，《关中金石记序》。

惟吉金乐石流传人间，虽千百年之后，犹能辨其点画而审其异同，金石之寿，实大有助于经史焉"①。近代历史考证学大师王国维也揭示出宋代考据史学到清代实证史学发展的渊源流变："近世学术多发端于宋人，如金石学，亦宋人所创学术之一。宋人治此学，其于搜集、著录、考订、应用各方面，无不用力，不百年间，遂成一种之学问。……近世金石之学复兴，然于著录、考订，皆本宋人成法，而于宋人多方面之兴味，反有所不逮。"② 当代著名文献学家张舜徽亦指出宋代学术与清代学术之间的传承关系："有清一代学术无不赖宋贤开其先，乾嘉诸师特承其遗绪而恢宏之耳。"③ 从这种学术发展的渊源流变之中，我们可以更加清楚地认识宋、元、明、清时期历史考证学的成就与局限，为当前史学的发展提供参考和借鉴。

首先，中国传统史学从宋代考据史学到清代实证史学的演变，对于传统史学理论和考史方法论的发展至关重要。中国古代的史学理论和史学方法论，主要是通过历史评论或史学批评形式表现出来，而不是以思辨逻辑体系建立的历史哲学形式。从中国传统历史考证学的成果类型来看，主要包括四种类型。第一，原著附考。考史学家在对古籍注音释义和事实考异方面多采用这种类型，以校勘记和胪列异文的形式附于原著之后，随需要考订的正文而行。第二，考史专著。史家对一部书或几部书加以考证，然后把考据成果写成专门著作。第三，叙录题跋。考史学家常常以叙录和题跋表述考证和校勘成果，对考据工作加以总结。第四，杂考笔记。学者在自撰学术笔记中对一书、一人、一事逐条进行考证，是传统经史考证最普遍的方法。无论哪种形式，考史学家都需要说明史料取舍之由，详列辨伪正误之据，进而归纳出一定的考史义例。历代考史学家并非仅仅以考据见长，其中一些成就较高的史家在自己的考史实践中已超越了单纯的考证事实。他们擅长考史或论史，所以对某些历史问题研究很深，见解独到，达到了一定程度的理论水平。他们的考史著作中包含着丰富的考史理论和考史方法论，为中国古代史学理论宝库增添了新内容。我国史学界对此研究极为薄弱，成果积累不多，有必要细

①《嘉定钱大昕全集·潜研堂文集》，卷二十五，《山左金石志序》。

② 王国维：《王国维全集·静安文集续编·宋代之金石学》，北京，中华书局，1984。

③ 张舜徽：《广校雠略》，卷五，《两宋诸儒实为清代朴学之先驱》，北京，中华书局，1963。

致地耙梳资料，认真总结这份宝贵的史学理论遗产。

其次，中国传统历史考证学的发展奠定了历史研究无征不信的治史原则，形成了"实事求是"的治史学风，为历史学成为科学奠定了坚实的基础。宋、元、明、清时期的史学实际上是沿着义理化史学和考证性史学两种治学路径演变，只不过是在不同时期各有侧重而已。中国传统史学如果完全按照义理化史学道路发展，必然会偏离据事直书的"实录"原则，最终导致政治化和玄学化，丧失自身独立的品格。历史考证学派的史家在批评义理化史学治史虚妄不实的同时，以求真求实的史学意识发覆纠谬，征实考信，开创出"实事求是"的治史学风。如果说宋代史家"实事求是"的考史意识尚未达到普遍自觉程度的话，那么到清代乾嘉时期史家的"实事求是"观念则不仅为个别人所特有，而是所有史家普遍的共识。清代实证史学的史家不仅按照这个原则研治古代经史，而且用以评骘当代学者的治史成就。这表明"实事求是"观念已经深深根植于史家的头脑里，影响着他们的治史活动。在这种理性意识的驱使下，历史考证学家本着求实征信和护惜古人的态度考证历史，一扫义理史学家以历史事实屈从儒家名教伦理的空疏不实学风，端正了中国史学的发展方向。传统历史考证学强调史学自身的客观性与真实性，提倡客观实证精神，确立了无征不信的治史原则，从而奠定了历史学向科学方向发展的学术基础，其影响至近现代而愈显重要。

毋庸讳言，宋、元、明、清时期的传统历史考证学也存在着明显的局限性。这主要表现在考史学家在批判义理化史学趋势的同时，不免矫枉过正，走向另一个极端。乾嘉时期的著名经史学家戴震、钱大昕、王鸣盛等人只是把考据作为阐明其学术宗旨的手段，目的在于揭示儒家学术之道，探究历史盛衰兴亡法则。渐至后来，一些考据末流学者不明其意，把考据手段当成考史目的，陷于孤立和烦琐的考证，出现为考据而考据的流弊。这虽然不是历史考证学发展的主流，但它对传统史学产生的消极影响却是客观存在的，不容忽视。实际上，历史考证只不过是历史研究的手段，而不是最终目的。且不说后人永远不可能穷尽历史的真相，即使考证清楚历史的真相，客观地记载下来，而没有融入史家的思想，构建独立的学术体系，充其量只能是考证史实和汇纂史料，而不是史学著作。这种历史考证学体现的是史家治史的功力，而不等于研究历史的学问。史家只有在具备考证功力，弄清楚真实的历史事实之后，进一步得出对历史发展规律的深刻见解，发前人所未发，对后人有启迪，促进学术和社会进步，这才是历史考证的目的和史家追求的终极目标，是研究历史的学问。历史学强调求真与重视理论是相互联系的，所以治史注重考证与揭示规律也是辩证统一的。历史学强调考证在于认清历史的真相，而揭示规律才能把握历史发展演变的脉络。换句话说，史家只注重考证历史事实而不重视揭示历史发展规律，只是史学的部分功能，而不是全部内涵。倘若仅仅以求真作为治史鹄的，把功力当成学问，历史学只能停留在实证研究的较低层次。在今天看来，历史考证学仅仅是史学的一个组成部分，它只有为揭示历史发展规律服务，才能使中国历史学真正成为科学。当前，史学理论建设仍然是一个亟待加强的问题，应当使所有的史学工作者普遍认识到问题的重要性，予以高度重视。只有建立起更加科学和完善的历史学理论体系，才能有效地促进中国史学的发展与繁荣。

　　（本文原载张其凡、范立舟主编：《宋代历史文化研究（续编）》，北京，人民出版社，2003。这次收入论集，改正了个别文字错误，并对引文出处重新标注）

向燕南

从"荣经陋史"到"六经皆史"
——宋明经史关系说的演化及意义之探讨

经史关系的问题，是中国古代学术史的一个重要论题。由于对这一问题的讨论，涉及史学在中古时期的发展中力图摆脱经学的笼罩获得"史学自主"（autonomy of history）的理论问题，所以前贤学者，对此有过不少的讨论，其中对清代史学理论家章学诚提出的相关理论，论述得尤多。考虑到这一命题在学术思想史中，往往因学术语境的不同而表现不同内涵，故本文试将此论题，置于思想学术史的演进过程当中，考察其提出的学术思想史的渊源及其演进的内在理路（theory of inner logic），从一个新的角度对其予以阐释，进而揭示它在史学史中的意义。

一

经史关系的讨论，虽然很早就有学者提及，但是真正展开对二者尊卑关系的讨论，实际上是从宋代开始的。对此，清代的钱大昕曾有所论述。《廿二史札记》钱大昕《序》云：

> 经与史岂有二学哉？……初无经史之别，厥后兰台、东观，作者益繁，李充、荀勖等创立四部，而经史始分，然不闻陋史而荣经也。自王安石以猖狂诡诞之学要君窃位，自造《三经新义》，驱海内而诵习之，甚至诋《春秋》为断烂朝报。章、蔡用事，祖述荆舒，屏弃《通鉴》为

元祐学术，而十七史皆束之高阁矣。嗣是之道学诸儒，讲求心性，惧门弟子之泛滥无所归也，则有诃读史为玩物丧志者，又有谓读史令人心粗者。此特有为言之，而空疏浅薄者托以借口，由是说经者日多，治史者日少。彼之言曰：经精而史粗也，经正而史杂也。①

　　按照钱大昕的观点，在学术的发展中，虽然早就导致了经、史分途，但是始终"不闻陋史而荣经也"。直至宋王安石废汉唐经注，倡言新学，"诋《春秋》为断烂朝报"，其后又有理学兴起，诸儒"讲求心性，惧门弟子之泛滥无所归也，则有诃读史为玩物丧志者"，发展至此，经与史在地位上才出现尊卑高下的说法。②

　　我们说，钱大昕的论述虽然明显具有清人基于汉学立场对宋人学术批判的成分，但也确实在某种程度上抓住了经史关系变化的关节所在，即理学的形成和发展对于人们对经史关系认识产生有很大的影响。史称："自王氏之学兴，士大夫非道德性命不谈。"③ 王安石作为北宋著名思想家、政治家，虽然一直受着理学中人的批判，但是其开启一代学风，在一定意义上促进理学发展之功，却是学术思想史不争的事实。钱穆先生认为王安石对待读经的态度是"在致我之知以尽圣，然后于经籍能有所去取，此见解。竟可谓是宋人开创新儒学的一条大原则"④。所以在一定意义上，钱大昕是以王安石为经史关系观念发生变化之臬，揭示了学术思想演化中，理学思想的形成对经史关系观念影响的内在理路。

　　然而王氏之时，理学的基本观点和理路还只是初露端倪，所以在经史关系认识方面还未显现什么值得注意的影响，而至以二程为代表的理学家时，受佛教华严宗，尤其是华严禅理事说的影响，则开始广泛涉及

---

　　① 赵翼著，王树民校证：《廿二史札记校证》，885 页，北京，中华书局本，1984。

　　② 宋代之前，虽有隋王通提出"昔圣人述史三焉"，即"六经"中的《尚书》、《诗经》及《春秋》三经"同出于史"的观点，但是王通此说实质意图是强调三经的体裁与立意的不同，并未提出经史尊卑的问题。所以他结论说："此三者他同出于史，而不可杂也，故圣人分焉。"详见王通《中说·王道》篇。

　　③ 赵秉文：《滏水集》，卷一，《性道教说》，上海古籍出版社影印文渊阁四库全书本。

　　④ 如钱穆即云："（王）安石虽是宋学初期的人物，但他实已探到此后宋学之骊珠。"见钱穆：《宋明理学概述》，23 页，台北，台湾学生书局，1984。

“理”与“事”之关系的讨论，并将这一观念引入到经史关系的讨论，形成其强调读经穷理，把经学置于一切学术之上的观点。据《上蔡先生语录》卷之中载，程颢甚至批评学生谢良佐爱好史学，“举史文成诵”，是“玩物丧志”。在二程的观念中，即使是“六经”中的《春秋》，因为是依鲁史改编的史著，也是形而下之“用”，而非形而上之“体”。认为：“盖《春秋》圣人之用也。《诗》、《书》、《易》如律，《春秋》如断案；《诗》、《书》、《易》如药方，《春秋》如治法。”① 正是在这种基本思路的支配下，他们“尝语学者，且先读《论语》、《孟子》，更读一经，然后看《春秋》，先识得个义理，方可看《春秋》”②。表现出明显的荣经陋史的思想倾向。

二程以后，其荣经陋史的思想，继续为他们的门人后学所接受，尤其是集理学之大成的朱熹，在二程观点的基础之上又有所发挥。与程颢一样，朱熹也强调读书必须“以经为本”，“先经后史”，批评同时学者吕祖谦道：“东莱聪明，看文理却不子细”。“缘他先读史多，所以看粗着眼。读书须是以经为本，而后读史。”而当他的学生问起吕祖谦的学术时，他不无轻蔑地说：“伯恭于史分外子细，于经却不甚理会。”学生不解地问：吕祖谦不“也是相承那江浙间一种史学，故凭地”？而他对这种追问显然很不满，所以不无情绪地答道：“史什么学？只是见得浅！”③ 因为在他看来：“看史只如看人相打。相打有甚好看处？陈同甫一生被史坏了；直卿亦言，东莱教学者看史，亦被史坏。”④ “故程夫子教人先读《论》、《孟》，次及诸经，然后看史，其序不可乱也。”⑤ 可见钱大昕所谓“诃读史为玩物丧志者，又有谓读史令人心粗者”，是完全具有历史根据的，而所指就是二程、朱熹一系的理学学者对经史关系的思想观点。

这里值得提出来的是，钱大昕虽然意识到了理学的发生、发展对荣经陋史的学术倾向具有重大的思想影响，但是为什么会产生这种荣经陋史的观念，这种思想观念的哲学依据是什么，作为一位考据学家，钱大昕并没有作出进一步的追问。而这，也正是我们所要论述的最关键问题所在。

---

① 《二程集·程氏外书》，401 页，北京，中华书局，1981。
② 同上书，164 页。
③ 黎靖德：《朱子语类》，2950~2951 页，北京，中华书局，1986。
④ 同上书，2965 页。
⑤ 朱熹：《晦庵先生朱文公文集》，卷三十五，《答吕伯恭》，四部丛刊本。

溯本追源，以二程和朱熹为代表的宋理学家，之所以认为经尊史卑、经精史粗，强调读书先读经再读史，以经统史，其根本是与他们"理一分殊"的理学思想分不开的。程朱理学体系的一个突出特点是在改造佛教华严宗和禅宗理与事理论的基础上，突出地强调"天下只有一个理"①，认为这个超验抽象的、普遍的"理"，是独立于具体经验事物之外，从事物外部决定并制约着具体、特殊性的事物的存在和发展，从而构成其理气相分，道器相离，普遍外在特殊的二元世界观体系：一个形而上的"理"的世界，"若理，则只是一个净洁空阔的世界，无形迹"②；一个由超验之"理"分殊的具体的芸芸世界。其中，作为这经验的芸芸世界，在它存在和不断展开于时间的过程中，也就是它对"理"不断体现的过程，而这芸芸的经验世界形而下的属性，必然决定了其对"理"之展现或反映的不完全性。事实上，二程、朱熹等人正是从他们这一基本的理学观念出发来理解经史关系的。他们之所以"荣经陋史"，强调经对史的统辖意义，是因为他们认为经是天理的体现："'六经'是三代以上之书，曾经圣人之手，全是天理。"③ 只有"以经为本"，在从"六经"中汲取天理"而后读史"，才能"陶铸历代之偏驳，会归一理之纯粹"④，求得"天理之正，人心之安"，进而达到格物致知、体察形而上之天理的目的。因此，程、朱等人荣经陋史的经史观，从一定意义讲，也正是他们"理（道）统于气（器）"、"理一分殊"等基本理论在经史关系的问题上的逻辑推绎。

二

我们认为，从"荣经陋史"到"六经皆史"的理论转变，在理论上实际存在两大基本观念上的突破：一是需要对形而上的"道"与形而下的"器"是否具有统一性的关系，普遍真理对于具体事物之关系是超然于外还是内在其中等认识论上的突破；二是需要对"六经"是一切真理

---

① 《二程集·程氏遗书》，196 页。
② 《朱子语类》，1 页。
③ 同上书，190 页。
④ 李方子：《资治通鉴纲目后序》，影印本《四库全书》，《资治通鉴纲目》卷首下。

渊薮，具有绝对的思想权威地位之神话的突破。其中后者，实质上也是前一观点进一步发展的必然结果。

事实上，在二程和朱熹等为代表的理学家倡言"荣经陋史"的经史观的同时甚至之前，已经有一些学者提出经亦史的观点，而且这些学者很多也是从"道"与"器"、"理"与"事"之关系的高度对经史关系问题展开讨论的。例如早在北宋时，苏洵就提出过"经以道法胜，史以事词胜"，经史"体不相沿，而用实相资焉"的观点①。南宋时，叶适也认为"经，理也；史，事也"，而且同样认为"专于经则理虚，专于史则事碍而不通"②。入元，这种观点得到进一步发展，先是有胡三省针对"世之论者率曰：经以载道，史以记事，史与经不可同日语也"的观点论曰："夫道无所不在，散于事为之间，因事之得失成败，可以知道之万世亡弊，史可少欤！"③ 其后又有郝经、刘因等，提出"治经而不治史，则知理而不知迹；治史而不治经，则知迹而不知理"等观点，④ 甚至在此基础上提出"古无经史之分"的观点，等等。⑤ 从这些论述中人们可以感觉，似乎意识到绝对之"理"与经验之"事"，事实上存在着相互依赖的关系而并不能截然分开，所以他们才会得出经史"体不相沿，而用实相资焉"，甚至"古无经史之分"的结论。这实际也是理学在程朱以后，理学学者竭力弥合程朱完全离析道器、二分心理的理论缺陷，而出现和会朱、陆（九渊）的一种哲学倾向。但是我们也应看到，上述这些学者，除了胡三省稍有涉及外，其他人对"道"与"器"、"理"与"事"的统一关系并没有在理论上作出明确的说明，所以他们对于经史关系的论述，在理论上也没能取得突破性的进展，自然也不会有什么重大的学术影响。

对经史关系的认识在理论层面上取得突破性进展的是明中叶的王阳明。

关于王阳明与程朱等人在经史关系认识上的对立，钱钟书先生已有所注意。但是钱先生认为，王阳明"五经亦史"的观点，仅仅是前人

① 苏洵：《嘉祐集》，卷八，《史论上》，四部丛刊本。
② 叶适：《叶适集·水心别集》，221 页，北京，中华书局，1960。
③ 胡三省：《新注资治通鉴序》，标点本《资治通鉴》卷首，24 页，北京，中华书局，1976。
④ 郝经：《陵川集》，卷十九，《经史》，影印本《四库全书》，第 1192 册。
⑤ 刘因：《静修先生文集·续集》，卷三，《叙学》，影印本《四库全书》，第 1198 册。

"言意之辩"中"言不尽意"观点及庄子糟粕"六经"观点的翻版而无新意，而没有对这种观点作出更深层的哲学追问。① 事实上，王阳明与程朱等人之间经史关系说的对立，并不仅仅是所谓意义与语言表述的问题，还存在着更深刻的认识论上的歧义。

史载，明正德七年（1512 年）年底，王阳明升任南京太仆寺少卿，随即返乡归省，途中与弟子徐爱讲学。当时徐爱问："先儒论'六经'以《春秋》为史，史专记事，恐与'五经'事体终或稍异。"对此，王阳明回答说：

> 以事言谓之史，以道言谓之经。事即道，道即史，《春秋》亦经，"五经"亦史。《易》是包牺氏之史，《书》是尧舜以下史，《礼》、《乐》是三代史，其事同，其道同，安有所谓异？
> "五经"亦只是史。史以明善恶，示训戒。善可为训者，特存其迹以示法；恶可为戒者，存其戒而削其事以杜其奸。②

王阳明这里所说的"五经"，实际也就是"六经"，除后者不包括亡佚的《乐经》外，所指是一样的，都是对儒家流传下来的五部经典的统称，因此所谓"五经亦史"，也就是"六经皆史"，而这也是古代学术史上对"六经皆史"的第一次，也是最明确的说明。但是需要提出的是，王阳明所阐述的经史关系的理论价值，并不仅仅在于其明确提出了"五经亦史"的观点，因为这种说法前人早已有所涉及，而是在于他空前明确地将"事"与"道"统一起来，并以此理论为基础说明经与史的统一关系，从而实现了对古代经史关系认识的大突破。

王阳明之所以提出"五经亦史"的观点，其理论上的前提，一是他对所谓"理"或绝对的理解，二是在对"理"的理解基础上形成的对所谓"六经"的理解。

从对"理"的认识的角度来说，与程、朱等人所谓"性即理"，"析心与理为二"，将理视为超然于经验事物之外的绝对存在的观点相反，王阳明认为"心即理"③，认为"心外无物，心外无事，心外无理，心外无

---

① 参见钱钟书：《谈艺录》，增订版，263～266 页，北京，中华书局，1984。
② 王守仁：《王阳明全集》，10 页，上海，上海古籍出版社，1992。
③ 同上书，2 页。

义，心外无善"。① 即所谓的"理"，不是超验抽象地存在于经验事物之外，而是内在于作为普遍之理与个体意识相统一的、具有道德渊薮和本体意义的"心"理。从这种认识出发，自然无论是表现为普遍意义的圣人所作之"六经"，还是表现为具体经验过程的历史，都是混融如一地存在于体现为良知良能的人的心中，所以在这种意义上"事即道，道即事"，特殊体现着普遍，普遍内在于特殊。因为在王阳明看来，"其事同，其道同，安有所谓异"？所以在这种情况下，"经史一也"，二者统一地同具吾心。于是这一认识论上的转变，无意间便为"六经皆史"的理论提供了理论依据。

从对普遍之"理"的理解基础上所形成的对"六经"的价值理解来说，由于王阳明以世界统一于意识的主观唯心主义诠释经史关系，所以程朱理学理论中被奉为天理所在的"六经"，在王学理论中则只是被视为一种"致良知"的工具，从而把"六经"的权威置于主体的理性之下，所以王阳明说："'六经'，吾心之记籍也。而'六经'之实则具于吾心，犹之产业库藏之实积，种种色色具存于其家，其记录者特名状数目而已。"② 即相对人人具足的良知来说，"六经"不过是个登记财产的账簿而已，而阅读过账簿并不等于真正拥有了财产，同样，阅读过"六经"也不等于体认到了自我的良知，完成了对天理的认知。应该说王阳明"五经亦史"的论述，其主旨并不是要提高史学价值，而只是认为以"六经"为代表的知识，如果不融入作为个体内在意识的"心"中，是不可能化为道德行为的。但是由于他将"经"仅仅视为登记财产的账簿，使得"经"的权威被大大降低，从而为作为经验的史的地位的上升留出了空间。于是，王阳明讨论修养途径的初衷，转而成了后来史学最终摆脱经学笼罩，获得"史学自主"的理论依据。而正是在这无意之间，王阳明的论述成为古代经史关系认识的一个突破点。

随着其主要哲学著作《传习录》于正德十三年（1518 年）刊刻，及整个王学在社会中影响的扩大，王阳明对经史关系的论述的影响也逐渐扩大，并对后来经史关系的讨论起了积极的推动作用。王阳明之后，其再传弟子，南中王门中的史学家薛应旂，曾在王阳明论述的基础上对

---

① 王守仁：《王阳明全集》，156 页，上海，上海古籍出版社，1992。
②《王阳明全集》，卷七，《稽山书院尊经阁记》，255 页，上海，上海古籍出版社，1992。

"五经亦史"作过进一步的演绎。不同的是，在薛应旂的论述中，已不再像王阳明那样，主要是讨论道德修养问题，而是直接针对朱熹"经精史粗"、尊经抑史的观点进行批驳，即已是在相当程度上专意讨论史学问题了。薛应旂在他的《宋元通鉴·凡例》中说：

> 古者左史记言，右史记事。事为《春秋》，言为《尚书》，经史一也。后世史官咸推迁、固，然一则退处士而进奸雄，一则抑忠臣而饰主阙，殆浸失古意而经史始分矣。朱晦翁谓吕东莱好读史遂粗着眼。夫东莱之造诣不敢妄议，若以经史分精粗，何乃谓精义？入神之妙，不外于洒扫应对之间也！①

薛应旂这里所针对的，显然是朱熹批评吕祖谦"好读史"，认为"经精史粗"，多读史无益于人之道德的观点所发的议论。其中他所谓"经史一也"的观点，包含两层意思：一是经与史的起源是同一的；二是经与史的本质意义是同一的，而经与史的分途只是因为后之史的叙述中没能很好地体现"道"（理），"浸失古意"。这实质正是王阳明"事即道，道即事"，道内在于事，事亦体现道观点的演绎。

关于薛应旂经史观与王阳明心学的理论联系，还可以从薛氏对"六经"与心的论述中得到体察。薛应旂曾说：

> 人之言曰：圣人未生，道在天地；圣人既生，道在圣人；圣人既往，道在"六经"。是"六经"者，固圣人之道之所寓也，然其大原则出于天，而夫人之心，则固天之心也。人能会之于心，则圣人之道，即吾人之道，有不在"六经"而在我者矣。②

又说：

> 人人存其本心而形气不扰，则"六经"可无作也。于是乎可以知圣人作经之意也。《易》以道化，《书》以道事，《诗》

① 薛应旂：《宋元通鉴》，卷首，《凡例》，明天启刻本。
② 薛应旂：《方山先生文录》，卷十六，《折衷》，明刊本。

以达意，《礼》以节人，《乐》以发和，《春秋》以道义。先后圣哲，上下数千年，究其指归，无非所以维持人心于不坏也。①

在上述引文中，可以看到薛应旂的论述所展现的经、史及心相互关系的逻辑思路是：（1）"道"是历史的产物，它在历史过程中展开，并被记载在典籍（"六经"）之中；（2）作为主体意识的人心就是天之心，就是圣人之心，"圣人之道，即吾人之道"，因此作为"圣人之道之所寓于"的"六经"，也必然存在于人的心中；（3）远在圣人制经之前，道已存在于天地，"六经"远远不能取代与天相埒的"心"体现的道的全部内容，"六经"有限，而道无限，所以"人能会之于心，则圣人之道即吾人之道，有不在'六经'而在我者矣"；（4）这"不在'六经'而在我者"，就是作为世界本体和道德本原的吾心或良知，如果"人人存其本心而形气不扰"，保持先天良知的本真，"则'六经'可无作也"，因为"先后圣哲上下数千年，究其指归，无非所以维持人心于不坏也"。这样，按照薛氏推绎的逻辑，所谓的"六经"不再是，也不可能是全部的天理所在，它与上下数千年一切维持人心不坏的说教，包括体现了良知本真的史，在意义上完全一致，都是使主体致良知、复本真的中介或工具。于是"经史一也"，价值等同，既没有三代所制与后世所作的高下差异，也没有经精史粗的区别。"入神之妙，不外于洒扫应对之间也"，无论"理学政治，论次旧闻，凡事关体要，言涉几微者"，只要人们能够会之于心而"自得之"，就都与圣人所制的"六经"一样，具有同等价值。于此人们自然也就"庶无伯恭（吕祖谦）之累也"②。于是，理气合一，道器合一，知行合一，道亦是事，事亦是道，即"'六经'皆史"，"经史一也"。所以薛氏结论说："苏洵氏谓：'经以道法胜，史以事词胜'。而世儒相沿，动谓经以载道，史以载事。不知经见于事，事寓乎道，经亦载事，史亦载道，要之不可以殊观也。"③ 循着王阳明的心学理论及其经史观，进一步发展了苏洵等人的观点，认为作为真理的"经"（道）与作为经验的"史"（事）是统一并展现于具体之过程的，从而在理论上将史提

---

① 《方山先生文录》，卷十六。
② 《宋元通鉴》，卷首，《凡例》。
③ 同上书。

高到了与经相埒的地位。①

如果说作为王门南中学派的薛应旂，还基本上是循着王阳明以心说理，心理不二，道事相即，同具吾心等观点的思路阐述经史关系，那么当时一些学者，则在接受王阳明以统一道事的理论，论说经史关系的观点的同时，开始多少有些在原心学理论思路的基础上，对经史关系的问题作出进一步的说明了。例如丰坊便说：

> 人有言：经以载道，史以载事。事与道果二乎哉？吾闻诸夫子："下学而上达。"子思亦云："率性之谓道。"性也者，天理也；道也者，人事也。人事循乎天理，乃所谓道，故古之言道者，未始不征诸事也。言道而遗于事，老之虚、佛之空而已矣！故曰："我欲载之空言，不如见之行事之深切著明者也。"空言美听，而非践履之实用，行事有迹，而可以端趋舍之涂。是故《诗》、《书》已删，《礼》、《乐》□正，必假《鲁史》修《春秋》，以为《诗书礼乐》之用，必征诸行事而后实也。经与史果二乎哉？繄"六经"赖夫子而醇，诸史出于浮士而杂，非经史之二也，存乎其人焉尔！②

稍后的沈国元也说：

> 经以载道，史以纪事，世之持论者或歧而二之，不知道无不在，散于事为之间，因事之得失成败，可以知道之万世无弊，史之所系綦重矣。③

---

① 薛应旂的论点可从明代思想的殿军刘宗周的论述中得到解说。刘宗周《论语学案一·里仁第四》云："一贯之道即天地之道，非圣人所得而私也。圣人自任以为吾道者，圣人从自己心上看出此道，满盘流露，一实万分。盈天地间万事万物，各有条理，而其血脉贯通处，浑无内外，人已感应之迹，亦无精粗、大小之殊，所谓一以贯之也。"见《刘子全书》，卷二十八。

② 丰坊：《世统本纪序》，见黄宗羲：《明文授读》，卷三十一，齐鲁书社影印《四库全书存目丛书》本，集部第 401 册。

③ 沈国元：《二十一史论赞》，卷首，《自序》，齐鲁书社影印《四库全书存目丛书》本，史部第 148 册。

　　从这些论述中我们可知，在他们看来，道与事，也就是具有普遍性的真理与具体的经验存在，只能是相互依存而不可分离，即道是无所不在且散于具体事之间的，故言道决不可遗于事，人事循乎天理也就是道，因此，无论是经还是史也都是道事俱载，二者是没有什么尊卑差别的，也没有什么可荣可陋的必要。但是也可以看出，丰坊和沈国元的论述与薛应旂的相关论述多少有些不同，即尽管他们仍使用的是理学语言，但又并不完全是从存在统一于意识的心学观点出发来探讨经与史关系的问题。至于他们在关于事与道相统一这一点上，则又表现出与王阳明"道即事，事即道"观点的理论联系。丰坊等人这种扬弃心学立场的对经史关系的阐释，对于史学地位的提升，应该说又有了进一步的理论认识的进展。

　　当然，王学对经史关系说的影响，除道与事相统一，普遍内在于特殊，并表现于具体过程中等理论影响外，还表现为王阳明所鼓吹的"良知"说，对张扬自我、蔑视权威的个人主义精神的激发。王阳明曾经对他的学生说："尔那一点良知，是尔自家底准则，尔意念着处，他是便知是，非便知非，更瞒他一些不得"①。认为"学贵得知信，求知于心而非也，虽言之出于孔子，不敢以为是也，而况其未及孔子者乎！求之于心而是也，虽其言之出于庸常，不敢以为非也，而况其出于孔子者乎"！②王阳明的这些论述虽然仍是从其"心即理"的心学理论出发，旨在强调道德践履的主体自主性和内在之知对于行为的指导意义，但是它也确实极大地启发、鼓舞了一代学者，其中一些学者则循此更向异端发挥，以至于在对待"六经"价值的问题上，也出现新的、否定其权威地位的认识。例如史学家王世贞就声称："吾读书万卷而未尝从'六经'入。"③唐顺之也说："语理而不尽于'六经'，语治而不尽'六官'。"④ 而"异端之尤"的李贽在其《童心说》中更放言："更说什么'六经'，更说什么《语》、《孟》乎？夫'六经'、《语》、《孟》，非其史官过为褒崇之词，则其臣子极为赞美之语。又不然，则其迂阔门徒、懵懂弟子，记忆师说，有头无尾，得后遗前，随其所见，笔之于书。后学不察，便谓出自圣人之口也，决定目之为经矣，孰知其大半非圣人之言乎！纵出自圣

①《王阳明全集》，92 页。

② 同上书，76 页。

③ 李贽：《续藏书》，514 页，北京，中华书局，1960。

④ 唐顺之：《荆川先生文集》，卷十，《杂编序》，四部丛刊本。

人，要亦有为而发，不过因病发药，随时处方，以救此一等懵懂弟子、迂阔门徒云耳。药医假病，方难定执，是岂可遽以为万世之至论乎？然则'六经'、《语》、《孟》，乃道学之口实，假人之渊薮也，断断乎其不可以语于童心之言明矣。"从史料学的角度将"六经"的灵光抹了个精光。而在这些人的身上，王学的影响是显而易见的。其中唐顺之与薛应旂同属南中王门，李贽曾拜泰州学派座主王艮之子王襞为师，亦为王门泰州学派中健者；至于王世贞虽非王门学人，但是也深受王学的影响，他曾经说："余十四岁从大人所得《王文成公集》读之，而昼夜不释卷，至忘寝食，其爱之出于三苏之上。稍长，读秦以下古文辞，遂于王氏无所入，不复顾其书。而王氏实不可废。"并云："和王文成公之氏致良知，与孟子之道性善，皆于动处见本体，不必究折其偏全，而沉切痛快，诵之使人跃然而自醒。"表明他对王学的认同。①

　　"六经"权威地位的否定，既是史学地位获得提高的重要前提，也是经史关系讨论取得突破性进展的前提。随着相关讨论的展开，人们对于经史关系的认识，也越来越脱开王阳明提出问题的理学语境，逐渐转换为仅就史学本身讨论的理论问题。在当时，这样的论述可以说已有了一定的接受"市场"。例如那部伪托王世贞编纂的《历朝纲鉴会纂》的王世贞"自序"，就曾从纯粹史料的角度论到"稽古史即经也"，即考核古史不能离开"经"，或者说"经"也就是上古的历史。该"序"还认为，由于上古的历史文献从春秋战国以来，因"日寻干戈，若存若亡，迄于秦火，遂茫不可迹"，在这种情况下，《春秋》等才作为"焰而犹存"的文献，格外值得珍重，以至"故史也而尊曰经"，即因稀少而被奉之为"经"。此外，该"序"还对王阳明"事即道，道即事"，道内在于事，事体现着道的观点作出新的阐释，认为"史不传则道没，史即传而道亦系之传"②，将史视为"道"得以流传的根本条件，甚至认为"史学在今日倍急于经而不可以一日而去者"而空谈经书义理之人，不过是"罔识岁时之变"的"夕死之虫"。③ 这样的结果必然是又进一步提高了史之地位。

----

① 王世贞：《弇州山人读书后》，卷四，《书王文成公集》，明刊本。
② 石印本《加批王凤洲袁了凡先生纲鉴合纂》，卷首，上海，上海鸿宝书局，1920。按，关于《历朝纲鉴会纂》之伪，参见姜公韬：《王弇州的生平与著述》，77~78 页，台北，台湾大学出版社，1974。
③ 转引自陈作荣、赵毅：《王世贞与明代史学》，《长白论丛》，1992 年第 2 期。

三

自明代中叶王阳明从心学理论出发，明确提出"五经亦史"以后，到了晚明，所谓"六经皆史"、"经史一也"的观点已经越来越深入人心，有关这方面的言论在当时可以说俯拾可得。

所谓"前七子"之一的何景明《汉纪序》云：

> 夫学者谓经以载道，史以载事。故凡讨论艺文，横生事理，而莫知反说讹无条贯，安能弗畔也哉！《易》列象器，《书》陈政治，《诗》采风谣，《礼》述仪物，《春秋》纪列国时事，皆未有舍事而议于无形者也。夫形，理者，事也；宰事者，理也，故事顺则理得，事逆则理失。天下皆事也，而理征焉，是以经史者皆纪事之书也。①

徐中行《史记百家评林序》云：

> 夫《易》始庖牺，《诗》逮列国，及《礼》、《乐》之治神人，何者非事，何者非言，何者非记而不谓之史？故《易》长于史，《诗》陈于史，《礼》、《乐》昭于史。老聃居柱下，夫子就□十二经，经藏于史。尚矣！②

闻人诠在《重刻旧唐书序》中云：

> 书以记事，溲闻为聩，事以著代，间逸则遗，是故史氏之书与天地相为始终，"六经"相为表里。疑信并传，阙文不饰，以纪事实，以昭世代，故"六经"道明，万世宗仰，非徒文艺之夸诞而已也。③

---

① 《何大复先生集》，卷三十四，清乾隆赐策堂刻本。
② 影印本《天目先生集》，卷十三，明代论著丛刊第3辑。
③ 转引自杨翼骧：《中国史学史编年》，第3册，288页，天津，南开大学出版社，1999。

何良俊《四友斋丛说》卷五《史一》云：

> 史之与经，上古元无所分，如《尚书》之《尧典》，即陶唐
> 氏之史；其《舜典》，即有虞氏之史也；《大禹（谟）》、《皋陶
> 谟》、《益稷》、《禹贡》，即有夏氏之史也；《汤誓》、《伊训》、
> 《太甲》、《说命》、《盘庚》，即有殷氏之史也；《秦誓》、《牧
> 誓》、《武成》、《金滕》、《洛诰》、《君牙》、《君奭》诸篇，即
> 有周氏之史也。孔子修书，取之为经，则谓之经；及太史公作
> 《史记》，取之为五帝三王纪，则又谓之史，何尝有定名耶！陆
> 鲁望曰：《书》则记言之史，《春秋》则记事之史也。记言、记
> 事，前后参差，曰经、曰史，未可定其体也。①

李贽的《经史相为表里》云：

> 经史一物也。史而不经，则为秽史，何以垂戒鉴乎？经而
> 不史，则为说白话矣，何以彰事实乎？故《春秋》一经，春秋
> 一时之史也。《诗经》、《书经》，二帝三王以来之史也。而
> 《易》经则又示人以经之所自出，史之所从来，为道屡迁，变易
> 匪常，不可以一定执也。故谓"六经"皆史可也。②

胡应麟《经籍会通》云：

> 夏商以前，经即史也，《尚书》、《春秋》是已。至汉而人不
> 任经矣，于是乎作史继之，魏、晋其业浸微而其书浸盛，史遂
> 析而别于经，而经之名禅于佛老矣。③

顾应祥《人代纪要·自序》云：

---

① 《四友斋丛说》，41 页，北京，中华书局，1959。
② 《李贽文集》，《焚书》，258 页，北京，燕山出版社，1998。
③ 标点本《少室山房笔丛》，卷二，《经籍会通二》，16 页，上海，上海书店出
版社，2001。

自夫书契既立，人文日开，于是乎始有简册以纪之。唐虞有典，三代有书。以其载道而谓之经，以其纪事而谓之史，其实一也。《春秋》者，鲁国之史也，孔子取而笔削之，遂得与经并传，其余并传者多矣。

《人代纪要》的汤明善《序》云：

史，一经也；经，一理也。吾心之中万理咸备，以心之理而观经，则理不在经而在心；以经之理而观史，则史不以迹而以理……其迹参乎史，其理准乎经，进退予夺森然……曰政以代殊，理本则一。①

许诰《通鉴前编序》云：

经以载道，史以纪事。因行事善恶以示劝戒，是史亦载道也。②

史学家钱谦益《答杜苍略论文书》云：

"六经"之中皆有史，不独《春秋》三传也。③

这些都表明，明代中叶以后，尽管所阐述问题的基点不尽是心学的立场，但是在王学以"事道统一不二"理论阐释经史关系的影响下，所谓"六经皆史"、"经史一物"、"经史一也"等"对经史关系的新的看法"④，已开始得到学术界的普遍认同。这一新的经史关系认识的史学学术意义，在于它抹去罩在"六经"上的神圣灵光的同时，提高了史学的价值和地位，强化了人们的历史意识。从学术发展的角度讲，这种经史关系观的积极意义有二：

---

① 顾应祥：《人代纪要》，卷首，《四库全书存目丛书》，史部第 6 册，济南，齐鲁书社，1996。

② 许诰：《通鉴纲目前编》，卷首，《四库全书存目丛书》，史部第 6 册。

③《有学集》，卷三十八，四部丛刊本。

④ 白寿彝：《中国史学史》，第 1 册，80 页，上海，上海人民出版社，1986。

第一，对于史学本身来说，"六经皆史"说的明确提出，在促进史学摆脱经学束缚，提高史学地位的同时，史学本身也因其学术自主地位的强调，促进了人们对史学学科的深入认识。例如晚明的史学家王世贞便是在"经史一也"观念的基础上，又进一步打破经史关系的讨论的格局，就史学之本身提出"天地间无非史而已"的命题。① 王世贞所谓"天地间无非史而已"，也就是说天地之间无一不是史的内容，从而将史学的范围扩大到无所不在的程度。这个命题实际早已超越了经史关系的讨论，而成为纯粹对史学范围的认识。事实上，作为一个优秀的史学家，王世贞对于史学本身所应有的独立价值，也是有着相当清醒认识的，他曾说：

> 愚尝读文中子之书曰，史之失自迁、固始也，记繁而志寡。则有未尝不叹其言之失也。夫经有不必记，而史有不必志。孔子之作《春秋》也，而君臣父子夫妇长幼之伦著焉，中国夷狄君子小人之界判焉，盖二百四十二年而千万世揆是也。故经不敢续也，亦无所事续也。至于史则不然，一代缺而一代之迹泯如也，一郡国缺而一郡国之迹泯如也。贤者不幸而不见德，不肖者幸而不见匿。故夫三代非无史也，周衰而天子之史不在周，而寄于齐、晋之盟主。盟主衰而分寄于列国，国自为史，人自为笔。至秦务师吏斥百家，而史亦随焚矣。五帝之事，若有若无，三王之事，若存若亡，则非史之罪也，祖龙为之也。执事试操觚之士，而质之史，其论三代有不尊称《尚书》者乎？然自舜、禹、汤武及桀、纣而外，有能举少康、武丁、太康、孔甲之详以复者否？周之季有不尊称《春秋》者乎？而自桓文而上，有能举宣、平、共和之详者否？二汉而下，有不稗官

---

① 关于这命题，王世贞是这样论述的："天地间无非史而已。三皇之世，若泯若没；五帝之世，若存若亡。噫！史其可以已耶？"六经"史之言理者也；曰编年、曰本纪、曰志、曰表、曰世家、曰列传，史之正文也；曰叙、曰记、曰碑、曰碣、曰铭、曰述，史之变文也；曰训、曰诰、曰命、曰册、曰诏、曰令、曰教、曰札、曰上书、曰封事、曰疏、曰表、曰启、曰笺、曰弹事、曰奏记、曰檄、曰露布、曰移、曰驳、曰喻、曰尺牍，史之用也；曰论、曰辨、曰说、曰解、曰难、曰议，史之实也；曰赞、曰颂、曰箴、曰哀、曰诔、曰悲，史之华也。虽然，颂即四诗之一，赞、箴、铭、哀、诔皆其余音也，附之于文，吾有所未安。惟其沿也，姑从众。"见《弇州山人四部稿》，卷一四四，《艺苑卮言》。

《晋》，齐谐"六代"，期期《唐书》，芜《宋史》，而夷秽辽、金、元三氏者乎？然一展卷而千六百年之人若新，而其迹若胪列也。是史之存与不存也。①

王世贞的这一论述，表明在他的观念中已经意识到，"史"具有"经"所不能替代的独立价值，是人们了解客观历史的不可或缺的依据——"故经不敢续也，亦无所事续也。至于史则不然，一代缺而一代之迹泯如也，一郡国缺而一郡国之迹泯如也。"尽管"稗官《晋》，齐谐'六代'，期期《唐书》，芜《宋史》，而夷秽辽、金、元三氏者"，但是只因这些史的存在，人们才能"一展卷而千六百年之人若新，而其迹若胪列也"。联系王世贞"吾读书万卷而未尝从六经入"及上述"天地间无非史而已"等一系列有关论述看，这种对于史之独立价值的积极认识，显然得力于其对于经史关系的新理解。而后来黄宗羲提出的"言性命者必究于史学"等观点，事实上也是基于史学具有独立价值的学术观念。为这种观点下注脚的是朱之瑜舜水的相关论述。朱之瑜认为经史相较，是"经简而史明，经深而史实，经远而史近"，因此在他看来，"得之史而求之经，亦下学而上达耳"。这样便形成了与程朱等宋儒相反的经史关系和致知的路径。②

第二，对于经学来说，"六经皆史"说的明确提出，极大地促进了明中叶以后的学者，以文献学的眼光看待传统的经书，以史学方法考证经书，使得学术研究由考经向考史的方向展开，而这正是后来清代学术的基本特点。清张之洞说："由小学入经学者，其经学可信；由经学入史学者，其史学可信。"③ 而由经学入史学的首要条件，就是将经学史学化，降低经的神圣地位，摆脱以准宗教观念对待经的思想束缚，代之以史学的眼光去看待经和研究经。因此，从宋代程朱等人的"荣经陋史"，到明代中叶王阳明等人"六经皆史"说的明确提出，在某种意义上，不啻是中国古代学术发展史上的一次观念革命，它为中国古代学术在清代的进一步发展，廓清了观念认识上的障碍。

然而与王阳明等学者从以心统一世界的立场出发所提出的"六经皆

---

① 王世贞：《弇州山人四部稿》，卷一一六，《策·湖广第三问》。
② 朱之瑜：《朱舜水集》，274 页，北京，中华书局，1981。
③ 张之洞著，范希曾补正：《书目答问补正》，附录二，《姓名略序》，221 页，北京，中华书局，1963。

史"不同，清人更多的是从文献学的立场理解"六经皆史"。但是从思想发展的层面看，清人对经史关系的理解，又不能不追溯到明中叶以来的心学家对于经史关系的探讨，尤其是王阳明以事不离道，道在事中，道器合一，及"六经"并不代表全部之道等观点来阐释经史关系的基本思路。王阳明这一思路的影响，在清章学诚对"六经皆史"的有关论述之中，也仍然是依稀可辨，如章氏《文史通义》卷二《原道中》便云：

> 《易》曰："形而上者，谓之道；形而下者，谓之器。"道不离器，犹影不离形，后世服夫子之教者自"六经"，以谓"六经"载道之书也，而不知"六经"皆器也。……夫天下岂有离器言道、离形存影者哉？彼舍天下事物、人伦日用，而守"六籍"以言道，固不可言夫道矣。①

此外，章学诚的一些论述，如在其《与汪龙庄书》中所提出的"经之流变必入于史"②，及《文史通义·原道》所谓"事变之出于后者，六经不能言"等观点，③也显然可见上引王世贞所谓"二汉而下，有不稗官《晋》，齐谐'六代'，期期《唐书》，芜《宋史》，而夷秽辽、金、元三氏者乎？然一展卷而千六百年之人若新，而其迹若胪列也，是史之存与不存也"之观点的绰约影子。故今美籍华裔学者余英时先生所评价章学诚"六经皆史"的观点——"在消极方面是要破道在六经之说，而在积极方面则是要说明三代以下之道必当于史中求之。"④其所谓消极、积极之意义，所开理论先河之功，实应归属于明人。

当然，我们说，章学诚论述的语境及随之而来的意义较之王阳明及王世贞等明人又有了新的变化，即不再是针对程朱之学离析心、理为二物，视道为超然于经验之外的绝对而发的争辩，而是针对清乾嘉学者不问政事埋首饾饤考据之学的倾向，呼唤传统即事以言理、即器以明道的经世精神，同时亦为针对"清初以来'经学即理学'的中心理论的一种反挑战"。⑤所以章学诚说："'六经'皆史也。古人不著书，古人未尝离

---

① 章学诚著，叶瑛校注：《文史通义校注》，132 页，北京，中华书局，1985。
② 章学诚：《章氏遗书》，卷二十九，外集二。
③ 《文史通义校注》，139 页。
④ 余英时：《论戴震与章学诚》，54 页，北京，三联书店，2000。
⑤ 同上书，50 页。

事而言理,'六经'皆先王之政典也","六经"皆先王经世之籍也。① 而这则又涉及对经典文本的阐释与解读的理论问题,因篇幅的关系,则不在本文讨论的范围之列。

（原载《史学理论研究》，2001 年第 4 期，略作修改）

---

① 《文史通义校注》，1 页。

徐松巍

晚清国家观变化的时代特色初探

晚清国家观从古代王朝观向近代国家观的变化始终同当时御侮雪耻、救亡图存、变革自强、向西方学习，以探讨和抉择改变国家和民族前途命运之真理和方略的时代主题紧密相连，因此，这种变化不断地被注入新的内涵，同时表现出鲜明浓郁的时代特色。对晚清国家观之时代特色进行深入的研究，既有助于从宏观的视角来解析和把握晚清国家观变化的深层原因与本质问题，又有助于丰富和深化对晚清社会"新陈代谢"、"天翻地覆"之沧桑巨变的认识和研究。其时代特色主要表现在如下几个方面。

一、强烈鲜明的爱国主义精神

这是晚清国家观变化中最重要和最鲜明的时代特色。爱国主义是国家的每一分子对自己祖国经过长期陶冶和培养而形成的一种极其深厚而浓郁的情感。这种情感融入了广泛的社会心理，并在此基础上形成了忠贞不渝的民族情操和积极进取、奋发向上的人生态度。爱国主义不仅表现为人们对国家和民族的真诚热爱与竭力维护，而且表现为对国家与民族前途命运的深切关注与忧虑，乃至为保卫国家和民族利益不惜为之牺牲的崇高精神和情操。在晚清国家观变化中所反映出的强烈鲜明的爱国主义精神大致包括了以下几层含义。

第一，深沉的忧患意识。

忧患意识是指人们站在时代潮流的面前，深切关注国家与民族之前途命运而产生的一种自警意识和危机感，它既是一种高度的社会责任感和庄严的历史使命感，又是一种深邃的历史智慧和恢廓的战略眼光，更是一个国家和民族生存与发展，长久地保持勃勃生机与活力的内在源泉，展现的是一种不甘沉沦与落伍而卧薪尝胆、奋发图强的精神风貌和崇高的人文关怀。忧患意识经过长时间的积淀已成为中华民族的一个优良传统。晚清时期清王朝统治日趋腐败，帝国主义列强对中国的侵略日趋加强，清王朝不仅不断地割地赔款、丧权辱国，还面临着前所未有的为帝国主义列强不断蚕食肢解、豆剖瓜分，乃至亡国灭种的深重危机。在这种严峻的社会现实面前，"忧患意识"这一中华民族优良传统不仅得到了空前的弘扬，还被注入了新的时代特色。当时怀着忧国忧民之炽热情怀的先进的中国人，从不同的视角表示了对国家和民族前途命运的深切关注与焦虑。"天下爱国之士，莫不焦心竭虑，忧国之将危将亡，思有以挽回补救之策。"① 这种忧患意识是以御侮雪耻、救亡图存、变革自强，以拯救国家和民族危机之爱国主义精神为内涵和底蕴的，反映了当时先进的中国人之共同心声和崇高追求。从龚自珍的"日之将夕，悲风骤至"，"山中之民有大声音起，天地为之钟鼓，神人为之波涛"②，到魏源的"无一岁不虞河患，无一岁不筹河费，前代未之闻焉，江海惟防倭防盗，不防西洋，夷烟蔓宇内，货币漏海外，病漕、病鹾、病吏、病民之患，前代未之闻也"③，再到姚莹的"则昔之所谓蛮荒者，今皆吾接壤，……若坐井观天，视四夷如魑魅，暗昧无知，怀柔乏术，坐致其侵凌，曾不知所忧虑，可乎！甚矣，拘于之见，误天下国家也！平居大言，谓一事不知为耻，乃勤于小而忘其大，不亦舛哉"④；从郑观应的"按我国时局危极，无形之分，甚于有形。《国民报》所论，如见孺子之将入井，不禁大声疾呼，俾四百兆人知耻知惧，思患预防耳。余因其言沉痛，……以期上下交警焉"⑤，到王韬的"方今泰西诸国智术日开，穷理尽性务以富强其国，而我民人固陋自安，曾不知天壤间有瑰伟绝特之

---

① 芙峰：《日本宪法与国会之原动力在于日本国民"绪论"部分》，见《译书汇编》，第 12 期。

② 龚自珍：《遵隐》，见《龚自珍全集》，88 页，上海，上海人民出版社，1975。

③ 魏源：《魏源集》，162～163 页，北京，中华书局，1983。

④ 姚莹：《复光律原书》，见《东溟文后集》，卷八。

⑤ 郑观应：《盛世危言》，5 页，图书集成局刊本。

事，则人何以自奋、国何以自立哉"①；从康有为的"吾中国四万万人，无贵无贱，当今一日在覆屋之下，漏舟之中，薪火之上，如笼中之鸟，釜底之鱼，牢中之囚，为奴隶，为牛马，为犬羊，听人驱使，听人宰割，此四千年中二十朝未有之奇变。加以圣教式危，种族沦亡，奇惨大痛，真有不能言者也"②，到邹容的"我同胞处今之世，立今之日，内受满洲之压制，外受列国之驱迫，内患外侮，两相刺激，十年灭国，百年灭种，其信然夫"③，再到孙中山的"乃以庸奴误国，荼毒苍生，一蹶不振，如斯之极。方今强邻环列，虎视鹰瞵，久垂涎于中华五金之富，物产之饶。蚕食鲸吞，以效尤于接踵；瓜分豆剖，实堪虑于目前"④。这些慷慨激昂、牵魂动魄、忧心如焚、炽热发烫的文字，既反映了当时先进的中国人对国家和民族危机重重、险象环生的深切担忧与焦虑，又传递了在此基础上对国家和民族之前途命运的深沉思考，表现了一种浓烈赤诚的爱国情怀。尤为难能可贵的是，他们并没有满足于将这种忧患意识仅仅停留在认识层面上，而是将这种对国家和民族之前途命运的深切关注同他们拯救国家和民族危机的实践活动有机地结合起来。他们或是直接投身于拯救国家和民族危机的政治实践（政治改革和政治革命，如"戊戌变法"和"辛亥革命"）中去，或是著书立说、奔走呼号，不遗余力地向广大民众进行以爱国主义为内涵和底蕴的忧患意识教育，在当时亦即"启蒙教育"借此开启民智，以唤醒广大民众的危机感和紧迫感，即"天职非他，尽吾力，竭吾能，焦吾唇，敝吾舌，洒吾血泪，拼吾头颅，以唤醒国民也。"⑤ 或是不辞千辛万苦，漂洋过海，向西方（后来也包括向日本）求取"真经"——救国救民的真理和方略。这绝不是一时的心血来潮和慷慨陈词，或仅仅发发感慨、宣泄一下郁闷的心情而已，因为这种将社会责任感、使命感和爱国主义结合起来的忧患意识，变成了一种持久而坚毅之实践行动的内在动力，为此即使是抛头颅、洒热血也在所不惜。这种忧患意识的教育和灌输在当时不仅对激活和唤醒广大民众的爱国心与

① 王韬：《重订法国志略序》，淞隐庐重刻本。

② 康有为：《京师保国会第一次演说》，见《康有为政论集》，上册，北京，中华书局，1981。

③ 邹容：《革命军》，31 页，北京，华夏出版社，2002。

④ 孙中山：《檀香山兴中会章程》，见《孙中山全集》，第 1 卷，19 页，北京，中华书局，1981。

⑤ 曹君梁厦：《致同里李某书》，见《童子世界》，1903 年第 15 号。

社会责任感起到了思想启蒙之重要作用，而且也推动了前仆后继、百折不回的拯救国家和民族危机的伟大爱国主义运动之深入广泛地进行和发展。从这个意义上讲，晚清以来几乎所有的拯救国家和民族危亡的重大爱国运动无一不是受到忧患意识的感召和影响。还有，晚清时期的忧患意识诚然与中国古代的忧患意识有一些共同点，诸如对国势的兴衰、世风的臧否、民生的忧乐等悉寄予深切的关注之情并有所继承和发展，但这绝不是简单的复制和效仿，而是随着晚清时期中国现实社会的沧桑巨变注入了新的内涵，使忧患意识因时代的不同而各具特色。中国古代的忧患意识所关注的是专制王朝的治乱成败和兴衰存亡，而晚清时期的忧患意识所着眼的是国家与民族的盛衰强弱和生死存亡。前者是王朝意识占主导地位，后者是国家与民族意识居于主导地位，表现了宏大的历史视野和崇高的人文关怀。

第二，自觉而强烈的反对外来侵略、保卫国家利益的意识。

强烈反对外来侵略、保卫国家利益，既是晚清时期爱国主义精神的重要组成部分，又是晚清国家观变化的重要内容和鲜明特征之一，也是晚清国家观变化所出现的新气象。可以说这也是晚清历史发展的一条主要线索与重要内容之一。从这个意义上讲，晚清历史有相当一部分内容就是反对外来侵略、保卫国家利益的历史。因为自1840年第一次鸦片战争伊始，随着西方帝国主义列强（后来也包括日本）对中国侵略掠夺的不断加深，中国的危机已经不再简单地表现为割地赔款、丧权辱国，而是面临着被肢解瓜分、亡国灭种之空前的民族危机，御侮雪耻、救亡图存无疑成了时代的主题。这种残酷严峻的社会现实，催生和激活了当时一切有血性、有良知、先迸的中国人之爱国心和社会责任感。他们敏锐地把握住了时代的脉搏，喊出了时代的最强音。

首先，他们对帝国主义列强侵略中国的野心和瓜分阴谋予以无情的揭露和批判，目的是借此促使当时中国人赶快觉悟，并唤醒和激活他们的爱国心、危机感与紧迫感，宣传和鼓动广大民众勇敢地投身于反对外来侵略、保卫国家利益的民族斗争之中。他们从许多方面对帝国主义列强进行揭露与批判。诸如有的着重揭露了帝国主义列强在中国进行经济侵略掠夺的手段。认为在这些手段中，攫取在中国铺设铁路的特权是帝国主义列强对中国进行经济侵略掠夺最重要的手段。因为帝国主义要吸中国的"精血"，就必须先卡住中国的"血管"——铁路。因为"铁路所及之地，即势力所及之地。势力所及之地，即财富所尽之地"。于是

"铁路及一县，即一县之势力之财富落于外人之手；铁路及一府，即一府之势力之财富落于外人之手；铁路及一省即一省之势力之财富落于外人之手。"① 告诉人民帝国主义列强之所以纷纷争夺在中国铺设铁路的特权，绝不是一个简单的修筑铁路的问题，在这背后隐藏了一个极大的阴谋，对此绝不可以掉以轻心，等闲视之。有的对 1907 年 6 月至 8 月，日法、日俄、英俄等国相继签订的"四国协约"予以揭露，一针见血地指出："英日诸国则屠人也，协约之章程，则利刃也，而吾中国则一几上之肉也。……异日发难之首必为日本，而发难之地必在奉天。日本一发难，则英之于长江，德之于山东，法之于滇黔，皆将起而随其后。……四国协约者，实一瓜分中国之宣言书也。"② 认为"四国协约"的签订，既是帝国主义列强在中国划分势力范围，阴谋进一步瓜分中国的"前奏"，又是帝国主义列强侵略瓜分中国的新变化，是兵不血刃地侵占和瓜分，带有极大的隐蔽性和欺骗性，因此希望能引起中国人的注意和重视，未雨绸缪早作准备和提防。特别是其指出侵略野心逐渐膨胀的日本将来会在奉天"发难"，这带有"天才"的预见性，果真不幸为其所言中，24 年后日本军国主义就在中国沈阳（亦即过去的奉天）策划并发动了侵略中国东北的九一八事变，遗憾的是这并未引起当时及日后人们的足够重视。有的则对沙皇俄国对中国侵略的勃勃野心予以揭露，认为沙皇俄国自彼得大帝以来，"乘吾国之懈怠不振，尽掠黑龙江以北、乌苏里河松花江以东一带之土地，又侵略西部之边疆，而据为己有。近世历史上，斑斑可考，然而其侵略东方之心，犹为有已。"③通过对沙俄侵华历史的回顾，深刻地指出自近世历史以来，沙俄是侵占我国领土最多的国家，而且贪得无厌，亡我之心不死，中国人对此一定要有清醒的认识，绝不可放松警惕。同样是在唤醒中国人的忧患意识和危机感。

其次，则是对帝国主义侵略扩张的新手法予以揭露。这涵盖了两层含义，其一是认为帝国主义已由赤裸裸的武力吞并和占领开始转向温情脉脉的经济侵略和掠夺。即"西洋人见吾国土地之大，民生之众，物产之饶，……昔则仅报一部占领之念，今则欲炽其全部吞并之心矣。其吞并也，犹饮食也。恐消力之不强，徒贻食伤之虞。故欲养成其消化力之

---

① 《杭宁铁路问题》，见《浙江潮》，1903 年。

② 《论国民之前途及救亡之责任》，见《神州日报》，1908 年 1 月 15 日。

③ 《赤门生·支那问题！！！ 吾支那国民之觉悟！！！》，见《译书汇编》，1903 年第 10 期。

发达，以遂全吞并之志，而无伤食之虞者。西人曰与其以兵力养成，不如以生产分配力之养成为要也。各国养成之法亦不同，要之财力强者为胜耳。"① 提醒广大民众不要被这表面现象所迷惑，因为这看似温情脉脉的经济侵略和掠夺比起赤裸裸、充满血腥和暴力的武装侵略和占领更具有欺骗性、隐蔽性，也更阴险毒辣。它是通过逐渐的经济渗透和扩张，以期达到最终控制中国的经济命脉，实现其全部"吞并"中国的侵略野心和阴谋。这个过程常常是以貌似正常的贸易往来进行的，所以它更容易为人接受而不易察觉。其二则表现为帝国主义列强通过控制清王朝来实现他们瓜分中国的野心和阴谋。诚如其所言："土地躯壳，权利命脉也。今者列国至于中国，或取铁道，或取航路，或占矿产，或营港湾，或主用利益均沾政策，何一非瓜分中国之实事？而管理地方、弹压人民，有经费，有事务，彼必仍责之中国朝廷，收其实而让其名。""而我人愚蠢，以为河山无恙，瓜分梦呓也。抑何其可欺之甚也。"② 旨在使广大民众对帝国主义列强利用控制清王朝实现其瓜分中国的罪恶阴谋有所警觉，从而认清清王朝已经成了帝国主义列强侵略瓜分中国的帮凶和工具，不要对其抱有任何幻想与希望，因为像这样以媚外卖国为天职和己任的清王朝是不可能肩负起领导全国人民进行御侮雪耻、救亡图存之伟大的民族解放和独立运动之重任的。

上述揭露和批判对于唤醒和激活广大民众的爱国心和危机感，提高广大民众的政治觉悟和辨别是非的能力，真正识破帝国主义列强侵略瓜分中国的阴谋和野心，不被一时的谎言和假象所欺骗迷惑，在国家和民族面临着亡国灭种的空前危机之际，义无反顾地投身于反抗外来侵略，保卫国家利益的斗争之中等方面起到了重要的作用。以揭露帝国主义列强侵略中国野心和阴谋为重要内容的《云南杂志》，就曾引起帝国主义列强的极度恐慌和不安。为此英、法侵略者曾出巨资贿赂清政府，妄图借清政府之手查封《云南杂志》，虽然最后没有达到目的，但是仍不甘心，伺机破坏。由此也可略窥其一斑。

再次，当时先进的中国人在对帝国主义列强侵略野心和阴谋予以无情揭露的同时，他们又号召和鼓励广大民众挺身而出，为反对外来侵略、保卫国家利益而英勇斗争，即使牺牲生命也在所不惜。因为这不仅是拯

① 《赤门生·支那问题!!! 吾支那国民之觉悟!!!》。
② 《英营威海志匦编者按》，参见《选报》，1902 年第 11 期。

救国家和民族危亡的迫切需要，也是中国的希望和出路之所在。为此，他们奔走呼号，鼓吹煽动，希冀借此唤醒和激发广大民众的爱国心和斗志。诸如有的主张对待外国侵略者绝不能有丝毫退让，应该进行不屈不挠的英勇斗争。指出：

> 脱果有盲念妄动，不与我为好，而与我为难，不与我为友，而与我为敌，而狡焉欲侵辱我国主权，剥削我国领土，蔑辱我人格者，即为我四万万众永世万劫不共天日之大仇。而吾上下，同心同德，掣剑在手，挺戈戴天，以求不与敌共生存。

> 噫四万万众之怒气，则风动六州，泻四万万众之热潮，则红腾碧海。当胡尘卷地之秋，正壮士裹尸之日。我人人有不敢辞死之奋心，而敌乃不敢存谋我之妄念，……使敌知中国者，中国民族之中国，中国民族五千年来祖宗血肉所堆积之中国。欲得中国寸土寸地，非出如许之血之肉之代价以购之不可；欲得全中国，非将全中国人杀尽至一民不遗不可。苟有一民亦必不使此偌大土地，归其所有。而憬然于中国民族之未可蔑侮，中国土地之未易骤得，而废然思返，戢其险逆不逞之狡谋，然后中国外患可以坐销，而祖宗数千年来艰难缔造所经营以贻子孙，使宅居安处长养食息之一片莽莽中原，亦不至永日听人宰割，付胡儿牧马之场。[①]

认为中国人民只要万众一心，同仇敌忾，奋起救亡图存，并抱有与外来侵略者浴血奋战，殊死搏斗之决心，就一定能取得制止帝国主义列强侵略，挽救国家和民族危亡之伟大斗争的最后胜利。这对长期以来为悲观、失望、灰心，乃至完全绝望的广大民众来说，无疑是一种鼓励和振奋。有的则号召广大民众为了反抗帝国主义列强侵略中国，进而挽救国家和民族危亡，就是抛头颅，洒热血，亦即牺牲生命也应该是在所不惜。如其所言："微论外国主权若何强盛，势力若何范围，吾必不肯醉心崇拜服从其下；微论他族若何行其殖民政策以并侵我，若何施其特别不平等之法律以抑压我，吾不辞抛头颅，流膏血，粉身碎骨以增长其抵力，宁为同族之牺牲，而不肯为异族之奴隶。务使吾族有一种特立不羁不依傍外

---

① 《清国与列强》，参见《四川》，1905 年第 3 号。

群之精神，为壮夫而不为病夫，为青年而不为老夫，而后可张吾旗鼓，以与他族相驰骤于九万里周径之战场，而政治界、而天演界，皆有吾国旗之飘扬也。"① 即认为要想取得反抗外来侵略斗争的胜利，广大民众不仅必须有百折不回、勇往直前的英雄气概，以及绝不放弃、永不言败的执著信念，还要有不怕流血、敢于献身的牺牲精神；这是爱国心和社会责任感的最高境界与体现。

这些慷慨激昂、振奋人心的反抗外来侵略、保卫国家利益的宣传和鼓动，非但对唤醒和激发些对广大民众的爱国心、民族自强自立意识，以及同帝国主义列强作浴血奋战的斗志都有很大的促进作用，而且它向世界庄严地表达了中国人民决不向帝国主义列强投降屈服的决心和信念。即为了抵御列强的侵略，保卫国家利益，就是"虽至头断折胫，夷伤遍野，流血成渠"也"不稍退悔"，乃至"宁为自由死"，也决不苟安"生息于异种人压制之下"②。

第三，对爱国心的高度重视与急切呼唤。

当时先进的中国人认为，中国之所以自1840年第一次鸦片战争以来，在反抗帝国主义列强的民族战争中屡战屡败，一再割地赔款，丧权辱国，乃至面临着为列强肢解瓜分、亡国灭种的空前危机，如果仅从中国自身找原因和答案的话，除了黑暗残暴、腐败无能、媚外卖国的清王朝应负主要责任外，中国人缺乏爱国心或曰爱国意识和社会责任感，也是其中一个不容忽视的重要原因。因为缺乏爱国心和社会责任感就使得中国人对国家的兴衰成败、生死存亡表现得冷漠麻木和毫不关心，其结果导致国家缺少凝聚力，如同一盘散沙和一群乌合之众，这样的国家没有任何战斗力和竞争力可言。他们认为要想从根本上改变这种状况，提高和增强国家的凝聚力、战斗力和竞争力，亦即提升和增强中国人对于帝国主义列强侵略的抵抗力，以挽救国家和民族危亡，就必须唤醒和激活中国人的爱国心及社会责任感。因为在他们看来，爱国心或曰爱国意识不仅是一个国家赖以存在和发展的精神支柱与信念支持，而且也同一个国家的荣辱沉浮、兴衰成败，乃至生死存亡息息相关，即只有爱国才会不遗余力、倾忠竭智、舍生忘死地去维护和保卫国家主权和利益。故有之则昌，无之则亡。即"国家之兴废存亡，不在于疆土之大小，人民之多寡，

① 邓实：《通论五·民族主义》，参见《政艺通报》，1902年第7期。
② 参见《浙江潮》，1903年第1期。

主权之强弱，而向唯在爱国心之有无。无爱国心之民族，卑污龌龊，无所不为，苟有便利于己者，虽卖国亦不惜，遑论其他？……物必先腐而后虫生，古言诚不我欺也。民族之富于爱国心，种界綦严，民心恒结，即使流连失所，而敌忾同仇之义气依然坚持焉。"① 有鉴于此，他们为了唤醒和激活中国人的爱国心和社会责任感，就此问题不仅进行了深入的思考和广泛的宣传，又赋予爱国心实实在在的内涵，并使之具有可操作性。既要告诉广大民众爱国心是什么，强调爱国心有多重要，对国家和民族意味着什么，在此基础上还要告诉广大民众如何来爱国也就是如何将爱国心转化为现实社会中的爱国实践。诸如有的指出一个国家富强与否，关键在于其人民有无爱国心。"夫富强之道不一，而其要必本于人们有爱国心。爱国心非可空言，其要尤在联合，一人之爱国心其力甚微，合众人之爱国心其力始大。"② 认为虽然通往富强的途径多种多样，但是爱国心却是推动一个国家走向富强之最重要的精神动力和源泉，这是将爱国心提到前所未有的高度来认识和评价的。但是仅有少数人有爱国心是远远不够的，只有一个国家的所有人都具有爱国心，汇集起来才能产生巨大的力量，如此一个国家才具有强大的凝聚力、战斗力和竞争力，才能在激烈残酷的生存和发展竞争中立于不败之地。有的则认为有爱国心是救亡图存、振兴中国的唯一选择与出路。指出："我们中国虽然是显著的衰落，要是四万万同胞，都有爱国的思想，齐心努力办好爱国的事情，只有这个法子能够把我们中国振兴起来。但是，国家本是没有形象的东西，空说爱国，这么大的国家，先从哪个地方下手爱起呢？今天我有一句维新的口头禅，就是结团体，这便是下手的好法子。"③ 这是说虽然爱国心是拯救国家和民族危亡，进而振兴中国的唯一可行之手段，但是爱国不能流于高谈阔论，应该落到实处和具有可操作性，即谓爱国首先就需要中国人团结起来，因为只有团结起来才能调动和汇集整个中华民族的爱国热情、积极参与的社会责任感，以及智慧、力量和斗志，唯有如此爱国才有了实实在在的内容和意义，在此基础上才能产生巨大的反抗外来侵略、振兴中国的物质力量。有的提出应当以爱父母、爱兄弟、爱朋友之至诚至爱的情感来爱我们的国家和民族，这对处于生死存亡之际的中

① 愚庵：《日本规化民刘雨田之从军》，参见《醒狮》，1905 年第 1 期。
② 陈颐寿：《华商联合报序目》，参见《华商联合报》，1909 年第 1 期。
③ 参见《吉林白话报祝辞》，《吉林白话报》，1907 年 10 月 25 日，第 24 号。

国来说显得尤为重要："今敢为诸君正告曰：祖国兴乎？祖国亡乎？其命运实悬于吾辈童子之手。爱之则兴，舍之则亡，两言而决耳。……世界之至恩者父母也，至亲者兄弟也。至情者朋友也。虽然世界之至恩至亲至情者岂仅如是而已乎？有几千万恒河沙数倍之至恩至亲至情者在，即祖国是也，即四万万同胞是也。……故盼有志气有血性之青年学子，以此爱父母爱兄弟爱朋友之爱，以爱吾祖国爱吾四万万同胞。"① 认为是否爱国，以及人们有无爱国心，直接决定着国家和民族的兴亡。在这世界上，还有一种情感要远比爱自己的父母、兄弟、朋友，亦即比对至恩至亲至情之爱要崇高、深厚、重要和美好得多，这种情感就是对国家和民族无私和深沉之爱。这种无私和深沉之爱，不仅关乎国家与民族的兴衰存亡，而且同国家和民族的前途命运紧密地联系在一起，所以希望每个中国人都能拥有这种崇高美好的情感，尤其是有志气有血性的青年学子尤须如此，因为他们肩负国家和民族的希望和未来。这是告诉人们应该以什么样的胸怀和情感来对待和珍爱自己的国家。有的还针对当时人们只知爱家、不知爱国之极端自私心理，深刻地阐述了家与国之间密不可分的关系，希冀借此使人们能将爱家之心用以爱国，也就是呼唤人们的爱国心。

> 支那人无爱国心，此东西人诋我之恒言也。吾闻而愤之耻之，然反观自省，诚不能不谓然也。我国国民习为奴隶于专制政体之下，视国家为帝王之私产，非吾侪所与有。故于国家之盛衰兴败，如秦人视越人之肥瘠，漠然不少动于心。无智愚贤不肖，皆皇然为一家一身之计，吾非敢谓身家之不当爱也。然国者身家之托属，苟非得国家之藩楯，以为之防其害患，谋其治安，则徒挈此无所托属之身家，如累累丧家之狗。皮之不存，毛将焉附？势必如犹太人流离琐尾，不能一日立于天壤之间。然非先牺牲其身家之私计，竭力张其国势，则必不能为身家之藩楯，为我防其害患，谋治安。故夫爱国云者，质焉之直自爱而已。人而不知自爱，固禽兽之不若，人而禽兽不若，尚何品格之足言耶！尚何品格之足言耶！②

---

① 吴忆琴：《论立志》，参见《童子世界》，1903 年第 7 号。

② 梁启超：《论中国国民之品格》，参见《饮冰室合集·文集之十四》，2～3 页，北京，中华书局，1996。

　　这里深刻地剖析了中国人只知爱家、不知爱国亦即无爱国心的深层原因，得出的结论是由于封建君主专制国家制度长期存在的缘故。在这种国家制度下，专制君主将国家视为其一家一姓之私产，人民只是供专制君主肆意驱使、欺压、凌辱、愚弄、盘剥、摧残乃至虐杀的奴隶，在国家中没有任何权利、地位和自由可言，因此国家的盛衰兴败也就与人民没有任何关系。这无疑是对人民爱国心和社会责任感的极大伤害和摧残，因此人民才会对国事政务表现出冷漠麻木和无动于衷的态度，无奈只好将全部的爱和心血都倾注于自己小家上面。循着这种认识，进而深刻地阐述了家与国的密切关系，指出人们爱自己的小家没有错误，无可厚非，但是更要弄清国与家之间的关系。首先，国与家之间存在着密不可分的血肉关系，即由无数之小家构成了国，从这个意义上讲，国乃是一个超级的"大家"；同时，小家的幸福安康、美满祥和，需要国的创造、守护与保卫，由此可见国是家存在的基础、依托、后盾和保护神。所以，家如果失去了国的守护和保卫，也就难以生存，"皮之不存，毛将焉附"这句话则是对此最好的注释和说明。其次，国与家之间存在着先后主次、轻重缓急的关系，即国这个"大家"重于每个"小家"，"国事"先于"家事"，"国恨"重于"家仇"。只有弄清了它们之间的关系，才能处理好爱家和爱国之间的问题。如此它不仅使爱国变得令人易于理解和接受，也成了理所当然、天经地义、崇高神圣之事。由此可见爱家和爱国实际上并不矛盾，因为说白了，爱国就是爱家，国若不存在了，家又从何谈起？所以爱国就是爱家，就是自爱，如果人不自爱，那就连禽兽都不如，还有什么人格品位可言？这段论述既澄清了当时人们的一些模糊看法，纠正了一些错误认识，也有助于唤醒人们的爱国心和社会责任感。

　　当时先进的中国人对爱国心或曰爱国意识的强烈呼唤和极力灌输，有助于唤醒和激活中国人的爱国心和社会责任感，真正懂得爱国的精义深旨，即为何要爱国。也使中国人明白了如何爱国以及爱国家什么？即谓爱国需要四万万中国人团结起来，万众一心、同仇敌忾，最大限度地调动和汇集整个中华民族的力量、智慧和斗志去御侮雪耻、救亡图存，以争取国家和民族之光明前途与美好未来。爱国就是以"小家"服从"大家"，就是以牺牲"小我"维护"大我"之崇高神圣、庄严美好的情感。爱国就需要人们倾忠竭智、舍生忘死地爱护和保卫国家主权与利益，并以此为天职。

二　恢廓的世界眼光

所谓的世界眼光，就是由于晚清国家观念的变化，即由古代王朝观向近代国家观的深刻变化，使中国人开始将从前对一家一姓之封建专制王朝荣辱沉浮，乃至兴衰存亡的情有独钟，开始转向对国家和民族的休戚安危，乃至生死存亡的深切关注与忧患。当时为了挽救国家和民族危亡，先进的中国人不再退回到历史中去寻找答案，走出了千古不变、简单机械的"师古"和"法先王"的误区，将希冀和企盼的目光投向中国以外的世界，期待能从世界万史与现实中（这主要指向西方学习，后来也包括日本）获取有益的启示、营养和帮助。即向西方学习、探求和抉择御侮雪耻、救亡图存、变革自强，进而争取民族解放振兴、国家独立富强的真理、方略、答案和模式；通过"新学"、"新知"来"看世界"和"师万国"，也就是由此获取深刻认识和剖析中国社会的一个全新的视角与相形比对的"参照系"，即从世界之宏观的角度看中国，或曰以世界为参照，以此指导和推动中国当如何变革、发展和抉择，表现了恢廓宏大的视野。这种恢廓的世界眼光有如下几层意思：

第一，向世界'武库"中寻找"批判的武器"。

在中国古代社会中，对封建君主专制国家制度的批判并不鲜见，有的批判非常深刻犀利，不仅直接触及了封建君主专制国家制度本身一些带有根本性的问题，而且切中"要害"，或曰找到了"症结"所在，甚至闪烁着思想启蒙的火花。但令人遗憾的是，当时的历史条件，决定了他们不可能科学地解决这个问题，即在当时除了封建君主专制国家制度外，没有任何优于或强于封建君主专制国家制度的先进制度可供他们选择，这也是他们最大的痛苦和困惑之所在。于是他们只好退而求其次，或主张"无君"，回归到没有国家、没有君主，也没有战争、没有君臣等级的"黄金时代"，亦即原始共产主义时期；或以对传说中的尧舜时代之理想社会的虚幻向往和憧憬，来代替对现实社会所作的无奈和无助的抗争。这又使得这些批判带有明显的"复古"倾向，并由此打了许多折扣。还有当时他们"批判的武器"与"参照系"，悉以"三代历史"作为批判的"理论根据"和"坐标"，因此使得这些批判既显贫乏单薄，又有缺乏新意和雷同之嫌，而且更对封建君主专制国家制度缺乏足够的冲击力和杀伤力。但在晚清国家观变化过程中，当时先进的中国人在对古代王朝观和封建君主专制国家制度进行深刻反思和尖锐批判时，除了继承其前辈批判的传统和精神之外，并没有走其前辈的老路，而是将探求和思索的目光投向中国以外的世界，亦即向世界"武库"中寻找"批判的武器"。这种"批判的武器"就是近代西方资产阶级政治学（尤其是其中关于国家理论的部分）和进化论等。从此，先进的中国人就有了对古代王朝观和封建君主专制国家制度进行批判、声讨和斗争之无坚不摧、所向披靡、威力无穷的"坚兵利器"。因为他们所极力宣扬和鼓吹的近代西方资产阶级政治学本身就是封建君主专制国家制度的"天敌"和"克星"，即谓它的批判和斗争的矛头无一不是刺向封建君主专制国家制度的"死穴"和"软肋"，这正是其所极为忌惮与畏惧的。具体说来就是近代西方资产阶级政治学中所推崇和奉行的"民主"、"民权"、"国权"、"主权在民"、"天赋人权"、"民心公意"、"自由"、"平等"、"君为民仆"、"法治"、"自治"、"独立"、"国者，积民而成"、"国家者，人民之公产也"、"国家在为国民谋最大幸福"等思想与原则，无一不是对封建君主专制国家制度所竭力维护的"君主"、"君国"、"君权"、"君统"、"君权神授，至高无上"、"专制"、"强权"、"独裁"、"人治"、"一己之私欲"、"一己之私利"、"一姓之家天下"、"朕即国家"、"君尊臣卑"、"天子富有四海，臣妾亿兆"等谬论邪说的坚决而彻底的批判、清算与否定。所以，先进的中国人就以此为思想武器和历史依据，对中国两千余年的封建君主专制国家制度进行了前所未有的、深刻全面的批判、声讨与清算，乃至坚决彻底的否定和反动。诸如，有的说："凡为国人一律平等无贵贱上下之分；各人不可夺之权利，皆有天授；生命自由及一切利益之事，皆属天赋之权利；各人权利必须保护，须经人民公许建设政府，而各加以权，专掌保护人民权利之事；无论何时，政府所有与以上诸条不和者，人民即可革命，颠覆旧日之政府，而求遂其安全康乐之心。迨其既得安全康乐之后，经众公议，整顿权利，更立新政府，亦为人民应有之权利。"① 虽然没有一个批判字眼，但是句句都包含着深刻的批判意识。如其文中所再三强调和鼓吹的人人平等，"无贵贱上下之分"，以及拥有自由和生命财产神圣不可侵犯之天赋人权，还有人民同时拥有拥立和颠覆政府的权利，亦即人民权利和利益高于一切，人民是国家的唯一主人，

---

① 《美国独立檄文》，见《国民报》，1901 年第 1 期。

亦即"民主"等思想，无一不是对当时中国封建君主专制国家制度所竭力维护的"君主"、"君尊臣卑"、"君权神授"、君权"至高无上"神圣不可侵犯，以及君主"独裁专制"等谬论邪说之坚决彻底的否定和批判。他们所宣传和倡导的无一不是和封建君主专制国家制度背道而驰、格格不入。有的则从维护人的天赋人权之视角，对封建君主专制国家制度进行了激烈的批判，指出："造物之生人原赋以自由之性，人生之乐趣无过于自主之权。""各国志士与君权相争，几于以血洗国者，正为此也。虽愚鲁之民，不与君相争自主之权者，不知自由之可贵耳。苟民智大开之后，国国鼓自由之气，人人思自主之权，将使全地球尽变为民主之国而后已，必无以一二君相做制兆民长此终古之理也。"① 借此激励和鼓动中国人为夺回天赋之自主、自主之权，不惜"公然与君主为敌"，向专制君主挑战，即使"以血洗国"，也"必思争回其本有之权"。因为这是理所当然、神圣正义之举，只不过是讨回原本就属于自己的东西，所以不要有任何顾虑和畏惧。这种批判与宣传，不仅有助于揭穿与批判古代王朝观所宣扬的种种谎言、神话和谬说，而且有助于唤醒广大民众认清封建君主专制国家制度的本质。当时先进的中国人以近代西方资产阶级政治学和进化论为思想武器和理论依据，对封建君主专制国家制度所作的激烈尖锐的批判，已同以往的批判有了本质的区别，因为它已跳出了以往旨在对封建君主专制国家制度作枝节"修补"和局部"改善"之狭小的圈子。首先，晚清时期的批判，不仅是对封建君主专制国家制度某些弊端的揭露和批判，更多的是对这种制度反动本质的揭露和批判，以及全面的否定和反动。其次，晚清时期的批判，其最终目的是要终结帝制，也就是要推翻和彻底废除在中国统治长达两千余年的封建君主专制国家制度，并让其永远地成为历史。再次，晚清时期的批判，无一不是将批判和斗争的矛头直接刺向封建君主专制国家制度的"死穴"和"要害"，这些批判比以往任何时候都深刻、尖锐、激烈、坚决、全面和彻底。因此可以说晚清时期的批判，不仅使中国封建君主专制国家制度的权威受到了前所未有的挑战，而且从根本上动摇了中国封建君主专制国家制度的理论基础。这些对冲破两千余年封建罗网的束缚和控制，进而加速封建君主专制国家制度的全面瓦解与崩溃具有极其重要的意义。这从当时封建君主专制国家制度的忠实"卫道士"——封建顽固派对当时深刻尖

---

① 《主权篇》，见《中国旬报》，1900 年第 1 期。

锐的批判所表现出的极度恐慌和极端仇视中即可窥其一斑。当时作为清王朝官方报刊的《四川学报》，为此曾先后发表了一些所谓的反驳文章，对自由平权思想进行激烈抨击。诸如有："维新之徒，假自由以便私图，借团体以联党羽，甚至革命平权，一唱百和，流而不返，终为无君无父之归。"[①] "近世新学家谓君主专制，不若民主共和。不知西政率专于贵族，民受压制之极，几无主张之理，故有名民主之变革。若中国之政，自二帝三王以来，虽曰君主，而其立国之精神，实事事以民生为主焉。则纵无民主之名，而民主之幸福已阴食之久矣！又何必侈艳民主，以乱我数千年神圣之善法乎！"[②] 从上述封建顽固派的恶毒攻击和诋毁中，不仅看得出他们顽固维护封建君主专制国家制度的反动立场，也从另一个方面说明了当时先进的中国人用新的"武器"对封建君主专制国家制度之激烈尖锐、深刻全面的批判所产生的重大影响，否则它也不会引起封建顽固派如此的恐慌和诋毁。还有，从上述封建顽固派出于清除所谓"流毒"的目的，而为封建君主专制国家制度所作的辩护，以及针对当时的批判进行的反驳和攻击来看，除去恶毒的谩骂和肆意的诋毁，以及强词夺理和仇恨敌视外，再就是空洞无物、苍白无力和了无新意的陈词滥调，无法和当时先进的中国人对封建君主专制国家制度所作的犀利尖锐、系统全面、立论确凿、论据翔实、见解深刻和颇多新意的批判相提并论。

第二，结合世界历史和现实，以及人类社会发展规律来论证终结帝制、创建民国的必然性。

首先，从近代世界发展史的视角论证封建君主专制国家制度终将灭亡，资产阶级民主国家制度必将建立乃是滚滚向前、势不可当的时代潮流。即"其为势也，有如万马奔涛，一泻千里，而君主之势，则有如破晓之孤星，荧荧无光彩，以此遇彼，直摧枯拉朽耳。"[③] 认为从世界历史发展的潮流看，充满生机和活力的、代表着时代发展方向和大势的资产阶级民主国家制度取代腐朽没落的、与时代潮流背道而驰的封建君主国家制度是不可抗拒和无法改变的历史发展趋势。有的人还以法国资产阶级大革命为例来说明封建君主专制国家制度必然灭亡，资产阶级民主国家制度终将建立乃是当代不可抗拒的历史潮流。他说："昔法兰西之民，

---

① 《总督部堂通饬各属学生申明禁令札》，见《四川学报》，1905 年第 7 期。

② 《国粹述略》，见《四川学报》，1905 年第 12 期。

③ 耐轩：《立宪论》，见《政法学报》，1900 年第 1 期，1901 年第 2 期。

受君主压抑之祸为最惨酷。十八世纪之末，大革命起，倡自由平等之义者，声震全欧，列国专制之君闻之震骇，相与合从，求免覆亡。……一千八百三十年及一千八百四十八年，法国复大革命，影响所及，列国民主党，一时并起，谋复专制之政府，有沛然莫御之势。于是荷兰王国，由立宪政而议院政矣；丁抹国，由专制政而立宪政矣；法、奥二国，本民主旨义，立宪法开议院矣。由是而成今日民权之世界。"① 在此基础上，又有人认为在以资产阶级民主国家制度代替封建君主专制国家制度的民主革命成为浩浩荡荡、波澜壮阔的世界潮流之后，中国的封建君主专制国家制度的终结也是在劫难逃，无法幸免。如其所言："西谚有言：'法兰西，革命之产地也'。今我中国二十五倍于法，受祸之极亦数十倍于法，民权之运已渡太平洋而东，日本既稍受其福，我中国不愤不发，斯亦已耳，如睡斯觉，如梦斯醒，于二十世纪而效法国人十九世纪之所为，吾知风声所向，全球震惊，始而虎俄之专制为之倾覆，继而自由平等之实幸转移欧美，世界和平之极点，将起点于东方，二十世纪之中国，为民权之枢纽矣。"② 上述以法、俄、日本等国为例，旨在说明曾经与中国具有相同政治背景之法、俄和日本等国的封建君主专制国家制度最终都难以逃脱倾覆灭亡的命运，因此对于中国的封建君主专制国家制度来说也是如此。因为这是"有沛然莫御之势"、"固非人力所能压抑"的世界潮流。并且指出资产阶级民主国家制度取代封建君主专制国家制度，是不以人们主观爱憎好恶为转移的世界历史发展之必然结果。所以说，是选择民主，还是选择专制，就不仅仅是选择何种国家制度的问题，而是事关国家与民族之前途命运的重大问题。即是选择富强、独立、光明、成功、希望、安定、幸福、进步、美好、正义，还是选择贫穷、黑暗、屈从、失败、绝望、动荡、痛苦、倒退、丑恶、邪恶？总之这种宣传、启蒙和鼓动，不仅有助于当时中国人认清世界历史发展潮流和大势，从而使其在国家和民族面临重大转折关头作出理智的判断和正确的抉择，而且有助于振奋民族精神、鼓舞斗志、增强信心，乃至取得御侮雪耻、救亡图存之民族解放和振兴的伟大斗争的最后胜利。

其次，从人类社会发展规律的视角来论证终结帝制，创建民国的必然性。当时先进的中国人运用近代西方进化论来说明人类社会历史的发

---

① 耐轩：《立宪论》，见《政法学报》，1900 年第 1 期、1901 年第 2 期。

② 《二十世纪之中国》，见《国民报》，1901 年第 1 期。

展规律是由低级向高级，从野蛮到文明，先进战胜落后，新质代替旧质之生生不息的新陈代谢过程，是一个不以人们主观意志为转移的必然趋势。同时指出这种发展变化和进步决不会滞留在某一历史阶段，是一个永无止境的过程。循着这种认识路径，他们进而认为封建君主专制国家制度的终将灭亡，资产阶级民主国家制度的必将创建也是人类社会历史由低级向高级，从野蛮到文明，先进战胜落后，新质代替旧质之不可抗拒和无法改变的发展规律。对此，有人指出："二十世纪为专制政治末运时期，一般之独夫民贼，亦将为时势所迫处于被征服之地位，而与专制政治为同时之淘汰，此固世界之公理也。"① 认为独夫民贼以及封建君主专制国家制度在 20 世纪已经走到尽头，其被淘汰出局在历史舞台上消失，以至最终被终结和废除，乃是人类社会发展的客观规律使然。又如："且更多以文明之进步言之，则今日之文明，亦莫不自淘汰来也。昔者野蛮与文明战而野蛮胜，今则文明与野蛮战而文明胜。文明之所以胜者，盖野蛮由淘汰而日尽，文明由淘汰而日新，而文明有不得不胜之道存焉故也。故昔者君主之权独盛，今则君民之权分。其所以然者，盖为民者由淘汰之后而其智日进，其力日强，故竭其智力以与之争，而君权神授，即君即国之说有所不容于当世故也。昔者贵族之权特盛，今则贵贱之权等。"② 这是从野蛮终将为文明所战胜之人类社会发展规律的视角，论述封建君主专制国家制度终将为资产阶级民主国家制度所取代的历史必然性。上述种种，向广大民众明确指出人类社会没有一成不变可以永恒存在的东西，同理封建君主专制国家制度的最终消亡也是历史发展的必然趋势。在此基础上强调人们了解和掌握人类社会发展规律及其大势，是在顺应时势的前提下，更自觉地推动人类社会的发展和进步，即"以人事速其进行"③。还有，在充分论证资产阶级民主国家制度终将取代封建君主专制国家制度的历史必然性之基础上，指出人民起来推翻和废除封建君主专制国家制度乃是顺应历史潮流，反对暴政，伸张正义的神圣之举。这对宣传、动员和组织人民起来反抗封建君主专制国家制度的统治具有重大的思想启蒙意义。

---

① 《俄议院削除专制君主字样之掩饰》，见《中国日报》，1908 年 2 月 16 日。
② 《淘汰篇》，见《大陆》，1902 年第 1 期。
③ 《孙中山选集》，上卷，71 页，北京，人民出版社，1977。

三　各种国家观念纷然杂陈

值得一提的是，在晚清国家观念的变化中，还表现出各种国家观念
纷然杂陈的时代特色。这实际上是当时社会之纷繁复杂、动荡多变之现
实在晚清国家观变化中的反映。首先，即谓在晚清国家观变化中，不仅
有以资产阶级民主国家制度为唯一追求之主流国家观（虽然在其中又有
对民主共和政体的向往与追求，以及对君主立宪政体的钟情和执著之区
别），还有崇拜无政府主义的国家观和固守传统文化的国粹主义的国家
观，以及出现了对社会主义思潮的兴趣和初步探讨，从而打破了长久以
来古代王朝观一枝独秀的格局。其次，这种纷然杂陈的时代特色，还表
现为在许多人身上同时有几种国家观思潮交织在一起。诸如章太炎曾是
民主共和的坚定信仰者和支持者，但是在其思想观念中又有浓厚的无政
府主义国家观的痕迹，这在其《五无论》[1] 和《国家论》[2] 两篇文章中都
有所反映。对此章太炎说："国家之事业，是最鄙贱者"，所以提倡国家
学说乃是以"谬乱无论之说的诳耀，真与崇信上帝同其混悖"。进而他认
为国家是一种虚幻的东西，只有个人才是实体，才有价值。因此，谈
"爱国"，"悉是迷妄"，倡"建国"，"悉是悖乱"，讲"救国"，"悉成猥
贱"。还不仅如此，后来，章太炎又成了国粹主义国家观的倡导者和坚定
拥趸者。如其在1905年演说中曾谈到：今日办事的方法，第一要在感情，
要成就感情，有两件事最要紧的："第一，是用宗教发起信心，增进国民
的道德；第二，是用国粹激动种姓，增进爱国的热肠。"[3] 由此可见其思
想观念的纷然庞杂。再如刘师培亦是如此。刘师培最初是民主共和政体
的拥护者，曾与蔡元培共同创办《俄事警闻》，宣传反帝爱国思想，同
时，又著《攘书》、《中国民约精义》等，极力鼓吹和宣传反满革命，倡
建民主共和国家。但是后来，刘师培又成为中国早期无政府主义国家观
的主要代表人物，并与其妻子何震共同创办《天义报》，积极鼓吹无政府
主义国家观。如刘师培认为一切政府都是万恶之源，因此他对当时人们

---

① 章太炎：《五无论》，见《民报》，1907年第16号。

② 章太炎：《国家论》，见《民报》，1907年第17号。

③ 章太炎：《东京留学生欢迎会演说辞》，见《章太炎政论选集》，上册，272
页，北京，中华书局，1981。

关于政体问题上的争论表示不屑一顾。他说："不必论其为君主为民主，不必论其为立宪为共和，即不啻授以杀人之具"。因此，"故吾辈之意，惟欲满洲政府颠覆后，即行无政府，决不欲排满之后，另立新政府也。"①后来刘师培又对国粹主义国家观表现出浓厚的兴趣，并成为其中的重要人物之一。曾先后写了《读左札记》、《周秦学术史》、《两汉学术史》、《汉代古文学辨正》等文章，在学术之争的掩护下，来宣传国粹主义国家观。晚清时期，像章太炎、刘师培这样思想观念纷然庞杂的人亦有相当一部分。之所以会出现这种情况，主要是由于晚清时期第一次鸦片战争以后，"西学"以排山倒海、雷霆万钧之势汹涌东来，中国社会在如此猛烈冲击下呈现的变态，诚如鲁迅所言："简直是将几十世纪所在一起：自油松片以至电灯，自独轮车以至飞机，自镖枪以至机关枪，……自迎尸拜蛇以至美育代宗教，都摩肩按背的存在。"② 这种光怪陆离的社会变态反映到意识形态，必然是形形色色新旧思想"都摩肩按背的存在"。总之，尽管在这诸多国家观念中，会不时出现与时代和社会不和谐的"杂音"乃至"噪音"，但正是由于这种纷然杂陈的时代特色，既使晚清国家观变化呈现出丰富多彩、风格各异的景象，又有助于借此透视、解剖和认识它所反映的那个纷繁复杂、风起云涌、千变万化的晚清社会，以及在此基础上揭示和把握其所蕴藏的丰富深刻的底蕴及其本质特征。

综上所述，我们认为晚清国家观变化之所以呈现出诸如强烈鲜明的爱国主义精神和社会责任感，以及恢廓的世界眼光等丰富多彩、深刻凝重的时代特色，就是由于它及时回应了当时御侮雪耻、救亡图存、变革自强，向西方学习，以探讨和抉择改变国家和民族前途命运之真理和方略的现实社会迫切需要。因此，非但为晚清国家观的变化不断注入新的内涵，而且更使这种变化打上了鲜明浓重的顺应时势、放眼世界之时代烙印。

（原载《史学研究》，2005 年第 12 期）

---

① 刘师培：《政府者万恶之源也》，见《天义报》，1907 年第 3 号。
② 鲁迅：《随感录五十四》，见《鲁迅全集》，一，415 页，北京，人民出版社，1981。

张　越

五四前后新历史考证学兴起原因初探

纵观 20 世纪上半叶的中国史学，史学家们使用的最为普遍的研究方式与方法是历史考证，所取得的研究成果，以历史考证学的分量最重，许多著名的史学家，如王国维、陈垣、陈寅恪、钱穆等人，也主要是以历史考证学的研究成果奠定了他们在国内乃至国际学术界的地位。20世纪的中国历史考证学，得益于传统考证学所打下的坚实基础，但又与传统的考证学有着很大的区别，我们因此称之为新历史考证学。① 新历史考证学在五四前后的历史条件和学术环境下形成并发展起来，对 20 世纪的中国史学产生了广泛的影响。本文试对新历史考证学在五四前后兴起的原因作一初步考察。

一　清代考证学与新历史考证学的关系

考证（或称考据）是中国传统学术中一种十分常见的研究方式。表现在史学方面，历史考证学有着悠久的历史。清代的乾嘉时期，考证学得到了充分的发展。考察

---

① 白寿彝在他主编的《史学概论》中说："'五四'以后，在史料考订上的成绩，继承了乾嘉考据学的传统，而又大大发展了这个传统，是远非乾嘉考据学所能比的。我们可以称之为新考据学。"（《史学概论》，299 页，银川，宁夏人民出版社，1983）林甘泉在《二十世纪的中国历史学》一文中说："二十世纪的上半叶，近代实证史学是中国史学的主流。"（《历史研究》，1996 年第 2 期）此外，还有史料派、考史派诸说。考虑到对传统考证学的继承、对西方实证史学的借鉴和与新史学的关系等因素，本文称之为新历史考证学。

20 世纪新历史考证学的兴起，必须联系到其与清代考证学，特别是乾嘉考证学的承接关系。

以惠栋、戴震、钱大昕等人为代表的乾嘉考证之学，标志着以考经为主的清代考证学的极盛。囿于经学的特征和长期以来形成的神圣地位，对经学的考证总是会存在着某种局限。乾嘉时期的经学考证虽为"极盛"，却也存在着很严重的问题，譬如，经学考证的范围有限，只尊信汉人经说，"凡古必真"，"惟汉是从"，"不读汉以后书"。经学考证是以自身为标准，一切以儒家经典为是非真伪的准则，很难做到真正意义上的、考证学所要求的实事求是。经学考证的极盛，客观上导致史学不振、"经精而史粗"、"经正而史杂"的局面。陈寅恪曾评价说："往昔经学盛时，为其学者，可不读唐以后书，以求速效。声誉既易致，而利禄亦随之。于是一世才智之士，能为考据之学者，群舍史学而趋于经学之一途。其谨愿者，既止于解释文句，而不能讨论问题。其夸诞者又流于奇诡悠谬，而不可究诘。虽有研治史学之人，大抵于宦成以后休退之时，始以余力肆及，殆视为文儒老病销愁送日之具。当时史学地位之卑下若此，由今思之，诚可哀矣。此清代经学发展过甚，所以转致史学之不振也。"这番话是从史学发展的纵向角度，指出了清代经学考证的极盛对史学所造成的负面影响，结论是"有清一代经学号称极盛，而史学则远不逮宋人"。[①] 这些问题，有些是乾嘉学者所无法超越的，只能待之于经学的神圣地位被打破，方有可能跨出新的一步；有些问题确为乾嘉学者所意识到并努力在史学的考证上给予纠正。

钱大昕的经学考证水准在清代即属一流，但他以更多的精力涉足史学，原因之一就是他看到了经尊史卑的偏向，并力图扭转这种局面。在《廿二史考异》的序言中，钱大昕概括了史学的价值及历史考证学的宗旨："史非一家之书，实千载之书。祛其疑，乃能坚其信，指其瑕，益以见其美"，"惟有实事求是，护惜古人之苦心，可与海内共白。"[②] 他批评了当时重经轻史的现象，认为自宋元以后，"道学诸儒，讲求心性，惧门弟子之泛滥无所归也，则有呵读史为玩物丧志者，又有谓读史令人心粗者。此特有为者言之，而空疏浅薄者托以借口，由是说经者日多，治史

---

① 陈寅恪：《陈垣元西域人华化考序》，《金明馆丛稿二编》，238～239 页，上海，上海古籍出版社，1980。

② 钱大昕：《廿二史考异·序》，《廿二史考异》，1 页，北京，商务印书馆，1958。

者日少。彼之言曰，经精而史粗也，经正而史杂也。予谓经以明伦，虚灵玄妙之论，似精而实非精也。经以致用，迂阔刻深之谈，似正而实非正也。"①此段议论在经学大盛的乾嘉时期来看，不可谓不尖锐。同为经史大家的王鸣盛自述其治学经历："予束发好谈史学，将壮辍史而治经；经既竣，乃重理史业。""始吾读史之法，与读经小异而大同。""治经断不敢驳经，而史则虽子长、孟坚，苟有所失，无妨箴而贬之。"②钱、王二人均指出了专事经学考证的某种局限。具有这样的认识，便可知乾嘉历史考证学，立意十分深刻，而以钱大昕、王鸣盛、赵翼等人的研究成果为代表的乾嘉历史考证学的成就则更当不可忽视。柳诒征在《中国文化史》的"考证学派"一章中明确表示："世尊乾嘉诸儒者，以其以汉儒之家法治经学也。然吾谓乾嘉诸儒所独到者实非经学，而为考史之学。"③要言之，就清代乾嘉史学而言，并非事事"不逮"前人，其历史考证学在当时的条件下就已达到极高的水准。④

清代历史考证学是 20 世纪新历史考证学的直接源头。以钱大昕为例，"钱大昕治史具有严谨的态度和严密精审的方法，与近代科学方法和理性精神相符合，他的丰富考证成果和精良的治史方法，为 20 世纪考证学的崛起打开广大法门，成为传统学术向史学近代化演进之重要中介。"⑤此外，王鸣盛对于典章制度和学术史问题的考辨、赵翼对于一个时期的历史特点与历史趋势的总结和探究历代盛衰治乱的努力、崔述对于古史的考证等，不仅为 20 世纪新历史考证学家充分重视，而且还自觉地承袭之，使其成为新历史考证学的先导。譬如，王国维以"乾嘉之学精"而

---

① 钱大昕：《廿二史札记·序》，《廿二史札记》，下册，885～886 页，北京，中华书局，1984。

② 王鸣盛：《十七史商榷序》，《十七史商榷》，1 页、2 页，北京，商务印书馆，1959。

③ 柳诒征：《中国文化史》，《学衡》，第 64 期，1928 年 7 月。

④ 汪荣祖在《陈寅恪与乾嘉考据学》一文中说："陈氏曾批评清代史学的'不振'，此一批评须与他所说清代史学不如宋代一语，合而观之，所以不如，不是考证的方法不如，而是清代缺少综合性、通论性的史学巨著与司马光的《资治通鉴》比美。"所言甚是。见汪著《陈寅恪评传》，附录一，248 页，南昌，百花洲文艺出版社，1992。另，杜维运著《清代史学与史家》一书，对此亦有相近见解，见该书 1～14 页，北京，中华书局，1988。

⑤ 详见陈其泰：《钱大昕：历史考证的精良方法及其影响》，《史学与民族精神》，360 页，北京，学苑出版社，1999。

概括出的乾嘉学术的代表人物之一是以历史考证学著称的钱大昕（另一位是戴震）。① 陈垣自述其治学之初"专重考证，服膺嘉定钱氏。"② 顾颉刚说崔述"已经给予我们许多精详的考证了，我们对于他应该是怎样地感谢呢!"③

王国维和陈垣是新历史考证学的两位巨擘。王国维主要采用清代考证学（主要是考经）中文字、音韵、训诂学的治学路数来治史。他考史的方法是二重证据法，"地下之新材料"与"纸上之材料"相互"补正"的途径，是文字音韵训诂之学。梁启超说："小学本经学附庸，音韵学又小学附庸，但清儒向这方面用力最勤，久已'蔚为大国'了。"④ 清代学者把文字、音韵、训诂之学纯熟运用于考证之中，王国维对此深得要领，但又大加发展，用以考释新旧材料，"古史新证"。他认为："苟考之史事与制度文物，以知其时代之情状，本之诗书以求其文之义例，考之古音，以通其义之假借，参之彝器，以验其文字之变化。由此而知彼，即甲以推乙，则于字之不可释，义之不可通者，必间有获焉。然后阙其不可知者，以俟后之君子，则庶乎其近之矣。"⑤ 许冠三指出："王学的最大建树在古史研究，古史研究的出发点在古文字学，立足点在小学。亦即由小学以通史，正如乾嘉诸老之由小学以通经。"⑥ 陈垣则直接师承清代历史考证学家的方法和精神，全祖望、顾炎武、钱大昕、赵翼、王鸣盛等清代考史大家向为陈垣所推重。无论是他"竭泽而渔"地搜集材料、列举类例和归纳演绎的研究方法⑦，还是寓通史以致用、表彰民族气节于考证之中的深刻用意，均深得清代历史考证学的精髓。可见，他们的治学都以清代考证学为出发点，只是所承继的重点有所不同。

晚清以后，社会的剧变导致了学术风气的转移，最主要的，是今文

① 王国维：《沈乙庵先生七十寿序》，《观堂集林》，卷二十三，36 页，《王国维遗书》，第 4 册，上海，上海古籍出版社，1983。

② 陈智超编注：《陈垣来往书信集》，302 页，上海，上海古籍出版社，1990。

③ 顾颉刚：《自序》，《古史辨》，第 1 册，46 页，上海，上海古籍出版社，1982。

④ 梁启超：《中国近三百年学术史》，朱维铮校注：《梁启超论清学史二种》，329 页，上海，复旦大学出版社，1985。

⑤ 王国维：《毛公鼎考释序》，《观堂集林》，卷六，17 页，《王国维遗书》，第 1 册，上海，上海古籍书店，1983。

⑥ 许冠三：《新史学九十年》，104 页，香港，香港中文大学出版社，1986。

⑦ 参见牛润珍：《陈垣学术思想评传》，247～260 页，北京，北京图书馆出版社，1999。

经学的复兴取代了古文经学的一统地位。历史考证在研究对象与研究旨趣上也发生了相应转变。王国维说："道咸以降，涂辙稍变。言经者及今文，考史者兼辽、金、元，治地理者逮四裔，务为前人所不为，虽承乾嘉专门之学，然亦逆睹世变，有国初诸老经世之志。"① 考证的方法仍在继续延用，而考证的宗旨则转变为以"经世"为要务，民族史、边疆史地等成为历史考证新的、主要的研究领域。梁启超在讲到清朝末年的学术变化时认为："清朝正统学派——即考证学，当然也继续工作。但普通经学史学的考证，多已被前人做尽，因此他们要剑走偏锋，为局部的研究。其时最流行的有几种学问：一，金石学；二，元史及西北地理学；三，诸子学。"② 晚清以来考证学的变化表明，历史考证仍然是学人治学的主要方法，考证之学也绝非就意味着脱离现实，相反，晚清史家究心于边疆史地，辽、金、元史诸领域的考证研究，都与现实有着密切关系。清代考证学的发展和变化，为 20 世纪新历史考证学的出现，在方法和旨趣上都产生了多方位的影响。

二　新历史考证学形成的原因

20 世纪新历史考证学之所以能够从传统考证学中脱胎而出，基本前提是走出经学的羁绊、区别出经学考证与历史考证间的异同，在力图摆脱经学束缚的基础上认清传统考证学的价值。

钱穆指出："晚清康廖诸人之尊经，其意惟在于疑经，在发经之伪，在臆想于时代之所需要而强经以从我。盖经学之至于是已坠地而且尽。"③晚清时候，经学自身的发展已呈穷途之势，而史学却更加受到重视。诸如王国维、梁启超等人，已将研究的主要精力转入史学。王国维"对于学术界最大的功绩，便是经书不当作经书（圣道）看而当作史料看，圣

---

① 王国维：《沈乙盫先生七十寿序》，《观堂集林》，卷二十三，36 页，《王国维遗书》，第 4 册，上海，上海古籍书店，1983。

②《中国近三百年学术史》，《梁启超论清学史二种》，122 页。

③ 钱穆：《经学与史学》，杜维运、黄进兴编：《中国史学史论文选集》，第 1册，136 页，台北，华世出版社，1976。

贤不当作圣贤（超人）看而当作凡人看"①。经过五四新文化运动的狂飙扫荡，经学走向终结。五四时期史家对于如何看待与处理经学的材料和研究方法极为重视，综其所论，有两点非常突出。

其一，视经学的材料为史学的材料，视经学为史学，扩大了史学的研究范围。1921 年，吕思勉在《论经学今古文之别》一文中说："吾辈今日之目的，则在藉经以考见古代之事实而已。夫如是，即'发生今文与古文孰为可信'之问题。予谓皆可信也，皆不可信也。皆可信者，以托古改制之人，亦必有往昔之事实，以为蓝本，不能凭空臆造；皆不可信者，以其皆为改制之人所托，而非复古代之信史也。"② 这段议论颇有代表性。吕思勉已不再纠缠于今文、古文的孰是孰非，而是涵盖了今古文双方"皆可信皆不可信"，其立意在于史学，即"藉经以考见古代之事实"。顾颉刚回顾 20 年代的经史关系时，也有同样的观点："窃意董仲舒时代之治经，为开创经学，我辈生于今日，其任务则为结束经学。故至我辈之后，经学自变而为史学。惟如何必使经学消灭，如何必使经学之材料转变为史学之材料，则其中必有一段工作，在此工作中我辈之责任实重。"③ 其二，仍然看重经学考证的方法，强调用治经的方法治史。梁启超、顾颉刚、吕思勉等史家都极言应"有意识地"以治经之法治史，如柳诒徵列举三礼、古音、六书、舆地、金石等"一一如其法以治之"，应当是后人努力的方向。④

不过，如果仅仅是将治经的方法移植过来，并不足以形成传统考证学向新历史考证学的转型。梁启超讲得十分清楚："凡此皆以经学考证之法，移以治史，只能谓之考证学，殆不可谓之史学。"⑤ 金毓黻同样认为："考证之学，本不能独立成一学科，而吾国之治经，即等于研史，不惟治经当用考证学，即就史学而论，亦无不用考证学，为其治史之方法也。"历史考证，本为史学研究的常见方法。但是，"果其所用之方法，日有进步，则旧书可变为新，否则不惟不进步，而日呈衰颓之象，则新者亦变

---

① 顾颉刚：《悼王静安先生》，陈平原、王枫编：《追忆王国维》，132 页，北京，中国广播电视出版社，1997。

② 李永圻编：《吕思勉先生编年事辑》，106 页，上海，上海书店，1992。

③ 顾颉刚：《顾颉刚读书笔记》，卷五，转引自顾潮、顾洪著：《顾颉刚评传》，10 页、11 页，南昌，百花洲文艺出版社，1995。

④《中国文化史》，《学衡》，第 64 期，1928 年 7 月。

⑤《清代学术概论》，《梁启超论清学史二种》，44～45 页。

为旧矣。是故研究之对象，不论其为新为旧，而其研治之方法，则不可拘守故常，而应日求其进步，其所谓新，亦在是矣。"① 史学走出经学羁绊的更深刻的意义，是史学得以摆脱经学思想和义例的长期束缚，有可能将追求历史真实真正作为观念和方法上的学科目标。黄进兴指出："传统经典已不复是最后诉求的权威，史料与事实的关联方构成新史学关怀的焦点。"② 中国史学一直有着强调实录的"求真"精神，但这是囿于传统史学范畴之内的。现代意义上的史学"求真"，始于儒家经典神圣光环的被打破，以及对学术"独立"的追求和对学术研究自身的"尊重"。梁启超说学者应该"为学问而学问，断不以学问供学问以外之手段"，学问的价值，"在善疑，在求真，在创获"。③ 他以"求真"、"求博"、"求通"为标准来衡量治学，其中又以"求真"为首位。④ 顾颉刚则认为，学问"只当问真不真，不当问用不用"，"应用只是学问的自然结果，而不是着手做学问时的目的"。⑤ 传统的历史考证学是以实事求是和无征不信为基本准则的，这与五四前后要求为学术而学术、视学术为目的而把"求真"作为首要目标的治学宗旨基本相符合。不同的是，旧的考证学在贯彻实事求是的原则方面，在观念上和认识上均有诸多的束缚和局限，而在新的历史条件下有可能摆脱这些束缚和提高认识程度，这是新历史考证学的"新"之所在。

　　新历史考证学之所以"新"，还新在"科学方法"上。五四时期对"科学方法"的提倡和使用，是促成新历史考证学兴起的更为直接的原因，"此为蒙受西方之影响而然。"⑥

　　五四新文化运动的主旋律是民主和科学。五四时期对民主和科学的提倡遍及当时中国的思想、文化、学术领域，对史学的影响当然也是巨大的，带来了史学从观念上到方法上的更新。五四时期形成了输入西方史学理论与史学方法的热潮，产生了史学科学化的要求，随之而来的就

　　① 金毓黻：《中国史学史》，397 页，石家庄，河北教育出版社，2000。

　　② 黄进兴：《中国近代史学的双重危机：试论新史学的诞生及其所面临的困境》，《中国文化研究所学报》，新 6 期，1993 年。

　　③《清代学术概论》，《梁启超论清学史二种》，86 页。

　　④ 梁启超：《治国学的两条大路》，《饮冰室合集·文集之三十九》，113～114 页，北京，中华书局，1989。

　　⑤ 顾颉刚：《自序》，《古史辨》，第 1 册，25 页。

　　⑥ 同上书。

是中西史学结合的问题。将"科学方法"与中国传统的考证学相联系，是当时学术界结合中西的主要呼声和趋势。

胡适、梁启超等是最主要的倡导者。胡适反复强调这样的意思："中国旧有的学术，只有清代的'朴学'确有'科学'的精神。"① 他将实验主义实验的方法、历史的方法、存疑的方法与清代考证学的方法相结合，提出了"大胆假设，小心求证"的著名学术口号。这其实可以看作是他的"研究问题，输入学理，整理国故，再造文明"号召的具体实践方针。胡适的"科学方法"不仅是借"输入学理"来"整理国故"和"再造文明"，"更重要的是，使得胡适悟出现代科学法则与古老中国的考证学在内在精神上是相通的。"② 胡适曾经回忆道："杜威对有系统思想的分析帮助了我对一般科学研究的基本步骤的了解。他也帮助了我对我国近千年来——尤其是近三百年来——古典学术和史学家治学的方法，诸如'考据学'、'考证学'等等。[这些传统的治学方法]我把他们英译为 evidential investigation（有证据的探讨），也就是根据证据的探讨，[无征不信]。在那个时候，很少人（甚至根本没有人）曾想到现代的科学法则和我国古代的考据学、考证学，在方法上有其相通之处。我是第一个说这句话的人；我之所以能说出这话来，实得之于杜威有关思想的理论。"③ 胡适"感觉到清代的朴学与近世西洋所谓科学方法相合，遂以现代学术的眼光表扬清代学者的治学方法，于清儒之中，尤特别表扬戴震、崔述，这都于当时的治学的风气发生了很大的影响"④。梁启超同样多次提及清代考证方法的科学意义，如在《清代学术概论》中说："清代学者，刻意将三千年遗产，用科学的方法大加整理，且亦确已能整理其一部分。……故清儒所遵之途径，实为科学发达之先驱，其未能一蹴即几者，时代使然耳。"⑤

胡适、梁启超等强调的"科学方法"，都是从方法论的角度力图找到沟通中西学术的途径，史学从中受到的启发和影响最大。顾颉刚总结说：

---

① 胡适：《清代学者的治学方法》，《胡适文存》，卷二，216 页，上海，亚东图书馆，1926。

② 陈平原：《中国现代学术之建立》，190 页，北京，北京大学出版社，1998。

③ 胡适：《胡适口述自传》，97 页，上海，华东师范大学出版社，1993。

④ 齐思和：《近百年来中国史学的发展》，《燕京社会科学》，第 2 卷第 12 期，1949 年 10 月。

⑤ 梁启超：《清代学术概论》，《饮冰室合集·专集之三十四》，76～77 页。

"过去的乾嘉汉学，诚然已具有科学精神，但是终不免为经学观念所范围，同时其方法还嫌传统，不能算是严格的科学方法。要到五四运动以后，西洋的科学的治史方法才真正输入，于是中国才有科学的史学所言。"① 走出经学羁绊的中国史学既已认识到应将"经学考证之法移以治史"，而考证的方法又"暗合科学的方法"，这在崇尚"科学"的五四时期，是新历史考证学得以最终形成的更重要的原因。

史学"求真"，除去主观上的认识和努力之外，对史料有着很高的要求。人们已经认识到，"审定史料乃是史学家第一步根本工夫。西洋近百年来史学大进步，大半都由于审定史料的方法更严密了。"② "近百年来欧美史学之进步，则彼辈能用科学的方法以审查史料，实其发轫也。"③ 受到西方史学理论与方法的影响，五四时期的学者对史料的搜集、鉴别和利用给予充分重视。胡适的《中国哲学史大纲·导言》与梁启超的《中国历史研究法》等论著，都重点对史料作了理论上的阐释，区分出不同类别的史料，概括出各类史料的特点，论述了史料的搜集与鉴别的方法。这番工作，不仅从理论上论证了以往被认为是不可触动的儒家经典、以往不被许多人承认的材料（如金石、甲骨）都是史学研究的有价值的资料，扩大了史料的范围，而且为以实事求是、求得历史真相为鹄的的历史考证学开辟了新的发展前景。

极富机缘的是，19世纪末、20世纪初以来，新史料的大发现又为新历史考证学的形成和发展带来了意外的生机。传统的历史考证学以文献考证为主，实物考证间或有之，但成就毕竟有限，因为对实物史料的认识和使用是与所发现的实物史料的价值和规模成正比的。乾嘉时期的金石学不可谓不盛，但是仍无法与20世纪初以来的史料大发现所产生的影响相比，很大原因就在于这次的史料发现"自来未有能比者也"④。新史料的发现，使得历史考证学研究开拓了许多新的领域，也刺激了新历史考证学的形成和发展。因此，王国维的"二重证据法"首次明确地将文献史料与实物史料放在同等重要的地位来看待。新发现的史料中，甲骨文因罗振玉、王国维等学者的整理和考证而很快显示出其对于"茫昧无稽"的上古史的重大价值。罗、王以后，新一辈的学者如唐兰、容庚、

---

① 顾颉刚：《当代中国史学·引论》，2~3页，南京，胜利出版公司，1947。

② 胡适：《中国哲学史大纲》，14页，上海，上海古籍出版社，1997。

③ 梁启超：《中国历史研究法》，《饮冰室合集·专集之七十三》，99页。

④ 王国维：《最近二三十年中中国新发见之学问》，《学衡》，第45期，1925年9月。

柯昌济、商承祚等人对甲骨文的研究均对古史考证作出了贡献。"甲骨文和金文经过科学的洗礼，再加上考古学上的其他发现，便使古代文化的真相暴露了出来。"① 西北简牍、敦煌文书的发现，均为新历史考证学在中古史、民族史、历史地理等多方面的深入研究提供了前所未有的便利条件。由于史学界利用新发现的史料考证中国古史收益甚多，1922 年，有人以"专门旧学之进步"将这种状况总结为"昔人所谓考证之学，则于最近二十年中，为从古未有之进步"②。17 年之后，金毓黻的《中国史学史》中"最近史学之趋势"一章，针对上述观点有所辨正："与其谓为旧学之进步，无宁谓为国学之别辟新机，与其谓从古未有之进步者为考证学，无宁谓为史学。"③ 金氏所论的依据，"悉为近三四十年间之收获"，他明显意识到了考证学与史学的密切关系。其时，历史考证学已经发展成为中国史学的主流。

具备了在沟通中西的基础上的"科学方法"的提倡，明确了在研究目的上应"揭发历史真相"，还有对史料的科学系统的认识和新发现的史料的支持，所以梁启超提出："我们现在做这种工作，眼光又和先辈不同，所凭借的资料也比先辈们为多，我们应该开出一派'新考证学'。"④

值得一提的是，五四时期开始出现的新的史学建制所逐步形成的现代史学规模对史学人才的培养，促成了新的史学考证人才辈出的局面。五四时期的北京大学、清华大学等院校纷纷设立专门的研究机构，如北大研究所国学门、清华国学研究院，目的是"研究中国高深之经史哲学。其研究之法，可以利用科学方法，并参加中国考据之法"⑤。这些专门的研究机构，虽称"国学"，实以史学研究为最主要内容，由教授专门指定和指导学生的研究范围和论题，学生的毕业论文以历史考证方面为最多。以清华国学研究院为例，第一届学生的毕业论文题目涉及历史考证学的主要有：王庸《陆象山学术》、《四海通考》，吴其昌《宋代天文地理金石算学》、《朱子著述考》，杜钢百《周秦经学考》，汪吟龙《文中子考信

---

① 《当代中国史学·引论》，3 页。

② 抗父：《最近二十年间中国旧学之进步》，《东方杂志》，第 19 卷第 3 号，1922 年 2 月。

③ 《中国史学史》，397 页。

④ 梁启超：《治国学的两条大路》，《饮冰室合集·文集之三十九》，113 页。

⑤ 清华大学校长曹云详于 1925 年致清华国学研究院开学词，载《清华周刊》，第 350 期，见齐家莹：《清华人文学科年谱》，19 页，北京，清华大学出版社，1999。

录》，姚名达《邵念鲁年谱》，何士骥《部曲考》，余永梁《殷虚文字考》、《金文地名考》，徐中舒《殷周民族考》、《徐奄淮夷群舒考》等。①史坛新人既有着从小打下的传统学术的坚实基础，又经过新文化运动的洗礼，在观念上较少束缚，在思想上锐意进取，新历史考证学后劲丰实，产生了一大批有分量的研究成果。

要之，新历史考证学既得益于传统考证学所打下的坚实基础，又受到了五四时期特定的时代条件和学术环境的深刻影响。对西方学理的借鉴，对史学"求真"的重视，对"科学"的历史学的追求，都成为历史考证学的内涵，也是20世纪新历史考证学形成的主要原因，而新历史考证学的形成与迅速发展，则成为中国史学转型过程中史学科学化的重要组成部分。

（原载《人文杂志》，2003 年第 6 期）

---

① 见苏云峰：《清华国学研究院述略》，《清华汉学研究》，第 2 辑，304～305 页，北京，清华大学出版社，1997。

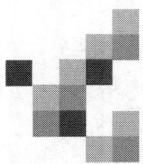

周少川

论陈垣先生的民族文化史观

以中华民族文化为本是陈垣民族文化史观的主导思想。他的学生、文史学家启功在介绍陈垣的史学思想时说："中华民族历史文化是民族的生命和灵魂，更是各个兄弟民族团结融合的重要纽带，也是陈老师学术思想中一个重要组成部分，甚至可以说是个中心。"启先生认为，陈垣史学思想的本质就是"对中华民族历史文化的一片丹诚"①。这是对陈垣民族文化史观的准确概括。正是本着对中华民族文化的一片丹诚，在数十年的治史过程中，陈垣以中华民族文化为本，深刻揭示中华文化在中外文化交通中的重要作用，阐释中华文明巨大的生命力和影响力，大力弘扬中华民族优秀的传统文化，从而推动了中国史学的发展。

一 以中华民族文化为本，开展中外文化交通史的研究

20 世纪初叶，中国社会和中国史学处于大变革的关头。随着反对外来侵略、反对封建专制，挽救民族危亡运动的风起云涌，救亡图强的爱国主义史学思潮也日益高涨。陈垣青年时期在广东就参加了反帝反封建的宣传活动，爱国主义早已在他的思想中孕育生根。他虽然到 30

---

① 启功：《夫子循循然善诱人》，见《励耘书屋问学记》，97 页，北京，三联书店，1982。

多岁才正式转入史学研究领域，但却在青少年时期就博览群书，酷爱史学，并曾深入地研究过赵翼的《廿二史札记》①。他早年在广东办报和从事医学工作时，已经撰写了《释汉》、《释唐》、《更论宋高宗忌岳飞之原因》、《闻大成》、《吴学》、《孔子之卫生学》、《洗冤录略史》、《中国解剖学史料》等一批有关史学的文章，宣传中华悠久的历史文化，表达了他的爱国思想。例如在《中国解剖学史料》中，陈垣既对中国古代医学的辉煌成就给予了肯定，又对当时国家"日蹙百里"、民族危亡的现状深表忧虑，接着他说："吾今即述其祖若宗开国之雄烈，黄帝子孙，有能来言恢复乎？吾将执大刀利斧从其后。"② 表达了他复兴中华民族的宏伟志向。

1913 年，陈垣以国会议员的身份，满怀救国热情北上京师。然而，北洋军阀政治的腐败、无能和黑暗使他大失所望，不久他就逐渐淡出政界，转入学术著述和教学领域。19 世纪末、20 世纪初，随着东西文化交流日益频繁，"塞表殊族"、"西北史地"研究的兴盛及大量新史料的发现，中外文化交流的研究逐渐为人们所关注。然而，当时西方一些汉学研究者虽精通中文又广收史料，但由于缺乏对中国传统文化的体验，仅以西方近代的思想和方法来研究中国，往往有失文化的本色。当时一些积极接受新学的中国学者，也由于过分追求欧洲汉学的新法，而出现了邯郸学步或数典忘祖的弊端。陈垣 37 岁专注于史学研究，一开始就在以宗教传播史为阵地的中外文化交通史研究中，作出了骄人的成绩。他的"古教四考"（《元也里可温教考》、《火祆教入中国考》、《摩尼教入中国考》、《开封一赐乐业教考》）和有关基督教、回回教入华史略的论著，不仅以史料丰富、考证精密、方法科学著称，而且具有文化研究的整体观念，善于揭示本土文化和外来文化之间的互动关系，反映出他坚持以中华民族文化为本，开展中外交通研究的思想特征。这一民族文化史观的思想特征，具体表现在以下几个方面。

第一，深刻揭示中国历史上政治形势的变动与外来宗教传播的关系。陈垣说："宗教无国界。宗教与政治，本分两途。然有时因传教之利便，及传教士国籍之关系，不得不与政治为缘。"③ 在阐述外来宗教在中国的

---

① 陈智超：《陈垣史垣学杂文·前言》，4 页，北京，人民出版社，1980。

② 陈垣：《中国解剖学史料》，《陈垣早年文集》，262 页，台湾，中国文哲研究所，1992。

③ 陈垣：《摩尼教入中国考》，《陈垣学术论文集》，第 1 集，347 页，北京，中华书局，1980。

传播时，陈垣特别注意从中国历史上的政治变动，看宗教兴衰之潜在原因，这一点在他的《摩尼教入中国考》中阐述得尤为详尽。摩尼教原由波斯人摩尼创立于公元 2 世纪下半叶，唐朝武后延载元年（694 年）分别传入中国和当时的回鹘汗国。摩尼入唐后流传并不广，但在回鹘却风靡一时。唐代宗宝应元年（762 年），回鹘因协助唐朝剿灭"安史之乱"叛军，势力进入中原，于是"唐人与回鹘交涉频繁，摩尼教在中国势力遂随之膨胀"[1]。公元 840 年，回鹘汗国败于黠戛斯，回鹘势力退出唐朝，于是，在唐武宗禁一切外来宗教之前即会昌三年（843 年），摩尼教便先遭禁断。所有的摩尼教寺被罢废，财产被没收，摩尼教徒"配流诸道，死者大半"，"此为摩尼入中国百五十二年第一次大难"[2]。陈垣从唐朝与回鹘政治关系的变化，准确地说明了摩尼教在唐朝随回鹘势力的兴衰而兴衰的原因。

不仅摩尼教如此，他分析火祆教盛行于唐朝的原因时也说："唐代之尊崇火祆，颇有类于清人之尊崇黄教，建祠设官，岁时奉祀，实欲招来西域，非出自本心。"[3] 指出唐朝之所以允许火祆教在内地传布，为其建祠，并专设"萨宝"、"祆正"等官员管理，其政治目的是为了笼络西部少数民族势力。同样揭示了本土社会政治与外来宗教之间的密切关系。

其二，注意分析本土社会制度对外来宗教的作用。外来宗教传入中国，必然受到中国社会各项制度的影响，这些制度有的与政治联系，有的则与中国社会当时的经济水平或社会习俗相关。陈垣在研究外来宗教的传播时，密切注意了社会制度左右宗教发展的因素，从而展示了宗教融入社会的曲折历程。他在《元也里可温教考》中，就大量引用了《元典章》、《元史》的材料，说明了元朝在徭役制度和兵役制度上对也里可温教徒的优惠，如蠲免也里可温教徒河工、当差的徭役，豁免也里可温教徒服兵役。至于田租商税等经济制度，虽曾一度免征，但终因教徒日众，"豁免租税，于国家收入影响至大，有不得不依旧征收者"[4]。元朝制度也有对也里可温教徒管束之处，如元马政极为严格，《大元马政记》就规定，各教教徒除"有尊宿师德，有朝廷文面，方许乘骑"，其余皆不得私人拥有马匹。虽有所约束，但元朝制度仍甚有利于也里可温教的发

---

① 《摩尼教入中国考》，《陈垣学术论文集》，第 1 集，338 页。

② 同上书，349 页。

③ 陈垣：《火祆教入中国考》，同上书，316 页。

④ 陈垣：《元也里可温教考》，同上书，22 页。

展，所以它在元朝得以兴盛。

在外来宗教的传播过程中，中国的科举制度对于回教则有较为明显的影响。陈垣指出明清回教有礼尊孔子的现象。明代王岱舆著《清真大全》模仿儒家典籍，清雍正间刘智著《天方性理》，杂以宋儒色彩，"凡此皆中国回教特异处。其原因由于读书应举，不便显违孔教也"①。

其三，深入考察中国思想文化对外来宗教传播的影响。中华文化因其千百年的传承不断，而博大精深、积累雄厚，外来宗教在华传播时，如不注意迁就本土文化的庞大体系，则往往难善其事，陈垣的中外文化交通研究深入考察了这方面的历史事实。比如，他叙述元也里可温教徒入华随俗，善文辞、习书法，其中以法书名者有哈剌、康里不花等人②。犹太教在中国流传的重要文献开封一赐乐业教碑，则"述一赐乐业教规仪，多用儒门术语"③。而唐宋间的摩尼教则与中国的本土宗教道教曾有互相的依托和包容④。在研究中华文化对外来宗教的影响时，陈垣通过宗教兴衰的比较，揭示了一条规律，即外来宗教如能对本土文化有一定的认同，并能为这种认同对自身作相应的调适，那么它就能得到迅速的传播和发展，否则就不易流传，或将归于消寂。在考察明清基督教入华史时，他作了两个比较，一是基督教与佛教的比较。佛教入中国后，中国化程度不断提高，"至唐，则'禅房花木深'，'僧敲月下门'，'姑苏城外寒山寺'等句俯拾即是"。那么，"如寺、如僧、如禅，皆可入诗，何以福音堂、牧师、神甫等不可入诗"？其根本原因即在于，"基督教文化未能与中国社会融成一片"⑤。但是，基督教本身也有差别，因此他又将1700年前后天主教在华情况作一比较。1700年前的利玛窦及其教徒接受汉学，故天主教得以盛行。他总结利玛窦在华传教成功的六个条件，即"奋志汉学"、"结交名士"、"介绍西学"、"译著汉书"、"尊重儒教"、"排斥佛教"⑥。其中重要的因素即是能够了解和接受汉学，尊孔尊儒，融入中国文化和中国社会。此后清康熙年间，天主教罗马教会"判定尊

① 陈垣：《回回教入中国史略》，《陈垣史学论著选》，230 页，上海，上海人民出版社，1981。

② 《元也里可温教考》，《陈垣学术论文集》，第 1 集，16 页。

③ 陈垣：《开封—赐乐业教考》，同上书，274 页。

④ 《摩尼教入中国考》，同上书，357 页。

⑤ 陈垣：《基督教入华史略》，同上书，90 页、91 页。

⑥ 陈垣：《基督教入华史》，同上书，104 页。

孔尊祖为异端，不许通融"，于是"传教事业遂几乎中断"①。比较天主教在华先盛后衰的事实，陈垣指出："利玛窦之所以成功，系于六个条件，这六个条件可以定其成功，也可以定以后来华之外人成功与否。"②一语见的地总结了中华文化对外来宗教的重要影响。

应该指出，陈垣在中外文化交通史的研究中，坚持以中华文化为本，并不是狭隘排外的民族主义，也不是孤立片面的东方文化决定论。他在说明中华历史文化主导作用的同时，仍运用大量史料论述了外来宗教在中国传播发展的事实，以及外来宗教与本土文化的互动。比如，他指出了摩尼教在华传播时对宋代理学的影响，"宋儒理欲二元之说，实与摩尼教旨有关"③；又以元曲中有祆神的内容，指证元时火祆教在中国文学中留下的印迹④；他的《基督教入华史》、《元也里可温教考》则多次阐明基督教以医传道，在华诊治疑难杂症的作用。历史证明，中华民族文化既以海纳百川的宽广胸怀接纳各种外来文化，吸取其营养和精华，但又保持了本身的文化特质，数千年传承从未中断。因此，陈垣坚持以中华民族文化为本，看中外文化交通的互相影响和互相作用，既符合了中华历史文化演变发展的事实，又遵循了文化研究的普遍规律。他的史学思想和具体实践，为 20 世纪前期的中外文化史研究作出了示范。

二　表彰中华历史文化，弘扬民族道德传统

五四运动前后，中国的新文化运动和思想启蒙运动声势浩大、影响深远，但在波澜壮阔的思想文化运动中，一些启蒙思想家却走上形式主义的道路。他们把东西文化截然对立起来，有的人错误地认为一切西方文化都是进步的，一切中国文化都是落后的，声称"极端的崇外，未尝不可"⑤。发展到后来，甚至得出"非彻底和全盘西化，不足以自存"⑥的结论。

----

① 《基督教入华史略》，《陈垣学术论文集》，第 1 集，90 页。
② 《基督教入华史》，同上书，104 页。
③ 《摩尼教入中国考》，同上书，366 页。
④ 《火祆教入中国考》，同上书，327 页。
⑤ 傅斯年：《通信》，见《新潮》，第 1 卷第 3 期。
⑥ 陈序经：《东西文化观》，178 页，广州，岭南大学，1937。

这种对民族文化的虚无主义态度当然不能说服当时的学术界和文化界。陈垣不是东方文化决定论者或国粹学派，他也没有参加当时激烈的东西文化论争，但他善于以实际行动表达自己的思想。他在史学著作中以实事求是的态度和确凿的史实，表彰中华民族文化巨大的生命力和影响力，用以批驳那些民族文化虚无的论调。1923 年他发表的《元西域人华化考》就是这样一部著作。许多年以后，他在回忆这部著作的写作背景时说："此书著于中国最被人看不起之时，又值有人主张全盘西化之日，故其言如此。"① 《元西域人华化考》从研究中外文化交通的角度，阐述在元朝多民族统一国家兴盛的形势下，大批过去被隔绝的大食、波斯、印度、叙利亚等外国人和中国西部少数民族，来到中国，进入中原，接触中华文化，深受感染而被同化的事实。通过对这些事实的揭示，达到表彰中华历史文化的目的。《元西域人华化考》主要从几个方面阐述了中华文化巨大的感召力。

一是儒学的感召力。陈垣说："儒学为中国特有产物，言华化者应首言儒学。"② 他从"西域人之儒学"、"基督教世家之儒学"、"回回教世家之儒学"、"佛教世家之儒学"、"摩尼教世家之儒学"五个方面，考察了马祖常、赡思等外国人或西部少数民族人物共 30 名，论述他们入华以后接受儒学甚至世代为儒的事迹，说明中国儒学巨大的影响力。他在论述畏吾尔人阿鲁浑萨理以佛教世家传人而习儒的事迹时指出："元时佛教世家，无过阿鲁浑萨理……以此世袭信仰，其思想宜不易动摇也，而抑知事实上不然，特患其不通中国之文，不读中国之书耳。苟习其文，读其书，鲜有不爱慕华风者。"③ 言简意赅，表现了他对中华民族悠久历史文化无比的自信心和自豪感。

二是宗教的感召力。中国的宗教对于外来人物也有巨大的感染力，这不仅包括中国本土生长的道教，也包括已经中国化的佛教。陈垣对于中国化佛教的影响，有严格而科学的界定。他认为，凡由汉译经论或晋唐以来中国佛教著述而入佛教者，皆应谓之华化④。《元西域人华化考》的《佛老篇》论外国和西部少数民族崇信佛老者共 8 人，其中有由基督教世家而入道的马芮、赵世延，有由回回教世家而入佛的丁鹤年。他记

① 陈智超编：《陈垣来往书信集》，818 页，上海，上海古籍出版社，1990。
② 陈垣：《元西域人华化考》，8 页，上海，上海古籍出版社，2000。
③ 同上书，28 页。
④ 同上书，36 页。

丁鹤年开始习佛不过因"避祸不得已之苦衷，暂行遁迹空门而已"，"然始而避地，继而参禅，终而高蹈，濡染既深，岂无所获"①，最终修行有得。这也足以证明中国宗教潜移默化的力量。

三是文学艺术的感召力。中国文学源远流长，富有内容美和形式美的统一，它是外来人士学习中华文化最先接触的领域，故常常以强大的魅力吸引他们浸淫其中。《元西域人华化考·文学篇》记载的文学人物最多，共51人，他们不仅倾倒于中国文学，而且为诗、为曲、为文，在中国文学史上留下许多动人的篇章，"此西域人所以在元朝文学界中占有重要地位也"②。中国艺术对外来人士的影响，包括书法、中国画和建筑。陈垣指出："书法在中国为艺术之一，以其为象形文字，而又有篆、隶、楷、草各体之不同，数千年来，遂蔚为艺术史上一大观。"元代外国人和进入中原的少数民族中有不少人精通书法，这样的造诣实属难能可贵，因为"在拼音文字种族中，求能执笔为中国书，以极不易得，况云工乎！故非浸润于中国文字经若干时，实无由言中国书法也"③。在论及外国人受中国建筑学影响的事例中，他特标举也黑迭儿建造元大都宫殿的贡献，说："今人游北京者，见城郭宫阙之美，犹辄惊其巨丽，而孰知筚路蓝缕以启之者，乃出于大食国人也。"也黑迭儿为阿拉伯建筑师，却能以中国营造法建大都宫阙，其原因固然有元朝统治者汉化的要求，也由于也黑迭儿对中国建筑术的钦服和感悟，"故采中国制度，而行以威加海内之规模"④。

四是礼俗的感召力。陈垣认为，元代外人来华，"一二传即沾被华风"而习华俗，因而可以说"元时西域人模仿中国习俗，应有尽有"⑤。如用汉语为姓名，沿用中国的丧葬习俗、祠祭习俗，甚至连居处别业的布置、室名斋号的命取，也皆因爱慕华风而例行华俗。有鉴于百方异俗，"一旦入住华地，亦改从华俗"的大量例证，他不无感慨地说："其旧俗譬之江河，中国文明则海也，海无所不容，故无所不化。"⑥ 他以海纳百川之喻，深情赞颂了中华文明对外来百俗巨大的同化力量。

①《元西域人华化考》，50页。
② 同上书，83页。
③ 同上书，84页。
④ 同上书，100页。
⑤ 同上书，113页。
⑥ 同上书，121页。

"中国文明则海飞"，凸显了陈垣以中华历史文化为本，开展文化史研究的思想。这种思想发展到抗日战争时期，因国难当头的忧患意识和爱国抗敌热情所激奋，表现得更为强烈。如果说在抗战以前，陈垣在以中华文化为本思想指导下的史学研究，多以表彰中华民族的悠久历史和灿烂文化为主的话，那么，抗战时期在这种思想指导下的史学研究则重在阐发中华民族的爱国情操和不屈意志等道德精神，并希望借此以鼓舞人们坚持抗战、保家卫国的斗志。

七七卢沟桥事变以后，陈垣在北京写下一系列意在弘扬民族精神传统，激昂爱国热情的著作。他曾回忆此期著述的思想说："北京沦陷后，北方士气萎靡，乃讲全谢山之学以振之。谢山排斥降人，激发故国思想。所有《辑覆》、《佛考》、《诤记》、《道考》、《表微》等，皆此时作品，以为报国之道止此矣。"① 其中所提五部作品，即《旧五代史辑本发覆》、《明季滇黔佛教考》、《清初僧诤记》、《南宋初河北新道教考》、《通鉴胡注表微》。在这五部作品中，陈垣言道、言僧、作考据、表大义，都是为了高扬民族精神和爱国志气，而其思想内容表现得最为集中、突出的，是被人誉为"最高境界"② 的《通鉴胡注表微》。此书通过对胡三省注释《通鉴》的研究，一方面论述作者多年积累的治史经验和史学主张，另一方面则陈古证今，阐发作者对中华民族人伦道德精神的深刻体验。

首先，陈垣在书中表达了中华民族强烈的爱国情感。全书开篇即借对"本朝"称呼的讨论，抒发民族的爱国思想。他说："本朝谓父母国。人莫不有父母国，观其对本朝之称呼，即知其对父母国之厚薄。胡身之今本《通鉴注》撰于宋亡以后……然观其对宋朝之称呼，实未尝一日忘宋也。"③ 他在书中充分肯定了胡三省的爱国思想，又结合史实，多次阐述中国历史上人民的爱国精神。如在论述胡三省注北魏占据中原史事时，就说："是时中原虽为魏所据，而其民皆曾奉正朔，固不忘中国也。"又说："谁愿为敌国之民哉！"④ 胡三省注晋宋之亡受臣妾之辱事，仰天悲叹"呜呼痛哉"！陈垣则据此表微曰："传言，仲尼之徒，皆忠于鲁国。

---

① 《陈垣来往书信集》，216 页。

② 牟润孙：《从〈通鉴胡注表微〉论援庵先师的史学》，见《励耘书屋问学记》，60 页。

③ 陈垣：《通鉴胡注表微》，1 页，沈阳，辽宁教育出版社，1997。

④ 同上书，245 页、263 页。

人非甚无良，何至不爱国？"① 指出爱国精神乃中华民族数千年历久弥坚的优良传统，"仲尼之徒，皆忠于鲁国"深刻阐明了爱国思想是每一个正直的中国人固有的自觉意识。

与爱国精神紧密联系的是强烈的民族意识。在中国，"民族意识，人皆有之"。"当国家承平及统一时，此种意识不显也，当国土被侵凌，被分割时，则此种意识特著。"他在这里特别强调，民族意识历来是中华民族团结克敌的精神支柱。近代以来，中国虽然国力日蹙、危机重重，然而"中国民族老而不枯"，自有其强大的生命力，在国难当头之际，炎黄子孙自能坚凝一致，战胜顽敌。因此他在书中多处以古喻今，坚定地指出，"中国之分裂必不能久也"，"中国人所以有信心恢复中原也"②。

在论述中华民族的爱国精神与民族意识的同时，他还特别表彰了一批宁死不降、为国捐躯的忠臣，以及人民勇于反抗外敌的事例，用以昭示中华民族坚贞不屈、不畏强敌的光荣传统。其中如记宋末湖南安抚史李芾据守潭州，与元兵激战三月，城破而阖家殉国，令人读史为之大恸，"其义烈感人至深可想也"。又记宋末常州守将陈炤、胡应炎等人与常州共存亡，殉节后州人为其立祠，"忠义之名，人所共爱也"。他还借十六国时后赵汉人民变史事，引申发挥，指出"中国人虽爱和平，然不可陵暴之至于忍无可忍也"③，表明中国人民热爱和平，但又不畏强暴，敢于与侵略者奋战到底的坚定决心。

陈垣在八年抗战期间以《通鉴胡注表微》等一系列著作，表达爱国热情，伸张民族正气，不仅坚定了自己抗敌的信念，也鼓舞了同道学者们的信心。这一时期，他以中华文化为本的史学思想因爱国热情的激励，在与社会现实紧密结合的过程中不断发展，从而提高到一个新的阶段。

三　赶超国外汉学，发展民族文化

陈垣以中华民族文化为本的民族文化史观还有一个重要的思想内容，这就是时时不忘推进和发展民族的新文化，在学术上赶超世界一流水平，

---

① 《通鉴胡注表微》，137 页。
② 同上书，243 页、236 页、244 页、226 页、241 页。
③ 同上书，181 页、186 页、239 页。

让中国学术在国际学坛上占有一席之地，让中华文明发扬光大，自立于世界文明之林。

这一思想可以说在他决定放弃政治，献身于中国学术之时就已经确立了。1917 年，陈垣发表第一篇重要的史学论文《元也里可温教考》，在国内外学术界引起了轰动。值得注意的是，他三十多岁才正式转入史学研究和著述，为什么一开始就选择了中外文化交通史的课题为突破口呢？通常的解释是，他当时和天主教学者马相伯、英敛之熟悉并常有学术交往。这固然是陈垣着手进行元也里可温教研究的直接原因，但是其中更有他瞄准中外文化交通这一国际汉学研究的热门话题，欲发奋研究，以优异成果与国外汉学争胜的深层考虑。

20 世纪初，随着国门洞开，秦汉竹木简、敦煌经卷等珍贵文献相继发现，国外汉学界一方面为中国悠久的历史文化所吸引，一方面因列强掠夺而据有大量中国学的第一手资料，而大大激发了他们研究的兴趣。于是他们在中外文化交通史，甚至在中国史的研究上突飞猛进，在许多方面超越中国学者，涌现了一批学有所成的专家。当时国际的中国学研究以巴黎为重镇，日本的京都紧随其后。在巴黎学派中，著名的汉学家有以《史记》及西域出土简牍研究闻名的沙畹，有擅长敦煌学和元史的伯希和及专长于中国上古史的马伯乐；在京都学派中，则有研究甲骨文和中国古代史的内藤虎次郎，有研究敦煌学和中国哲学史的狩野直喜，以及元史专家那珂通世、西域史和中外文化史专家桑原骘藏。如此等等，国外汉学界的丰硕成果令许多中国学者引为奇耻大辱，这样的感受应该说陈垣是最为强烈、明显的。他曾不止一次地公开说过："每当我接到日本寄来的研究中国历史的论文时，我就感到像一颗炸弹扔到我的书桌上，激励我一定要在历史研究上赶过他们。"[1] 这样的话虽然是后来他的学生们所听到的，但仍不难反映出当年陈垣在选择研究课题时的深层思考。他看到了中国学术在研究本国历史文化时竟不如外人的情况，并为此备感焦虑。这样的焦虑在他的著述里时有流露。1929 年陈垣发表《中国史料的整理》一文，谈整理研究中国史料的紧迫性，批驳有些人主张索性把中国史料统统烧掉的荒谬言论，指出："我们若是自己不来整理，恐怕

---

[1] 刘乃和：《学习陈援庵老师刻苦治学的精神》，《励耘承学录》，88 页，北京，北京师范大学出版社，1992。类似的说法，亦见柴德赓：《我的老师陈垣先生》，《文献》，1980 年第 2 辑。

不久以后，烧又烧不成，而外人却越俎代庖来替我们整理了，那才是我们的大耻辱呢！"① 1930 年他发表《基督教入华史》，在论述唐朝景教时说："以前景教碑中有好些人名，无从考其传略，现在新发现日多一日，但大多为外人从中国书内所发现，希望国人努力才好。"② 字里行间，无不流露他对中国学术状况的担忧。孟子曰："知耻近乎勇。"正是这样的忧患意识激励陈垣要迎头赶上，夺回中国在国际汉学研究领域的中心地位。为此，他选择了当时国外汉学家所擅长的中外交通史领域，以外来宗教在华传播史研究为突破口，准备以自己扎实的研究与国外汉学界争胜，为中国学术争光。

如果以上分析大致不错的话，那么，陈垣在《元也里可温教考》发表后，接连不断问世的作品，则可作为上述判断的进一步例证。1917 年以后，陈垣在他的外来宗教入华传播史即中外交通史领域大力推进，发表了大批研究成果，在国内外学术界引起极大影响。其中既有研究古代外来宗教的"古教四考"，又有研究世界三大宗教入华源流的《基督教入华史略》、《回回教入中国史略》，及与佛教相关的《记大同武州山石窟寺》、《书内学院新校慈恩传后》、《大唐西域记撰人辩机》；有研究中外交通史的工具书《中西回史日历》，更有阐述中华文化巨大影响力的《元西域人华化考》，等等。这些几乎纯以汉文史料撰写的著作，无不以其材料丰富、考证精密、方法科学令国内外学者折服，因而奠定了陈垣在国际汉学界的地位。当时国际汉学界的领袖人物、巴黎学派的代表伯希和因摩尼教研究和元史研究与陈垣有过多次学术来往，1933 年伯希和来华时曾在不同场合表达了对陈垣的敬佩。如在一次酒会上，有人问伯希和："当今中国的历史学界，你以为谁是最高的权威？"伯希和不假思索地回答："我以为应推陈垣先生。"③ 在离开北平时，伯希和又对人说："中国近代之世界学者，为王国维及陈先生两人。"④ 日本京都学派的桑原骘藏虽与陈垣未曾谋面，但学术上却神交已久，他读过陈垣的"古教四考"等书，又为《元西域人华化考》撰写书评，指出该书"研究为科学的"，"方法周到"，征引考核"殆无遗憾"。他综合陈垣的学术成就，认为陈垣

① 陈垣：《陈垣学术论文集》，第 2 集，330 页，北京，中华书局，1982。

② 同上书，第 1 集，97 页。

③ 转引自桑兵：《陈垣与国际汉学界——以与伯希和的交往为中心》，见龚书铎主编：《励耘学术承习录》，191 页，北京，北京师范大学出版社，2000。

④ 《陈垣来往书信集》，96 页。

是中国"尤为有价值之学者也",中国"虽有如柯劭忞氏之老大家,及许多之史学者,然能如陈垣氏之足惹吾人注意者,殆未之见也。"① 伯希和、桑原骘藏的评价反映了国际汉学界代表性的看法。事实证明中国学者完全可以依靠自身的努力发展中国的学术和文化,在国际汉学研究中占据领先的地位。陈垣的史学成就及其在国际汉学界的声誉,深受国内学者的赞扬,同时也鼓舞了中国学者将汉学中心夺回中国的信心。1928 年,傅斯年创建中央研究院历史语言研究所时,礼聘陈垣为特约研究员,他给陈垣写了一封深表仰慕、语气恳切的信。信中说:"斯年留旅欧洲之时,睹异国之典型,惭中土之摇落,并汉地之历史言语材料亦为西方旅行者窃之夺之,而汉学正统有在巴黎之势。是若可忍,孰不可忍。幸中国遗训不绝,典型犹在。静安先生驰誉海东于前,先生鹰扬河朔于后。二十年来承先启后,负荷世业,俾异国学者莫敢我轻,后生之世得其承受,为幸何极。"② 傅斯年本主张"极端的崇外",但他也为汉学正统之在巴黎忍无可忍,同时他更为陈垣与国外汉学争胜,"俾异国学者莫敢我轻"而深受鼓舞,言辞中所表达的感受,应能反映当时不少中国学者的心情。

陈垣虽以自己的努力,为中国学术争得荣誉,但他念念不忘的是将汉学研究中心真正夺回北京,念念不忘的是中国学术文化的整体发展。他不仅与同辈学者相互激励③,更将希望寄托于后来的学人。1921 年,他在北京大学讲演时,就鼓励学生说:"现在中外学者谈汉学,不是说巴黎如何,就是说东京如何,没有提中国的,我们应当把汉学中心夺到中国,夺回北京。"1928 年,在辅仁大学上学的翁独健也听到陈垣在课堂上教育学生说:"今天汉学的中心在巴黎,日本人想把它抢到东京,我们要把它夺回北京。"④ 由此可以看出,陈垣在学术上与国外汉学争胜,争的不是个人的胜败荣辱,争的是中国学术的进步,目的是为了推动中华民族文化的全面发展。

在提倡学术竞争,发展民族文化的同时,陈垣清醒地意识到学术文化的发展对于提高国家、民族地位的重要作用。因此,他特别注意强调

---

① 桑原骘藏:《读陈垣氏之〈元西域人华化考〉》,《元西域人华化考》,附录。

② 转引自陈智超:《〈元西域人华化考〉导读》,同上书,9 页。

③ 他曾与胡适说:"汉学正统此时在西京呢? 还是在巴黎?"二人相对叹气,盼望十年后也许可以在北京了。见《胡适日记》,1931 年 9 月 14 日,合肥,安徽教育出版社,2001。

④ 刘乃和:《学习陈援庵老师的刻苦治学精神》,《励耘承学录》,88 页。

中国的学者和文化人通过发展民族文化以提高民族自信心和国家地位的使命感。1929 年他主持辅仁大学校务时，在学校章程中就要求学生要"对于中国固有文化的特长，发扬广大，以增长民族之自信力"。七七事变前夕，当日本帝国主义步步紧逼，日本兵在朝阳门外打靶的枪声已清晰地传到北京大学的教室时，他在课堂上语重心长地说："一个国家是从多方面发展起来的，一个国家的地位，是从各方面的成就积累的。……我们必须从各方面就个人所干的，努力和人家比，我们的军人要比人家的军人好，我们的商人要比别人的商人好，我们的学生要比别人的学生好。我们干史学的，就当处心积虑，在史学上压倒人家。"[1] 这是他对于发展民族文化现实意义的充分认识。基于这种认识，在八年抗战中，他方能以弘扬民族优良传统、宣传爱国精神和民族意识为己任，发挥了史学为现实服务的作用。

新中国成立后，陈垣虽已年届七旬，但他发展中华民族文化的思想仍不断升华。在新中国总结继承中华民族优秀传统文化，建设社会主义新文化的进程中，他不辞年高，将自己的渊博学识和大量精力投入到新中国学术文化事业之中，为社会主义新文化的发展作出了新的贡献[2]。

陈垣的一生，真正是为弘扬和发展中华民族文化奋斗的一生。作为一种史学的思维方式，陈垣以中华民族文化为本的民族文化史观，强调了文化的个性和以此为基点的文化进化的包容性。因此，它既避免了走向"国粹论"的保守和狭隘，又反击了"全盘西化"的民族虚无主义，这就是陈垣这一史学思想的重要价值和意义。历史在前进，当我们跨入 21 世纪时，中国早已崛起屹立于世界，中国史学家已经突破民族的视野，不仅可以从中国的角度看世界，也可以从世界的角度来看中国了。然而，事实证明，人类社会的共性总是寓于具体民族的特性之中的，当我们站在全球的角度思考人类历史的发展和未来时，仍然不能忽视民族文化的个性与人类文明的共性之关系。从这个意义上讲，在 21 世纪中国史学的发展进程中，陈垣以中华民族文化为本的史学思想仍是我们需要学习和继承的宝贵遗产。

（原载《史学史研究》，2002 年第 3 期）

---

[1] 朱海涛：《北大与北大人——陈垣先生》，《东方杂志》，第 40 卷第 7 号。

[2] 参见拙文：《陈垣晚年史学及学术思想的升华》，《史学史研究》，2000 年第 4 期。

李　珍

近五十年来的中国民族史学研究

　　这里说的中国民族史学研究，指的是史学史学科的一个重要分支。它所研究的对象是中国史学中的民族史学，包括少数民族史学及汉族史家的民族史撰述两个部分；其研究任务是探讨民族史学发展的过程、成就与规律。民族史学研究同以少数民族历史发展过程及其规律为研究对象、任务的民族史研究有紧密的联系，同时它们又存在着明显的区别。中国史学史研究自 20 世纪 20 年代被作为一门专史研究提出后，尤其在新中国成立以后，获得了很大的发展，而作为其重要组成部分的民族史学，也取得了一定的成绩，并逐步受到一些研究者的重视。当然，从民族史学本身的内涵及其在中国史学史上的地位来看，这方面的研究还有待于加强和深入，还需要有更多的史学工作者来关注和探讨，使之同民族史研究相适应，同我国的多民族统一国家的历史与现实相符合。这对于建立更为完备的、科学的中国史学史学科，是十分必要的。

　　基于这一认识，本文试就新中国成立 50 年来中国民族史学研究所取得的进展作一初步的回顾与分析，并就有些问题提出自己的认识，一方面是向史学界前辈请教，一方面也是希望引起更多的史学工作者来关注和推动这个领域的研究。

一 中国民族史学研究的步履寻踪

(一) 历史上有关民族史学的撰述

在探寻近 50 年民族史学研究踪迹之前,有必要追寻它更早的历史。民族史学在中国历史上产生很早,如果从甲骨文、金文及《尚书》、《春秋》、《左传》等史书中所包含的民族史记载算起的话,它与中国古代史学发展几乎同步而行。在以后的历史进程中,其主要表现在两个方面:一是汉族史家有关少数民族历史的记载,二是各少数民族在本民族文字产生或中原文明传入之后出现的记载自身历史的史籍。这两种形式的民族史学撰述,在中国古代随着史学史意识①的增强而不断得到重视。如果说在魏晋南北朝以前,民族史学撰述还处在分散的撰述阶段,那么撰成于唐初的《隋书·经籍志》则从文献分类的角度给了民族史学以相对独立的地位,其史部"霸史"类基本上是记载民族政权兴亡历程的史籍。在今天看来,它们当属于民族史学的范畴。《隋志》的分类法,对民族史学意识的连续性有重要意义。从民族史学研究的发展来看,魏晋至宋元以后,由于民族融合的进一步加强,鲜卑、党项、女真、蒙古等少数民族先后建立政权,故出现了不同形式的民族史著作,如"正史"中的《魏书》、《北周书》、《元史》、《辽史》、《金史》,私人史著如《十六国春秋》、《三十国春秋》,地方史专著如《华阳国志》、《蛮书》,等等。后世对这些著作的研究亦不绝如缕,如自明、清直至近代史家对《元史》不断地续作、补订即是一例。这一方面反映了史家对民族历史真实性的追求,另一方面也反映了民族史学研究意识的增强,成为我国古代史学中一个可贵的传统。

(二) 新中国成立以来的民族史学研究

新中国成立以后,随着马克思主义唯物史观指导下的史学史研究的

---

① 瞿林东:《中国史学史:20 世纪的发展道路》,见《北京师范大学学报》,1999 年第 2 期。

兴起、发展，民族史学的研究亦有所开展。但由于种种历史原因，民族史学只停留在为数不多的一些介绍性文章和对部分史著的校注、考订上，如向达校注的《蛮书》及与之相关的评论文章等。这说明民族史学的研究还处于起步阶段。

"文革"结束以后，民族史学研究自70年代末以来取得了很大进展，可称为其发展阶段，标志主要有：

第一，研究成果数量的增多。与起步阶段相比，近20年来各种学术期刊、论文集及个人文集中的专论民族史学的文章数量大大增多，其中尤以史学史、民族史研究中所包含的成果为多；对少数民族史著的校注、翻译工作亦大大推进，蒙、藏、维、彝等少数民族的经典史著基本都已有汉译或校注本，有的还有多种版本。以《蒙古秘史》为例，即有中华书局1956年谢再善译本，内蒙古人民出版社1979年道润梯步译注本，1981年额尔登泰、乌云达赉校勘本等多种成果问世。

第二，研究范围的拓展。这一特点主要表现在两个方面：首先，是在对于民族史著的考订源流、校勘文字、考辨作者方面，已扩展到几乎所有民族史学名著，如《华阳国志》、《十六国春秋》、《蛮书》、《契丹国志》、《大金国志》等都成为研究的对象；其次，是在对史料考订、辨误的基础上，出现了从理论上阐释史学现象与史家思想的倾向。80年代以来出版的一些史学史与史学批评著作，如尹达先生主编的《中国史学发展史》，瞿林东先生撰著的《中国古代史学批评纵横》，均对我国历史上的民族史学有专门论述；其他如杨树森、吴怀祺、张大可先生，就民族史学的某一时期或方面进行理论探讨，各有成果面世。由此可以看出，50年来民族史学研究的认识是在不断地深入。

二 关于研究成果的初步分析

（一）综合研究

所谓综合研究，是以各少数民族史学为线索的综合性研究。其代表性成果有王尧先生的《藏文古代历史文献述略》（《西藏民族学院学报》1980年第2期），王尧、沈卫荣合撰的《试论藏族的史学和藏文史籍》（《史学史研究》1988年第2、第3期），分别对藏族历史上的主要史籍的基本情况，藏族史学发展的基本脉络等问题作了概括性论述，涉及藏族史学发展的过程，藏文史籍的种类及其特点，藏文史籍的价值等问题。向中银的《试论彝族的重史传统》（《贵州文史丛刊》1997 年第 4 期）、《中国彝族古代史官制度初探》（《中国史研究》1998 年第 2 期），则是作者就彝族这一古老民族在史学上的传统、制度所作的初步探索。这些研究成果，为揭示不同民族的史学面貌、特点、长处提供了重要启示。

此外，方国瑜先生所著《云南史料目录概说》（中华书局 1984 年出版）、耿世民先生的《维吾尔族古代文化和文献概论》（新疆人民出版社 1984 年出版），和关于各民族历史文献如藏文史籍、西夏书契、满文档册考查等民族文献学上的重要成就，以及各民族史料的汇编，不仅是民族史研究的必要史料，同时也为民族史学研究提供了资料。白寿彝先生主编的四卷本《回族人物志》（宁夏人民出版社 1985—1993 年出版）是民族史研究中一项重要的成果，而其在编纂思想与体例上的创新，于民族史学研究亦有重要的参考价值。

（二）断代研究

关于以历史上某一时期民族史学为界限的断代研究，受史学史学科整体研究状况的影响，在民族史学研究成果中居多数，情况也各异，兹分述如下。

（1）魏晋南北朝时期。魏晋南北朝是我国史学走向多途发展的重要时期，民族史学占有突出的地位。20 世纪 80 年代后半期以来，研究者们对十六国史学进行了较多的探讨。吴振清撰文认为十六国史学是"上承魏、西晋史学发展之余绪，下启南北朝史学之繁荣的重要阶段"①。薛莹则提出，中国史学上不断出现的官修史书，是源出于十六国时期②。谢继忠就五凉史学的官、私撰述成就及其对后世的影响等问题作了分析与探讨，认为它应在十六国史学中占有一定地位③。赵茨先后撰文，对五凉史学发展的背景、成就及特点、影响作了进一步探讨，并就其中有史迹

---

① 吴振清：《十六国史学述评》，见《史学史研究》，1989 年第 3 期。
② 薛莹：《十六国史书的官修性质》，见《史学史研究》，1988 年第 3 期。
③ 谢继忠：《五凉史学述略》，见《兰州学刊》，1987 年第 2 期。

可考的史家作了考察①。北魏作为此期一个较为稳定的政权，其史学亦开始得到有些研究者的重视。可以说，对魏晋南北朝时期史学多途发展的认识，正在走向更为具体、深入的层面。

（2）辽、金、西夏时期。辽与金作为具有独立文字系统同时又深受中原文化影响的少数民族政权，其史学各具独有的特征。瞿林东先生在《中华文明史》第六卷的相关章节中提出，辽代史学在文字、史书记载内容及史家构成等方面都具有鲜明的民族特色，而且与当时的政治、文化发展紧密结合；而在民族融合的时代潮流中，史学又成为直接或间接反映这一历史进程的载体。他还认为，金代史学的突出特点是史学与社会历史进程紧密相关，史学形式受社会历史诸方面制约，而同时又是不同历史阶段的体现者②。对辽代史学进行专门研究的代表性论文有杨树森先生的《辽代史学述略》及吴怀祺先生的《辽代史学和辽代社会》二文。杨文就辽代修史制度和门类、辽代史学代表人物和主要的史学著作、辽代史学的特点具体论述，在理论认识上亦多有创见③。吴文着重从史学思想方面阐述了辽史学的发展，认为辽统治者重史鉴的思想是辽史学的重要特点与前提，是辽朝治国安邦的智慧来源。文章还认为辽史家对汉族先民及其文化的认同"已经成为一个时代的思潮的主流，它渗透到各个文化的层面"，此为辽史学的重要特点之一④。此文反映了辽史学研究不断深化的趋势。金代史学研究以崔文印先生用力最勤。他在《金代在史学上的成就》一文中，从女真文字创立、实录修撰、史家生平著作等方面对金代史学作了较为全面的梳理⑤。他于80年代初先后发表的《大金国志初探》、《大金国志新证》二文，亦为金史学研究的重要成果。⑥ 吴怀祺的《金世宗时期的史学和大定之治》（《史学史研究》1996年第2期），何宛英的《金代修史制度与史官特点》、《金代史学与金代政治》

① 赵荧：《五凉史学述论》，见《西北师大学报》，1992年第2期；《五凉史学家考》，见《西北师大学报》，1993年第4期。

② 宋德金等：《中华文明史》，第6卷，石家庄，河北教育出版社，1994。

③ 杨树森：《辽代史学述略》，见陈述主编：《辽金史论集》，第3辑，北京，书目文献出版社，1987。

④ 吴怀祺：《辽代史学与辽代社会》，见《史学史研究》，1995年第4期。

⑤ 崔文印：《金代在史学上的成就》，见《史学史研究》，1983年第3期。

⑥ 关于《大金国志》的成书年代，史学界众说不一，据崔先生考证，此书当成于金代，故置于此。

（《史学史研究》1996 年第 3 期、《北京师范大学学报》1998 年第 3 期），金北人的《完颜勖与金代女真史学》（《蒲峪学刊》1992 年第 1 期）等，则为进一步探讨辽金史学的面貌、特点、影响多有启发。关于西夏史学，在《中华文明史》、《西夏文化》（史金波著，吉林教育出版社 1986 年出版）、《党项史研究》（白滨著，吉林教育出版社 1989 年出版）、《简明西夏史》（李蔚著，人民出版社 1997 年出版）等史著中均有论及，可资参考。

（3）元代。新中国建立之初，对元代史学研究主要集中于对元修辽、宋、金三史的评价与分析上。近 20 年来，不仅在三史评价问题上出现了一些新的看法，而且还在许多新的研究领域，如元代实录材料的来源、元朝"国史"与"脱卜赤颜"的区别等方面，也取得了不少成果。理论方面，有的学者把元代史学置于民族史学发展的长河中加以考察，提出"多民族史学的新发展"是其最为突出的特征的看法①。还有的学者注意从元代史学思潮的角度剖析元代史学的方方面面，其主要成果有叶建华的《论元代史学的两股思潮》（《内蒙古社会科学》1991 年第 2 期），王晓清的《宋元史学的正统之辨》（《中州学刊》1994 年第六期），江湄的《元代"正统"之辨与史学思潮》（《中国史研究》1996 年第 3 期）等。元代史学的其他成就如地理书、私人行记等方面虽有论及，但仍须作进一步探讨。

（4）明清时期。明清时期对我国历史进程影响最大的少数民族是满族。从史学史角度对满洲贵族入关以前的满文老档进行研究的主要成果有乔治忠先生的《后金满文档册的产生及其史学意义》与《清入关前满文档册考析》二文。作者认为，满文老档"给传统史学注入了新的因素，成为清朝官方史学得以兴旺发达的重要原因之一"②。对于清末兴起的边疆史地研究，以往的史学史论著多从御侮图强的角度对其进行介绍与阐发。近年来有学者认为，从清代前期的历史地理学直到张穆、何秋涛、姚莹的边疆史地研究，贯穿了经世致用的学术传统，而后者更"从一个方面反映了近代意义上的中华民族之深沉的民族觉醒意识"③。这一认识

---

① 瞿林东：《中国古代史学批评纵横》，北京，中华书局，1994。

② 乔治忠：《后金满文档册的产生及其史学意义》，见《社会科学战线》，1994 年第 3 期。

③ 瞿林东：《深沉的民族觉醒意识——19 世纪四、五十年代的边疆史地研究》，见《山西师大学报》，1994 年第 1 期。

表明，在中国历史的转折时期，传统夷夏观、民族观的内涵与外延都开始随着时代特征的转变而产生较大变动。有清一代，民族史学在历史撰述与理论认识上都成果丰硕，对它们的深入研究，亦当是今后民族史学研究的重点之一。

（三）专题研究

50 年来与民族史学有关的专题研究，主要体现为史家、史著研究。一是对民族史家生平事迹、主要著作的考订，以及民族史著的版本源流、资料讹误的考证校勘；二是对汉族史家及其民族史撰述中所包含的民族史观、编纂思想等理论问题的分析与评价。而全面探讨民族史学的成果则暂付阙如。

（1）史家、史著的考证性成果。史家研究方面，改革开放以来，藏、契丹、蒙、回、维吾尔、女真等民族史家的生平考略均已展开，其形式多以个别史家为主，但亦有通考某一时代民族史家者，如朱永邦《元明清以来蒙古族汉文著作家简介》（《内蒙古社会科学》1980 年第 3 期—1981 年第 1 期），朱子方的《辽朝史官考》（《史学史研究》1990 年第 4 期）等。前者利于对史家个人的全面、深入把握，而后者则利于从史家群体的考察进一步窥得此历史时期的史学特点。史著考订方面，《云南志》、《契丹国志》、《大金国志》、《蒙古秘史》、《渤史》、《青史》等均出现有分量的考订文章，其考订范围广涉著者、成书年代、编纂体例、史料辨误、续作情况等，为进一步研究提供了基础。

（2）史家、史著的理论研究。关于史家民族史观研究，本文将在第三部分加以专门讨论，此处从略。史著的研究主要有两个特点：一是对某些新问题的认识，如李锡厚的《〈虏廷杂记〉与契丹史学》（《史学史研究》1984 年第 4 期）、宝力高的《浅谈十七世纪蒙古编年史的史学价值与文学价值》（《内蒙古师大学报》1985 年第 2 期）等；二是对旧问题的重新思考，如元修三史仓促而成，后人对此多所诟病，80 年代以来，一些学者分撰文章，从史料价值、思想传统等方面对其作了新的分析，认为"这三部史书的史料价值，在二十四史中是比较高的"①，且在史

---

① 刘凤翥、李锡厚：《元修宋、辽、金三史再评价》，见《社会科学辑刊》，1981 年第 3 期。

论、史学思想方面也继承、吸收了前代及当代史学的优良因素，故"元之不善，不当如是也"①。这两种形式的研究，对于推动民族史学的发展，无疑都是非常有益的。

三 理论上的拓展与深入

（一）自觉意识的增强与研究对象的探讨

50 年来民族史学研究所取得的成就及其良好的发展势头说明，对理论的探讨既是其中重要的组成部分，同时也是推动其发展的内在动力。改革开放以来，随着史学史研究在各个层面上的展开，民族史学的相关理论问题开始受到人们的关注。首先提及这一领域的是白寿彝先生，他在 1985 年指出："就中国史学讲，现在中国史学史的研究实际上还逗留在汉族史学史的研究阶段。有的书里，也讲了《契丹国志》、《蒙古秘史》，那太有限了，中国的五十几个民族，不能说每个民族都有它长久的史学，但有不少的民族确实是在这方面有很多积累。"② 这种研究的自觉意识的提倡，在史学界产生了积极的反响。1989 年，施丁先生在总结新中国四十年史学史研究成果时亦指出：史学史今后发展的方向是"通"，不仅要通古今，而且"对汉族的史学史要研究，对蒙、藏、回等各族的史学史也要研究"③。这段话着眼于建立完整的史学史学科，从培养史家"通识"的角度谈民族史研究的重要性。1995 年，瞿林东先生在《论魏晋南北朝隋唐时期的历史发展与史学特点》一文中，就这个时期民族史撰述的三种表现形式，即皇朝史中的民族史专篇、少数民族所建政权的"国史"、"正史"中所著录的民族史专书作了概括④，从而第一次对

---

① 陶懋炳：《〈辽史〉、〈金史〉评议》，见《史学史研究》，1989 年第 4 期。

② 白寿彝：《在第一次全国史学史座谈会上的讲话》，见《白寿彝史学论集》，上册，343 页，北京，北京师范大学出版社，1994。

③ 施丁：《中国史学史》，见肖黎主编：《中国历史学四十年》，600 页，北京，书目文献出版社，1989。

④ 瞿林东：《论魏晋南北朝隋唐时期的历史发展与史学特点》，见《河北师院学报》，1995 年第 4 期。

民族史学的研究对象作了明确界定。由此可以看出，民族史学研究的自觉意识在不断朝着明确、具体的方向发展。

（二）民族史观研究的三个趋势

受中华民族多元统一的历史格局的影响，民族史观在我国古代始终以各种形式存在着，成为思想文化中的一个重要方面。概括说来，新中国成立以后，它的发展轨迹大致体现出如下特征。

第一，关于史家之民族史观研究由浅及深的趋势。以司马光民族史观的研究为例，有的学者认为他的民族关系主张是"以妥协退让来求得边境的安宁"[①]，有的研究者则强调"务实"、"守信"、反对正闰论是其民族观中的精辟见解[②]。这些观点均带有论述较为分散、缺乏对各分论点进行联系考察的特点。近年来有的研究者开始致力于弥补这一欠缺，如张全明的《司马光在〈资治通鉴〉中的非正统史观》一文，在对司马光的"非正统"史观作了全面剖析的基础上提出，正是这种"非正统"史观导致了他在史事记述、史学评论、民族史观上的一系列进步主张[③]。此即是从思想根源上探讨史家民族史观的尝试。在杜佑评价问题上，以前的论述多从进化思想角度阐发、评判其民族观，随着研究的不断推进，则有学者进一步指出，杜佑从民族学和民俗学的角度来论证其观点，包含了某些"真理的成分"[④]。尽管上述问题尚未得到完全解决，但人物研究中不断深化的趋势是十分明显的。

第二，关于对史家与史著之评价逐步走向全面、客观的趋势。在这一点上较具代表性的是对司马迁和《史记》的民族史观评价。新中国成立以来的典型论点主要集中于两个方面：一是各民族都是黄帝的子孙、是兄弟的思想；二是同情弱小、反对侵扰掠夺的倾向。80 年代以来，在肯定司马迁民族观的积极一面的同时，更多的学者指出，用"民族等列

---

① 杨国勇：《司马光民族思想的进步性与局限性》，见《光明日报》，1984 年 1 月 11 日。

② 黄君萍：《漫评司马光的民族思想》，见《晋阳学刊》，1985 年第 6 期。

③ 张全明：《司马光在〈资治通鉴〉中的非"正统"史观》，见《西南师大学报》，1988 年第 2 期。

④ 瞿林东：《论〈通典〉的方法和旨趣》，见《历史研究》，1984 年第 5 期。

思想"而非"民族平等观念"来给它定位更符合司马迁的思想实际①。在论及司马迁对汉武帝军事政策的态度时，有学者认为司马迁并非反对"施暴力于统一"的方式，而是积极肯定了汉武帝"席卷四海"的历史功绩②。还有人从司马迁对西域诸国态度与两关以东地区民族态度加以对比入手立论，认为这导致了司马迁民族史观的欠缺与不足③，等等。对司马迁及《史记》局限性的阐发，为我们全面、客观地认识其在民族史学史上的地位奠定了基础。

第三，新观点、新认识不断出现的趋势。就同一问题提出的新观点、新认识，一方面是由于新的理论被引入而产生，另一方面则是由于研究者的研究方法、史料不同及认识角度的差异而导致。50年来，在民族史学研究中不断出现的新认识亦不出此两途。第一种情况较为简单，第二种情况则相对复杂一些。如对《华阳国志》民族史观的研究，是从新角度出发开创的新研究领域；而有些讨论则由于各种原因带有明显的论辩色彩。以对《南史》、《北史》的研究为例，多数著作都主张倾向统一是它们的突出特点，但也有学者认为，《南史》、《北史》在编纂过程中是富有正统观的，倾向统一并非其主题④；与王夫之民族史观代表着反民族压迫的进步倾向观点相对立，有学者提出他的民族史观是完全消极的"严重的大汉族主义的种族偏见"，"即使在封建社会也是一种倒退"⑤。有的研究者则从王夫之个人思想演变出发，认为他到了晚年，"夷夏之防"观的具体内容及其对清廷的政治态度都有了很大改变，应具体分析⑥。这些相互差异甚至对立观点的并存，一方面体现了学术研究的活跃，另一方面也说明民族史学研究尚待进一步提高与充实。

---

① 张大可：《司马迁的民族统一思想试探》，见《史记研究》，419页，兰州，甘肃人民出版社，1985。

② 宋采义：《试论司马迁的民族思想》，见《史学月刊》，1987年第1期。

③ 星汉、栾睿：《司马迁民族观批判》，见《殷都学刊》，1993年第1期。

④ 何德章：《〈南〉、〈北〉史之正统观》，见《史学史研究》，1990年第4期；谢保成：《倾向统一不是〈南史〉与〈北史〉的主题》，见《北京大学学报》，1990年第2期。

⑤ 胡刚、唐泽映：《从〈读通鉴论〉看王船山的民族观》，见《中南民族学院学报》，1985年第1期。

⑥ 宫哲兵：《试论王船山晚年民族观的变化》，见《求索》，1982年增刊。

（三）关于民族史学与中华民族凝聚力

民族凝聚力问题是民族史研究、同时也是民族史学研究的重点之一。在民族史研究当中，近20年出现了一批论述历史上的大一统思想及其历史作用的成果，其中尤以费孝通先生的《中华民族的多元一体格局》一文最具代表意义。费文指出：中华民族的多元一体格局形成过程的主流是"许许多多分散存在的民族单位，经过接触、混杂、联结和融合，同时有分裂和消亡，形成一个你来我去、我来你去，我中有你、你中有我，而又具个性的多元统一体。"在这个多元统一的格局中，华夏民族集团是各民族融合的核心①。这可视为近20年来民族史学界就此问题讨论的总结与最高成就。此外，林甘泉先生的《夷夏之辨与文化认同》（《传统文化与现代化》1995年第3期）、谷苞先生的《论中华民族的共同性》、《再论中华民族的共同性》（见《新疆社会科学》1985年第3期、1986年第1期），都从不同角度提出了独到见解。在民族史学研究领域，有一些文章涉及了我国古代史学中的华夷之辨或大一统思想对民族凝聚力的影响。如孙家洲在《"正统之争"与"正统史观"》一文中认为，正统之争不仅是"稳定汉族政权的向心力"，同时也"表现了中华民族文明古国的强大凝聚力"②。对此问题进行专门研究的成果，较重要者有瞿林东先生的《历史·现实·人生——史学的沉思》一书中的有关章节、《传统史学的现代价值》、《从史学发展看炎黄文化的民族凝聚力》等文章，以及陈其泰先生的《史学传统与民族精神》一文。瞿先生认为，民族凝聚力是我国传统史学现代价值的重要方面，而史学对民族文化的发展的影响表现在两个方面，"第一个方面，史书对于多民族历史活动的记载成为历代正史的内容之一，从而对于多民族共同心理的形成起着潜移默化的作用。第二个方面，史书对于西周、汉、唐这些盛大朝代历史的记载，既作为史学的形式又作为文化的形式影响着周边少数民族历史文化的发展"③。陈先生的文章则重在从中国史学延续性角度谈民族凝聚力问题，他认为

① 费孝通：《中华民族的多元一体格局》，见《北京大学学报》，1989年第4期。

② 孙家洲：《"正统之争"与"正统史观"》，见《争鸣》，1988年第2期。

③ 瞿林东：《历史·现实·人生——史学的沉思》，11页，杭州，浙江人民出版社，1994。

"历史记载的长期连续性，即是我们民族强大生命力和凝聚力的明证"①。民族凝聚力问题从本质上说是文化范畴的一个命题，对民族史学中所蕴含的此方面内容作不断深入的发掘，无疑会丰富对这一问题的认识，并进一步推动民族史学本身的进一步发展。

综上，我们大致可以得到如下几点认识：第一，民族史学研究呈现出不断深化与进步的趋势。综观50年来的民族史学研究，良好的发展态势已经形成，这对于研究的进一步拓展至为重要。第二，相关学科在理论、方法、成果上的交叉与融合。我们看到，民族史研究与中国史学史研究中有丰富的成果可供民族史学研究借鉴。同时，学科间融会中外、横向结合的趋势，必将推动民族史学研究，使其显示出更大的活力。第三，历史学同民族学的进一步合作，尤其是史学史研究同民族史研究的进一步合作，定会对21世纪中国民族史学的发展产生积极的影响。

最后，需要说明的是，本文所讨论的问题是带有探索性的，不当之处，请史学界前辈与读者批评、指正。

（原载《北京师范大学学报》，2000 年第 1 期）

---

① 陈其泰：《史学传统与民族精神》，见《北京师范大学学报》，1996 年第 3 期。

瞿林东

中国古代史学中的比较研究

引 言

在中国古代史学发展上，史家在论述历史和评说史学时，多用比较方法。如对史事的比较，对人物的比较，对制度的比较，对政治措施的比较，以及对史家的特点与贡献之整体面貌的比较，对史家作史旨趣的比较，对史书的综合比较，对历史编纂的比较，等等，都有广泛的运用。

——关于史事的比较。以重大历史事件作比较，在史学上不胜枚举，其突出者，如以隋之得失存亡与秦之得失存亡相比较，给人们以深刻的启示。

——关于历史人物的比较。这在中国史书（尤其是"正史"）中俯拾即是，可以视为评价历史人物的方法之一。"正史"以外之书，也多用比较之法评论人物，如唐人虞世南《帝王略论》一书，全书皆用问对、比较之法，有一定的代表性。

——关于制度的比较。中国历史上，历代制度相因相革，不断延续。其间，群士论议，或有异同。如从分封制转变为郡县制，是制度上的重大变革，围绕这一变革的争论、比较，自秦朝统一至明清之际，孰是孰非，千年聚讼，皆在比较之中进行。

——关于政治措施的比较。这是史学家极为关注的问题之一。司马彪《续汉书》志以汉武帝与光武帝的政治措施相比，范晔《后汉书》以东汉初年安置"中兴二十八将"与西汉初年的分封功臣相比，唐代史家以隋文帝的治国措施与隋炀帝的种种举措相比，等等，都包含着重要的历史经验。

——关于对史家之特点与贡献之整体面貌的比较。如刘知几《史通·辨职》篇，把史家分成三种类型的见解，是这方面作比较的经典性言论。

——关于史家治史旨趣的比较。这也是中国古代史家极为关注的问题之一。其中，最能发人深思的是，章学诚所说"刘言史法，吾言史意；刘议史馆纂修，吾议一家著述，截然两途，不相入也。""史法"与"史意"的区别与联系，是史家旨趣之各有特点的集中表现之一。章学诚论记注与撰述的不同，亦是真知灼见。

——关于历史编纂的比较。如编年体史书、纪传体史书先后问世，引起人们极大兴趣。魏晋南北朝以下，围绕编年、纪传二体孰优孰劣问题，论者蜂起。刘知几《史通·二体》对之作全面比较，唐人皇浦湜撰《编年纪传论》作理论分析，成为史学理论领域一个饶有兴味的问题。

——关于对史书的综合比较。如晋人张辅作《马班优劣论》，对《史记》、《汉书》作全面比较。可谓一石激起千重浪，以致《史记》、《汉书》相比，屡世不绝。不过张辅作比较的论点，经后人引用，仅剩下以文字多少论短长了。这是张辅的一个不幸，而尤其是史学比较的一个悲哀，可见全面、公正地看待前人的比较研究，是多么重要。

上述历史比较与史学比较，都有广阔的研究空间。现就其中几个方面作初步探讨，和同行们共同讨论、切磋。

一　比较研究与总结历史经验

中国古代史家历来重视历史的借鉴，而讲历史借鉴就往往离不开历史比较的方法。这在中国史学上起源很早。《尚书·无逸》强调统治者只有兢兢业业，"不敢荒宁"，才能"享国"长久。它记周公的讲话，考察了殷代诸王在这方面的经验和教训，又追述了周代先王在这方面作出的榜样，就包含着历史比较的思想。《左传》的"君子曰"常以古代经典的教导来衡量和评价当时人们的行为，这也包含着历史比较的思想。如："君子曰：《商书》所谓'恶之易也，如火之燎于原，不可向迩，其犹可

扑灭'者，其如蔡哀侯乎！"①《商书》曰"'无偏无党，王道荡荡'，其
祁奚之谓矣。"②"君子曰：惠王知志。《夏书》曰'官占惟能蔽志，昆命
于元龟'，其是之谓乎！《志》曰'圣人不烦卜筮'，惠王其有焉。"③ 这
在《左传》里有多处运用。司马迁撰《史记》，意在"究天人之际，通
古今之变"，他关于古今比较，盛衰比较，人物比较，尤其是关于秦、汉
比较，楚、汉比较，有很丰富的思想，也采用了多种比较的方法。④《史
记》以后，这方面的思想及其具体做法就越来越丰富了。

关于周、秦的历史比较，贾谊《过秦论》有概括的评论，司马迁在
《史记·秦始皇本纪》后论中引用了《过秦论》，表明他对贾谊所论的认
同。其中，关于周、秦比较的一段文字是：

> 先王知雍蔽之伤国也，故置公卿大夫士，以饰法设刑，而
> 天下治。其强也，禁暴诛乱而天下服。其弱也，五伯征而诸侯
> 从。其削也，内守外附而社稷存。故秦之盛也，繁法严刑而天
> 下振；及其衰也，百姓怨望而海内畔矣。故周五序得其道，而
> 千余岁不绝。秦本末并失，故不长久。由此观之，安危之统相
> 去远矣。野谚曰"前事之不忘，后事之师也"。是以君子为国，
> 观之上古，验之当世，参以人事，察盛衰之理，审权势之宜，
> 去就有序，变化有时，故旷日长久而社稷安矣。

贾谊以周、秦相比，今天看来未必妥当。周的历史，从平王东迁以后，
经历春秋、战国，已有很大变化。但贾谊在文中还强调指出秦朝"暴虐
以重过"、"多忌讳之禁"，"天下已乱，奸不上闻"，而周朝"知雍蔽之
伤国也"，"五序得其道，而千余岁不绝"，"秦本末并失，故不长久"，
等等，作为历史经验，是值得后人思考和借鉴的。

《过秦论》是一篇总结历史经验的宏文，它从秦国的兴起、强盛到秦
朝的建立、灭亡的历史过程，概括出来这样的理论认识：

> 秦王怀贪鄙之心，行自奋之智，不信功臣，不亲士民，废

---

① 《左传·庄公十四年》，襄公三年、哀公十八年。
② 《左传·襄公三年》。
③ 《左传·哀公十八年》。
④ 参见白寿彝：《史记新论》，86～91 页，北京，求实出版社，1981。

王道，立私权，禁文书而酷刑法，先诈力而后仁义，以暴虐为
天下始。夫并兼者高诈力，安定者贵顺权，此言取与守不同术
也。秦离战国而王天下，其道不易，其政不改，是其所以取之、
守之者无异也。孤独而有之，故其亡可立而待。借使秦王计上
世之事，并殷周之迹，以制御其政，后虽有淫骄之主而未有倾
危之患也。故三王之建天下，名号显美，功业长久。

这个认识，讲"取与守不同术也"，是具有哲理性的。"取之"与"守
之"这两个不同的概念，是常人所能理解的。但反映在政治措施上，或
体现在政策制定上，或表现在政治行为中，统治者往往陶醉于成功的得
意，或因其种种原因而忽视它们的差别，从而造成重大的失误以至于败
亡。这一认识就是贾谊《过秦论》的历史价值所在，因而一直受到后人
的重视。

总的看来，不论是以周、秦的历史相比，还是以秦国——秦朝自身
的历史前后相比，秦朝败亡的历史教训，都是十分深刻的。以至于唐朝
初年，唐太宗君臣谈到总结历史经验时，还一再提到秦二世和隋炀帝有
某些共同之处，尤其是魏征撰写的《隋书》史论，极其鲜明地把隋朝的
得失成败同秦朝的得失成败作了比较，同时也把隋文帝时的政治措施同
隋炀帝时的政治措施作了比较。这种比较，或许是受到了贾谊《过秦论》
的启发，但其比较的意识却更加突出了。

《隋书》史论为了深入地阐明隋亡的教训，着意把文帝、炀帝时期的
政治作了比较，指出："夫以开皇之初，比于大业之盛，度土地之广狭，
料户口之众寡，算甲兵之多少，校仓廪之虚实，九鼎之譬鸿毛，未喻轻
重，培塿之方嵩、岱，曾何等级！论地险则辽隧未拟于长江，语人谋则
勾丽不侔于陈国。高祖扫江南以清六合，炀帝事辽东而丧天下。其故何
哉？"[1] 经过这样的对比，又提出如此尖锐的问题，既表明了《隋书》史
论的撰者对历史事件的深刻理解，同时也能更强烈地唤起人们的注意而
发人深省。魏征处在唐代第二个皇帝唐太宗时期，提出这个问题，当然
是寓有深意的。《隋书》史论认为，文帝、炀帝"所为之迹同，所用之心
异也。"就是说，他们的做法似乎是一样的，而他们的目的却完全不同。
文帝的统一战争，"十有余载，戎车屡动，民亦劳止，不为无事。然其动

①《隋书》，卷七十后论。

了，思以安之，然其劳也，思以逸之。是以民致时雍，师无怨仇，诚在于爱利，故其兴也勃焉。"炀帝则不然，"承平之基，守已安之业，肆其淫放，虐用其民，祝亿兆如草芥，顾群臣如寇仇，劳近以事远，求名而丧实。兵缠魏阙，阽危弗图，围解雁门，慢游不息。天夺之魄，人益其灾，群盗并兴，百殃俱起，自绝民神之望，故其亡也忽焉。"这就是"高祖之所由兴，而炀帝之所以灭"① 的原因。《隋书》史论的这个见解是十分难能可贵的。在这里，魏征认为，隋文帝对人民的"动"是为了使其"安"，对人民的"劳"是为了使其"逸"，故其能以兴；隋炀帝"肆其淫放，虐用其民，祝亿兆如草芥，顾群臣如寇仇"，故其必然亡。这无疑是说明人心的向背，决定着隋朝的"兴"、"亡"。

《隋书》史论除了以隋朝自身的历史作比较外，还进而把隋朝的历史与秦朝的历史作了比较，并得出这样的结论："其隋之得失存亡，大较与秦相类。始皇并吞六国，高祖统一九州，二世虐用威刑，炀帝肆行猜毒，皆祸起于群盗，而身殒于匹夫。原始要终，若合符契矣。"② 《隋书》史论的作者在此明确指出：隋亡和秦亡一样，都是被"群盗"所推翻。这就是全部问题的症结所在。可见，他希望唐朝统治者要记取隋亡的教训。

秦、隋相比较，在中国古代史学上，成了许多代人关注的问题。明清之际王夫之在《读通鉴论》中也认真、仔细地对秦、隋之亡作了比较性的分析，他认为："秦与隋虐民已亟，怨深盗起，天下鼎沸而以亡国，同也。然而有异焉者"。所谓"同"，秦、隋都是"虐民已亟"而"亡国"。所谓"异"，一是指出具体的军事形势相异，即"胡亥高居逸乐于咸阳，销兵孤处"，民众起事较易；而隋则百万之师"会于涿郡"，民众起事较难。二是揭示隋炀帝杨广与胡亥的不同："且逆广非胡亥匹也，少长兵间，小有才而战屡克，使与群雄角逐于中原，未必其劣于群雄也，则隋末之起兵者尤难也。然而群雄之得逞志以无难者，无他，上察察以自聋，下师师以自容，所急在远而舍其近，睨盗贼为疥癣，而自倚其强，若是者，乘其所忽而回翔其间，进可以徼功，退固有余地以自藏，而又何惮焉？"③ 王夫之于相"异"之中提出假设（按：历史是不可假设的，这只能看作是一种讨论问题的方式），但事并不如同他假设的那样，所以

① 《隋书》，卷七十后论。
② 同上书。
③ 《读通鉴论》，卷十九，"炀帝"之四。

最后还是归结到"上察察以自聋，下师师以自容"，上下相蒙，以致败亡。如此看来，秦、隋之亡，虽然"同"中有"异"，而小"异"却不足以改变大"同"。王夫之的比较和评论，使人们对这一问题的认识更加深刻了。

当然，中国古代史家和史论家用比较研究的方法总结历史经验，并不限于朝代兴亡问题，在制度层面、政策层面也都有不少宏论，如柳宗元《封建论》，论分封制与郡县制的比较①，范晔的"中兴二十八将论"论西汉初年与东汉初年对功臣安置的比较②，等等，都产生了长久的历史影响，给后人许多启迪。

二　比较研究与历史人物评价

中国古代史学，在先秦时期的历史观上，有一个轻天命、重人事的发展过程，自西汉司马迁以下，则突出了人在历史中的主体地位。因此，评价历史人物是每一个史学家都关注的问题。而这种评价，往往又是运用比较的方法进行的。在各种历史人物中，君主是备受关注的评论对象，历代皆然。唐人虞世南所著《帝王略论》一书，是运用问对形式和比较方法写成的一部君主论专书，具有讨论的典型意义。

《帝王略论》的比较方法，有一个鲜明的特点，即具有自觉的比较意识，因而把问题提得十分明确。这里，按其比较的类型及提出问题的方式，分别略述如下：

（一）以同一君主的前期和后期相比较

虞世南认为，有些君主在"平一天下"的前后，往往会发生一些变化，甚至有很大的变化。这种变化，或因思想情趣的转移，或因其受到自身的才能与智力所限，呈现出不同的情形。下面是《帝王略论》关于晋武帝的一段议论：

---

① 《柳河东集》，卷三。
② 《后汉书》，卷二十二后论。

　　公子曰：武帝克平江表，混一宇内，可谓晋之明主乎？

　　先生曰：武帝平一天下，非曰不然，至于创业垂统，其道则阙矣。夫帝王者，必立德立功，可大可久，经之以仁义，纬之以文武，深根固蒂，贻厥子孙，一言一行，以为轨（规）范，垂之万代为不可易。武帝平吴之后，怠于政事，蔽惑邪佞，留心内宠，用冯紞之谀言，拒和峤之正谏。智士永叹，有识寒心。以此国风，传之庸于，遂使坟土未干，四海鼎沸，衣冠殄灭，县宇星分，何曾之言，于是信矣。其去"明主"不亦远乎！①

　　这一段话，指出了"平一天下"与"创业垂统"是不完全相同的两回事，打天下的人未必能守天下。这一点，唐初的政治家和史学家是有清醒认识的，唐太宗曾跟群臣讨论过"帝王之业，草创与守成孰难"的问题②。虞世南也是从这个角度来评论晋武帝的，指出他的"创业垂统，其道则阙"，因而他"平吴之后，怠于政事"，终于把"国风"弄到"智士永叹，有识寒心"的地步，在他死后不久西晋就灭亡了。这跟"明主"相比，实在差得太远了。

　　虞世南认为，在这方面，隋文帝与晋武帝是有某些相似之处的，但其表现形式也不尽相同③。他评论隋文帝说，隋文帝并非是从一般"布衣"而登上皇帝宝座的，他是以外戚身份夺得统治权的。但是，隋文帝跟晋武帝有一点是十分相似的，即"自金陵绝灭，王心奢汰"，一面聚集财富，一面走向奢侈，以致"万姓力殚，中人产竭"，政治上的紊乱跟前期相比形成鲜明的对照。然而他跟晋武帝相比，终究也还有不同的地方，这就是"季年之失，多于晋武"，比后者还要更加荒唐。值得注意的是，隋文帝以隋代周时，虞世南已是二十三四岁的青年人了，他在仕途上亲身经历了隋的统一、强盛和灭亡，他对隋文帝的评价实际上是当代人评论当代人，其感受自然分外真切。

（二）以同一朝代的不同君主相比较

　　这种历史比较的方法包含着正反两个方面的比较。从正面相比，是

---

① 见《通历》，卷四所引。
② 参见《贞观政要·君道》。
③ 见《通历》，卷十所引。

比"功业"和"功德",从反面相比,是比其"残忍"的表现。《帝王略论》论东晋孝武帝与明帝相比较,是这么说的:

> 公子曰:小兴之政,咸归大臣,惟孝武为君,威福自己,外摧强寇,人安吏肃,比于明帝,功业何如?
>
> 先生曰:孝武克夷外难,乃谢安之力也,非人主之功。至于委任会稽,栋梁已挠,殷王作镇,乱阶斯起,昌明之谶,乃验于兹。加以末年沈晏,卒至倾覆。比踪前哲,其何远乎![1]

在虞世南看来,臣下之功与"人主之功"是不应混淆的,加上才能的平庸和"末年沈晏",怎么能够以晋孝武帝与晋明帝相比呢?

作者对于不大为人们所注意的陈文帝、陈宣帝,也是从"功德"方面进行比较和评价的。作者称赞陈文帝的"功德",是着眼于他的武功、文治,而肯定陈宣帝的"功德",则强调他的"度量弘广"[2]。这里虽然没有明确道出孰优孰劣,但还是比较了他们不同的特点。此外,作者对司马师、司马昭兄弟"递居宰相,二人功德,孰为先后",也作了比较[3]。

当然,从正面比较,有时也并不是较其"功德"高下,而是比其异同,关于周文王与周武王的比较则属此种类型[4]。以上都是从正面相比较。

从反面相比较,作者评价宋孝武帝和宋明帝具有很典型的意义。他写道:

> 公子曰:[宋]孝武、明帝二人孰贤?
>
> 先生曰:二帝残忍之性,异体同心,诛戮贤良,断翦支叶,内无平、勃之相,外阙晋、郑之亲。以斯大宝,委之昏稚,故使齐民乖衅,宰制天下,未周岁稔,遂移龟玉;缄縢虽固,适为人盗之资,百虑同失,可为长叹,鼎祚倾渝,非不幸也。[5]

---

[1] 见《通历》,卷四所引。
[2] 同上书,卷七所引。
[3] 同上书,卷四所引。
[4] 参见敦煌本《帝王略论》,残卷(伯2636号)卷一。
[5] 见《通历》,卷六所引。

像这样的君主，当然谈不上谁比谁贤的问题。以"诛戮贤良"为能事，以"断蔪支叶"为快慰，这样的统治怎么能维持下去呢！"鼎祚倾渝"，实在是咎由自取，谈不上是他们的不幸。

以上这些历史比较，都是就一个皇朝之内，以前后不同的君主来相比较的，这同以一个君主的前期和后期的思想、行为相比较的方法，视野当然要宽阔多了。然而，如果进而以不同皇朝的君主相比，那就需要作者有更加广阔的视野。这一点，《帝王略论》的作者也是做到了的。

（三）以不同时期、不同朝代的君主相比较

《帝王略论》中关于这种历史比较的方法，有更多的运用，比较的内容也显得更加丰富，比较的层次也有所提高，因而越发显示出作者的历史知识的丰富和历史见解的深刻。这种见解往往不同于或超出于前辈史家的看法，因而又极具历史评论的个性。作者根据班固说的"周云成康，汉言文景，美矣"的论点①，发表了这样一番评论：

> 公子曰：班固云："周云成康，汉称文景"斯言当乎？
> 先生曰：成康承文武遗迹，以周、召为相，化笃厚之氓，因积仁德，疾风偃草，未足为喻。至如汉祖开基，日不暇给，亡嬴之弊，犹有存者，凿颠抽胁，尚行于世。太宗体兹仁恕，式遵玄默，涤秦项之酷烈，反轩昊之淳风，几致刑厝，斯为难矣。若使不溺新垣之说，无取邓通之梦，懔懔乎庶几近于王道。景帝之拟周康，则尚有惭德。②

在这一段历史比较中，作者对汉文帝的评价是极有见地的。在他看来，汉文帝在整顿汉初的政治、经济和社会风气方面，都有重大贡献。联想到他对汉高祖的评价也不过是"虽未阶王道，霸德之盛者也"③，就更可以看出所谓"懔懔乎庶几近于王道"这话的分量了。文帝胜过成康，景帝则不如，这就是作者的结论。

---

① 《汉书·景帝纪》赞。
② 敦煌本《帝王略论》，残卷（伯2636号）卷二。
③ 同上书。

此外，关于宋高祖可以同前朝哪个君主相比的问题。虞世南不赞成前代史家裴子野的历史比较，并陈述了这方面的根据。他提出自己的看法，从出身、创业、度量、谋略几方面考察，认为刘裕有"汉高之风"、"光武之匹"。在门阀观念很盛的历史环境里，作者能提出这样的看法，确乎难得。

从下面的一段评论中可以看到，作者在进行这种历史比较的时候，很注意掌握分寸，不轻许于人。值得注意的是，作者的这种分寸感往往是跟考察历史的进程结合在一起的。这一点，在他对北魏孝文帝的评价中看得格外清楚：

> 公子曰：魏之孝文，可方何主？
> 先生曰：夫非常之人，固有非常之功。若彼孝文，非常之人也。
> 公子曰：何谓非常之人？
> 先生曰：后魏代居朔野，声教之所不及，且其习夫土俗，遵彼要荒。孝文卓尔不群，迁都瀍涧，解辫发而袭冕旒，祛毡裘而被龙衮，衣冠号令，华夏同风。自非命代之才，岂能至此！①

他从民族关系上，特别是从"声教"方面高度评价了孝文帝的汉化措施，并把他称为"非常之人"和"命代之才"。在当时的历史条件下，作者能够对民族关系有这样积极的见解，对所谓"异族"统治者作这么高的评价，同他着眼于从历史进程上考察问题，用以比较历史人物的方法是相关联的。

在这一类的历史比较中，作者一方面是注意到从历史进程来评价君主，另一方面也注意用他们在某个重大政治举措中的得失来评价他们。他以北齐武成帝传位一事与北魏献文帝传位一事相比较就是这样论说的。在封建社会里，皇位传袭是极其重大的政治事件。正是在这个问题上，曾经出过许多乱子，但也有处理得好的。作者提出"知子之鉴，无乃异乎"②，在当时的政治中是有重要的现实意义的。

---

① 见《通历》，卷八所引。
② 同上书，卷九所引。

以上这几种历史比较，都是从纵向上考察问题，即涉及一个君主的前期和后期，一个皇朝内不同时期的君主，以及不同时期的皇朝的君主。此外，《帝王略论》在进行历史比较的时候，也有从横向上来考察问题的，即以同一时期的不同皇朝相比较。

（四）以同一时期的不同皇朝的君主相比较

这一类比较是由三国、东晋南北朝分裂时期的客观情势提出来的，它在《帝王略论》中虽然所论不多，但其重要性是不可忽视的。因为这种历史比较，一是从君主个人扩大到整个皇朝，二是不仅要考虑到主观策略的制订，还要顾及客观形势的估量，因而具有更丰富的内容。作者认为，曹操、刘备、孙权三人，都是"肇开王业，光启霸图"之君，但他们又各不相同。曹操"兵机智算，殆难与敌"，"实有英雄之才"，然其"谲诡不常，雄猜多忌"，故"坐论西伯，实非其人"。刘备虽有"人君之德"，但终因"国小兵弱"，难以与孙、曹抗衡。至于孙权，"因厥兄之资，用前朝之佐，介以天险，仅得自存，比于二人，理弗能逮"①。寥寥数语，把曹、刘，孙三人的品德、才能、环境作了比较。同样，作者对高欢与宇文泰的比较也是如此②。

在关于君主"才略"、"智略"的比较当中，作者认为它们也只有在一定的客观条件下才能给人们带来成功，也就是说，任何"奇才"都不能脱离一定的客观情势而发挥作用。这个见解很高明。作者论司马懿的"文武之略"和诸葛亮的"节制"，就表明了他的这种见解。

> 公子曰：诸葛亮冠代奇才，志图中夏，非宣帝（按：指司马懿——引者）之雄谋妙算，其孰能当斯勍敌者乎？
>
> 先生曰：宣帝起自书生，参赞帝业，济时定难，克清王道，文武之略，实有可称。然多仗阴谋，不由仁义，猜忌诡状，盈诸襟抱，至如示谬言于李胜，委鞫狱于何晏，愧心负理，岂君子之所为？以此伪情，形之万物！若使力均势敌，俱会中原，

① 以上均见《长短经》，卷二，《君德》篇。
② 见《通历》，卷十所引。

以仲达之奸谋，当孔明之节制，恐非俦也。①

作者通过这一段议论表明，在蜀、魏较量当中，蜀败魏胜的历史结局，并不是司马懿的"雄谋妙算"起到了根本的作用，而是双方实力不等所致。作者高度评价诸葛亮的"节制"，但也认为他无力改变这种历史的结局；作者也肯定司马懿的"文武之略"所起的作用，但并不赞赏他的"文武之略"的种种表现形式。这些，显示了作者把历史比较与历史评价结合起来的意向和特色。他比较和评论北齐后主、北周宣帝的"昏乱"与误国，也具有这种特色。②

在《帝王略论》中，有这么多带有比较性质的设问，绝非偶然。这说明，作者在撰写此书时，是自觉地考虑到采用历史比较方法的。

《帝王略论》在历史比较方面的标准，因其所比多是历史人物，且又多是君主，间或也涉及个别执掌国是的大臣，因而多注意于他们的"功德"、"功业"、重大政治举措以及他们个人的"智略"和才能。前者着重于客观效果的评价，后者注意于个人修养的分析，而这二者又不是可以截然分开的，这都具有理论和方法上的启示。

三　比较研究与历史编纂

中国古代史家在讨论历史编纂时，也多涉及比较研究问题，如关于史书体裁的比较，关于史法、史意的比较，关于记注、撰述的比较，关于史论的比较，等等。

（一）比较研究与史书体裁

在中国古代诸多史书中，以时间为中心的编年体史书出现比较早，如《春秋》、《左传》、《竹书纪年》等，是春秋末年至战国时期的史书。其后，继起者虽不乏其人，但编年体真正获得长足发展，是在北宋司马光撰《资治通鉴》以后。以大量人物传记为主要内容的纪传体史书，始

---

① 见《通历》，卷四所引。
② 同上书，卷九所引。

创于西汉司马迁所著的《史记》，它包含本纪、表、书、世家、列传五个部分，实际上是多种体裁结合而成的综合体。东汉班固继承《史记》体裁而断代为史，撰成《汉书》。《史》、《汉》问世以后，仿效者蜂起。至唐初以纪传体修撰八部前朝史①，这种体裁已得到充分发展，而先出的编年体反退居次要地位。故从《隋书·经籍志》开始，"乙部书，以迁、固等书为正史，编年类次之"②，说明在实际运用上和社会影响上，晚出的纪传体已经超过了编年体。

但是，中国古代史家对这两种体裁的孰优孰劣之比较，却经过了几番深入的思考和长时期的争论。这个争论，自晋迄唐尤为激烈。在这几百年的辩难当中，大致形成了三种看法。

第一种看法，认为编年体优于纪传体。如东晋史家干宝"盛誉丘明而深抑子长"，其根据是《左传》一书"能以三十卷之约，括囊二百四十年之事，靡有遗也"③。北齐魏收以纪传体撰成《魏书》，但他却是纪传体的批评者，认为："鲁史（指《春秋》——引者）既修，达者贻则，子长自拘纪传，不存师表"④。这种批评的口气是很严厉的。唐玄宗时，朝臣裴光庭提出：纪传体改变了《春秋》的体裁，"既挠乱前轨，又聋瞽后代。《春秋》之义，非圣人谁能修之？"⑤ 他进而倡议："撰《续春秋经传》，自战国讫隋，表请天子修经，光庭等作传"⑥。他的这些主张，受到唐玄宗的赏识，然其计划并未能实现。这时，还有一位文史学家萧颖士，也积极提倡编年体。他说："仲尼作《春秋》，为百王不易法，而司马迁作本纪、书、表、世家、列传，叙事依违，失褒贬体，不足以训"。于是，他"乃起汉元年讫隋义宁编年，依《春秋》义类，为传百篇"⑦。萧颖士撰的编年体史书未能流传下来，而他说的《史记》"失褒贬体"，确是一些赞成编年体的史家批评司马迁的主要原因。唐德宗时，出身史官世家的柳冕强调说："（司马）迁之过，在不本于儒教、以一王法，使

① 唐初所修八史是《梁书》、《陈书》、《北齐书》、《周书》、《隋书》、《晋书》、《南史》和《北史》。

② 胡三省：《新注资治通鉴·序》。

③《史通·二体》篇。

④ 见《隋书》，卷五十八，《魏澹传》引魏收语。

⑤《册府元龟》，卷五六二，《图史部·非才》。

⑥《新唐书》，卷一〇八，《裴行俭传》，附《裴光庭传》。

⑦ 同上书，卷二〇二，《文艺传》中。

杨朱、墨子得非圣人"。又说："求圣人之道，在求圣人之心；求圣人之心，在求圣人之法。法者，凡例、褒贬是也，而迁舍之。《春秋》尚古，而迁变古，由不本于经也。"① 柳冕出于史学世家，这种看法自有一定的代表性。他对纪传体的批评，具有较多的理论上的辩难成分；这个理论的核心，就是"法者，凡例、褒贬是也"。

第二种看法跟第一种看法相反，认为纪传体优于编年体。《后汉书》作者范晔在讲到他为什么采用纪传体撰史时说："《春秋》者，文既总略，好失事形，今之拟作，所以为短。纪传者，史、班之所变也，网罗一代，事义周悉，适之后学，此焉为优，故继而述之。"② 所谓"网罗一代，事义周悉"，是说纪传体能够容纳广泛的史事，更全面地反映作者的历史思想。范晔的这些话讲得很中肯。据《宋书·范晔传》载其《狱中与诸甥侄书》，有所谓"纪传例，为举其大略耳，诸细意甚多"的说法，范晔当有《纪传例》专篇。《隋书·魏澹传》曾转述范晔语，或许就是出于这篇《纪传例》。唐初史家所修前朝八史，都采用纪传体。他们批评《晋纪》作者干宝和《晋阳秋》作者孙盛："有良史之才，而所著之书惜非正典。"③《晋纪》和《晋阳秋》都是编年体史书。在他们看来，编年体史书写得再好，也不能视为"正典"即所谓"正史"。这反映了唐初史家的看法。针对前人批评司马迁"变古法"、"不本于经"、"失褒贬体"等论点，唐代后期学者皇甫湜撰写了《编年纪传论》予以驳难。这是一篇略带总结性的文字，兹节录如下：

> 论曰：古史编年，至汉司马迁始更其制而为纪传，相承至今，无以移之。后代论者，以迁为率私意，荡古法，纪传烦漫，不如编年。予以为合圣人之经者，以心不以迹；得良史之体者，在适不在同。编年、纪传，系于时之所宜、才之所长者耳，何常之有！故是非与众人同辨，善恶得圣人之中，不虚美，不隐恶，则为纪、为传、为编年，是皆良史矣。

在几乎所有关于编年、纪传孰优孰劣的辩难文字中，这可以看作是最精

---

① 《答孟判官记宇文生评史官书》，见《唐文粹》，卷八十二。
② 见《隋书》，卷五十八，《魏澹传》引范晔语。
③ 《晋书》，卷八十二后论。

彩的一篇。它首先肯定：不论编年、纪传，只要做到"是非与众人同辨，善恶得圣人之中，不虚美，不隐恶"，都可以成为良史。这就比一般参加辩难的史家看得更全面一些。它还指出了编年体史书"多阙载，多逸文"的缺点和司马迁"出太古之轨，凿无穷之门"①，创立纪传体的合理性。它最后强调了不懂得继承创新，只是简单地模仿古人的史家，是不会有什么作为的。总之，这一篇文章，是从理论上说明了纪传体的产生及其存在的合理性。

第三种看法，认为编年、纪传各有长短，不可偏废。较早提出这种看法的是南朝梁人刘勰。他在《文心雕龙·史传》篇中写道："观夫《左传》缀事，附经间出，于文为约，而氏族难明。及史迁各传，人始区详而易览，述者宗焉。"② 刘知几撰《史通》，作《二体》篇置于《六家》篇之后，足见他对史书体裁的重视。他不赞成编年、纪传"惟此二家，各相矜尚"的做法，主张"辨其利害"，以便使治史者有所遵循。他认为编年体的长处是："系日月而为次，列时岁以相续，中国外夷，同年共世，莫不备载其事，形于目前，理尽一言，语无重出。"它的短处是：其记述人物时，"论其细也，则纤芥无遗；语其粗也，则丘山是弃"。他认为纪传体的长处是："纪以包举大端，传以委曲细事，表以谱列年爵，志以总括遗漏，逮于天文、地理、国典、朝章，显隐必该，洪纤靡失"。它的短处是："同为一事，分在数篇，断续相离，前后屡出"；"编次同类，不求年月，后生而擢居首帙，先辈而抑归末章"。刘知几的这些话，是分别针对《左传》和《史记》说的。他的结论是："考兹胜负，互有得失"，"欲废其一，固亦难矣"。因此，他主张编年、纪传"各有其美，并行于世"。刘知几的这些看法，比起前两种看法来说，确有高屋建瓴之势，因而也就跳出了编年、纪传"唯守一家"的窠臼。这反映了刘知几的卓识。

回顾这一时期史学家们关于史书体裁的讨论，表明了他们对历史编纂形式的重视，而这一讨论本身也提高了人们对史书体裁之重要性的认识，促进了体裁的创新。其中，关于体裁、求真、良史之统一的认识，是史学思想上的重要收获。

---

① 以上见《文苑英华》，卷七四二。

② 范文澜作《文心雕龙注》，于此句下注曰："《左传》为编年之始，《史记》为纪传之祖，二体各有短长，不可偏废。《史通》本彦和（刘勰字彦和）此意，作《二体》篇，可备参证"。

（二）史法与史意的比较，记注与撰述的比较

关于史法与史意的比较和记注与撰述的比较，都是清代史家章学诚提出来的。

刘知几和章学诚在古代史学批评史上所占据的重要地位，是没有人可以与之相比的。他们的史学批判精神及其著述——《史通》和《文史通义》，都是具有总结性和开创性的成果，他们各自的学术经历，也有不少相似之处，而章学诚在《文史通义》中又在许多地方论及刘知几和他的史才"三长"的思想。由于这些原因，在章学诚还在世的时候，就有人把他比作刘知几。针对人们的这种比拟，章学诚极其认真地作了这样的表白：

> 吾于史学，盖有天授，自信发凡起例，多为后世开山，而人乃拟吾于刘知几。不知刘言史法，吾言史意；刘议馆局纂修，吾议一家著述：截然两途，不相入也。①

寥寥数语，道出了他同刘知几在史学特点上的不同和在史学批评上的异趣。值得注意的是，在这里，章学诚十分明确地提出了"史法"和"史意"两个史学范畴的区别。而这两个史学范畴，并非只用于说明他跟刘知几的异趣，而是反映了自唐宋迄于清代史学批评发展上的主要特点。章学诚对此曾作这样的概括："郑樵有史识而未有史学，曾巩具史学而不具史法，刘知几得史法而不得史意，此予《文史通义》所为作也。"② 章学诚对于这一发展是看得很重的。

"史法"和"史意"这两个范畴的含义，在中国史学上都有一个不断丰富发展的过程。

"史法"，按其初意，当指史家的"书法"而言。孔子是较早提出"书法"这个概念的人。他针对晋国史官董狐所书"赵盾弑其君"一事说："董狐，古之良史也，书法不隐。"③ 这里讲的"书法"，是指古代史

---

① 《文史通义·家书二》。
② 《章氏遗书》，外编卷十六，《和州志一·志隅自序》。
③ 《左传》宣公二年。

官的记事原则。从当时的制度、礼仪、是非观念来看，董狐所书"赵盾弑其君"，显然也包含了对于所记事件的评论和有关人物的褒贬。这是当时史官记事的一种成例，在春秋时期各诸侯国都有不同程度的反映。孔子修《春秋》，"发凡言例"，"属辞比事"，一方面反映了他对历史的见解，一方面也是对这种书法传统的总结。西晋杜预作《春秋左氏经传集解》，认为史家"发凡以言例，皆经国之常制，周公之垂法，史书之旧章，仲尼从而修之，以成一经之通体。"① 这些看法，不免穿凿。但从史学上看，杜预所论，是从"体"、"例"方面来阐述《春秋》、《左传》书法之较早的文字。

刘知几著《史通》，极大地丰富了史家关于史书体裁、体例的思想，也扩大了"史法"的内涵。他认为："史之有例，犹国之有法。国无法，则上下靡定；史无例，则是非莫准。"② 刘知几说的"史例"，是指史书在外部形式上的规范和内部结构上的秩序，这种规范和秩序也反映着史家对史事之是非、人物之评价的见解。他对史家记事的原则和要求，也有专篇论述，并揭示了史家"书事"中"直笔"与"曲笔"的对立③。刘知几还论到史家撰述中所取史事的真伪、详略以及语言、文字表述上的要求④。他认为，这是关系到"史道"、"史笔"的重要问题。《史通》一书涉及史学的很多方面，但它主要是从史书的形式、书事的原则、内容的求真、史事的处理和文字表述的要求等几个方面，展开对以往史学的批评的。他讲的"史例"、"书事"、"史道"、"史笔"，丰富、发展了前人关于史家"书法"的思想。他说的"史之有例，犹国之有法"，其实就是说的"史法"。值得格外注意的是，刘知几之论史例、书事、史道、史笔，已经完全摆脱了经学家对《春秋》、《左传》"书法"的解释，也不同于文学评论家刘勰把史书作为一种文体来看待，而是从史学的独立品格来讨论这些问题。这是刘知几在史学批评上的重要贡献。在他之后，讨论"史法"的人逐渐多了起来，如韩愈、郑樵、叶适等。

"史意"这个范畴的含义，可以追溯到孟子论春秋时期各诸侯国国史时所说的"事"、"文"、"义"中的"义"。这个"义"，按孟子所说，

①　杜预：《春秋左氏传序》。

②　《史通·序例》。

③　参见《史通》的《直书》、《曲笔》。

④　参见《史通》的《采撰》、《烦省》、《杂述》、《叙事》、《书事》、《言语》等篇。

当是产生于西周时期的《诗》中所蕴含的褒贬之义，孔子自谓其所修《春秋》继承了此"义"①。这也是《左传》评论《春秋》时指出的"惩恶而劝善"之义。秦汉以下，不少史家都重视对于"义"的讨论和贯彻。

司马迁著《史记》而与上大夫壶遂发生论难，乃反复申述孔子《春秋》之义，认为"《春秋》以道义，其指数千。万物之散聚皆在《春秋》。""故《春秋》者，礼义之大宗也。"他还引用父亲司马谈的话说："有能绍明世，正《易传》，继《春秋》，本《诗》、《书》、《礼》、《乐》之际，意在斯乎，意在斯乎！"② 对此，司马迁明确表示："小子何敢让焉。""义"与"意"本相近，但从《春秋》的"义"到司马迁父子的"意"，已有很大的发展。司马迁的为史之意，他在《报任安书》中作了这样的概括："网罗天下放失旧闻，略考其行事，综其终始，稽其成败兴坏之纪，上计轩辕，下至于兹……亦欲以究天人之际，通古今之变，成一家之言。"这同《春秋》的"辩是非"、明"道义"、"惩恶而劝善"之义，实不可同日而语。

荀悦《汉纪》序称："夫立典有五志焉：一曰达道义，二曰章法式，三曰通古今，四曰著功勋，五曰表贤能。于是天人之际，事物之宜，粲然备矣。"显然，他认为"五志"的综合，方是史家为史之意，这无疑是受了司马迁的影响而提出来的。范晔评论司马迁父子、班固父子的言论和著述，说是"大义粲然著矣"，并自称所撰《后汉书》中"诸细意甚多"③，反映了他对"大义"亦即"史意"的重视。

刘知几以论史例、史道、史笔见称，但他也强调为史之"义"与为史之"志"。他因"见用于时，而美志不遂"，"故退而私撰《史通》，以见其志"。他撰《史通》之志是："盖伤当时载笔之士，其义不纯，思欲辨其指归，殚其体统，夫其书虽以史为主，而余波所及，上穷王道，下掞人伦，总括万殊，包吞千有。"④ 刘知几对于史义、史志的追求，进而发展到对"史识"的提出，除了论述才、学、识的相互关系，他还指出："物有恒准，而鉴无定识"⑤。他推崇孔子、司马迁、班固、陈寿这些

①　参见《孟子·离娄下》。
②　《史记·太史公自序》。
③　《宋书·范晔传》。
④　《史通·自叙》。
⑤　《史通·鉴识》。

"深识之士",都能"成其一家"①。这里,他已经触及历史认识中的主、客体关系了。刘知几把"史义"发展到"史识",这是他在理论上的又一贡献。可惜的是,他没有像探讨史例、史笔那样,充分对史识展开阐述,以致章学诚才可以自信地说:"刘言史法,吾言史意。"

章学诚还把古往今来的史书划分成两大系列,一是撰述,二是记注,而圆神、方智分别是撰述、记注的特点。这就是章学诚说的"以圆神、方智定史学之两大宗门"。他对于史学的这个认识,显示充分的自信。他说:"近撰《书教》篇,所见较前似有进境"②。章学诚这样写道:"《易》曰:'蓍之德,圆而神;卦之德,方以智。'间尝窃取其义以概古今之载籍,撰述欲其圆而神,记注欲其方以智也。夫'智以藏往,神以知来',记注欲往事之不忘,撰述欲来者之兴起,故记注藏往似智,而撰述知来拟神也。"③ 这里,章学诚表明他是借用《易·系辞下》中的两句话并"取其义"来概括古今史籍的两大特点,同时把这两大特点分别跟撰述、记注结合起来,进而分史学为两大宗门,以明其所承担的不同任务。接着,他又阐说这两大宗门在表现形式上的不同要求:"藏往欲其赅备无遗,故体有一定而其德为方;知来欲其决(抉)择去取,故例不拘常而其德为圆。"这是从任务的不同而说到形式的不同:方,是指体例的严整有序,使之能够储存、容纳尽可能完备的历史知识,即所谓"赅备无遗";圆,是指体例上的灵活变化,使之能够充分反映史家的历史认识,即所谓"决择去取"。

章学诚的这个认识,在史学理论上的价值主要有两点。第一,他运用这个认识考察了中国史学的发展,摸索到其中若干演进、变化的法则。对此,他首先概括地指出:"《尚书》、《春秋》,皆圣人之典也。《尚书》无定法而《春秋》有成例","史氏继《春秋》而有作,莫如马、班;马则近于圆而神,班则近于方以智也"。接着他考察了从《尚书》到《汉书》的变化过程,写道:"《尚书》一变而为左氏之《春秋》,《尚书》无成法而左氏有定例,以纬经也;左氏一变而为史迁之纪传,左氏依年月,而迁书分类例,以搜逸也;迁书一变而为班氏之断代,迁书通变化,而班氏守绳墨,以示包括也。"他说的纬经、类例、包括,是史学变化中的

---

① 《史通·辨职》。
② 《文史通义·与邵二云论修宋史书》。
③ 《文史通义·书教下》。

几个特种。他的结论是："迁书体圆用神，多得《尚书》之遗；班氏体方用智，多得《官礼》之意也。"他说的《官礼》即《周礼》，认为它是无所不备的。这样，他就把从《尚书》、《春秋》到《史记》、《汉书》的发展变化，纳入到圆神、方智这两大宗门的系列之中了。

第二，章学诚以圆神、方智这一认识考察中国史学发展时，包含了朴素的辩证思想。他指出："神奇化臭腐，臭腐复化为神奇"，"事屡变而复初，文饰穷而反质，天下自然之理也。"他结合史学的变化说："《尚书》圆而用神，其于史也，可谓天之至矣。非其人不行，故折入左氏，而又合流于马、班"；"司马《通鉴》，病纪传之分而合之以编年；袁枢《纪事本末》，又病《通鉴》之合而分之以事类。按本末之为体也，因事命篇，不为常格，非深知古今大体，天下经纶，不能网罗隐括，无遗无滥。文省于纪传，事豁于编年，决断去取，体圆用神，斯真《尚书》之遗也。"这是从《尚书》的"因事命篇"讲到《通鉴纪事本末》的"因事命篇"的变化过程，在他看来，这就是"事屡变而复初"的"天下自然之理"的表现。他又认为，在袁枢本人并无此深意，其书"亦不尽合于所称"，"但即其成法，沉思冥索，加以神明变化，则古史之原，隐然可见。书有作者甚浅而观者甚深，此类是也。故曰神奇化臭腐，而臭腐复化为神奇，本一理耳。"[1]

章学诚的这两点认识，提出了他独到的总结中国史学发展的方法论，是他在史学理论上的创见。

（三）关于史论的比较

史论同历史撰述的关系之密切，从《左传》一书已看得十分清楚。南朝史家范晔对此十分重视，并较早地提出史论的重要性。这里，就以范晔为例展开论述。范晔对于自己所作的史论，十分自信。他自我评价说：

> 既造《后汉》，转得统绪，详观古今著述及评论，殆少可意者。班氏最有高名，既任情无例，不可甲乙辨。后赞于理近无所得，唯志可推耳。博赡不可及之，整理未必愧也。吾杂传论，皆有精意深旨，既有裁味，故约其词句。至于《循吏》以下及

---

[1] 以上均见《文史通义·书教下》。

> "六夷"诸序论，笔势纵放，实天下之奇作。其中合者，往往不
> 减《过秦》篇。尝共比方班氏所作，非但不愧之而已。

他还认为："赞，自是吾文之杰思，殆无一字空设，奇变不穷，同合异
体，乃自不知所以称之。"① 一个史家，如此坦率而又如此自誉来评论本
人的史论，在中国史学上实属罕见。

范晔这里提到的几个问题是值得注意的。一是范晔在史学上明确地
提出"著述及评论"这样的概念，把"著述"与"评论"并列地提出
来，这是第一次，显示出他对于"评论"的重视。二是作为皇朝史来说，
《汉书》在当时"最有高名"，影响甚大，范晔著史撰论，都视其为参照，
为"比方"。三是贾谊的《过秦论》是范晔心目中史论的典范，故以其自
况。对于范晔的这种自我评价，后人的态度各有不同。

第一种是嘲笑。宋人洪迈评论说："晔之高自夸诩如此。至以谓过班
固，固岂可过哉？晔所著序论，了无可取，列传如邓禹、窦融、马援、
班超、郭泰诸篇者，盖亦有数也，人苦不自知，可发千载一笑。"②

第二种是宽容。宋人叶适认为："范晔类次齐整，用律精深，但见识
有限，体致局弱，为可恨耳。其序论欲于班氏之上增华积靡，缕贴绮绣
以就篇帙，而自谓'笔势纵放，实天下之奇作'，盖宋、齐以来文字，自
应如此，不足怪也。"③ 尽管叶适认为范晔"见识有限"，但对范晔所撰
的序论、赞语及自我评价，都视为当时文风所致，不应引以为怪。

第三种是以称赞为主要倾向，而持这种看法的人较多，由此可以证
明范晔对于自己在《后汉书》中所撰写的"评论"的评论，大致是中肯
的。刘知几是不大赞成史家撰写史论的，而在诸家史论当中，最为推重
班固，说他"辞惟温雅，理多惬当，其尤美者，有典诰之风，翩翩奕奕，
良可咏也"。而班固以下，"必择其善者，则干宝、范晔、裴子野是其最
也，沈约、臧荣绪、萧子显抑其次也，孙安国都无足采，习凿齿时有可
观"④。不论怎么说，在刘知几看来，班固以下，当首推干宝、范晔等人
了。清人王鸣盛从范晔史论的精神境界着眼作总的评价，他指出：

---

① 以上引自范晔：《狱中与诸甥侄书》，见《宋书》，卷六十九，《范晔传》。
② 洪迈：《容斋随笔》，卷十五"范晔作史"条。
③ 叶适：《习学记言序目》，卷二十六"后汉书三·总论"条。
④ 刘知几：《史通·论赞》。

《班彪、固父子传》论云:"彪、固讥迁,以为是非颇谬于圣人。然其论议常排死节,否正直,而不叙杀身成仁之为美,则轻仁义、贱守节愈矣。"此虽华峤之辞,而蔚宗取之,故蔚宗遂力矫班氏之失。如《党锢》、《独行》、《逸民》等传,正所以表死节,褒正直,而叙杀身成仁之为美也。而诸列传中,亦往往见重仁义、贵守节之意。善读书者,当自知之,并可以想见蔚宗之为人。①

王鸣盛这一段话所作的结论,是从范晔对班彪、班固父子对司马迁《史记》之批评中引申出来的,也可以说,是从《史记》、《汉书》、《后汉书》的比较中所得到的认识。这里涉及的史家,有司马迁、班彪、班固、华峤、范晔,以及王鸣盛本人,的确值得人们反复比较和思考。王鸣盛不仅赞同范晔对班氏父子的批评,而且明确地肯定了《后汉书》史论的精神境界与"蔚宗之为人"。

四 比较研究与史学批评

(一)比较——一个古老的批评方法

比较的方法,在中国史学上,不论是关于历史的比较,还是关于史学的比较,都有长久的渊源和广泛的运用。从史学批评来看,也是如此。《隋书·经籍志》经部著录的不著撰人之《春秋公羊穀梁二传评》三卷,魏韩益撰《春秋三传论》十卷,东晋博士胡讷撰《春秋三传评》十卷。这些,可能是较早而又较系统地通过比较对"三传"(《左氏传》、《公羊传》、《穀梁传》)进行评论的著作。从《晋书·礼志中》和《礼志下》三处记胡讷的言论来看,他的《春秋三传评》,当是着眼于礼制的讨论。

西晋张辅以班固跟司马迁比较,认为班固的《汉书》在几个方面不如司马迁的《史记》,故司马迁终不愧为"良史"。他论道:

> 迁之著述,辞约而事举,叙三千年事唯五十万言,班固叙

---

① 王鸣盛:《十七史商榷》,卷三十六"范矫班失"条。

二百年事乃八十万言，烦省不同，不如迁一也。良史述事，善足以奖劝，恶足以监诫，人道之常。中流小事，亦无取焉，而班皆书之，不如二也。毁贬晁错，伤忠臣之道，不如三也。迁既造创，固又因循，难易亦不同矣。又迁为苏秦、张仪、范雎、蔡泽作传，逞辞流离，亦足以明其大才。故述辩士则词藻华靡，叙实录则隐核名检，此所以迁称良史也。①

张辅从史文烦省、采撰得失、评论当否三个方面，明确指出班固不如司马迁。又从创造与因循有难易之别，以及司马迁在"述辩士"与"叙实录"的表述上有不同的处理而显示出鲜明的特色这两个方面，进一步强调司马迁堪称良史。

张辅对《史记》、《汉书》的比较和批评，引起后人千年聚讼，见仁见智，历代多有。对于张辅来说，这种聚讼，实在是不幸多于有幸。这是因为，后人对张辅上述论点的争论，基本上只限于有关史文烦省的方面，而很少对他的上述比较和批评作全面的评价。比如他提出的"良史述事"的原则，他指出司马迁"叙辩士则词藻华靡，叙实录则隐核名检"，这种表述上的特色，都是值得深入探究的，可惜的是，人们在"五十万言"与"八十万言"孰优孰劣上做了不少文章，好像张辅对《史》、《汉》的比较和批评仅限于此。这不是张辅的不幸吗！尽管如此，后来《史》、《汉》比较发展成为专门之学，张辅的方法和论点，终不曾湮没。

在更加自觉的基础上采用比较的方法而作广泛的史学批评，当始于刘知几的《史通》。刘知几采用比较的方法而评论前史，渗透于《史通》全书。他虽然没有专门论到"比较"的问题，但他的比较的意识是极明确的。刘知几以比较的方法评论前史得失，有一个极显著的特点，就是他做到了纵横驰骋，通达自如，给人以开阔的视野和流畅的动感。如他评论历代史家的"论赞"说：

必寻其得失，考其异同，子长淡泊无味，承祚偬缓不切，贤才间出，隔世同科。孟坚辞惟温雅，理多惬当；其尤美者，有典诰之风，翩翩奕奕，良可咏也。仲豫义理虽长，失在繁富。自兹以降，流宕忘返，大抵皆华多于实，理少于文，鼓其雄辞，

---

① 《晋书·张辅传》。

夸其俪事。必择其善者，则干宝、范晔、裴子野是其最也，沈
约、臧荣绪、萧子显抑其次也，孙安国都无足采，习凿齿时有
可观。若袁彦伯之务饰玄言，谢灵运之虚张高论，玉卮无当，
曾何足云！王劭志在简直，言兼鄙野，苟得其理，遂忘其文。
观过知仁，斯之谓矣。①

最后，他还严厉批评了唐修《晋书》的史论。这一段话，把《史记》以
下大部分重要史书的论赞都评论到了。他的每一个具体的结论未必都中
肯，但他在如此广阔的范围内以相互比较而展开评论的方法，却是许多
史学批评家都难以做到的。

随着史学的发展，史书增多了，采用比较的方法进行史学批评的人
也多了起来。自宋以后，这方面的专书、专论日渐丰富。除有关马、班
的比较和评论外，还有关于南北朝史的"八书"与《南史》、《北史》的
比较和评论，有关于新、旧《唐书》以及新、旧《五代史》的比较和评
论，有关于《唐史论断》与《唐鉴》的比较和评论，有关于历代正史与
《资治通鉴》的比较和评论，等等。就有关正史之间的比较和评论来看，
赵翼的《廿二史札记》和王鸣盛的《十七史商榷》，可以认为是最有代表
性的著作。

（二）在比较中发展史学批评理论

以比较而展开史学批评，这在中国古代史学批评史上，不仅仅是一
个方法问题，其中还贯穿着史学批评在理论上的发展。

刘知几因有高才博学、卓识独见，而其运用比较方法纵横捭阖，娴
熟自如，或以两两相比，或以诸家互较，往往不乏新见。尤为难者，是
以时代相比，揭示史风的变化。他在《史通·摸拟》篇中写道："大抵作
者，自魏已前，多效'三史'，从晋已降，喜学《五经》。夫史才文浅而
易摸，经文意深而难拟，既难易有别，故得失亦殊。"从这个比较中，他
提出了怎样继承前人成果的理论：

其如拟者非如图画之写真、熔铸之像物，以此而似也。其

① 《史通·论赞》。

所以为似者，取其道术相会，义理玄同，若斯而已。

盖貌异而心同者，摸拟之上也；貌同而心异者，摸拟之下也。①

刘知几重视学习、继承前人成果，认为"述者相效，自古而然"；"况史臣注记，其言浩博，若不仰范前哲，何以贻厥后来？"上引两段话，表明他所注重的，是学习、继承前人的思想，而不是外在的形式，即所谓"取其道术相会，义理玄同"，"貌异而心同者"。这个道理，他讲得很深刻。刘知几还从先秦历史条件和汉代以后历史条件的不同，来说明何以古人撰史简约，而近人撰史芜累。他认为："论史之烦省者，但当求其事有妄载、言有阙书，斯则可矣。必量世事之厚薄，限篇第以多少，理则不然，其斯之谓也。"②刘知几主张史文"尚简"，但他关于"烦省"的批评理论，又是实事求是的。他的这些史学批评上的理论性认识，同他善于运用比较的方法是有关系的。

章学诚通过对《史记》、《汉书》的比较，提出分史学为撰述、记注两大宗门的理论；通过对各家通史的比较，总结出四种通史的特色和功用；又以自己跟刘知几相比较，提出"史法"、"史意"两个史学范畴；他还通过对于"史德"、"心术"的分析，提出了"文士之识"与"史识"的不同，从而发展了刘知几关于才、学、识的史学批评理论，等等。这说明，比较的方法，在章学诚的史学批评理论的发展上，占有重要的位置。

清代史家在文献考订方面有卓越的成就。比较，也是文献考订、史实考证者常用的方法之一。以赵翼所撰《廿二史札记》为例，自《史记》、《汉书》以下，至新、旧《五代史》，便广泛采用了比较的方法。他跟刘知几、章学诚的不同之处，是重在作具体、微观的比较。这种比较所得到的结论，一般不具有普遍的理论指导意义。这是史学上的理论家和考据家的不同之处。以上是从他们各自的总的面貌来说的，但这并不等于说考据家没有理论，或者轻视理论。《廿二史札记》对《史记》、《汉书》作了比较，对宋、齐、梁、陈书和《南史》作了比较，对魏、齐、周、隋书与《北史》作了比较，对新、旧《唐书》和新、旧《五代

①《史通·模拟》。
②《史通·烦省》。

史》作了比较，在文献和史实的考订上提出了许多有价值的见解。同时赵翼在史学方面也提出了不少独到的见解，从史学批评理论发展来看，是不可忽视的。如他肯定《旧唐书》记事，"即于本纪内详之，不待翻阅各传，已一览了如，迁、固本有此体，非必纪内只摘事目也"。又认为："其余列传虽事迹稍略，而文笔极为简净，以《新书》比较，转逊其老成。则五代修史诸人，如张昭远、贾纬等，亦皆精于史学，当缺漏支诎中仍能补缀完善，具见撰次之艰，文字之老。今人动谓《新书》过《旧书》远甚，此耳食之论也。"① 他还称赞唐代史官的"老于文学"。这些见解，是为了批评关于两《唐书》评论中的"耳食之论"而发，但事实上是涉及如何评论正史本纪和史家"文笔"的问题。又如赵翼以《后汉书》同《史记》、《汉书》比较，指出前者在"编次订正"方面有许多优长，而所议又"立论持平，褒贬允当，足见蔚宗之有学有识，未可徒以才士目之也"②。《后汉书》问世后的一千三百多年中，能够得到如同赵翼这样经过认真比较而作出的评论，还不多见。范晔高才、博学、卓识，身后终究有知音。赵翼又以《汉书》与《史记》所记汉事"比对"，发现"武帝以前，如《高祖纪》及诸王侯年表、诸臣列传，多与《史记》同，并有全用《史记》文，一字不改者。"这里，既包含了对《史记》所记汉事之"实录"性质的确认，也包含了对班固尊重《史记》之"实录"的实事求是态度的肯定。由此，赵翼提出"正史之未可轻议"的认识③。他说的"未可轻议"，不是"全不可议"，他的《廿二史札记》就是专议正史的著作。问题在于，所"议"是否有根据，而这种根据是否又经得起推敲。赵翼作为一个以考史见长的学者，提出这个史学批评上的理论问题，更觉意味深长。

史学批评的理论，是随着历史的发展和史学的发展而发展的。比较方法之用于史学批评在这方面所起的作用，尽管不是决定性的，但我们必须认识到它所产生的积极作用。

---

① 《廿二史札记》，卷十六，"《旧唐书》前半全用实录、国史旧本"条。
② 同上书，卷四，"《后汉书》编次订正"条。
③ 同上书，卷一，"《史》、《汉》不同处"条。

跋　语

　　中国古代史学上的比较研究，是人们深入认识历史、认识史学的途径之一。比较的对象，在历史领域，有朝代之比、制度之比、人物之比，等等；在史学领域，有史家之比、史书之比、编纂之比，等等。比较的时空，有纵向之比、横向之比；比较的类型，有相同类型之比，也有不同类型之比。比较的形式，或论述，或问对，或辩难。比较的主体，大多置身于比较对象之外，也有既是比较主体而又置身于比较对象之中的。比较所得，不论其获益多少、大小、厚薄，多能丰富经验，增益智慧。比较的理论和方法，则需要今人去耙梳和总结。从本文来看，虞世南《帝王略论》在比较研究的方法上颇多启示；而刘知几的《史通》和章学诚的《文史通义》在比较研究的理论上似有不少可以总结、阐发之处。刘知几概括的"貌异而心同"、"貌同而心异"，章学诚提出的"史法"与"史意"，"记注"与"撰述"，"方智"与"圆神"，似都有丰富的理论内涵。我们对于这些方面的研究和认识，尚须花费更大的气力，以求得不断深入。

（原载《安徽师范大学学报》，2005 年第 6 期）

易 宁

论司马迁和波利比乌的历史思想

司马迁和波利比乌（Polybius），是公元前 2 世纪分别在中国和希腊出现的杰出历史学家。司马迁的《史记》，上起黄帝下讫汉武太初年间，述论中华民族两千余年历史的发展变化。波利比乌的《历史》，主要叙述公元前 220 年至前 145 年罗马对地中海世界的征服，为地中海世界统一于罗马这一历史巨变作出解释。他们的著作都表述了十分丰富、深刻的思想。司马迁的史学被后人称誉为"《春秋》之后一人而已"之"绝学"。[1] 波利比乌则被誉为西方古典史学之"巨匠"，"历史学家中的历史学家"。[2] 因此，研究司马迁与波利比乌的史学思想，对于认识中西古典史学的特点及其异同无疑是有重要意义的。本文仅对他们的历史思想作一些比较研究。

一

司马迁和波利比乌的历史思想相当丰富，其中最重要的而且能作出相对应比较的，主要在两个方面，即对天人关系和历史进程的认识。前者主要探讨影响和支配人类社会发展变化的是什么，究竟是人、神抑或其他什么东西；后者则是对历史的发展及其特点作出分析。

司马迁叙史，尤其是叙述夏、殷、周三代历史的演

---

① 章学诚：《文史通义》，46 页，上海，上海书店，1988。
② 绍特威尔：《西洋史学史》，222 页，上海，商务印书馆，1929。

变，常常提到天命的作用。《殷本纪》说："有夏多罪"，商汤伐殷是"行天之罚"。① 殷纣王荒淫乱政，以至于众叛亲离，却仍以为"我生不有命在天乎"。② 然而天并不佑殷，殷终被周所灭。《周本纪》说，武王得天下后，"夜不敢寐"，谓："我未定天保，何敢寐"，"定天保，依天室，悉求夫恶贬从殷王受，日夜劳来，定我西土，我维显服，及德方明。"司马迁叙述三代历史，常提及天命的作用，其意是表现当时人们对天人关系的认识。夏、殷、周之时，人们深信天意对人类社会的影响和支配作用，所以殷纣王在行将亡国之时，仍相信天的保佑。但是，也有人意识到天命与人自身的行为有关。在这一方面，周人的认识尤为深刻。周人说："皇天无亲，唯德是辅"③，"天视自我民视，天听自我民听"④。在周人看来，君王欲得天命，须慎修己德，赢得民心。天命是从民心中反映出来的。所以周武王得天下后，仍为如何惩治恶人，安定西土，施德于四方之事而焦虑不安。司马迁叙史反映了当时人们的天命观，同时又明确地表述了自己的认识。《太史公自序》论夏之所以亡，乃"夏桀淫乱"；殷之所以灭，乃"帝辛湛湎"；周之所以兴，乃"维弃作稷，德盛西伯，武王牧野，实抚天下"，概不涉及天命。在司马迁看来，三代之兴亡取决于帝王是否行善政，得民心，所谓"天命"实际上就是民心。在考察王朝更替之类重大事件时，司马迁都是立足于人事作出分析，肯定支配历史发展的是人类自身而非天命和神意。不过，司马迁还没有否定天命鬼神的存在。在分析某些具体事情时，他还提到这一类东西的影响。《史记·韩世家》说，韩传国十余世，是积"阴德"的结果。《田敬仲完世家》述田氏专齐政之经过，以为是"事势之渐然"；而《赞》又说："非必事势之渐然，盖若遵厌兆祥云"，表示出一种矛盾的认识。但是，天命鬼神一类的东西，在司马迁的历史思想中占的地位并不重要，未形成实质性的影响。

波利比乌的《历史》也经常提到神或神性之命运的作用。⑤ 例如，第二次布匿战争期间，罗马军队在伊帕里击败迦太基军。正当罗马人乘

① 《史记·殷本纪》，北京，中华书局，1959。

② 《尚书·西伯戡黎》，《十三经注疏》本，北京，中华书局，1979。

③ 《左传·僖公五年》，引《尚书》，《十三经注疏》本。

④ 《孟子·万章》，引《尚书》，《诸子集成》本，上海，上海书店，1986。

⑤ 古希腊文"命运"（Túχη）是一个多义词，有运气、机遇和神的赐予与安排（神性之命运）等多种含义。神性之命运是其中重要的含义之一。参见 Liddle，H. G.，*Greek-English Lexicon*，Oxrord，1897，p. 1592。

胜追击，欲全歼敌军时，天突然下起倾盆大雨，因此，罗马人不得不收兵回营。波利比乌说："这是神的干涉挽救迦太基人。"① 又如，第三次马其顿战争结束后，帕加玛人以为可以过上和平安宁的生活，不料突遭蛮族高卢人的进攻，从而再度卷入战祸。波利比乌说："命运完全可以用一种出乎意料的行为冲击合理的愿望。"② 不过，波利比乌对神或命运的作用，自有一番解释。他说，人类社会所发生的事情都是有其原因的，历史学家对此应加以探究。但有些事情的原因十分复杂，要作出解释"是不可能的或困难的，这样我们归之于神或命运使然，以摆脱困难，或许是合理的"③。这就是说，波利比乌把历史事件归于神或命运使然，是从人事上作出解释感到困难时所为。换言之，是他对历史事件的原因"无法解释时的一种手段"④。（上述罗马军队进攻时遭大雨所阻，高卢人攻击帕加玛的解释都是出于这方面的考虑）可以认为，波利比乌虽然没有否定神或神性之命运的存在，而且也承认其作用，但他明确地强调"这种作用的功能是严格受到限制的"，⑤ 是限制在为人们所利用的范围之内。这一思想，在他对宗教进行分析时，也有清楚的表现。他说，人类社会盛行的宗教活动是很"耻辱的事情"，但它又确有存在的必要。因为"对鬼神的信仰和对阴间的恐惧"，能抑制人们"易变的情感，充满放纵的欲望，无理智的冲动，强烈的愤怒……"⑥ 波利比乌认为，人们敬奉神灵，并不能得到神灵的保佑。然而宗教在现实生活中又有重要的作用。因为它能抑制人们违反社会规范的思想行为，从而有利于保持社会秩序的稳定。这种思想是相当深刻的。如果说，司马迁对某些具体历史事件的分析，还相信鬼神的作用，波利比乌则排除了这一类东西的影响。在这方面，他的认识较之司马迁更为清醒、理智。

司马迁分析三代之兴亡，以为帝王所得之天命实则为民心。然而他论述较近时期历史的演变，如秦汉之兴，却没有用民心来解释。在分析秦一统天下的原因时，司马迁说："秦始小国避远，诸夏宾之，比之戎狄，论秦之德义，不如鲁卫之暴戾者，量秦之兵不如三晋之强，然卒并

---

① Walbank. F. W. , *A Commemtrary on Polybius*, V. II. , Oxford, 1967, p. 296.

② Polybius, *The History*, The Loeb Classical Library. V. 29. 22, London, 1954.

③ 同上书，V. 26. 17。

④ Tompson. J. W. , *A History of Historical Writing*, New York, 1942, p. 57.

⑤ 柯林伍德：《历史的观念》，46 页，北京，中国社会科学出版社，1986。

⑥ *The History*, V. 6. 56.

天下，非必险固便形势利也，盖若天助焉。"① 又说："说者皆曰魏以不用信陵君故，国削至于亡。余不以为然。天方令秦平海内，其业未成，魏虽得阿衡之佐，曷益乎?"② 秦以一偏远落后之小国终得以平定海内，盖得天助。秦所得之天命，当不为民心。论秦之德义还不如鲁卫之暴戾者，其何德之有? 何能得民心? 那么，司马迁所说的"天"究竟指的是什么? 对此，司马迁自有解释。他分析战国形势时说，"及田常杀齐简公而相齐国，诸侯晏然弗讨，海内争于战功。三国终之卒分晋，田和灭齐而有之，六国之盛自此始。务在强兵并敌，谋诈用而从衡短长之说起，矫称蜂出，盟誓不信，虽置质剖符犹不能约束也"。③ 司马迁认为，山东六国为谋私利而相互争斗。它们也曾联合抗击秦国，但又各怀鬼胎，"虽置质剖符犹不能约束"，结果是一盘散沙，反倒为秦各个击破提供了条件。对于魏国来说，即使得到信陵君这样的贤臣，也不能挽救其覆灭的命运。秦灭六国"乃六国自相灭也"④。六国为谋求自身利益的活动，却为秦的统一扫清了道路。这当然不是六国的目的，也非秦的意志所能左右。这难道不是天命? 司马迁分析汉之兴，提出了同样的认识。他说，秦始皇统一后，患兵革不休，堕坏名城，销毁兵器，打击豪强，以图维万世之安。然而这些措施恰恰促使了汉的兴起，"王迹之兴，起于闾巷，合从讨伐，轶于三代，乡秦之禁，适足以资贤者为驱除难耳。"⑤ 秦维万世之安的措施，却导致了自身的灭亡，为刘邦由布衣而登帝王之位提供了条件。这也不是秦的目的，更非刘邦的意志所能左右。对此，司马迁大为感叹地说，"岂非天哉! 岂非天哉!"可见，司马迁通过对秦、汉历史演变的分析，对天人之间的关系作出了新的解释：天是源于人们为谋求自身利益的行动和欲望之中，又不以人的意志为转移而必然出现的历史趋势。⑥

波利比乌分析地中海世界统一于罗马这一历史巨变时，也频繁地使用了命运一词。他说："我们所处时代特点的令人惊愕之处在于，命运迫

① 《史记·六国年表序》。
② 《史记·魏世家赞》。
③ 《史记·六国年表序》。
④ 汪越：《史记十表》，见《史记汉书诸表补订》，北京，中华书局，1982。
⑤ 《史记·秦楚之际月表序》。
⑥ 刘家和：《对于中国古典史学形成过程的思考》，见《古代中国与世界》，275~276 页，武汉，武汉出版社，1995。

使几乎所有世界上的事件都朝着一个方向发展，并服从同一目标（即罗马的统一）"①。波利比乌所谓"命运"，并非是一种托词。因为他对罗马征服成功的原因，已有深入的分析。他说，罗马政体由君主制、贵族制和民主制三种因素混合而成，具有极大的优势。依靠这种政体，罗马人追求的"任何目标都能实现"。罗马军队由公民组成，较之迦太基的雇佣军具有更强的战斗力。宗教在保持罗马国家的凝聚力方面起了相当重要的作用。② 这些分析，都是切切实实地立足于人事之上的。而且从波利比乌的话语来看，其所谓"命运"是有深刻含义的。他称"命运""迫使世界上所有的事情都朝着一个方向发展"，这就是说地中海世界的统一并非出自罗马人的意志，而包括罗马在内的地中海所有国家的活动都受到命运的驱使。波利比乌所谓命运之含义，从其叙述中已表述出来了。对罗马征服的过程，波利比乌是通过一系列重大战争来展现的。在他看来，这些战争都是由罗马的敌对国为谋求自己的利益而引发的。例如，他指出，自第二次布匿战争始，罗马有了明确的向外扩张的目的。而这场战争却是由于迦太基人在西班牙地区的扩张而引发的。也就是说，迦太基人扩张势力的活动，却引发了罗马人有目的的对外扩张。又如，希腊亚加亚联盟首领乘罗马人忙于在迦太基作战，西班牙等地爆发反罗马起义，企图摆脱罗马的控制，结果以失败告终。波利比乌说，亚加亚联盟首领错误的决定，"带给希腊人的是迅速的失败"③。不仅罗马的敌对国，就连一直是罗马盟国的帕加玛等，最终也难免沦为罗马附庸。总之，地中海国家为了谋求自己的利益，或与罗马对抗或与罗马结盟，结果却无不事与愿违。而罗马人"正是通过别人的错误决定而使自己得益，发展并确立了自己的权力"④。地中海国家为谋求自身利益的活动，却促使了罗马征服的成功。这不是它们的目的，也非罗马人的意志所能左右。这就是命运，这就是"迫使几乎世界上所有事情都朝着一个方向发展，并服从同一目标的命运"。由此可见，波利比乌的"命运"与司马迁的"天"有大体相同的含义。

　　司马迁和波利比乌在天人关系问题上得出了大体相同的认识，并不是偶然的，而是他们继承前辈史家的思想，对历史作出深入研究后得出

---

① *The History*，Ⅴ. 1. 4.

② *A Commentary on Polybius*，Ⅵ. pp. 741 –742.

③ *The History*，Ⅴ. 38. 18.

④ 同上书，Ⅴ. 31. 10。

的必然结果。在中国，春秋以来的史学家已经意识到，殷周时期人们所谓天命，实际上就是民心。国运与君权之兴亡，不在神而在于民（见《左传》桓公六年、庄公三十二年、僖公五年、襄公十四年、《国语·周语上》等）。而古希腊修昔底德等史家能够解释历史事件的原因时，都断然拒绝考虑神和命运的作用。这种重人事的思想，已表现在司马迁和波利比乌对某些历史阶段或事件的解释中。然而作为杰出的史学家，司马迁和波利比乌并不满足于对传统思想的继承，而是力求提出新的、更有价值的思想。他们对历史演变的解释，清楚地表述了这样的认识：人类历史表现为人的活动，而人的活动又是为了谋求自身的利益。换言之，是人的需要、热情，即人的欲望推动了历史的发展。人们都有自己的欲望，并为满足自己的欲望而彼此相互冲突地活动着，结果却顺应了与自己意志相违背而必然出现的历史趋势——天。天源于人的活动之中，又不以人的意志为转移，高居于人的意志之上。司马迁和波利比乌的认识，涉及历史哲学上的一些重要问题：人类历史是在矛盾、冲突和斗争中向前发展的；历史的发展不以人的意志为转移，却又是人的意志的结果；"恶"（欲望）在推动历史的发展。当然，司马迁和波利比乌的认识还限于直观经验之上，他们没有从理论上对这些问题作出分析，也没有把这些思想贯穿于对各历史阶段发展变化的解释之中。但这些问题的提出，已足见其非凡的历史意识，代表了中西古典史家对天人关系的最深刻认识。

二

对历史进程的认识，是司马迁和波利比乌历史思想的另一个重要方面。历史的进程与天人关系两方面是紧密联系的。对天人关系的研究，是认识历史进程的前提。只有清楚地理解人类历史的内容、动因，才能对历史的发展变化及其特点作出深入的解释。

对中华民族两千余年历史的发展，司马迁注意从两方面作出考察，一是历史发展的连续性，二是具体的历史人物活动及其与历史发展连续性的关系。

司马迁对历史发展连续性的认识，在《史记》的《本纪》和《年表》中有鲜明的体现。《史记》十二《本纪》叙事，以各王朝顺序为篇，前后相连。各《本纪》分别观之，可见一朝一代盛衰之变化。十二《本纪》合而观之，则从王朝兴替更迭之中见出历史发展的进程。《史记》的《十表》则据历史发展之大势划分出前后相连的五个阶段。《表》前有序，"用简短的文句概括了所要说明的时代的历史，并对整个形势进行了精彩的评论"①，表现出更为深刻的思想。

《十表》的前四表，即《三代世表》、《十二诸侯年表》、《六国年表》、《秦楚之际月表》，划分黄帝至汉代的历史为五帝三代、春秋时期、战国时期和秦的短暂统一、秦楚之际四个历史阶段。后六《表》，即《汉兴以来诸侯王年表》等，专记汉代史事，以汉为一历史阶段。司马迁在《表》序（亦在有关纪传）中，对五个历史阶段的特点作了论析：五帝三代是帝王君临天下时期，得天下者皆为积善累德之帝王。亡朝灭国之君，均系无德乱政之暴君。王朝之兴亡，取决于帝王是否行德政而得民心。春秋时期，王权衰微，天下分裂，力征代替德政，春秋五伯先后称雄。战国时期，诸侯势衰，陪臣执国命，大夫世禄，七雄并立，兼并战争愈演愈烈。最后，秦灭六国，一统天下。秦楚之际，战乱再起，从秦亡到汉兴，五年之间，号令天下的陈涉、刘邦等皆系布衣平民。汉代六表，着重记载汉中央王朝与诸侯王分裂割据势力的斗争，以及中央集权制日益巩固的过程。司马迁对历史阶段的划分，主要的依据有两点，一是统一和分裂，二是各类政治力量的兴衰。历史的发展经历了五帝三代的帝王君临天下、春秋时期的分裂、战国时期的分裂至秦的统一，再经楚汉之战乱，进入更稳固的汉代中央集权制大一统时代。伴随这一进程的是各类政治力量的兴衰和权力形式的变化，执国命者由五帝三代的帝王而诸侯，由诸侯而卿大夫，由卿大夫而布衣平民。《史记》十表，从政治发展之大势上表现出历史发展的连续性。历史发展之"通"中见"变"，"变"中见"通"。这一思想是相当深刻的。

波利比乌在《历史》中，对历史的进程也表达了其认识。《历史》一书分《引言》（第1、第2卷）和《正文》（第3卷至第40卷）两大部分。《引言》简略地叙述了公元前220年以前地中海地区发生的一些重大事件。自正文始，采用编年史体例，以奥林匹亚德纪年为序，详细叙述公元前220年至145年地中海地区发生的重大事件。波利比乌意在以公元前220年为界，把历史划分为两个阶段。他说：公元前220年以前，"世界上的事情都是分散的。每一件事无论就其目的、结果和发生的地方而

① 白寿彝：《史记新论》，64页，北京，求实出版社，1981。

言，都是孤立的，彼此间没有什么联系。而这一时期以后，历史已成为一个有机的整体，意大利和非洲发生的事也牵涉到亚洲和希腊，而所有发生的事都趋向于一个目标"①。在这段话中，波利比乌不仅把地中海地区的历史划分为两个阶段，而且指出了其不同的特点。在前一阶段，历史事件之间是没有联系的；而后一阶段，历史成为一个有机的整体，各地发生的事都联系在一起，并趋向一个目标——罗马的统一。在波利比乌看来，这两个历史阶段是没有直接联系的。因为，一个由无联系的事件构成的历史阶段，不可能成为一个"有机整体"历史阶段形成的前提。所以他声称，《正文》所述的历史是"一个单独的整体，有一个公认的开始，一个被确定的过程，一个无可争议的结果"②。可见，波利比乌是把罗马征服地中海地区的这段历史，从地中海全部历史发展过程中割裂出来作考察的。当然，波利比乌在对具体史实的分析中，并未完全否定公元前220年前后两个历史阶段的联系，他在《引言》中叙述一些史实，也意在表现这种联系。例如，他说，叙述希腊克拉昂米尼战争，是为了使人们了解公元前220年前希腊和马其顿的情况。第一次布匿战争、罗马与凯尔特人的战争与第二次布匿战争之间存在着某些联系。但是波利比乌没有从宏观上考察这两个历史阶段之间所存在的必然联系，也就是说，在他的历史思想中没有构建起历史发展连续性的观念。在这方面，波利比乌与司马迁的认识表现出重大的差异。

司马迁不仅在《本纪》和《表》中展现出历史发展连续性和阶段性特征，而且在《书》、《世家》、《列传》中表述了各历史阶段丰富多彩的内容，以及与历史发展连续性的关系。例如，《史记》叙西周史，《周本纪》与吴、齐、鲁、燕、蔡、卫、宋、晋等《世家》有相对应的关系。周初诸侯国皆为周王所封，或为王室亲族，或为开国功勋，或为前代王室后裔，皆以周王为天下共主。诸侯多为积善累德者。鲁周公"愤发文德，天下和之"③；齐太公主国修政，"人民多归齐"④；燕召公"治西方，甚得兆民和"⑤。这些人物的活动，反映出周代以德治天下的特点。西周末年政治腐败，导致春秋时期天下分裂、政出五伯局面的形成。齐恒公

---

① *The History*，Ⅴ.1.3.

② 同上书，Ⅴ.3.1。

③《史记·太史公自序》。

④《史记·齐太公世家》。

⑤《史记·燕召公世家》。

九合诸侯，霸功显彰；晋文公作王宫于践土，会盟诸侯；楚庄王陈兵周郊，观兵问鼎。吴、越亦先后执牛耳于中原。司马迁记五伯争霸之时，大量穿插其他国家人物的活动，反映齐、晋、秦、楚等国力量不断强大，"文武所褒大封，皆威服焉"①。而诸侯势力在争霸战争中渐被削弱，卿大夫的力量不断壮大。三家分晋，田氏灭齐，春秋一变而为战国。司马迁写春秋史，不仅反映春秋时期天下分裂，诸侯力征的时代特征，而且说明下一历史阶段形成的原因。战国时代，司马迁增设韩、赵、魏、田仲敬完《世家》，以示七雄并立局面的形成。《列传》所载战国士大夫人物多达百余位，有四公子及吕不韦等权贵政要，有苏秦、张仪、范雎、蔡泽等谋臣策士，有孙膑、乐毅、白起等兵家战将，有商鞅、吴起、李斯等变法人物，有庄子、孟轲、邹衍等诸子人物。从这些人物的活动中，可见到士大夫纵横捭阖于政治舞台，陪臣执国命的时代特点，同时亦见到各国之间交往不断发展，小国不断被大国兼并的形势。战国时期的分裂中，已孕育着秦的统一。秦统一后为维万世之安，打击六国旧贵族势力，又为平民布衣登上历史舞台提供了条件。历史再变而入秦楚之际。司马迁立《项羽本纪》、《陈涉世家》等，表明政治权力转移到这些"无尺土之封"的草莽英雄之手，与之相呼应的是一大批布衣编户齐民徒手取卿相之尊。司马迁为萧何、曹参、陈平、韩信、樊哙、灌婴等立传，正反映了秦汉之际巨大的政治风暴震撼整个社会的时代特征，说明汉高祖得以统一天下的原因。司马迁写秦汉史，还从政治、经济、文化等各方面人物的活动来描写郡县制确立、中央集权制建立和巩固的情况，以显示秦汉时期的统一与三代的帝王君临天下之不同特点。总之，司马迁叙史，力求从变化中考察历史的进程。他从历史人物活动及其联系中显示历史阶段的不同特点；又从历史人物活动的变化中，说明下一历史阶段形成的原因，从而揭示了历史纵向发展之"通"（连续性）与"变"（各历史阶段特点）是由横向空间历史人物的活动、联系及其变化所决定的。这是司马迁考察历史进程所表述出的最为深刻的思想。当然司马迁没有也不可能从理论上对这一思想作出阐述，而且大概由于史料的缺乏，他对某些方面（如五帝时期、西周向春秋时代过渡）的描写还有些欠缺，但他叙史时表现出了这一思想，则是毫无疑义的。

上文谈到，波利比乌没有从宏观上构建起历史发展连续性的观念。

---

① 《史记·十二诸侯年表序》。

他把罗马征服地中海世界的历史作为一个"单独的整体"来考察。但这并不意味波利比乌认为历史是静止不变的。他也强调变化，而且特别重视从历史人物活动中展现地中海诸国之间错综复杂的联系。他说，他的《历史》是真正的"普世史"（General History）①，并自称是"第一位写普世史的作家"②。波利比乌所言，正是从其书内容横向广通地中海世界来说的。他观察地中海诸国的联系，又是与罗马征服的进程结合起来的。他以四次重大战役，即第二次布匿战争、第二次马其顿战争、叙利亚战争和第三次马其顿战争为主线，把罗马征服过程分为四个阶段性，并指出这四个阶段之间存在着联系。他说："我们可以看到，罗马和安提柯的战争源于和菲力的战争，和菲力的战争源于汉尼拔的战争……战争和战争之间虽有许多不同性质的事件发生，但都趋向于一个目标（即罗马的统一）。"③ 另一方面，波利比乌又从广阔的层面描写历史人物的活动。他说，罗马与迦太基的第二次布匿战争爆发后，地中海地区其他国家纷纷投向交战的双方。马其顿与迦太基联盟，埃陀利亚与罗马人合作，小亚细亚的国家"或派使者去罗马，或派使者去迦太基"④。马其顿国王菲力在迦太基人的支持下，入侵伊里利亚、科林斯，占领埃及海外领地阿比都斯。马其顿势力的膨胀，引起地中海许多国家的强烈不满，也严重地威胁了罗马人的利益。所以在第二次布匿战争期间，罗马与菲力战争的原因已显现出来了。地中海地区矛盾的焦点从迦太基与罗马逐渐转变为罗马与马其顿。第二次马其顿战争期间，塞琉古国王安提柯三世曾答应罗马的要求，不介入战争，但却乘罗马与菲力交战之时，侵占叙利亚南部、小亚细亚南岸部分地区和色雷斯沿岸的一些城市，与这些地区的国家发生了尖锐的冲突。而罗马人也认为，安提柯的扩张实际上是准备进攻罗马。这样，地中海地区新的矛盾焦点——罗马与叙利亚的斗争逐渐形成。叙利亚战争后不久，第三次马其顿战争爆发。这场大战同样导源于上一次战争。罗马与安提柯的战争爆发后，马其顿国王菲力曾派兵支持罗马，但同时又在希腊和色雷斯等地扩张势力。这不仅引起与帕加玛、特撒利亚人的冲突，也直接威胁到罗马在希腊地区所建立的控制权。罗

---

① Sacks. K., *Polybius on the Writing of History*. California University, 1981, p. 105.

② *The History*, V. 1. 4.

③ 同上书，V. 3. 38。

④ 同上书，V. 5. 105。

马与马其顿的矛盾，终于演变为第三次马其顿战争。马其顿人最终遭到惨败。波利比乌说，这次大战后"整个世界都臣服于罗马人的统治之下"①。总之，波利比乌把罗马征服过程划分为四个阶段，从具体人物活动的联系及其变化中，反映四个阶段的不同特点（矛盾的焦点）及其联系，从而揭示了地中海地区统一于罗马在时间上的连续性。但是，波利比乌这一思想仅表现在对一段历史的分析上，而不是对地中海世界全部历史发展的思考。更需要指出的是，波利比乌观察这段历史内容的变化，也有一个依据。他声称，地中海地区统一于罗马是"一个被确定的过程"，所有的事件都"趋向于一个目标"。这就是说，所有历史事件的发生及其联系最终都应确定在罗马必定统一的目标之下。显而易见，波利比乌是以自己亲见罗马征服地中海世界这一"无可争议的结果"来推定历史人物活动的联系，从一个静止不变的基点来认识历史进程。正是出于这一认识，他断然以为公元前 220 年以前所发生的事都是"分散的"、"孤立的"，而没有意识到以此年为界前后两个历史阶段所存在的必然联系。也正是出于这一认识，波利比乌叙史的视野虽置于整个地中海世界，但却无法认识历史横向空间内容的变化与历史纵向发展连续性的关系。在对历史进程的认识上，波利比乌与司马迁是难以相提并论的。

波利比乌与司马迁对历史进程认识上的差异，与中西古典史学的传统有关。中国古代思想家和史学家重视对历史知识的运用，据文献史料来考察历史的演变，意识到历史进程具有连续性和阶段性（见《论语·为政》、《季氏》、《韩非子·五蠹》等）。而历史的发展又表现出变化，从变中见通，通中见变。《易·系辞》所谓："穷则变，变则通，通则久"就是对这一思想精辟的阐述。在古希腊，史学家则强调依据亲身见闻的资料来考察历史，偏重于当代史的研究。在修昔底德等史家看来，即使前一代的历史也觉得"时间上遥远"了②。更重要的是，希腊史学受到希腊思想"知识论"的影响。希腊思想家认为，真正的知识是永恒不变的，任何变动的东西不可能成为知识，而只能成为意见。所以史学家考察历史运动，也力求寻找某种恒定不变的东西（如修昔底德历史思想中的人性不变论），从一个不变的基点来认识历史的演变。司马迁和波利比

---

① *The History*, V. 3. 3.
② 修昔底德：《伯罗奔尼撒战争史》，谢德风译，2 页，北京，商务印书馆，1978。

乌对历史演变的认识，都继承了传统的思想。但他们对传统思想又大大加以发展。公元前 2 世纪中国和西方发生从分裂到统一，从小国到帝国（或向帝国过渡）的历史之巨变，无疑极大地开拓了他们的历史思维。司马迁以其恢宏的历史视野和深邃的史识，考察中华民族两千余年历史的发展，揭示了历史纵向发展之"通"和"变"与横向空间历史人物活动的关系。波利比乌则将公元前 2 世纪上半叶地中海世界各国历史人物的活动涵纳于其宏篇巨著之中，从横向空间展示了一个"有机整体"的内在联系。他们都提出超越前人的、新的、极富价值的思想，对中西古代历史思想的发展产生了深远的影响。

（原载《北京师范大学学报》，2001 年第 2 期）

周文玖

黄宗羲、顾炎武之比较

　　黄宗羲，字太冲，号南雷，世称梨洲先生，浙江省余姚县黄竹浦人，生于明万历三十八年（1610年），卒于清康熙三十四年（1695年）。顾炎武，字宁人，江苏昆山人，学者称亭林先生，生于明万历四十一年（1613年），卒于清康熙二十一年（1682年）。二位先生与王夫之自清末以来被并称为"明清之际三大思想家"。王夫之在抗清失败后，独居不出，倾力著述，与二位先生似乎没有联系。黄、顾二人都出身东南名门，都参加了抗清斗争。抗清失败后，均拒绝出仕新朝，而致力于经世致用之学。二人曾有书信之交，彼此相互推崇。顾炎武在致黄宗羲的信中写道："……大著《待访录》读之再三，于是知天下未尝无人，百王之弊可以复起，而三代之盛可以徐还也。……炎武以管见为《日知录》一书，窃自幸其中所论，同于先生者十之六七"①。对顾炎武的这封信，黄宗羲是很重视的，他著的《思旧录·顾炎武》全文收录了它。在其著《破邪论·题辞》中又说："余尝为《待访录》，思复三代之治。昆山顾宁人见之，不以为迂"。清人章学诚曾从学术渊源的角度对二者作出比较，说："顾氏宗朱，而黄氏宗陆。盖非讲学专家，各持门户之见者，故互相推服，而不相非诋。学者不可无宗主，而必不可有门户；故浙东、浙西，道并行而不悖也。浙东贵专家，浙西尚博雅，各因其习而习也。"② 黄宗羲、顾炎武是明清之际的

---

① 《亭林佚文辑补》，《与黄太冲书》。
② 《文史通义·浙东学术》。

著名史学家，对清代的史学、经学产生了很大的影响，在中国思想史上亦有重要的地位。因此，对他们进行比较，无论是对研究这二人的学术思想，还是对探讨明清之际史学思潮的特点，都是极有意义的。

一　经世致用思想之比较

黄宗羲和顾炎武对封建君主专制都进行了批判，其批判的方式，对君臣关系的论述，颇有相似之处。他们一般以古之帝王为楷模，用古今对比的方法来批判后之帝王。黄宗羲的批判猛烈，富有激情。他说："古者以天下为主，君为客，凡君之所毕世而经营者，为天下也。今也以君为主，天下为客，凡天下之无地而得安宁者，为君也。是以其未得之也，荼毒天下之肝脑，离散天下之子女，以博我一人之产业，曾不惨然！曰'我固为子孙创业也'。其既得之也，敲剥天下之骨髓，离散天下之子女，以奉我一人之淫乐，视为当然，曰'此我产业之花息也'。然则为天下之大害者，君而已矣。""古者天下之人爱戴其君，比之如父，拟之以天，诚不为过也。今也天下之人怨恶其君，视之如寇仇，名之为独夫，固其所也。"① 他很赞成孟子说的"民为贵，社稷次之，君为轻"，说："孟子之言，圣人之言也。"顾炎武的批判则显得含蓄，但也不乏理性。他从考据的角度对君臣关系作了新的解释，从而表达出他的民主启蒙思想。他说："享天下之大福者，必先天下之大劳；宅天下之至贵者，必执天下之至贱。……古先王之教，能事人而后能使人，其心不敢失于一物之纲，而后可以胜天下之大。舜之圣也，而饭糗茹草；禹之圣也，而手足胼胝，面目黧黑。此所以道济天下，而为万事帝王之祖也，况乎其不如舜、禹乎？"② 这样就剥掉了几千年来环绕在君主身上的圣光，认为他们不过是比一般人更能吃苦耐劳的人。在《周室班爵禄》条中，他还说："为民而立之君，故班爵之意，天子与公、侯、伯、子、男一也，而非绝世之贵。代耕而赋之禄，故班禄之意，君、卿、大夫、士与庶人在官一也，而非无事之食。是故知天子一位之义，则不敢肆于民上以自尊；知禄以代耕之义，则不敢厚取于民以自奉。不明乎此，而侮夺人之君，常多于三代

---

① 《明夷待访录》.《原君》。以下《明夷待访录》简称《待访录》。
② 《日知录》，卷七，《饭糗茹草》。

之下矣。"① 就是说，天子与公、侯、伯、子、男一样，并不是天生的尊贵，他们是管理国家事务的，与老百姓一样，也是靠劳动吃饭，"禄"是他们为老百姓工作，取之于百姓的报酬。所以，他认为，君主不应该肆虐于上以自尊，不应该厚取于民以自奉。对于君臣关系，黄宗羲说："缘天下之大，非一人之所能治，而分治之以群工。故我之出而仕也，为天下，非为君也；为万民，非为一姓也。"认为："君与臣，共曳木之人也"②。也就是说，君臣都是因管理国家而设立的，他们有共同的职责，就是为民谋利，"臣之与君，名异而实同"。臣与君，是一种同事的关系，"吾无天下之责，则吾在君为路人"，"以天下为事，则君之师友也"③。顾炎武认为，首先，君应亲臣："夫人主而欲亲民，必自其亲大吏始矣。"④"人主苟欲亲民，必先亲牧民之官，而后太平之功可翼矣。"⑤ 其次，君要听取臣下的意见。他说："人主之所患，莫大乎唯言而莫予违。"对于历史上的"封驳"，他非常赞赏，而慨叹明代封驳制的废弛："万历之时，九重渊默，泰昌以后，国论纷纭，而维持禁止，往往赖抄参之力，今人所不知矣。"⑥ 第三，君要尊重臣。如《称臣下为父母》列举了称臣为父，称臣之母为母的例子："父母二字，乃高年之称。汉文帝问冯唐曰：'父老何自为郎？'是称其臣为父也。赵王谓赵括母曰：'母置之，吾已决矣'，是称其臣之母为母也。"⑦ 在《人臣称人君》条，说人臣也可以称君；在《人臣称万岁》条中，说"万岁"在古时是"庆幸之通称"。顾炎武列这些条目，很明显是在有意淡化神圣不可侵犯的君权，为建立新型的较为平等的君臣关系寻找历史根据。顾氏阐发他的观点，总是列举大量的证据，表面上看好像是在搞考据，实际上，考据只是他的一种手段，目的则是阐述他的经世思想。他对封建专制制度的批判虽然没有黄宗羲尖锐激烈，但理智的因素似乎更多一些。

在议政方面，黄宗羲提出了"学校"的职能，说"学校，所以养士也。然古之圣王，其意不仅此也，必使治天下之具皆出于学校，而后设

---

① 《日知录》，卷七，《周室班爵禄》。
② 《待访录》，《原臣》。
③ 同上书，《原君》。
④ 《日知录》，卷九，《刺史守相得召见》。
⑤ 同上书，卷九，《京官必用守令》。
⑥ 同上书，卷九，《封驳》。
⑦ 同上书，卷二十四，《称臣下为父母》。

学校之义始备"。即学校还具有议政、参政的职能。认为皇帝也要受学校的约束，推举当世大儒为大学祭酒，"祭酒南面讲学，天子亦就弟子之列。政有缺失，祭酒直言无讳"①。这里的学校，颇类似于西方的议会。黄宗羲的这些思想，的确是破天荒的。他没有接触西学，他是在批判中国封建专制制度，总结历史的基础上得出的。而明朝皇帝的极端集权所造成的政治黑暗、宦官专政，更使他有切肤之痛，是他能够较为深刻地认识到专制危害的直接原因。与黄宗羲相类，顾炎武提出了"清议"思想。他说："天下风俗最坏之地，清议尚存，犹足以维持一二。至于清议亡而干戈至矣。"②"天下有道，则庶人不议。然则政教风俗，苟非尽善，即许庶人议矣"。顾氏认为人心风俗关乎社会盛衰，而清议对维持良好的社会风俗具有重要的意义，故清议与国家治乱也息息相关。顾氏也注意到了学校的作用，说"设乡交、存清议于州里，以佐刑罚之穷"③。

与封建专制制度相关的是宦官、胥吏。对于宦官，黄、顾在他们的著作中都有论述。黄宗羲说："奄宦之祸，历汉、唐、宋而相寻无已，然未有若有明之为烈也。""奄宦之如毒药猛兽，数千年以来，人尽知之矣。"那为什么还会出现这种现象？黄宗羲说这是"由于人主之多欲矣"④。顾炎武在《日知录》中专列《宦官》一条，考察了历朝的宦官情况，对宦官在明朝从朱元璋时不许识字，到永乐时打破此例，以后允许宦官参政，继而参与军事，危害愈来愈烈进行了详细的梳理，并摘录了防止宦官参政的有关奏章，是一篇颇为翔实的论文。认为"宦官之盛，由于宫嫔之多，而人主欲不近刑人，则当以远色为本"。这同黄宗羲的认识是一致的。指出"阉人之有祠堂，自英宗之赐王振始也。至魏忠贤则生而赐祠，且遍于天下矣。故圣人戒乎作俑"⑤。孔子说，始作俑者不仁。顾氏之"圣人戒乎作俑"，无异于是对皇帝的一种谴责。黄、顾对宦官现象的揭示，一定程度上触及问题的本质。宦官专政是皇帝专权的结果。宦官是皇帝的奴婢，皇帝专权，不相信大臣，而只相信身边的宦官，于是宦官权力膨胀，乃至出现宦官专政的局面。皇帝专权的结果，最终是皇帝无权。

---

① 《待访录》，《学校》。
② 《日知录》，卷十三，《清议》。
③ 同上书。
④ 《待访录》，《奄宦》。
⑤ 《日知录》，卷九，《宦官》。

顾、黄关于君臣关系的议论，可以说涉及改革封建政治制度的问题。

在中央和地方的关系上，顾氏主张"寓封建于郡县之中"，说："知封建之所以变而为郡县，则知郡县之弊而将复变。然则将复变而为郡县乎？曰，不能。有圣人起，寓封建之意于郡县之中，而天下治矣。"① 这是因为"封建之失，其专在下；郡县之失，其专在上"②。这种主张，实际上是扩大地方权力，以防止中央过分集权。黄宗羲也有类似的思想，如他认为唐朝灭亡，不是由于方镇的原因，而主张恢复方镇："是故封建之弊，强弱吞并，天子之政教有所不加；郡县之弊，疆场之害苦无已时。欲去两者之弊，使其并行不悖，则沿边之方镇乎。"③ 黄氏的主张未必正确，但在扩大地方权力方面与顾炎武有思想相通之处。

此外，他们都谈到了土地制度、赋税制度和选官制度。如黄宗羲的《明夷待访录》中有《田制》三篇，顾炎武的《日知录》卷十则专门考辨了田制和赋税，并写了《钱粮论》两篇（见《亭林文集》）；《明夷待访录》有《学校》、《取士》上下篇，顾炎武则写了《生员论》三篇（见《亭林文集》），并在《日知录》卷十六、卷十七更为详实地论述了这一问题。在这些问题上，他们有许多相似的观点，反映了那时的思想家都在思考同样的问题。他们都提出了恢复井田制的主张。黄宗羲说："余盖于卫所之屯田，而知所以复井田者亦不外于是矣。世儒于屯田则言可行，与井田则言不可行，是不知二五之为十也"，"故吾于屯田之行，而知井田之必可复也。"④ 顾炎武说："子曰：无欲速，无见小利。夫欲行井田之法，则必自此二言始矣。"⑤ 顾氏着重讲了正经界、均赋税的问题，说："有王者作，谓宜遣市使分按郡邑，图写地形，莫以山川，正以经界，地邑民居，必参相得，庶乎狱讼衰而风俗淳矣。"⑥ "经界不正，赋税之不均也。"⑦ 恢复井田制，自然是不合时宜的，但这一思想，是针对明朝土地过分集中的危害而提出的解决方案，并不意味着真的复古。在赋税方面，他们都反对重赋。黄宗羲通过考察中国封建社会的田租，认为两汉

① 《亭林文集》，卷一，《郡县论一》。

② 同上书。

③ 《待访录》，《方镇》。

④ 同上书，《田制二》。

⑤ 《日知录》，卷十，《治地》。

⑥ 同上书，卷十，《州县界域》。

⑦ 同上书，卷十一，《开垦荒地》。

田租三十税一是比较妥当的。三十税一，是以下下田为则，合于古法。提出田租应"任土所宜"，"出百谷者赋百谷，出桑麻者赋布帛，以至杂物皆赋其所出，斯民庶不至困瘁尔"①。顾炎武的《日知录》有《苏松二府田赋之重》，对江南地区，特别是苏州、松江二府田赋繁重的状况进行了揭示，说："佃而竭一岁之力，粪壅工作，一亩之费可一缗，而收成之日，所得不过数斗，至有今日完租而明日乞贷者。"② 他也提出了田赋要任土为赋，说"非仁土以成赋，重穑以帅民，而欲望教化之行，风俗之美，无是理也"③。以钱为赋或以银为赋，对老百姓，特别是偏僻地区的农民来说，无异于是一种灾难。顾氏还以自身见闻，进一步说明这一点，并进而指出："夫树谷而征银，是畜羊而求马也；倚银而富国，是恃酒而充饥也；以此自愚，而其敝至于国与民交尽"④。

他们还对八股取士进行了猛烈的批判。黄宗羲认为科举考时文，"空疏不学之人皆可为之"，"若因循不改，则转相模勒，日趋浮薄，人才终无振起之时"⑤。顾炎武说："愚以为八股之害，等于焚书，而败坏人才，有甚于咸阳之郊所坑者但四百六十余人也。"⑥ 而改良的办法，他们都主张重视史学及时务策。顾炎武说："必选夫五经兼通者而后充之，又课之以二十一史与当世之务而后升之"⑦。黄宗羲说科举考试要增加诸子和史学。

黄宗羲、顾炎武针对社会现实，特别是明朝的灭亡，揭示社会弊端，并提出了社会改良的方案。总结历史，"引古筹今"，并以"复古"的形式来变革现实，实现国家复兴，这是他们经世致用的共同特点。顾炎武致书黄宗羲所说的："炎武以管见为《日知录》一书，窃自幸其中所论，同于先生者十之六七"。从上述比较看，此言不虚。

① 《待访录》，《田制三》。
② 《日知录》，卷十，《苏松二府田赋之重》。
③ 同上书，卷十一，《以钱为赋》。
④ 《亭林文集》，卷一，《钱粮论上》。
⑤ 《待访录》，《取士上》。
⑥ 《日知录》，卷十六，《拟题》。
⑦ 《亭林文集》，卷一，《生员论上》。

二 对理学态度之比较

黄宗羲和顾炎武都以治经学见长，在他们的著述中，有关经学、理学的论述占了很大的分量。然而在对理学的态度上，他们却有较大的分歧。

顾炎武对明末理学末流进行了批判，对理学的态度，可以用四个字来概括，那就是"抑理扬经"。他提出的"理学，经学也"的论断，既是对明末陆王心学的否定，也包含对程朱理学的不满，抬高了由于理学兴盛而导致衰落的经学的地位。他说："古之所谓理学，经学也，非数十年不能通也。故曰：'君子之于《春秋》，没身而已矣'。今之所谓理学，禅学也，不取之五经而但资之语录，校诸帖括之文而犹易也。又曰：'《论语》，圣人之语录也'。舍圣人之语录而从事于后儒，此之谓不知本矣"①。全祖望在复述顾炎武这一观点时说："谓古今安得别有所谓理学者，经学即理学也。自有舍经学以言理学者，而邪说以起，不知舍经学则其所谓理学者，禅学也。"② 全祖望的复述，是符合顾炎武的原意的。顾炎武没有一概地否定理学，理学和经学在顾炎武那里，是趋于等同的概念。全祖望的表述，只是更突出了顾炎武的这一思想。

对于陆王心学，顾炎武是猛烈抨击的。首先，他认为空谈误国，明朝的灭亡，陆王心学要负很大责任。他说："以一人而易天下，其流风至于百有余年之久者，古有之矣。王夷甫之清谈，王介甫之新说；其在于今，则王伯安之良知是也。"③ 就是说，王阳明鼓吹"良知"，开了明代空疏之学的恶例，是明朝灭亡的重要原因。其次，他认为陆王心学实为禅学。他说宋自程氏之后，学道而入于禅者有三家：谢良佐、张九韶、陆九渊。"夫学程子而涉于禅者，上蔡也，横蒲则以禅而入于儒，象山则自立一说，以排千五百年之学者，而其所谓'收拾精神，扫去阶级'，亦无非禅之宗旨矣，后之说者递相演述，大抵不出乎此，而其术愈深，其言愈巧，无复象山崖异之迹，而示人以易信"④。为了进一步说明心学的

---

① 《亭林文集》，卷三，《与施愚山书》。

② 全祖望：《鲒埼亭集》，卷十二，《亭林先生神道表》。

③ 《日知录》，卷十八，《朱子晚年定论》。

④ 《亭林文集》，卷六，《下学指南序》。

禅学实质，他把孔子学说与心学作了对比。他说圣人之道没有专用于内的："古之圣人所以教人之说，其行在孝悌忠信，其职在洒扫应对进退，其文在《传》、《书》、《礼》、《易》、《春秋》，其用之身，在出处去就交际，其施之天下，在政令教化刑罚。虽其和顺积中，而英华发外，亦有体用之分，然并无用心于内之说"①。他引用黄震的话说："近世喜言心学，舍全章本旨而独论人心、道心，甚者单撤道心二字，而直谓即心是道。盖陷于禅学而不自知，其去尧、舜、禹授受天下之本旨远矣。"② 顾炎武把陆王心学彻底排斥在孔门之外，没有在孔门中给它留一点位置。

对程朱理学，顾氏没有正面批评，而且还维护程朱在儒学道统上的地位。王守仁作《朱子晚年定论》，说朱陆早异晚同。顾炎武对此进行了驳斥，认为是"颠倒早晚，以弥缝陆学而不顾矫诬朱子，诳误后学之深"。斥责王阳明作"舞文之书"，称赞对王阳明《朱子晚年定论》进行辩难的罗钦顺的《知困记》和陈建的《学蔀通辩》是"今日中流之砥柱矣"③。对宋理宗在淳佑元年定"周、程、张、朱四子之从祀"作了肯定的评价，说"由此以后，国无异论，士无异习。历胡元至于我朝，中国之统亡，而先王之道存，理宗之功大矣"④。这说明他肯定程朱在儒学道统上的地位。然顾氏在许多地方也委婉批评程朱受禅学的影响。如他评论朱熹的《中庸章句》说："《中庸章句》引程子之言曰：此篇孔门传授心法，亦是借用释氏之言，不无可酌"。朱熹《论语集注》"仁者安仁"引用了谢氏的说法进行解释："仁者，心无内外远近精粗之间，非有所存而自不亡，非有所理而自不乱"。顾炎武对这种解释评价道："此皆庄、列之言，非吾儒之学"⑤。批评陆王心学，顾炎武倾向程朱理学，依靠程朱理学，但程朱理学也非纯道，顾炎武的目标是辨明源流，"知其异同离合之指"，以求恢复"六经"的本来面目。他治音韵学，花三十余年时间，"所过山川亭鄣，无日不以自随"，五易其稿，终成《音学五书》，就是为了实现这一目的。他说："愚以为读九经自考文始，考文自知音始"⑥。顾炎武的经学主张，具有向原始儒学复归的意义。

---

① 《日知录》，卷十八，《内典》。

② 同上书，卷十八，《心学》。

③ 同上书，卷十八，《朱子晚年定论》。

④ 同上书，卷十四，《从祀》。

⑤ 同上书，卷十八，《心学》。

⑥ 《亭林文集》，卷四，《答李子德书》。

　　黄宗羲对理学有精深的研究，他的《明儒学案》主要涉及的是明代理学的发展，《宋元学案》虽不限于理学，但理学的内容也占了很大的部分。他的老师刘宗周是王学传人，虽然他与刘氏的哲学思想并不完全一致，但差别不大，只是在个别地方对刘氏的观点进行了修补和完善。梁启超说："黄氏始终不非王学，但是正其末流之空疏"，"梨洲不是王学的革命家，也不是王学的继承人，他是王学的修正者"①。黄宗羲对陆九渊、王阳明等都给予了很高的评价。在《宋元学案》中，他着重论述了朱陆的相同之处，说："考二先生之生平自治，先生（指陆九渊）之尊德性，何尝不加功于学古笃行；紫阳之道问学，何尝不致力于反身修德，特以示学者之入门各有先后，曰'此其所以异耳'。然至晚年，二先生亦俱自悔其偏重"。他列举了多条朱熹给弟子的信，说明朱熹的格物致知与陆九渊的心学并不矛盾，于是，他说："观此可见二先生之虚怀从善，始虽有意见之参差，终归于一致而无间，更何烦有余论之纷纷乎！"认为朱陆晚年是"志同道合"②。他批评朱熹后学对陆学的谩骂，认为所谓鹅湖之会上的朱陆辩论，只不过是"去短集长"，切磋学问。后学们对陆王的谩骂，是违背朱熹的初衷的。"假若晦翁有灵，必挞之冥冥之中"③。黄氏抹平朱陆的差异，反映了他对陆九渊心学的维护。他称赞王阳明的"致良知"，是"震霆启寐，烈耀破迷，自孔、孟以来，未有若此之深切著明者也"。"致良知，只是存天理之本然"。"先生命世人豪，龙场一悟，得之天启，亦自谓从五经印证过来，其为廓然圣路无疑"④。针对罗钦顺对王阳明的批评，黄氏进行了反批评，说："先生（指罗钦顺）不免操因噎废食之见，截得界线分明，虽足以洞彼家之弊，而实不免抛自身之藏"⑤。可见，对陆王心学的评价，黄宗羲与顾炎武存在着很大的差别。

　　顾、黄在理学的态度上之所以有这么大的差别，与他们的经学主张密切相关。顾氏主张恢复儒学的本来面目，追求儒学之纯粹，对佛、道、庄、列之言均是排斥，对心学以自己的思想，即所谓"六经注我"的方法改造儒学自然十分不满，特别是认为由此造成游谈无根、束书不观的坏学风，导致了明朝的灭亡，更使他对陆王心学从情感上产生反感，因

　① 梁启超：《中国近三百年学术史》，46 页，北京，中国书店，1985。

　②《宋元学案》，卷五十八，《象山学案》。

　③《破邪论·骂先贤》。

　④《明儒学案·师说》。

　⑤ 同上书。

此他对陆王心学采取了基本否定的态度，即使对程朱理学，他也有不少微词。而黄氏作为王学的继承者，以修正王学为己任，竭力维护王学在儒学道统上的地位，弥合朱陆分歧。他对陆王心学是有感情的，这种感情的产生与他的家学、与师从王学传人刘宗周有很大关系。顾、黄对理学的态度虽然分歧明显，但彼此却互相尊重，不存门户之见，显示出大家的风范，这是值得后人尊敬的。

三　与《明史》关系之比较

编纂《明史》，是清初学术上的一件大事。清朝廷两次成立明史馆，撰修明史。清朝这样做，一是按照惯例，撰修前代史，二是笼络前朝文人，为其服务。黄宗羲、顾炎武都是当时社会上有影响的大学者，自然受到清廷的重视。但他们都誓不与清廷合作，无论是博学鸿词之特科考试，还是明史馆的召唤，他们都不为所动。尽管如此，他们对于明史的修撰还是表现了关切之心情，虽没有亲自参与，但也可谓关系密切。

明史馆成立初期，总裁叶方蔼慕黄宗羲之名，曾寄诗邀请："会稽有大儒，世系出忠门"。"我聆声誉久，仰止情弥敦"。他还向康熙皇帝奏请，并移文吏部征聘，但被黄氏婉拒。康熙十九年，徐元文做监修，他以为黄氏"非可召使就试者，或可聘之修史"，于是向康熙皇帝推荐。清廷命浙江巡抚"以礼敦请"，黄氏"以老病疏辞"①。徐元文感到不能勉强，就决定请黄氏之子黄百家及弟子万斯同来修撰明史。这个决定，黄宗羲接受了。万斯同北上时，黄送给他《大事记》及《三史钞》，并赋诗赠别。诗句"四方声价归明水，一代贤奸托布衣"，表达了他对弟子修故国之史、评一代贤奸的殷切希望。万斯同以布衣的身份参加明史修撰，不署衔，不受俸。从康熙十八年（1679 年）到四十一年（1702 年），他修成本纪、列传 460 卷，在明史撰写上起到了非常重要的作用。

黄宗羲不仅支持儿子和弟子参加修史，他本人在明史体例、明代史事方面也做了一些工作。明史馆对他很尊重，与他保持着书信联系。如康熙二十一年，徐乾学任总裁，订立《修史条议》，对其中的一些条款，史官有不同意见，特别是关于是否另立"道学传"的问题，争论激烈。

---

① 黄炳垕编辑：《黄梨洲先生年谱》，康熙十九年条。

徐乾学、汤斌、朱彝尊等各执一词，不能统一。黄宗羲对《修史条议》进行了细致研究，写了《移史馆不宜立理学传书》①，对理学的发展流变进行了深入的辨析，认为"道学一门所当去也，一切总归儒林，则学术之异同，皆可无论，以待后之学者择而取之"。黄氏的书信到达史馆，汤斌宣布之，大家都心服他的论述，遂决定不另立理学传。从黄宗羲的书信中，还可以看出他对《明史》的"历志"进行过审阅。在《答万贞一论明史历志书》中，他说："某故于历议之后，补此一段，似亦不可少也。来书谓'去其繁冗者，正其谬误者'，某之所补，似更繁冗。顾关系一代之制作，不得以繁冗而避之也。以此方之前代，可以无愧。"② 黄氏对天文历法有高深的造诣，著有多种历学著作，故明史馆将撰成的历志部分送给他看，并希望他"去其繁冗，正其谬误"。这封信表明，黄氏对明史历志进行了修补。不仅如此，黄氏的著述也是明史馆的重要参考书。他的《明文案》收有大量的有关明朝的政治、经济和文化方面的材料。康熙十九年，清政府曾命地方官将其抄录送至史馆。康熙二十六年，黄百家到明史馆时还见过，"简阅史馆中书，此文案固在也"③。《明史》列传多引用奏疏原文，据统计有 16 篇出自《明文案》。这些事实说明，黄宗羲虽然不与清朝合作，但在事关故国的历史撰述上，还是表现了很强的责任心的。

顾炎武不与清朝合作的态度比黄宗羲更坚决，但他与明史馆也有一定的联系。明史馆初开时，熊赐履主持其事。康熙十年（1671 年），顾炎武到京都，住在其外甥徐元文家。熊赐履宴请顾氏和徐元文，其间熊氏有意表示荐顾氏"佐其撰述"明史，顾氏当即回答："果有此举，不为介推之逃，则为屈原之死矣"④，断然拒绝了熊氏的推荐之意。然而他的两个外甥徐元文、徐乾学都负责过明史馆的工作，从他受业的弟子潘耒应博学鸿词科，也至明史馆任编修。这虽使顾氏一度很伤心，但最终他还是支持了他们的工作。他曾分别写信给徐元文和潘耒，表示了关于明史修撰的意见。他说："窃意此番纂述，止可以邸报为本，粗具草稿，以待后人，如刘昫之《旧唐书》可也。……惟是奏章是非异同之论，两造并

---

① 《南雷诗文集》，上。
② 同上书。
③ 《明文授读》，黄百家序。
④ 《蒋山佣残稿》，卷二，《记与孝感熊先生语》。

存，而自外所闻，别用传疑之例，庶乎得之。"① "今之修史者，大段当以邸报为主，两造异同之论，一切存之，无轻删抹，而微其论断之辞，以待后人之自定，斯得之矣。"② 这两封信，均提到了"邸报"，提到了遇到难于决断的史料如何处理的问题。邸报，是明朝官方刊载时事的政府公报，是较为原始的史料。顾炎武家藏大量的邸报，"自庚申至戊辰邸报皆曾寓目，与后来刻本记载之书殊不相同"③。顾氏认为，邸报更加可信。编纂明史，应以此为主。即是说，撰写历史，要重视原始资料。"两造异同之论，一切存之"，则表明撰著史书，应当注意正反两方面的史料，占有资料要全面。顾氏与他的这两个外甥和弟子潘耒保持着经常的联系，除书信外，在许多谈话中，涉及明史编纂的内容当不会少。

顾炎武对明史素有研究，自云："自舞象之年，即已观史书，阅邸报，世间之事，何所不知。五十年来存亡得失之故，往来于胸中，每不能忘也。"④ 他积累了大量的明代史料，并曾借予潘柽章、吴炎二人。潘、吴二氏因庄廷龙案罹难，资料被没收。此后他就没有继续系统研究明史。然他编写的有关明朝的史书，像《肇域志》、《天下郡国利病书》、《三朝纪事阙文》、《熹庙谅阴记事》、《明季实录》、《圣安本纪》等，却能显示出他在明史方面的深厚功力。明史馆纂修汤斌曾几次致书于他，询问关于《太祖实录》的版本、《明实录》中关于开国功臣聊永忠与傅友德、冯胜同为赐死却记载不同以及朱元璋就位吴国公的时间等问题，顾炎武虽谦虚推脱，说"臣精销亡，少时所闻，十不记其二三矣"，但仍然一一给予答复，并开列了一些参考书。汤斌的虚心求教精神，也得到了他的称赞，说："两函并至，深感注存，足下有子产博物之能，子政多闻之敏，而下问及于愚耄。"⑤ 以后，明史馆仍有意聘他，"顷闻将特聘先生，外有两人"⑥，但其不出仕之意未有稍改，"耿耿此心，始终不变"。他给徐元文和潘耒的关于明史修撰的信，也是一再说明这是家人之间的谈话，不要传给外人。他的嗣母王氏"未嫁守节，断指疗姑"，明亡后，绝食而死。临终前，嘱咐顾炎武读书自居，无仕二姓。为此，顾氏给明史馆馆

① 《亭林文集》，卷三，《与公肃甥书》。
② 同上书，卷四，《与次耕书》。
③ 同上书。
④ 同上书，卷三，《答李紫澜》。
⑤ 同上书，卷三，《答汤荆岘书》。
⑥ 同上书，卷四，《答潘次耕》。

臣写信，"冀采数语存之简编，则没世之荣施，即千载之风教矣。"① 即希望将其嗣母王氏写进《明史》。在这一点上，他没有利用他与明史馆史官的私人关系，而完全是一种公事公办的姿态。这说明，虽然他关注《明史》修撰，但又自觉地保持一定的距离。《明史·列女传》中有顾氏嗣母王氏，称之"王贞女"，记述她未嫁守节，断指疗姑，然对她绝食而死及临终的嘱托则只字未提。

由上可知，黄、顾二氏虽然出于忠于故国的考虑，没有亲自参加《明史》的修纂，但他们对《明史》是关心的，并尽了自己的责任。《明史》在二十四史中，除前四史外，是公认的较好的一部。这里面有多方面的原因，而黄、顾等人的关切和建议应该说也是重要原因之一。

黄宗羲、顾炎武是明末清初的大学者，在当时的学界有很高的威望，他们的风骨以及勇于面对现实，对民族国家高度负责的精神，典型地表现了 17 世纪中国史学经世致用的特点。他们敏锐地揭示出中国封建社会进入衰老阶段的种种社会问题并提出了解决方案。他们对封建专制的批判，反映了时代的要求，具有思想启蒙、思想解放的意义，在中国思想史上具有重要的地位。他们对理学的态度及经学思想，显示出明末清初儒学发展之总结和嬗变的新趋向。然而他们的历史包袱终究太沉重，先进的思想萌芽不免为复古的形式所窒息。如他们反对封建专制，却又不厌其烦地强调君臣纲常、礼治教化等。这种状况实际上是中国封建社会晚期，生产力欲突破腐朽的生产关系的束缚而力量又不够强大的现实在思想领域的反映。这种局限性是历史时代决定的，我们不必苛求前人。

（原载《孔子研究》，2003 年第 3 期）

---

① 《亭林文集》，卷三，《与史馆诸君书》。

邹兆辰

历史比较：探寻真正世界性的历史普遍规律

——一个中国历史学家的历史比较观

　　谈起历史比较问题，最有发言权的是那些真正从事历史比较研究实践的学者，他们在长期的史学实践中运用比较研究的方法，不仅深化了对于研究对象的认识，也对运用这种方法的目的、意义、作用以及如何运用历史比较有自己比较成熟的认识。笔者在研究当代中国史学发展趋势的过程中，发现运用历史比较方法研究世界历史并非西方史学家的专利，我国历史学家在近 20 年来的史学实践中也有自己独到的经验与认识。总结这些学者在运用历史比较方面的经验和体会，对于我们进一步认识这种方法会得到一些有益的启示。

　　2005 年初，我注意到马克垚先生①对历史比较研究问题提出过自己独到的见解，他在为法国年鉴派史学大师马克·布洛赫的《封建社会》中译本写序言时，特别提到中国学者所十分关注的中国有没有封建社会的问题。可见，中西比较的思考已经成为他的习惯性思维方式。马克垚先生是长期从事世界中世纪史研究的学者，为了摸清他史学理念的脉络，我阅读了他的主要著作，提出很多问题向他请教，并把我们的访谈写成了题为《历史比较与西欧

---

① 马克垚：1932 年生，山西文水县人，北京大学历史系教授。1952 年入北京大学历史系学习，1956 年毕业后一直留校任教。主要著作有《西欧封建经济形态研究》、《英国封建社会研究》、*Ashen and European Feudalism：Three Studies in Comparative History*、《中西封建社会比较研究》（主编）、《世界文明史》（主编）等以及重要论文数十篇。

封建社会研究》① 的文章。我觉得马先生运用历史比较方法的时间较长，而且有自己独特的见解，这促使我进一步总结马先生从事历史比较研究的主要学术路程和对于历史比较研究的基本认识。在这个过程中，可以看出马先生对于历史比较，有一个一以贯之的基本思想。为了弄清这个基本思想，我们首先要对他从事历史比较研究的经历有一个大致的回顾。

一 罗马和汉代奴隶制比较研究

20世纪80年代初期，粉碎"四人帮"以后的思想解放运动兴起之时，学术界思想比较活跃。当时正在讨论亚细亚生产方式问题。人们对于马克思的亚细亚生产方式的概念提出了各种各样的观点，作出了种种不同的解释。这个时候，马克垚先生在《历史研究》上发表了《罗马和汉代奴隶制比较研究》② 一文。他在文章中说："通过对罗马和汉代奴隶制的研究，发现很多方面二者有惊人的相似之处，当然也都有各自的特点。"此文一出，人们立即会联想到马克垚先生肯定是认为奴隶制是一种普遍的社会制度，公元前后各两个世纪的汉代与罗马一样都是奴隶社会形态，由此更可以推论马先生是魏晋封建论者了。

然而这些推论并不能代表马先生的本意。十几年后，他在回顾这篇文章发表的背景时说："此文的本意，只是想指出亚细亚的讨论应当如何深入进行，而不在论证奴隶社会是否普遍存在，也不在证明汉代一定就是奴隶社会。我只是对我国史学界认为是典型奴隶制的罗马奴隶制进行深入的剖析，指出典型的复杂性，实际上有其不'典型'的方面，从而说明汉代的奴隶制和罗马的奴隶制有惊人的相似之处。"③

那么他进行这个研究的本意究竟何在？他是认为，在当时亚细亚生产方式的讨论中，有的人用很大力气去研究马克思的亚细亚概念，力图用马克思来诠释马克思。没有从马克思的思想发展上理解马克思的亚细亚生产方式概念，也没有关注古代世界各国的历史实际研究在今天的发

---

① 见《首都师范大学学报》，2005年第5期。以下本文中所涉及的马先生的观点，凡引用这次访谈中的资料的，不再一一注明。

② 马克垚：《罗马和汉代奴隶制比较研究》，参见《历史研究》，1981年第3期。

③ 马克垚：《我和封建社会史研究》，参见《学林春秋三编》，130页，北京，学苑出版社，1996年。

展。只是望文生义地理解马克思的亚细亚生产方式，这实际上是理解不了的，这样的做法是不可取的。他认为，马克思的毕生精力是在研究资本主义，对于亚细亚生产方式的问题只是在涉及资本主义有关的问题时才去关注。他虽然有许多发人深省的论断，但并没有形成系统的看法，没有成为一个体系。所以，他认为今天讨论马克思关于亚细亚生产方式的问题，究竟是指原始社会还是奴隶社会、封建社会，或者是特殊的亚洲社会，这是马克思也没有想过的问题，这样来搞近乎"无中生有"。所以，他觉得今天讨论社会形态问题，应该具体问题具体分析，根据当前史学研究的新成果来探索新的理论。在他看来，很多人们认为"典型"的东西，像罗马的奴隶制问题，也有些不典型的地方，甚至与中国有很大相似之处。他在当时就认为："我们应该从事实出发，通过对一些主要国家、主要地区的比较研究，建立奴隶社会、封建社会的政治经济学，解决一系列理论问题，把古代史的研究奠立在真正科学的基础上。"①

从马先生所发表的这篇历史比较的文章和他以后对此文章的叙述中，我们可以看出他对待历史比较研究的态度。20 世纪 80 年代初，历史比较研究在我国还是历史研究的新动向，人们可能怀着某种兴趣去尝试一下这种新的方法，在那时确实可以引起人们很大的关注。但是马先生的历史比较却不是为了赶时髦，也不是想引起什么轰动效应。他所进行的历史比较是非常认真的，同时在比较之中包含着许多深层的思考。在这篇文章中，他探讨了罗马和汉代的奴隶来源问题，分析了奴隶从事农业生产的情况，研究了奴隶制占主导问题以及奴隶的法律地位问题。在这些研究中，他发现了在很多方面二者有惊人的相似之处。从奴隶的定义来看，双方基本上是一致的。但他又认为不能只从定义上理解奴隶阶级，事实中会存在许多与定义相矛盾的特点，即使是典型的罗马奴隶也有许多不合定义的变态。他通过比较证明了，奴隶制经济是能够独立存在的，它能够自己进行物质资料的再生产和劳动力的再生产，使社会生产继续下去。通过比较他还发现，在奴隶社会中，奴隶制经济只是其经济成分之一。汉代和罗马的情况都说明奴隶社会中，奴隶制经济并不占压倒的优势，只是说奴隶制经济在生产中占到一定比重，有一定的重要性。

根据以上这些研究，他觉得目前我们对奴隶社会、封建社会的了解还很肤浅、很片面，有很多新的理论、新的问题必须去探讨。而历史比

---

① 马克垚：《罗马和汉代奴隶制比较研究》，参见《历史研究》，1981 年第 3 期。

较只是为这种研究创造一种条件。他并不想由此得出结论说，奴隶制或奴隶社会是普遍的或是不普遍的，因为这是需要通过大量的研究，通过百家争鸣，来深入研究的问题。而他所作的比较，只是为这种研究提示一种方向。因为那种从定义出发来探寻社会经济形态问题的路子是不可取的，只有通过对具体问题的深入研究包括历史比较研究，才可能对进一步的理论研究创造一个基础。我想这便是马克垚先生对于历史比较研究目的的一种认识，这种认识在他以后的历史比较研究中一再显示出来。

二　西欧封建社会的比较研究

马克垚先生是研究世界中世纪史的学者。他在 20 世纪 80 年代中和 90 年代初，先后出版了《西欧封建经济形态研究》和《英国封建社会研究》两部著作，受到学术界的关注。这两部书是研究西欧国家的封建经济的，但是他与一些西方学者在研究方法上的一个重要区别就是善于通过历史比较来思考和解决问题。

为什么要用比较方法来研究西欧的封建社会呢？马克垚说：对于前资本主义社会形态的研究，主要是 18、19 世纪在西欧进行的。当时的历史学家根据西欧的历史，分析和概括奴隶社会、封建社会的特点，总结出一系列定义、概念，描绘出这些社会的特征，成为日后人们认识这些社会的标准。这些标准都是以西欧为根据的，对于广大的亚洲、非洲、美洲地区的历史，他们既不了解，又夹杂了一些偏见和轻视。第二次世界大战以后，随着亚、非、拉地区民族解放运动的开展，对这些地区古代历史的研究也取得长足进步，前资本主义社会诸形态以前所未有的多样性、复杂性呈现在史学家面前。过去单纯从西欧总结出来的有关奴隶社会、封建社会的一些定义、概念遇到了严重挑战。我从 60 年代关于亚细亚生产方式的大讨论中感觉到，应该对前资本主义社会的一些特点和规律进行再认识，根据世界主要国家和民族的历史，综合比较出前资本主义社会的共同特征，真正体现世界历史发展的统一性。这种再认识包括两个方面，一方面是深入研究亚、非、拉地区的古代史，总结出规律性的东西；另一方面就是对西欧历史已经形成的概念、定义，根据实际情况进行重新考察，看它是不是科学的抽象，同时看它是不是真的符合西欧的具体情况。在两方面都取得成果的基础上，再进行综合比较，才能发现真正共同的特征。

马先生的这种考虑对于深入进行西欧封建社会的研究确实很有价值，但他也考虑到按照这个思路去研究难度是非常大的。因为在这个领域里，外国人已经耕耘了几百年，相比之下我们学识浅薄、资料缺乏，困难很大。但是他也看到了我们的有利条件。他觉得我们这里基本的图书资料还有一些，期刊也有一些。我们虽然不能在西欧领域里进行微观研究，如同法国历史学家拉杜里写《蒙塔尤》那样，细致探讨一个小山村的社会状况，但是进行一种综合性的、中观的研究还是有可能的。因为西欧封建经济形态的一些概念，如封臣制、封土制、庄园、农奴、公社、城市等，大多是 19 世纪西方学者，特别是德国学者提出来的，他们的研究多从法学定义入手，根据典型的少数史料作出普遍概括，而对实际的多样性则关注不够。随着新发现的史料越来越多，地方史的研究逐渐深入，即使对西欧来说，原有的普遍性结论也需要进行修正。

除了这些条件外，马先生觉得我们还有一个有利条件，就是有个参照系，即东方国家，首先就是中国封建社会的情况可以用来进行对比。再有，就是既要注意区分法律形式与经济事实，也要注意从法律形式与经济事实的结合上研究问题和解决问题。由于这些有利条件，特别是方法论上的特点，我们就可以对封建社会的一些经济结构问题提出自己的看法，匡正一些过去流行的不尽确切的说法。

马先生的专著《西欧封建经济形态研究》，1985 年由人民出版社出版，2001 年又出了第 2 版。这本书中有他不同于西方学者的独立见解。比如说在庄园制问题上，过去大家都以为典型的西欧封建时代农业组织就是庄园，他认为这种看法并不正确。那种村、庄合一，组织严密的农奴劳役制大庄园在西欧中世纪只占少数，大多数地区的庄园是一种松散的组织，甚至完全没有庄园。庄园本身也不断变化，有的衰落瓦解，有的重新兴起。他认为，可以把庄园作为封建经济的一种形式进行研究，但中世纪西欧农业的基本组织仍然是乡村而不是庄园，乡村是研究农村经济的基本点。过去以为西欧封建时代完全庄园化，部分原因是由于西方学者的庄园概念中包含着法律形式的成分，主要指封建主对领地的管辖权，是指封建主的整个领地。

在农奴问题上马先生也提出了自己的看法。他认为，西欧中世纪农奴的概念源自罗马的奴隶，这是西方学者研究的结果。但实际上，当时西欧呈分裂割据状态，法律不统一，主要实行的是习惯法，而这种习惯法的地区差别很大，因此各地农奴的情况也不一样，其身份地位、受剥削程度、劳役负担、实物货币交纳等千差万别。所以，真正分清楚哪些人是农奴并不容易。过去认为西欧封建时代农村主要劳动力是农奴的看法并不准确。只能说农奴是当时农村中劳动力的一种，其地位最为低下，但是不好说有个时期农奴占了农村劳动力的大多数。

正是由于这本书中对于西欧封建社会诸形态作出了一些新的解释，澄清了原来在我国学术界流行的一些不甚确切的概念，所以引起了史学界的关注。1992 年马先生又出版了《英国封建社会研究》一书，把它作为《西欧封建经济形态研究》一书的补充。他认为，《西欧封建经济形态研究》是对整个西欧中世纪经济结构的描述，范围太广，不少问题难以深入，所以他打算把研究范围缩小到他比较熟悉、资料又比较容易得到的英国中世纪，来解决一些自己想要解决的问题。而他写这本书的目的，仍是想阐发在《西欧封建经济形态研究》一书中提出的一些想法。他认为，在前资本主义社会，在生产力大致相同的基础上，各地区、各国家的社会结构应该有基本相同之处，当然也有各自的特点。但是 19 世纪的历史学家，主要是西欧的历史学家，从当时的客观条件和主观认识水平出发，认为人类历史是大不相同的，西欧是一种模式，其他地区是另一种模式。东方的模式是东方专制主义，而西方模式是从奴隶制经过封建主义到资本主义。东方社会是停滞的，西方社会是不断发展的。但 20 世纪以来，特别是"二战"以来，历史研究大大深入了，许多学者发现，这种对东西方历史特殊性的夸大并不完全符合历史的实际。所以他觉得选择一个典型，对其古代社会作深入的重新研究，相互比较，能够使我们对世界历史发展的统一性有更深入的了解，对各民族、各国家的历史特殊性也能把握得更准确。可以说他这本《英国封建社会研究》就是以英国为典型，来对西欧封建社会作的重新剖析。

马先生认为，通过这本书的探索，起码可以有三点认识：第一，作为西欧封建社会典型结构的封臣制，还有和它紧密联系的封土制，以及庄园制、农奴制等，原来主要根据法律规定所形成的概念和其实际状况是很不相同的，它们是否可以作为一种典型形态来概括也是值得考虑的。第二，通常被史学家作为东西方发展差异起点而认识的西方城市，在中世纪时并没有人们以为的那么多的独立性。它在政治上、经济上均属封建结构。在英国，城市受国家控制，执行各种政令，就像一级行政组织。第三，中世纪时期，英国的王权并不软弱。当时国家的行政、财政、司法机构相当发达，国家的统治和剥削及于一般农民，也包括农奴。中世纪英国议会是国家政权的组成部分，而不是贵族与第三等级抗衡国王的组织，不能用近代西方代议制的眼光来看待它。马先生认为他所得出的这些认识，并不否认英国封建社会有它自己的特点，他只是想从全球比较的角度对这些特点进行一些剖析。

从马先生对西欧封建社会的研究中，我们可以看出，他所以会得出一些与西方学者不同的认识，正是由于他在方法论上的特点所致。他以中国封建社会为参照，所以能够发现西方学者的传统观点与历史实际的差距，并进一步提出自己的见解。

三　中西封建社会的比较研究

90 年代马克垚先生主编了《中西封建社会比较研究》一书，这是他一贯主张的中西封建社会历史比较的重要成果。这个课题是集体项目，参加的学者有十几位，有搞中国史的，也有搞世界史的。由于中国史研究和世界史研究在方法论方面存在不同，因此进行中西封建社会历史比较是有不少困难的。因为人们对一个国家、一个社会、一个事件都不容易搞清楚，何况要把两方面的情况都搞清楚并且还要进行比较呢？

尽管存在这些困难，但马先生认为书中提出的一些问题还是比较重要的。他说有两点特别需要说明：第一，以前西方学者研究封建社会经济，研究资本主义产生，大多是用资本主义的经济理论来说明封建经济的运行，而这本书的比较研究证明，需要建立封建的政治经济学理论体系，才能从世界范围说明封建社会经济问题。第二，西方学者进行东西方比较、中西比较，都是以西方近代社会或西方封建社会为标准来看待东方或中国社会的。由于思想意识的因袭作用和材料的局限，我们有时难以摆脱这一点。但我们要努力建立一个新的、真正涵盖世界各国封建社会的模式，形成自己的体系。马先生主编的这本书一共分四编，分别从农业、城市、封建政权和社会四个方面来进行比较。他说，由于是合作项目，各人观点不尽相同，研究范围和侧重也不同，所以只能就各自熟悉的领域，根据自己的研究写出自己的看法，还形成不了全面的中西封建社会比较。至于体系、模式的建立，那更不是一朝一夕之功，只是提出来引起大家的关注而已。

在马先生看来这项比较研究的重点，是要比出中国为什么到明清之际发展落后了，也就是说，为什么中国没能最先发展到资本主义。虽然有这个设想，但他们也深感这个问题不好解决，所以把目标定得小一些，就是只从中西封建社会内部的一些结构、形态方面入手，作一些发展的比较。所谓结构，不外乎经济、政治、社会诸方面，但就是这几方面也不可能进行全面研究，只能在这些结构内部选择一些较小的、比较熟悉的题目进行比较。既要从静态的角度比较二者的相同与不同，也要从动态的角度研究这些结构的变化。在研究中不可避免会涉及中西社会发展的一些大问题，他们便根据自己的认识作了一些回答。在写作过程中，有的学者是从中外两个方面对比着写的，有的学者单写中国方面或外国方面，但都是以比较为基础来提出问题和解决问题的，或是将中西两方面结合起来进行大综合的回答。

在研究中，他们也要沿用西方学者的方法，即以西欧的模式来对比研究东方和中国的发展。但是他们也清楚地认识到不能因为中国的发展不符合西方模式，就说明中国发展不起来。那么究竟怎样才能科学地衡量中国的发展呢？通常认为，资本主义在英国兴起是以小农分化破产为基础的，但近来这个说法受到了挑战。如果资本主义的兴起并不一定以消灭小农为基础，那么就不能以中国农民分化迟缓来证明中国无力发展资本主义。这样，他们就力求从中西各国封建结构的比较中分析其发展能力，以便进一步追寻其对资本主义发生的影响。

在这部书中，他们选择了农业生产力、地主经济、小农经济、城市、工商业、王权、阶级、人口等对社会发展有重大作用的问题进行比较研究。提出一些问题，如封建生产力组成不同在多大程度上影响其发展？封建时代的城市是否对立于乡村而成为发展的重大动力？再如地主经济的积累和投资问题、小农经济在封建社会中的发展能力和发展前途问题、不同的封建政权结构实行的经济政策有何不同、这些政策在多大程度上影响社会发展、中西国家在封建时代是否有不同的人口发展模式和家庭模式以及这些不同模式是否影响其发展道路，等等。

马先生认为，这些问题都是很大的问题，我们的回答不一定正确，也不一定使人信服，但我可以说，我们提出和试图解决的问题，多是发前人所未发，我们希望找到新的角度、新的方法，即历史比较的方法，来突破西欧模式，从更大的、世界的范围内讨论封建社会的发展能力和发展前途问题。

进入 21 世纪，这个问题的研究已经有了很大发展。美籍华裔学者黄宗智提出中国社会过密化发展模式，引起不少讨论，中国学者吴承明、李伯重等都作了回应。还有所谓加利福尼亚学派如王国斌、彭慕兰，包括弗兰克等人，认为英国和中国在封建时代的发展道路基本上是相同的，后来遇到的问题也是相同的，直到 18 世纪工业革命之前中国的发展并不落后于西欧，只是后来才因为内外条件的不同而显示出差别。这些看法都证明马先生所领导的这一课题组所思考的问题并不是他们个别的见解，国内外一些学者也注意到了这些问题。

四 对封建社会的综合比较研究

进入 21 世纪以后，马克垚先生的历史比较研究深入到对整个封建社会的研究上。他的封建社会的概念是广义的，不仅指西欧，也包括中国。他这里所进行的比较，目的不在寻求中西方之间的差异，而是要探求一些整个世界范围的封建社会中的一些共同的东西。但是，他在研究中所用的方法，仍然是历史比较的方法。

21 世纪初他发表的两篇文章，反映了他在这方面的追求。其中一篇是发表在《世界历史》2002 年第 1 期上的《论地主经济》，另一篇是发表在《北大史学》第 9 期上的《论封建时代的农业生产力》。下面我们试分析一下这两篇文章所反映的主要内容。

（一）关于封建时代的地主经济

1. 封建地主经济的经营管理模式

地主经济的管理模式一般分为庄园制和租佃制两种类型。多数中国学者认为西欧封建时代实行的是农奴劳役制庄园，而中国实行的是租佃制。马先生经过研究认为，庄园制和租佃制这两种经营模式，在中国和西欧都存在过，但它们有不同的表现形式。

他认为，西欧封建时代的庄园，一般称劳役农奴制庄园，劳动者相当大一部分是农奴，地租形态是劳役地租。这种庄园制经济是和它的落后的农业生产方式，如粗放耕作制、生产效率低下、农奴强迫劳动相一致的。庄园除了是经济实体外，还是一个政治、法律实体，领主在庄园上还有自己的司法和行政权力。但西欧的庄园有多种形态，村、庄结合为一的典型庄园只是少数，多数庄园相当分散，分布在不同村庄。而封建的西欧并没有庄园化，还有大量没有庄园的地方，由各种身份的农民耕作，对封建主有各种义务，也就是一种租佃关系。14、15世纪，庄园制逐渐瓦解，租佃经营发展起来。封建主把自营地划分成小块出租给佃农，农民很多变成了交纳货币地租的佃农。农民之间也流行租佃关系，土地多的或者无力耕种的农户把自己的土地出租出去收取租金。这就意味着西欧的封建地产经营方式，是由庄园制逐渐向租佃制过渡的。

对于中国封建地产的经营方式，多数人以为没有庄园制，而是租佃制。马先生认为，所以会有这种看法是由于人们往往把西欧的庄园作为庄园制的唯一标准，即必须是农奴劳役制才算庄园。他认为，庄园制的主要特点是封建地主或他的代理人管理到地产的生产过程，用它的收入来满足封建主的需要，它可以说是一种直接经营的模式。但庄园制的形态，在每个国家和地区，每个不同时代都有所不同。这是庄园制的特殊性。中国早期的庄园可分为坞壁型、别业型、寺院型三种。庄园的劳动者主要是依附农民，此外还有奴隶和雇佣劳动者。这些庄园是地主经营的经济实体，是分成制庄园。他认为，中国的地租形态由分成租向定额租转变经过了很长时间，一直到清代才完成。这时的地主不再干预农民的生产过程，但他仍然要收取地租，计划和处理消费。总之，中国的地主经济也经过了由庄园制到租佃制的发展过程。

2. 地主经济的二元性

一般认为，封建经济无论是地主经济还是农民经济，都是一种自然经济，是自给自足的经济组织。马先生认为，地主经济有其自给性，但任何地主经济，即使是最原始或最完备的地主经济，也不能做到完全自给自足。它总有一些自己不能生产而要从外面得到的东西，也有一些自己多余而要求出让的东西，这就构成了流通的基础。地主经济往往也进行商品生产，也有商品经济的内容。中国的资料，他举出姜伯勤根据敦煌文献整理成的《唐五代敦煌寺户制度》一书中所描绘的中国寺院庄园的内部结构，进行了进一步的分析。他说，中古中国边远地区的寺院地主经济还是十足的自然经济，其地主的衣食和其他一应需要，几乎都以庄园上的劳动力的劳动来满足，很少依靠和外面的交换。寺院庄园实行实物地租，劳役所占的比例也很大，收入和支出都是实物。但即使如此，这种庄园经济仍然是二元性的，既有自然经济成分，也有商品经济成分。他以某一寺院的土地收入和高利贷收入的比率来说明，这个庄园有相当的粮食收入投入了流通，这意味着庄园有着商品经济的内容。敦煌地区的庄园情况代表了魏晋南北朝时期至隋唐时期许多地方流行的庄园类型。寺院不仅经营土地，还种植蔬菜、水果、药材等经济作物出卖牟利，还经营商业和放高利贷。其他的中国庄园也是大同小异。

马先生举 13 世纪英国诺福克郡的属于诺福克伯爵的 Forncett 庄园的收入情况进行分析：庄园收入的粮食、手工业品主要是自用的，草地上的草也是自用的，但小麦是全部出售的，还出售水果和酒。所以，这个庄园也是二元的经济结构。

通过比较，马先生总结说：封建庄园是一种二元经济，就是指它既有自然经济成分也有商品经济成分，但自然经济是主要的。二者的比重，会随着社会、经济等条件的不同而有所变化，大概是越到后来，商品经济的比重越大，而不存在完全的自然经济和完全的商品经济结构。

3. 地主经济的利润与投资

马先生同样运用中西对比的资料来说明，封建地主的收入，主要是一种垄断收入、特权收入，他可以依靠他所具有的封建特权，夺取农民的剩余劳动，而不必像资本家那样，在表面平等下计算投入产出。他说：我们必须从生产与消费这一对矛盾上来认识封建经济。正如封建经济是一种特权经济一样，封建消费也是一种特权性消费，它往往不以收入的多寡来安排，而是根据他在封建等级中的地位来安排。封建主的消费是一种庞大的消费，要满足这样的消费，对短缺的封建经济来说也不是容易的事情。所以封建主总要想办法扩大自己的财富，增加自己的收入，包括争夺土地、兼并土地以及加强对农民的剥削。

马先生也指出，封建地主除了兼并土地和加强剥削以外，也要提高农业劳动生产率，提高产量，以增加自己的收入。这样做，也会使社会财富真正有所增加，使社会生产有所发展。这就是说，封建社会生产力的提高，主要是农民的贡献，但封建主也有一份功劳。他列举了中国古代国家和地主重视对农业的投入，如投资兴修水利，移民边疆开垦，向农民提供耕牛、种子等。在分成制租佃制的情况下，地主也有这些方面的投入。他还列举了英国的希尔顿的研究，来说明西欧中世纪封建主在提高农业生产方面的作用。不过他又指出，无论中国还是外国，中古时代封建主对农业的投入，都只能是农业劳动生产率提高的一个很小的因素，他们并不依靠投资来解决他们的供给，而农民的劳动，才是中古农业生产率提高的主要推动力。

（二）关于封建时代的农业生产力问题

为了回答西欧经济史学家在对中世纪史研究中的新人口论的观点，马先生同样运用中西对比的方法阐明了自己的见解。新人口论者强调封建时代劳动生产率的增长落后于人口的增长，所以农业的发展会陷于内卷化。他们认为，有限的资源养活不了日益增加的人口，形成人口过剩。而农产品匮乏又造成人口开始逐渐减少，劳动力人手不足，土地多劳动力少。当人口减少到一定限度，又开始新一轮的增长，社会经济向上发展。

马先生认为，在封建社会里农业生产力的发展有自己的特点，中国和西欧有许多相同之处，也有许多不同之处，如果把中国和西欧封建时代生产力的特点综合起来进行研究，就可以对中世纪农业生产力的发展有新的认识，就是并不是那样的停滞和无出路。他选取了欧洲的英格兰和中国的江南地区为例，因为这两个地区经济比较发达而且材料比较多。

他认为，在封建社会中，人口与农业资源处于一种紧张的状态，人口的增加有时会造成土地不足之感，如13世纪的英格兰和11世纪的南宋。但人口既是一种压力也是一种动力，人口的增多会导致农业生产向生产的广度和深度同时发展，既向扩大耕地面积发展，也向提高单位面积产量发展，这在粗耕为主的英格兰和精耕细作为主的中国江南都是如此。总之，在前工业社会，科技发展相对缓慢，人口与土地资源的矛盾比较突出。也许某一时期、某一地区会出现劳动生产率下降的情况，但是不会形成像新人口论者所说的封建社会只能在人口与土地的矛盾中兜圈子而无法发展。土地生产率的不断进步仍会使农业总产不断增加，从而养活更多的人口，使社会不断发展。

从这两篇文章中我们可以看出，这时候马先生所研究的视角，既不是西欧的封建社会也不是中国的封建社会，他已经把整个的封建社会形态作为自己研究的对象了。他所以具有这样的宏观视野，除了要掌握中外有关的历史资料外，善于运用历史比较仍然是重要的原因。

五 在历史比较中探寻世界性的历史普遍规律

在对马先生的历史比较研究进行了总的观察以后，我感觉到他所进行的比较研究有其明显的特点。他不像一般学者那样，通过比较总是要说明包括中国在内的东方国家与西方国家走的是两条道路、两种类型、两种结果，马先生通过比较往往是在寻找东西方之间共同的东西。我曾经这样问他：您进行的这样大范围的中外历史比较研究，是希望发现中外历史发展的不同道路呢，还是希望发现中外历史发展的共同规律？

马先生认为这个问题提得很好，也很重要。他说：在对几大文明的封建社会进行综合考察的过程中，我的比较研究的方法论倾向，主要是基于这种认识，即认为古代各国、各个社会虽然千差万别，但在大致相同的生产水平和经济条件下，它们的政治、经济、社会各种形态的结构应该是大致相同的，它们的发展趋向也应该是类似的；当然，这种普遍性是寓于特殊性之中的；各国、各民族的历史发展会表现出自己的特点，我们应该透过这些特点，看出其本质的相似之处。

中国封建社会往往被认为与西方封建社会大不相同。这是因为，一方面，西方学者的封建概念是指封君封臣制，所以西方的封建社会只是指9—13世纪，甚至只是11—13世纪这么短的一段时间。当时日耳曼人建立国家不久，生产落后、文化荒芜、政治原始，于是出现通过依附关系进行统治、农奴制、庄园制、自然经济、中央权力微弱甚至没有国家等现象。这些被看作是西欧封建社会的特征，但实际上，这段时间大概只能说是一个过渡阶段。另一方面，对于中国历史没有作出社会史的总结，只是王朝循环史，所以两者比较，自然是南辕北辙。这种差别只是方法论不同造成的结果，并不能反映历史的实际进程。

他提出，可以拿城市问题来分析一下。西欧封建城市一直被看成是经济中心，是进步和自由的发源地；而东方，特别是中国的城市则被说成是政治中心，是专制帝王统治的场所。其实西欧封建城市的自由、自治，是适应于西欧当时王权微弱、封建主割据独立这样的政治结构出现的，当以后王权强化时，城市的自治也就随之消失了。中国的城市也不都是政治中心，作为经济中心的城市早在唐代后期就已经出现，以至有些日本和美国学者把宋代称为城市革命的时代。但由于整个国家中央集权比较明显，所以中国历史上不存在城市自治的时期，这就属于历史的特殊性了。

他说，还可以再举一个例子。有一种流行的说法，认为西方的政治组织机构和国家形态自古就是民主的，或倾向于民主的；而东方，中国自古就是专制的。这种"东方专制主义"的理论至今还很有市场。他说，我们在研究中可以看到，西方封建时代有"王在法下"这种现象，根据这种现象的启示再去看中国古代历史，可以发现也有类似的现象。实际上中国的王权也不是无限的，一样要受到礼法、习惯和官僚机构等的限制。这不是我个人的观点，一些研究中国史的学者也认为中国历史上的王权并不是无限的，其发展趋势也不是越来越强大，而是越来越受限制，越来越弱小。

我们从整体上来总结马克垚先生所进行的历史比较有一个明显的特点，即不是简单、微观比较，而是一种宏观视野的历史比较，是为了搞清社会形态发展的一些规律性问题而进行的整体、系统的比较。

马先生认为，就他所研究的封建社会来说，起码应该综合三大文明的结构与规律，这就是中国文明、伊斯兰文明和欧洲文明，这样才能形成真正世界性的封建社会模式。他正是从这一点出发来进行比较研究的。但是伊斯兰文明材料较少，语言困难较大，而中华文明对于一个中国学者来说是比较容易了解、容易掌握的。虽然作深入细致的分析和比较也许有困难，但是进行中观性的概括应该说是有可能的。

在这个过程中马先生也遇到一些困难。他发现中国史的研究方式与西方史家的研究方式有很大不同，这突出表现在社会史研究方面。由于中国学者对中国古代社会缺乏社会史的概括，观察问题、研究问题都是以王朝为中心。中国历史上的经济兴衰、人口升降、政治治乱得失、文化昌明式微，都是以王朝命运为转移的，几乎都是王朝前期一切皆好，王朝后期一切皆坏。对中国封建社会中的一些形态、结构，如农民、庄园、城市、市场、王权等都没有概括性的、综合性的结论意见，更不要说结合经济形态、法权形式、习俗规范以及其他因素作出的深入研究了。比如说，在长期的中国封建社会里，什么样的农民是典型的农民？是均田制下的自耕小农呢，还是宋代的客户？是明清时代的佃农，抑或其他依附农民，如魏晋时代的佃客、部曲？而西方在这些方面作了十分深入的研究和概括。这样，我们在社会史方面就几乎无法对二者进行比较。

马先生曾经反复思考，难道事情真像一些人说的，东方是国家比社会强，国家把社会压倒、压垮了？在经过慎重思考之后，他感觉到其实情况并非如此。他指出，西方的社会概念也是后来的。主要是法国大革命时期，资产阶级以第三等级的名义，以社会的名义，反对暴政，反对国家，这样才把社会的思考、社会的概念引发出来，以后逐渐形成社会学、社会史等学科。我们对中国历史的研究由于缺乏这样的发展阶段，所以也就没有这方面的概括和研究。前辈学人如陶希圣、瞿同祖、何炳棣、张仲礼等学习西方的理论与方法，用来研究中国的社会史，作出许多可贵的成绩，但还没有形成比较完整的体系性的结论，即使有也处于比较初始阶段。经过这样思考，马先生的中西封建社会的比较研究又继续下去。特别是80年代他遇到研究中国史的专家姜伯勤教授，受到很大启发和帮助。由于姜伯勤先生在中国社会经济史方面做了许多综合性的工作，作出了许多概括，使得马先生感到姜伯勤的意见启发了他，使他有勇气把中外历史比较研究继续进行下去。我们从上述马先生《论地主经济》的论文中，就可以看出他是如何利用姜伯勤先生的研究成果的。

以上我们可以看出，马克垚先生就是这样从全球的整体的角度来考察世界历史问题的。他对比较方法的运用就是从全球史观的理念出发来思考历史问题的手段。他在研究世界中世纪史的时候，往往是把中国的封建社会作为一个参照系，来认识西欧的封建社会；在谈到中国有没有封建社会的时候，又建议中国学者以西欧的历史来作为参照来反观中国当时的社会应该是什么社会。2004年，法国年鉴派大师布洛赫的《封建社会》译成中文出版，这对于了解西欧的封建社会是个大好事，但马先生在为该书的出版所写的文章中，却大谈中国有没有封建社会的问题，希望研究中国历史的学者读一读这本书。马克垚认为："西方历史学家虽然视封建为一种政治、法律体系，可是也得承认还有广义的封建主义，而这是和土地制度、农民生产、社会生活联系在一起的。布洛赫虽然不是马克思主义者，可是也使用封建社会一词。无论你对历史发展阶段采取什么分法：三分法，五分法，还是传统—现代两分法，都得承认在工业社会以前的相当长的一段时间内（上溯多远，涉及是否有奴隶社会的问题，暂不讨论），在亚欧大陆上的主要国家和地区，其社会结构基本上是相同的。"针对国内有些史学家主张放弃"封建社会"的概念，他明确指出："近代以来，我们从西方史学、马克思主义史学接受了封建社会的概念，现在可以说已是约定俗成，社会上也时常拿封建来形容落后的过时的东西，为什么要放弃它呢。"① 他强调，使用封建社会的概念，主要还是它显示了历史发展的规律性，承认历史发展是一种有规律的序列。当然，承认历史发展的规律性，并不意味着否认历史的独特性；而历史研究正是要研究这种独特性。

以上这些思想，体现了马克垚先生全球视野下的历史比较观，值得我们认真研究、认真思考。本文只是进行了一个粗线条的回顾，还有很多问题值得进一步的探讨。总之，我们在研究当前中外学术界都十分重视的历史比较研究的时候，既要重视国外学者在这方面的成就，以便对我们有所借鉴，同时更应该重视和总结近 20 年来中国学者所作的深入思考和宝贵探索，这对于推进 21 世纪的中国史学研究是很有益处的。

（原载《安徽师范大学学报》，2006 年第 1 期）

① 马克垚：《中国有没有封建社会》，参见《史学理论研究》，2004 年第 4 期。

乔治忠

论中日两国传统史学之“正统论”观念的异同

中国古代的正统论思想，是与西方思想文化区别最为显著、最富有特色的政治历史观念。说它是政治观念，因为“正统”往往成为中国古代各个政权在政治斗争中的旗帜，有利于争取人心、凝聚力量；说它是历史观念，因为“正统”与否，是从历史的概括、总结中提出的判断，而各个政权争夺正统名分，实际是归属于历史地位、历史价值的判断。这种正统论观念融入传统史学的肌体，成为中国史学中最显著的思想要素，而且传播东亚，对日本等国的政治与史学产生了深刻的影响。唯因区域、民族、社会历史的具体条件不一，中日两国“正统论观念”也就具有许多不同的特点。考察这种异同变化，具有重要的学术意义。①

一　中国传统史学的正统论观念

在中国，对于正统论观念何时形成，学界尚无确定说法。② 其实这种思想的发展，乃是渐形渐著、逐步深化与扩展的，在其发展进程中，有几个关键的环节值得注意。

---

① 本文考察仅在传统史学范围，中国截止到清朝前期，日本截止于德川幕府时期。

② 饶宗颐的《中国史学上之正统论》（香港龙门书店 1977 年版），对历代正统论问题有较详细清理，并附录大量资料，可资参考。但该书忽略清代雍正帝与乾隆帝的论述，稍有不当。

战国后期，在思想界百家争鸣的历史背景下，阴阳家邹衍提出"五德终始论"，即以五行的木、金、火、水、土各代表一"德"，套用五行之间的相胜关系，将大跨度的历史变化和朝代更迭解释为"五德"的交替循环。这种历史观具备恢宏的视野、博大的气度，因而对古代政治文化造成极大的影响。从"五德终始论"中可以得出合乎逻辑的推论：一个政权，必须占据一"德"的地位，方为合理合法的政权；同一时代，只能有一个占据五德之一的政权。这正是后来"正统论"思想的基点。

西汉武帝时期，汉朝达到统一、强盛的国势，思想家董仲舒发挥《春秋公羊传》观点，倡导《春秋》大一统论及天人感应学说，将一统天下作为政权受命于天的条件与象征，对历史正统论的产生起了催化的作用。此后，汉代学者好以五德相生说或五德相胜说议论政权更迭，多讴歌汉朝的历史地位。例如司马迁《史记·高祖本纪》"太史公曰"亦称："三王之道若循环，终而复始……汉兴，承敝易变，使人不倦，得天统矣。"《汉书·郊祀志》言"刘向父子以为高祖始起，著赤帝之符，旗帜遂赤，自得天统"。据《后汉书·班彪传》，班彪《王命论》称汉朝承接帝尧之统。班固承袭其父思想，所著《汉书》以歌颂西汉为宗旨，且于《典引》一文赞汉高祖、光武帝"盖以膺当天之正统，受克让之归运"，[1]可见东汉初期，"正统"概念即已形成。

东晋时期史家习凿齿著文论"晋承汉统"，否定曹魏政权的正统地位，认为"魏未曾为天下之主；王道不足于曹，则曹未始为一日之王矣。"[2] 认为晋朝应承接汉朝的统绪，将曹魏排除正统政权的序列之外。为此，他还撰写编年体史书《汉晋春秋》记述汉末至晋朝的历史，实践其说，在曹丕篡位之后用刘备政权的年号纪年，以刘备政权为汉朝遗绪。虽然他的议论当时影响不大，但对正统论观念的整体发展具有重要意义：第一，这恰好触及正统论面对历史的一个焦点，即三国时期哪一国应为正统政权；第二，习凿齿不但议论，也实际撰史，自觉地用正统论观点改写历史著述。从此，正统论观念主要表现于史学领域，而成为多数史书贯彻的历史思想。

北宋文学家、史学家欧阳修连撰正统论之文七篇，认为"《传》曰：'君子大居正'，又曰'王者大一统'，正者所以正天下之不正也，统者所

① 萧统：《文选》，卷四十八，2161 页，上海，上海古籍出版社，1986。
②《晋书》，卷八十二，《习凿齿传》，北京，中华书局，1974。

以合天下之不一也。"① "夫居天下之正，合天下于一，斯正统也。"②这是他正统论思想的基本点，即必须实行儒学正宗的王道，同时达到天下一统的政权，才是真正的正统。欧阳修将正统观念提高到理论性的论述层次，导致后来的广泛关注。宋、元、明三个朝代，撰文论议正统者，风起云涌，各持所见。

在正统问题的纷纭聚讼中，理学家朱熹编纂《资治通鉴纲目》一书，通过《凡例》提出"凡天下混一为正统"的标准，认为宋朝以前周、秦、汉、晋、隋、唐是正统政权，同时主张尊王贱霸、内中华、外夷狄。他反对司马光《资治通鉴》在三国时期以曹魏年号纪年的做法，确认刘备政权仍为东汉的继续。其他各朝各君主，皆用特定书法表达褒贬，构成以正统论观念为主导而系统评判历史的史学体系，影响极大。南宋至明初编纂或修改史书，多参照《资治通鉴纲目》的范例。但明代中期之后，华夷之辨更加升温，不承认元朝正统的舆论渐成主流，"天下混一为正统"的标准退居其次。

清朝建立之后，华夷之辨思想成为反清社会力量的精神武器。雍正年间，书生曾静等人欲图说服清朝将领岳钟琪反清，这本来属于政治谋反事件，但雍正帝将之导向文字狱案件，宽免曾静等人死罪，矛头指向主张华夷之分大于君臣之义的已故学者吕留良。他发布长篇上谕，辩论华夷以及正统问题。其主要论点是：所谓"华夷"，不过是地域不同，"皇天无亲，惟德是辅"，不能以华夷判别正统或非正统政权。况且随国家版图扩大与伦理教化的推行，以往的外夷地区，今多成为礼仪之乡。大一统政权是绝对的正统政权，无论君主是哪一民族。君为臣纲是最高原则，目无君父，即为禽兽。③雍正帝的理论是打破民族界限的帝王大一统思想，旨在压制汉人的华夷观念，伸张清朝的正统地位，但尚未对历代正统问题作系统的论述。至乾隆时期，以纂修与修订《御批通鉴辑览》为契机，官方逐渐形成对历史正统论的系统性认识。乾隆四十六年，乾隆帝发布关于历代政权正统问题的谕旨说：

> 《春秋》大一统之义，尊王黜霸，所立万世纲常，使名正言

---

① 欧阳修：《欧阳文忠公集》，卷五十九，《原正统论》。
② 同上书。
③ 《清代文字狱档》，下册，925～933页，上海，上海书店，1986。

顺，出于天命人心之正。紫阳《纲目》，义在正统……夫正统者，继前统、受新命也。东晋以后，宋、齐、梁、陈虽江左偏安，而所承者晋之正统。其时若拓拔魏氏，地大势强，北齐、北周继之，亦较南朝兴盛，而中华正统，不得不属之宋、齐、梁、陈者，其所承之统正也。至隋则平陈以后，混一区宇，始得为大一统。即唐之末季，藩镇扰乱，自朱温以讫郭威等，或起自寇窃，或身为叛臣，五十余年间更易数姓，甚且称臣称侄于契丹，然中国统绪相承，宋以前亦不得不以正统属之梁、唐、晋、汉、周也。①

这种正统论的要点是：（1）大一统政权有绝对的正统地位，不论其统治民族如何、发祥地何在。一统政权的标准，就是对以中原为中心的广大经济、文化发达地区的实际统治。（2）原正统政权的皇族血统，仍作为很重要的因素。如三国时蜀汉、东晋、南宋等政权，只要具备偏安规模，即为正统。（3）统一政权崩析，几个政权并存的时期，承接原正统政权者为正统，如承接晋朝的南朝宋、齐、梁、陈，承接唐朝的五代梁、唐、晋、汉、周等，只要具备偏安一方的规模，即视为正统。没有承续关系的政权，只有完成大一统之后，才取得正统资格。官方定论，当时具有权威性，使私家不同见解的争议减少，但不难看出，这里"夫正统者，继前统、受新命也"，主张正统政权连绵不断，而不得不放弃对正统之"正"的标准，与欧阳修、朱熹的见解皆不相同。因此，这种官方观念并未得到学者的完全认同，甚至还出现一些否定正统论的观点。但在中国古代，正统观念已经深入史学、深入人心，成为史学思想的思维定式。

古代的编年体史书，要采用帝王年号纪年；纪传体史书，要将正统政权的君主立为本纪。如果取消正统论，令编年体以干支纪年，纪传体无"纪"，就不符合帝王为中心的古代政治观和历史观，也颠覆了旧的史学传统，这在君主专制的条件下是不可取的。然而正统政权的判断标准不一，反映出正统论理论与历史史实之间的矛盾。正统论产生与立足的基点，是以承认政权革命、朝代更替为前提。但古代的三纲五常原则强调"君为臣纲"，臣民取代君主，是为作乱，所以对于怎样认识正统

---

①《清高宗实录》，卷一一四二，乾隆四十六年十月甲申，北京，中华书局，1985。

之"正",自然聚讼纷纭。这反映了正统论在名教思想体系内的逻辑矛盾。

矛盾的存在,并不妨碍正统论中具有的观念一致性,这表现为:(1)认同大一统、认同君主独尊;(2)认同正统地位的血缘承袭以及政权承续;(3)大多主张华夷之分,以"中华"政权为正统。即使身为满族的清乾隆帝,也不得不向这种一致性正统观念退让与调和,因而取消了辽、金的正统地位。正是在一致性的正统观念框架之内,观念与史实的矛盾、思想体系内的逻辑矛盾都促进了历史观点的思辨,也刺激许多史书的编纂,对史学的繁荣起到推动作用。在古代史学史上,发表论正统之文的学者络绎不绝,宋代以降尤为兴盛。而专修一史以阐明正统问题,例如东晋习凿齿《汉晋春秋》、宋代萧常《续后汉书》、朱熹《资治通鉴纲目》与元、明时期多种"续纲目"之作,元朝郝经《续后汉书》、明朱权《天运绍统》、丘浚《世史正纲》、丰坊《世统本纪》、王洙《宋史质》、清官修《御批通鉴辑览》、陈鳣《续唐书》等,为其中荦荦驰名者,其余撰述,更不胜枚举。正统论观念,在中国古代政治史、思想史和史学史上,皆占有重要的地位。

二 正统论观念立足于日本史学及其影响

中国的历史正统论观念传入日本,与中国传统文化、传统的经史之学一道并且作为其中组成部分,逐渐扩大在日本的影响。传说约4世纪末、5世纪初,中国《论语》等书籍就已经从朝鲜半岛传入日本。6世纪初,中国南朝萧梁时期,与朝鲜半岛的百济国有密切的海上交通,中国经史之学进一步加深了对朝鲜半岛的影响。而百济同时与日本的经济、文化交流极其频繁,连续有百济知名的"五经博士"到达日本,传播中国的思想文化,中国的典籍也应在此时大量传入日本。[①] 6世纪是中国儒学、中国历史文化在日本扩大影响的重要时期。

---

① 大庭修:《汉籍输入の文化史》,25~26页,东京,山本书店研文出版,1997。

7 世纪初的日本推古天皇时期，圣德太子①于公元 604 年制定了《十七条宪法》，体现了全面接受中国政治文化理念的趋向，这是此前长期接受中国经史之学熏陶的结果。例如《十七条宪法》第十二条称"国非二君，民无两主，率土兆民，以王为主。所任官司，皆是王臣"，②这里表现出建立统一国家和独尊一个君主的理念，明确提出"国司"、"国造"等各地领主都是"王臣"。不仅体现了儒学的"尊王"意识，也是历史正统论观念的思想基础。日本学者早已指出：《十七条宪法》使用了出自《毛诗》、《尚书》、《礼记》、《左传》、《孝经》、《论语》、《孟子》、《管子》、《墨子》、《荀子》、《韩非子》、《史记》、《文选》等书的语句。③可见圣德太子等日本上层人物接触的中国典籍，种类已经十分可观，上列各书中《史记》的行文与《文选》中班彪《王命论》、班固《典引》等文，无疑多处带有中国当时所具备的正统论观念。《王命论》称"唐据火德，而汉绍之。始起沛泽，则神母夜号，以彰赤帝之符"；又曰"神器有命，不可以力求"④。不仅传达正统论思想，而且包含正统君权来自神授的观念，这应对日本依据正统论观念而构建神话发挥了影响。《文选》卷五十特别摘录班固《汉书》的《述高帝纪第一》，文字简短，其中有"皇矣汉祖，纂尧之绪，实天生德，聪明神武"，歌颂汉朝正统时出现醒目的"神武"字样。

日本公元 646 年开始的"大化改新"，模仿唐朝的政治体制，实际是向往建立一个唐朝那样的大一统正统政权。从 6 世纪至 8 世纪初期，官方纂修史书的活动也开展起来，其中最引人注目的是《古史记》和《日本书纪》的编纂，两书都是以天皇为中心的编年史。

日本官方修史也是由圣德太子肇始。据记载，推古天皇二十八年（620 年），组织撰写了《天皇记及国记臣连伴造国造百八十部并公民等

---

① 圣德太子（574—622 年）：日本女天皇推古天皇（第 33 代天皇）时执政者，为用明天皇（第 31 代）之子、推古天皇之侄。通儒学、佛学，制定其政权中的官位品级与《十七条宪法》，遣使访问隋朝，汲取和推行中国文化，在日本历史发展中有深远影响。因早逝于推古天皇之前，未得继承皇位。
②《日本书纪》，卷二十二，145 页，日本新订增补《国史大系》本，东京，吉川弘文馆，1961。
③《汉籍输入の文化史》，26 页。
④ 萧统：《文选》，卷五十二，2264 页，上海，上海古籍出版社，1986。

本记》，①其书不存。天武天皇②之时，开始编纂以天皇为中心的历史著述《古事记》，但直至元明天皇左位的公元 712 年才最后完成。天武天皇重视史学亦非偶然，他是发动武装叛乱，夺取其侄大友皇子（弘文天皇）皇位而登基的，这种不大光彩的经历，促使他关注传于后世的历史记载。其诏书曰："朕闻诸家之所赍帝纪及本辞，既违正实，多加虚伪。当今之时不改其失，未经几年其旨欲灭。斯乃邦家之经纬，王化之鸿基焉，故惟撰录帝纪，讨覈旧辞，削伪定实，欲流后叶。"③表明要将记载歧义的资料修改统一，撰成帝纪，建立天皇的正统世系。后来元明天皇令太安万侣完成修撰之业，成《古事记》三卷，序言中赞颂起兵夺位的天武天皇曰：

> 皇舆忽驾，凌度山川，六师雷震，三军电逝。杖矛举威，猛士烟起，绛旗耀兵，凶徒瓦解。未移浃辰，气沴自清。……清原大宫，升即天位。道轶轩后，德跨周王。握乾符而捴六合，得天统而包八荒；乘二气之正，齐五行之序。④

这里称天武天皇超过消灭蚩尤的黄帝与讨伐商纣的周武王，"得天统"而且"齐五行之序"，不难看出，这是源于中国的正统论观念。而《古事记》全书主要宗旨是构建从神代到推古天皇的皇位继承体系，将天皇的血统直接描述为神的后裔。三卷之书，神代部分占有一卷，33 代天皇仅为两卷，极其简略。如前所述，中国正统论本来具有君权神授以及皇帝血缘后裔承接正统的观念，《古事记》结合日本国情，为天皇建立起神的血统体系，其目的不在于记述历史事迹，而是一部自觉体现正统论中血统观念的史书。

---

① 此据日本学者坂本太郎《日本的修史与史学》，沈安仁等译本，3 页，北京，北京大学出版社，1991。作者认为"国记"是记载国家之史事，臣、连是日本中央政权中有势力的氏族，伴造是世代掌握朝廷某种事务的中等氏族；"百八十"表示众多，并非确数，"部"为伴造的同族；"公民"指直属于中央朝廷的人们。此书意欲记述上自天皇，下至国民的历史，是否撰成，学界看法不一，内容久已无存。

② 天武天皇：日本第 40 代天皇，以军事叛乱方式击败已立为天皇的大友皇子，夺取皇位。在位期间（673—686 年）国力比较强盛。

③《古事记》，卷首《序》，日本新订增补《国史大系》本，东京，吉川弘文馆，1966。

④ 同上书。

正统论另一重要的观念是大一统思想。《古事记》已经包含这种观念，但学界早有怀疑此书后来经过了修补改动，甚至有人将整部《古事记》都看成伪书，①因此我们主要从《日本书纪》来分析中国"大一统"思想在日本史学的最初表现。《日本书纪》成书于公元 720 年，共 30 卷，另附帝王系谱 1 卷已经佚失。本书完全用汉字编写，大体上采取编年体形式，名为"书纪"，是仿照中国纪传体史书的本纪。

即使是公元 720 年《日本书纪》修成之时，天皇政权实际统治的地域也是十分有限的。但该书在卷一《神代上》的神话中，叙述阳神伊弉诺尊与阴神伊弉册尊的创世过程，则尽其所知地将各个岛屿归入其中，从根源上将之统一起来：

> 伊弉诺尊、伊弉册尊立于天浮桥之上，共计曰：底下岂无国软？乃以天上之琼矛指下而探之，是获沧溟。其矛锋滴沥之潮，凝成一岛，名之曰磤驭卢岛。二神于是降居彼岛，因欲共为夫妇，产生洲国……于是阴阳始媾和为夫妇，及至产时，先以淡路洲为胞，意所不快，故名之曰淡路洲，乃生大日本丰秋津洲，次生伊豫二名洲，次生筑紫洲，次双生亿歧洲与佐渡洲。……次生越洲、次生大洲、次生吉备子洲。由是始起八大洲国之号焉。即对马岛、壹歧岛及处处小岛，皆是潮沫凝成者矣，亦曰水沫凝而成也。②

上文涉及的地名中，磤驭卢岛即今日本沼岛，淡路洲即淡路岛，丰秋津洲即本州岛，伊豫二名洲即四国岛，筑紫洲即九洲岛，亿歧洲即隐歧诸岛，佐渡洲即佐渡岛，越洲即本岛之三越地区，大洲泛指本岛，吉备子洲乃吉备海岸外之粟岛、小豆岛等岛屿，对马岛、壹歧岛今仍原名。③ 这些位置十分分散的地点，被描述为一对阴阳神所生，甚至相距 500 多公里的隐歧诸岛与佐渡岛，④竟然被说成双胞胎，目的是从根源上

---

① 中、日学者怀疑《古事记》为伪书的见解，参阅卫挺生著《日本神武天皇开国新考》（香港商务印书馆 1950 年版）第一章"日本开国传说史史料的检讨"。今日本史学界多数学者，认为其书不全为伪书。

②《日本书纪》，卷一，《神代上》。

③《日本神武天皇开国新考》，第五章，76 页。

④ 佐渡岛位于日本北部新泻西北的日本海中。

将各地、各岛规定为不可分割的统一国家。因此,《日本书纪》中记述的神话,虽然可能汲取日本与其他民族早期神话传说的因素,但其主要内容脉络,则是由官方按照国家统一的理念而精心编定,是在正统论的一统观念影响下构建的。日本杰出的史学家津田左右吉①早就指出,《日本书纪》、《古事记》的神话并非民间自发产生与发展的,其主题是出于实现政治统一的构想,②但他没有看到这是源自正统论观念的影响。值得注意的是,《日本书纪》采用标明"一书曰"、又"一书曰"的方式,罗列多项传说,似乎很忠于原始资料。但这些罗列只有细节上的出入,实质并无区别,都是说明日本众多的岛屿、国土以及其他资源,都是相同的日本祖先神所创造,而且各种传说还起到扩大创世范围的作用。试想在整个日本未引进汉字之前,哪里会有这"一书"又"一书"的许多典籍?这种假托,应是灵活模仿《三国志注》或《春秋左传集解》的那种排列多种资料的方法,借以表明所构建神话的主体内容毋庸置疑。再者,《日本书纪》连所记年代都是有意识伪造的,将第一代神武天皇即位时间提前到公元前 660 年,以符合当时日本信奉的中国谶纬之说。③那么,按照正统论的政治理念塑造神话,自然也是当时顺理成章的行为。

与《古事记》一样,《日本书纪》也强烈表现出帝王正统地位的血统继承观念,同样将天皇叙述为天照大神即日神的后嗣,但神祇的名号、传承体系与《古事记》有较大区别。我们不必在此清理两书神话的异同,因为无论哪种说法,实质并无区别,恰如有的日本历史著述所言:要之日本神话的本质,就是天皇作为天照大神的"正统的子孙",具备高贵的血统,而其他各个氏族大家,也是各路神祇的后嗣。④ 另外,本书排列从神武天皇到第 41 代持统天皇的正统世系,比较详细地记载了各代的史事,被天武天皇推翻的大友皇子,则被排斥出天皇统绪,连他本来已经继承皇位的史实也被隐没。这表明本书编纂之际,充分考虑了正统地位

---

① 津田左右吉(1873—1961):日本杰出历史学家,于"二战"之前即剖析了日本"神代史"的本质,指出其完全不是史实,而是应政治需要的构想,开日本古代史科学研究之先河。著述宏富,有全集行世。

②《津田左右吉全集》,别卷第一,《神代史の新しい研究》,42 页,东京,岩波书店,1966。

③ 坂本太郎:《日本的修史与史学》,5 页、17 页,北京,北京大学出版社,1991。

④ 肥后和男:《天皇と国のあゆみ》,147 页,东京,日本教文社,1965。

的予夺问题。《日本书纪》中录用中国史书现成文句随处皆有，深受中国史学思想和史学传统的影响无可置疑，而其中相当强烈、深刻、成熟的国家统一观念和皇室神圣血缘的正统观念，没有中国文化的影响，在当时是不可能形成的。

《日本书纪》对日本政治、文化的影响极其深远，如果说中国的五经四书同样是日本儒学的经典，那么《日本书纪》则是日本"国学"的经典，曾被誉为"阐发鬼神之幽秘，通贯帝王之经纶，焕乎大哉！昭如日星"。①因此这部史书的修成与流布，标志经过改造的正统论观念已在日本史学中立足。

虽然日本4世纪后半期至5世纪，接近于中国和朝鲜半岛的地区，出现以大倭政权为中心的某种统一趋向，但仍然十分松散且不稳定。尤须明了的是，这种统一趋向乃强势政权的自发扩张，距离自觉的大一统意识的形成尚极其遥远。在中国广袤而且便于经济、文化联结的中原地区，从西周到西汉经过悠长历史，才形成较为明确、系统的大一统观念。日本多零散群岛，大的岛屿上也山岭纵横，这样的地理环境在古代难以实现大范围统一政权，更不用说大一统的自觉意识。但日本十分幸运，中国业已发育成熟的思想文化，接续不断地传入，对尚处于早期社会状况的日本产生不可估量的影响。大一统理论的传入，促使日本超前地建立起认同政治统一的主流理念，遏止了不同思想的萌发，是日本形成十分稳固统一国家的主要原因。君权神授、君主正统地位血缘承袭的观念等，与日本氏族社会状况相结合，形成天皇神裔地位不可取代的社会意识，是维护日本天皇"万世一系"的重要因素。因此，中国正统论的历史观念，在别无异端思想可以匹敌的日本，参与铸成其特殊的历史进程，即分散地理状况下的早期政权统一，以及皇位始终一姓承袭的历史景观。

三　正统论思想在日本的延续与发展

《日本书纪》之后，官方依照其义例接续纂修五部编年史，与《日本

---

①　中村光：《中世に於ける日本书纪の研究》，见《本邦史学史论丛》（东京大学史学会编），上卷，593页，东京，精兴社，1939。

书纪》合称"六国史"。由于日本历史上没有发生中国那样的改朝换代，不存在争辩正统的问题，因而"六国史"虽贯彻正统论的观念，"正统"字样却极少出现于史册。随后，日本在政治上形成武家掌权，史书编纂也呈现出多样化景象。但对《日本书纪》的研习、讲论、注释、抄录，则始终没有歇止①，而且记述历代天皇统治世系之书接踵而出，例如《先代旧事本纪》、《历代皇记》、《皇年代略记》、《皇代记》等。② 这些史书大多从日本神代说起，以宣扬天皇的血统神圣和统治世系为宗旨，而不重视详细记载客观的史事。因此，由史书、史学所引导，神皇血统观念、日本统一国家观念，成为其民族精神的重要因素。

从社会政治层面来看，日本没有异姓权贵篡位和地方势力问鼎、称帝等"革命"性事件。即使靠武力完全掌握实权的幕府统治者，也未产生自己篡位做天皇的企图，这乃是思想被神皇血统观念所束缚的结果。至 14 世纪 30 年代，日本开始了延续 60 年的南北朝时期，即占据京都的足利氏武装集团，拥立皇室成员为傀儡天皇，而被逼让位的原天皇逃奔南方组织力量，双方处于战争和对峙状态。这样，哪个天皇为正统君主的问题就凸现出来。属于南朝政权的北畠亲房在兵败流离之中，撰写了对后世影响很大的《神皇正统记》一书，正式将历史正统论观念标志于书名。该书记事简略，主要内容是排列从神代到历代天皇正统的世系，直至"第九十六代今上皇帝"。书中认定南朝天皇为正统，提倡大义名分，对历史上有作为的天皇，都予以推重，因而把建立功业的神功皇后，也作为第十五代天皇来重点记述，对新即位的南朝天皇，则寄托着转变时运的希望。

日本南北朝的这一客观历史状况，《神皇正统记》一书的传布，以及中国程朱理学和《资治通鉴纲目》传入日本，都对日后日本史学更加重视正统问题起到促进作用。随着朱熹学说在日本影响的扩大，特别是朱子学成为显学的德川幕府时期，史家不仅在其历史著述中表现"神皇正统"思想，而且将正统问题作为史学议论的课题。如当时有名的儒学家浅见絅斋（1652—1711 年）评论日本的南北朝历史，主张南朝正统，"亲房之《神皇正统记》为此而著者，此一节尤君臣大义所关，《春秋》、

---

① 参阅日本学者太田晶二郎：《上代に於ける日本书纪讲究》；中村光：《中世に於ける日本书纪の研究》，载《本邦史学史论丛》。

② 参阅日本史学家黑板胜美：《（更订）国史の研究・总说》，第 3 章，东京，岩波书店，1931。

《纲目》所为作也。……《纲目》中天子播越流离之间，贼帅往往奉王子王孙以假号攘位者，朱子皆黜书之，而至于天子，则虽微弱必以正统归之。"①这里议论的是日本南北朝正统问题，推重的则是《神皇正统论》，而以朱熹正统论思想为理论依据。

德川幕府时期水户藩纂修《大日本史》的过程，是吸取、发挥中国传统史学义例的过程，同时也是一个全面清理日本历史上正统问题的过程。这部纪传体通史从1657年开始组织纂修，后时断时续，至1906年才全部印刷成书，历时竟达250年之久。②全书之本纪、传记、志、表与目录共402卷，本纪自传说之神武天皇至南北朝结束之后小松天皇，共100代。虽然未将神祇列于本纪，但立于典志之首，其《总叙》称"天皇以天祖之遗体世传天业，群臣以神明之胄裔世亮天功……故以神祇为首，君传天统，臣皆神胤。"③可见尽管成书于近代，血统论特色的神皇正统观念，依然十分浓厚。

《大日本史》在义例上有所谓的"三大特笔"。第一是将原被奉为一代天皇的神功皇后，归入《后妃传》，理由是她虽实际执政且有很大功业，但从未即天皇之位。这是从"名分"原则出发。第二是立"天皇大友"本纪，大友是被其叔父大海人（即天武天皇）举兵叛乱所推翻的，该书查考史实，批评旧史隐没"天皇大友"，造成"是非混淆而顺逆倒置"。这两项特笔，确与《日本书纪》、《神皇正统记》等义例不同。第三是在南北朝问题上裁定南朝为正统，虽《神皇正统记》早有此说，但具体记述方式颇有分歧。主张严执"大义名分"者将北朝天皇黜入列传，北朝权臣足利之党书之为"贼"，而编修官、著名史家安积澹泊（1656—1737年）提出"所谓南北两宗，钧之天祖之胤，而所谓北朝五主，即今天子之祖宗也，岂可降为列传乎？"④结果，北朝五位天皇载于《后小松天皇本纪》之首，足利氏亦免于称"贼"。这达到了申明正统的目的，但义例十分温和。此后，学界激烈的议论仍未止息。例如藤田东湖（1806—1855年）在《弘道馆记述义》中，仍痛斥北朝足利氏祸乱国家，罪恶尤大，"仰足利之鼻息者皆贪婪无耻之徒也，既歼忠义之士以孤皇

---

① 浅见絅斋：《答跡部良贤问书》，载《浅见絅斋集》，255页，东京，诚文堂新光社，1937。

②《日本的修史与史学》，128～129页。

③《大日本史》，卷二四四，《神祇志总叙》，东京，共同印刷株式会社，1928。

④ 藤田幽谷：《修史始末》，载《大日本史·后附》，卷之上，4页。

家，又聚贪婪无耻之徒以成其私，甚矣哉，足利之无道！"①另一著名史学家赖山阳（1780—1832年）认为："天子南迁，而贼臣私立君。当是时，南则正，北则伪，事南者荣，事北者辱"，若对北朝有所忌讳而不能贬斥，乃是"犹陷厕溷粪秽之中，终古不肯洗涤，是所谓自贼、贼其君者也。"②这类评论，比比皆是，成为幕末朱子学"尊王"理论中最耀眼的史学思想。但对德川幕府的政治态度迥然有别，一为"尊王敬霸"，一为"尊王贱霸"，后一种观念促成"倒幕"的政治运动，从而带来以"王政复古"为发端的明治维新。正统议论之社会影响，由此可知其大而深远。

中国正统论的另一重要思想是"内中华，外夷狄"的华夷之辨。"夷狄"民族建立的政权，若未取得天下一统，绝对没有历史上的正统地位；即使是元朝那样的大一统政权，也还是被许多汉族士人所否认。这种观念对于接受中国古代思想文化的日本，是挑战也是激励。与朝鲜半岛不同，日本对中国的交往，除南北朝时足利氏政府称臣于明朝之外，从最初就保持本国的"自尊"，并且发展为自大。在接受儒学思想与中国传统史学之际，日本不能从思想体系上摒除其中的华夷观念，便将"中国"、"中华"、"神州"等词语全部拿来用于自称，③以自居于"华"而否认为"夷"。9世纪末日本著名学者、大臣菅原道真（845—903年）虽汉学功力深厚，但主张"和魂汉才"，他编纂仿中国类书形式的《类聚国史》，在门目设计与先后顺序上，充分体现出以日本为中心的精神。④14世纪的日本名僧虎关师錬（1275—1346年）著佛教史《元亨释书》，强调日本优于中国，理由之一是日本神世、人皇，一系相继，没有改朝换代的革命，这个论点后来成为日本自鸣优越的重要依据。《神皇正统记》开篇第一句即称"大日本者，神国也。天祖开基，日神垂统，我国之有此事，异朝决无其类，此故云神国也。"还别出心裁地将印度、中国的上古传说与日本对比，认为只有日本天皇"宝祚之隆当与天壤无穷"⑤。德川幕府时期的大学者山鹿素行（1622—1685年），撰写《中朝事实》一书，唯

① 藤田东湖：《弘道馆记述义》，卷之下，1页，《日本学丛书》本，东京，株式会社雄山阁，1931。
② 赖山阳：《日本政记》，卷十四，328页，广岛，增田兄弟活版所，1937。
③ 参阅朱云影：《中国华夷观念对于日韩越的影响》，载《中国文化对日韩越的影响》，台北，黎明文化事业公司，1983。
④ 喜田新六：《类聚国史の编纂について》，载《本邦史学史论丛》，151～153页。
⑤ 北畠亲房：《神皇正统记》，卷一，30页，东京，三秀舍，1940。

一宗旨是要阐明日本是"中朝"、"中国"、"中华"、"神州",反而称中国为"外朝"、"西土",认为"皇统与天壤无穷,礼仪因循",远超印度与"外朝"。①诸如此类的议论,不胜枚举,虽然也有学者承认日本相对于中国只是外夷,但被淹没于批驳指责之中,影响微弱。至于《大日本史》一书把隋、唐、宋、明都编入"诸蕃列传",与虾夷、琉球等列,这些都是日本正统论观念变化的明显事例。

总之,中国传统史学的正统论之三大核心内容,即大一统思想、正统帝位的血统承袭观念、华夷之辨观念,皆融入日本史学之中,但却形成许多与中国不同的特点。比较二者的异同,可以加深对中日两国史学发展及各自社会背景的认识。

四 中日两国正统论思想的异同

日本的历史正统论思想既然来源于古代中国,就自然与中国的正统论有许多共同之处。除词语、文句、概念上的形似之处,在政权一统,正统皇位血缘承袭与尊王攘夷等几大观念上有着大体相同的表现。无论古代中国还是日本,正统论思想都主张政权一统,反对分裂;在政权分立的历史时期,最多只能承认一个正统政权,即正统政权在同一时期和一定范围内具有排他性。在中国与日本,这种观念都是评论历史、撰著史书的思想原则,而其影响于社会发展,都起到促进政权统一的作用。

在中国,正统政权的判断标准虽有严、宽之别,但对于原正统君主后裔继位的政权,则皆予以优先的承认,三国时期刘备政权被多数史家视为正统,盖得益于此。严执正统标准的学者如欧阳修等,亦不否定董卓以残害东汉少帝而后另立的汉献帝,这皆出于血统关系上的考虑。至于天皇皇位一姓承袭的日本,血统论观念就更加强烈,以叛乱战争夺取弘文天皇皇位的天武天皇,其正统地位从未受到史家的质疑。可见无论中国还是日本,正统皇位血缘承袭的观念与纲常伦理的道义观念,在一定程度上皆有所剥离,并且往往是血统观念居主导地位。

"尊王攘夷"本是儒学阐释的《春秋》大义,同时也成为正统论融合

---

① 山鹿素行:《中朝事实》,下册,204~205页,《日本学丛书》本,东京,株式会社雄山阁,1943。

于儒学思想体系的连接点。古代所谓正统政权，实际是表示在位君主的正当地位，"尊王"在历史理论上乃是尊奉正统政权的君主。如上所述，中日两国正统论的华夷之辨思想，皆具有"内中华、外夷狄"的理念，而各自又都自居于中华，这是共同的特点。

中日正统论在以上相同的表现之内，仍然蕴含着同中之异。比较两国传统史学正统论的不同之处，考察其内在原因，应当更具有学术意义。概括而言，中日正统论观念相异的特色及其根源，大致可从以下两点予以分析。

第一，中国承认"革命"的历史观与日本"皇统万世一系"的社会意识，是两国正统论思想的明显区别。中国历史的传说时代，就有古圣王尧、舜禅让的美谈，商汤灭夏、武王伐纣合称"汤武革命"，得到正面的肯定与歌颂。儒学经传在主张忠君、尊王的同时，也认为"皇天无亲，惟德是辅"，①即将改朝换代视为正常的天意。正统论思想，正是在中国中原政权多曾改朝换代的背景之下，应统一的历史趋势和舆论诉求而产生的历史观，假如没有朝代更迭，没有后来的政权分立，就不大可能出现议论纷纭的历史正统论。也正因为中国正统论存在着承认朝代革命的前提，使之难以与强调纲常伦理的名教思想体系完全契合，出现正统标准分歧较大等矛盾，这在上文已经论述。学者、史家、统治者皆对历史正统问题争议不休，原因就在于此。

正统论观念随中国经史之学传入尚未出现正统争议的日本，一开始就受到扬弃与改造，其中认可改朝换代的因素被完全排除，而汲取并强化了正统论中皇位血缘承袭的内容。为此目的，日本必须连儒学中"皇天无亲，惟德是辅"的理念一并改造，于是构建了《日本书纪》内的创世神话，把"皇天无亲"直接变成"皇天有亲"，天皇就是天神的嫡系血胤。这样，原来正统标准的分歧已经基本化解，余下的正统观念成为维护天皇万世一系、血缘传承的依据。在中国因多次发生改朝换代而产生的思想，到日本变成拒绝改朝换代的社会意识，这是中国思想文化对外影响的一个有趣的特例。在此，我们不能不赞叹日本自古就具有对外来文化多学善择、融合改造的精神。

第二，中国古代之"天下观"思想，是正统论的深层根源，而日本接受正统论观念，乃依托于国家意识，两国的政治理论基础大不相同。

---

① 《春秋左传注》，杨伯峻注本，僖公五年，309页，北京，中华书局，1981。

　　中国古代统治者或思想家，动辄以普天下的代表自居，中国皇帝从精神理念上不能承认另外存有对等的政权和君主。这种观念由来悠久。早在西周，即称"溥天之下，莫非王土；率土之滨，莫非王臣"，①直至清代前期，仍自认是唯一的天朝大国。这种"天下"观念，对于所谓开化的地区，坚定地试图统一，大一统思想由此产生。对于不能掌控或不甚了解的地区，概视为未及开化的夷狄，由于轻视，则可能不屑于将夷狄置于一统政权的直接管理之内。可见华夷之辨原本也是派生于"天下"观念。

　　日本古代是否有过影响广泛的"天下"观念，现已了无痕迹，而其国家意识产生之早而强烈，则极其值得注意。这种国家意识，不是在日本政治文化自然发展中形成的，而是汲取中国"天下"观念、大一统思想，将之缩小到一定的区域而形成，但往往希望将之再向大一统的方向有所扩大。《日本书纪》中的创世神话，具有分明的地域范围，明确提出"八大洲国"概念，这应当是在清晰了解域外有一广阔的大陆，了解有经济、文化更加发达、制度更为完善的中国之后形成的内容。日本史籍也常常出现"天下"字样，但不过是挪用中国典籍的现成词语，如《日本书纪》卷二叙述天孙降临，"后拨平天下，奄有八洲"，可见所谓"天下"，还是仅仅"八洲"即八个岛屿而已。

　　"天下"观念与国家意识对于政权一统的认识，可以说基本没有区别，但在华夷之辨的认识中，却潜藏着重大差异。中国古代"天下"观念基础上的华夷之分，拒绝承认域外可能存在超于本朝的文明，容易导致盲目的故步自封，成为近代化的桎梏，且较难克服。而国家意识极强的日本，在华夷之辨问题上虽然也表现出自大倾向，但毕竟无法否认接受大量中国文化成果的史实，例如上文提到的山鹿素行，是竭力鼓吹日本优越的学者，但也认为"外朝（指中国）之经典，广行于世，人人知圣贤之事迹，文字语言之用不乏，大补中国（指日本）之治平。"他并不将中国置于夷狄地位，承认两国"一天地之气候，同神圣之揆，而人物事义，殆不异。"② 这些言论，是与中国的华夷观念不同的。因此，日本一旦真正发现"夷狄"先进，就比中国较容易地转为学习、仿效，后来明治维新的历史即可为证。

---

① 《诗集传》，卷十三，《小雅·北山》，上海，上海古籍出版社，1980。
② 《中朝事实》，下册，59～60 页、75 页。

综上所述，中国古代的正统论思想与经史之学一道，深刻影响了古代日本的发展。正统论蕴含的几种观念，立足于日本史学，作用于日本社会，经过改造与演化，表现出特殊的政治文化功能，参与造就了日本反而可以向古代中国自夸的历史景观。

（原载《求是学刊》，2005 年第 2 期）

龚书铎

评当前思想文化领域中的历史虚无主义

历史虚无主义并不是现在才出现的。20 世纪二三十年代，就有人宣扬"全盘西化"论，认为中国文化不论哪一方面都比不上西洋文化，因而对西洋文化要"诚心诚意的全盘接受它"。80 年代起则又有人宣扬历史文化虚无主义的观点，说只有以"蓝色文明"的雨水来"滋润这片干旱的黄土地"，才有可能使它"重新获得生机"，实际上是要"西化"中国。此后，历史虚无主义思潮时伏时起，直至今日，其表现广泛、原因复杂、危害深远。

一　当前思想文化领域中历史虚无主义现象的主要表现

表现之一：贬损中华民族的历史，把五千年文明描绘成漆黑一团，对农民战争更是一笔抹杀。在有些人的笔下，中华民族"几千年的历史中，占据主导地位的是流氓价值观"。"中国大一统的特点"，是"从经济到政治、思想，都不给一点自由发展的空间；从统一意志，统一思想，舆论一律，做到腹诽罪、思想犯、文字狱"。有些人在其论著里美化封建统治者，否定农民战争，将其视为"寇乱"，认为"中国历史上几十次大规模的农民战争血流成河，多少次把全国人口减了一半，甚至一大半，换来了什么社会进步？……最后还不是一穷二白吗？"因此，他们认为对历史上的农民战争应该"结论"为："实际是为草菅人命的恶劣传统泛滥推波助澜"。有的书里说：

"毛泽东认为农民革命才是社会发展的动力，不对。实际每次农民革命，都造成对社会生产大规模的破坏，推动历史进步的倒是掌握经济的剥削阶级，从原始社会到奴隶制度到封建制度到资本主义制度，起推动作用的不是奴隶革命、农民革命，而是努力发展经济的奴隶主阶级、地主阶级和资本家。"

表现之二：歪曲中国近代史，否定革命。有人提出，对20世纪首先要反省的"就是革命和政治压倒一切、排斥一切、渗透一切，甚至主宰一切"，犯了"革命崇拜症"。"20世纪的革命方式确实带给中国很深的灾难"，革命是"令人叹息的百年疯狂与幼稚"，革命"搞糟了"，因此要"告别革命"。

在否定革命的思潮影响下，中国近代史的研究中有一种"时尚"，即以"现代化范式"（或"现代化史观"）代替"革命范式"（或"革命史观"），提出"100年的中国近代史其实是一场现代化史"。这种所谓的"范式转换"，不仅涉及中国近代史的主线是什么的问题，而且涉及对一系列重大事件、人物的评价问题。于是翻案成了"时尚"。在一些人笔下，洋务运动成为"近代中国的第一次现代化运动"；戊戌维新运动成了变法派人士政治激进主义的产物；义和团运动"貌似爱国，实属误国、害国"；辛亥革命的前提条件不足以成立，"完全是近代中国特殊历史条件下革命志士鼓吹、争取的结果"。他们评价历史人物时，说慈禧太后是"优秀的政治家"，"真诚地主张进步与革新"，"如果以此为共识，中国未来的发展可能将是另外一个样子"；袁世凯的政治主张"反映了当时社会历史发展趋势"；"汪伪政权并不代表日本人的利益，而是代表沦陷区人民的利益"；"周作人即使当汉奸，依然是一个高尚的人道主义者"。如此等等，把已被颠倒过来的历史再"颠倒"回去，混淆是非。

表现之三：把以马克思主义唯物史观为指导的历史研究，称之为"伪史学"、"垃圾史学"。有人说郭沫若、范文澜等马克思主义史学家是"帝国史学"、"皇家史学"，是"奉旨考证"；有人说"夏、商、周断代工程"是"用以证明一个被预设的政治目标，那就是汉族中心论"，"是皇家史学的又一新杰作"，"史官们在一如既往地编织着'皇帝的新衣'"。

从历史虚无主义的几种主要表现来看，他们并不是对历史（现实）完全虚无，而是有所虚无，有所不虚无。他们在贬损中国几千年文明史、贬斥农民战争、否定革命、丑化党的领袖人物的同时，却美化那些叛徒、汉奸和反动统治者。历史虚无主义思潮的政治实质，是要否定中国共产党的领导、马克思主义的指导、社会主义制度和人民民主专政。

二　历史虚无主义泛起的根源

历史虚无主义可以说是一种带有国际性的思潮。还在苏联解体之前，一些人就是一方面极力否定十月革命，给苏联共产党和社会主义制度抹黑，妖魔化斯大林；一方面则是改写了罗曼诺夫王朝的全部统治史，罗曼诺夫王朝的统治者们被说成是"上帝的羔羊"，说"他们只懂得关心人们、为人们谋幸福"。1990 年在西班牙马德里举行的第十七届国际历史科学大会上，波兰历史学家耶日·托波尔斯基提交的题为《历史编纂学中的革命神话》的论文中否定了法国大革命、十月革命等历史上所有的革命。他说："在历史编纂学中，政治含义的'革命'一词，从一开始就具有神话解释的成分。历史学家在很大的程度上变成了某些社会主张与政治主张的传声筒。"

这种否定革命的国际思潮，影响到了国内的学术界。前面提到的所谓以"现代化范式"代替"革命范式"的观点，美国杜克大学的德里克教授在题为《革命之后的史学：中国近代史研究中的当代危机》一文中有过详细阐明。文章说：历经六七十年代，革命一直是美国汉学界历史解释的范式，当时，占主导地位的是对革命的"正面评价"。但是，这种看法从 20 世纪 80 年代中期便开始变了。"先前一直被描述为解放史诗的革命史，现在都变成了衰落与失败的故事。"一些著作竭力散布革命的种种弊端，说什么"革命并不意味着被压迫者对压迫阶级的胜利，而是使中国社会的不良分子得以掌握权力"，"革命使潜存于中国文化中的恶劣习性与态度泛滥成灾。""虽然中国经历了一个世纪的战争与革命，但晚清以来的中国从未成为现代社会。换句话说，中国革命不仅未使中国现代化，反而强化了其前现代的状态。"有的则更进一步强调："革命带来的可能并不仅仅是失败，它可能还打断了清末以前一直在进行的朝着现代化方向的发展过程"，"中国如果没有革命，其境况会较好些"。这些观点同国内否定革命的言论如出一辙。

宣扬历史虚无主义是美国等西方国家图谋西化、分化中国在学术上的表现。国内一些散布历史虚无主义的人，目的是要把中国从社会主义扭转到资本主义的道路上去。在一本描写中国近代史的作品中，借美化清末新政来鼓吹"'学习西方'的主流文化（西方资本主义）成了无法抗拒的必由之路，包括清末新政在内的东方各国现代化进程的成就与失误，都是源于对这个历史必然的态度。"显然，这里所说的"历史必由之路"不是别的，就是指西方资本主义的道路。有些人说得更为直白："自由主义坚守自由的正义原则、拥有宪法和政治这些制度化架构以及适合当代民族国家范围的代议制度选举制度，不管我们对其有多少批评，我们依然不得不接受它，作为我们民主化内容的基本框架。""宽容、民主和自由主义，一定是不可动摇的精神基石。一切理性的思想者，都应该加入维护这一基石的行列中。"他们甚至宣称，在 21 世纪前半叶，中国思想界长期的任务是"反对军国主义和法西斯主义"。他们要反对的"军国主义和法西斯主义"，矛头所指，不言自明。

从历史观和方法论上说，历史虚无主义的鼓吹者否定的是马克思主义的唯物史观和方法论，遵循的是唯心史观和主观主义的方法。他们所宣扬的思想观点，不是在全面、系统地掌握有关材料的基础上经过科学的分析得出来的，而主要是在表达自己的某种倾向、某种情绪，带有极大的主观随意性。他们攻其一点，不及其余，抓住支流、现象下结论，用这种方法去剪裁历史，编排历史，把好的说成坏的，把坏的变成好的，从而达到歪曲历史的目的。对这种方法，列宁当年曾尖锐地批评说："在社会现象领域，没有哪种方法比胡乱抽出一些个别事实和玩弄实例更普遍、更站不住脚的了。挑选任何例子是毫不费劲的，但这没有任何意义，或者有消极的意义，因为问题完全在于，每一个别情况都有具体的历史环境。……如果不是从整体上、从联系中去掌握事实，如果事实是零碎的和随意挑出来的，那么它们就只能是一种儿戏，或者连儿戏都不如。"

三　历史虚无主义的危害

历史虚无主义所宣扬的思想，往往通过学术研究来表现，带有一定的隐蔽性，容易被人们作为学术问题而忽视。前面所说的关于中国历史上所谓"流氓价值观"、"大一统思想"以及抹杀农民战争、用"现代化范式"代替"革命范式"等，其指向是否定近代以来中国整个革命进程，包括农民革命、旧民主主义革命、新民主主义革命、社会主义革命的历史，当然最终必然要否定我们坚持的四项基本原则。其所反映的不只是历史文化问题，更根本的是政治问题、是对待党和国家现实的态度问题。

历史虚无主义这股思潮所散布的一些错误观点，不仅流行于史学界，而且在青少年中、在社会上也产生了不可忽视的影响。这在我们的初中《历史课程标准》和教科书中已反映了出来。例如，农民战争没有其历史地位，推翻明王朝的李自成起义连提也不提，与清政府抗争14年的太平天国则只被置于反抗列强侵略的斗争之下。又如，受"现代化范式"代替"革命范式"的影响，将洋务运动、戊戌变法运动、辛亥革命、五四新文化运动纳入"近代化起步"这一单元之下，把不同性质的事件都用近代化"化"在一起。显然，这是不符合历史实际的。辛亥革命是20世纪中国人民在前进道路上经历的第一次历史性巨大变化，结束了两千多年的封建帝制，为中国的进步打开了闸门。将辛亥革命与清政府的洋务运动相提并论，都归之为近代化，无疑是贬损了辛亥革命，对中学生的历史教育是有害的。

否定革命、"告别革命"之类的观点，在影视作品中也表现出来，一些电视剧以艺术的形式集中反映了这种历史观。例如有的电视剧极力将慈禧太后、李鸿章、袁世凯这些封建统治者也描绘成是"走向共和"的"悲剧英雄"、占据了电视剧的中心地位，而孙中山则被边缘化、矮化、丑化，严重歪曲历史。这种对革命发展历程的歪曲，在人们中引起思想混乱，影响了一些人对现实社会制度的看法，发展下去甚至会动摇坚持马克思主义的指导地位。

历史虚无主义对革命的否定，对共产党人历史、共和国历史的歪曲和攻击，其政治后果是严重的。苏联解体的教训，提供了现实的借鉴。苏联解体的一个重要舆论准备，就是对苏联70多年历史的歪曲，把出现的错误夸大为对苏联共产党和社会主义制度的否定，对马克思列宁主义的否定。十月革命被说成是"使国家误入历史的歧途"，苏联社会主义社会被说成是"地狱"，只干坏事，什么好事也没干。既然如此，苏联的解体岂不是顺理成章的了？国内泛起的这股历史虚无主义思潮如出一辙，其目的也是贬损党的历史、人民共和国的历史。清代著名思想家龚自珍说过："欲知大道，必先为史。"他又说："灭人之国，必先去其史；隳人之枋，败人之纲纪，必先去其史；绝人之才，湮塞人之教，必先去其史；夷人之祖宗，必先去其史。"这些话，从正反两方面说明了研究历史和正确对待历史的重要性，说明了正确评价历史是关系国家发展的前途命运的大事。这是对历史经验的深刻总结，值得我们深长思之。

（原载《学习与研究》，2006 年第 2 期）